Martin Sebaldt · Alexander Straßner

Verbände in der Bundesrepublik Deutschland

Studienbücher Politisches System der Bundesrepublik Deutschland

Herausgegeben von
Frank Brettschneider
Thomas Poguntke
Suzanne S. Schüttemeyer

Martin Sebaldt · Alexander Straßner

Verbände in der Bundesrepublik Deutschland

Eine Einführung

VS VERLAG FÜR SOZIALWISSENSCHAFTEN

VS VERLAG FÜR SOZIALWISSENSCHAFTEN

VS Verlag für Sozialwissenschaften
Entstanden mit Beginn des Jahres 2004 aus den beiden Häusern
Leske+Budrich und Westdeutscher Verlag.
Die breite Basis für sozialwissenschaftliches Publizieren

Bibliografische Information Der Deutschen Bibliothek
Die Deutsche Bibliothek verzeichnet diese Publikation in der Deutschen Nationalbibliografie;
detaillierte bibliografische Daten sind im Internet über <http://dnb.ddb.de> abrufbar.

1. Auflage Oktober 2004

Umschlaggestaltung: KünkelLopka Medienentwicklung, Heidelberg
Druck und buchbinderische Verarbeitung: MercedesDruck, Berlin
Gedruckt auf säurefreiem und chlorfrei gebleichtem Papier
Printed in Germany

ISBN 3-531-13543-0

Inhalt

Tabellen

Übersichten

Vorwort

Verbände sind elementarer Bestandteil moderner Gesellschaften, und deshalb lässt sich die Zukunftsfähigkeit eines demokratischen Gemeinwesens auch am besten an der Vielfalt und dem Einfluss seiner organisierten Interessen ablesen: Wo die Regierenden regelmäßig auf die Ratschläge verschiedenster Interessengruppen achten, ist auch Politik von hoher Qualität, wie schon der amerikanische Präsident *John F. Kennedy* betonte. Wo sie deren Eingaben ignorieren, läuft der Staat Gefahr, mangels zuverlässiger Informationen „pathologisch zu lernen", um ein Diktum des Politikwissenschaftlers *Karl Deutsch* zu bemühen.

Dennoch ist die generelle Wertschätzung von Verbänden auch heute noch nicht Allgemeingut, zumal bei unterschiedlichen Gruppentypen durchaus mit verschiedenerlei Maß gemessen wird: Während Gewerkschaften immer wieder als „Modernisierungsverweigerer" apostrophiert und ihre Funktionäre als „Inkarnation des 19. Jahrhunderts" (*Guido Westerwelle*) abqualifiziert werden, haben Umwelt- und Tierschutzverbände wie auch Menschenrechtsorganisationen einen Grad an öffentlicher Anerkennung erreicht, der seinesgleichen sucht.

Dass sich ungerechte negative Verbandsimages bis heute in beträchtlichem Ausmaße erhalten haben, ist ein wesentlicher Grund für diese Einführung. Sie soll Leistungen und Funktionen organisierter Interessen empirisch dokumentieren und theoretisch erklären, um sowohl Studierenden einen zuverlässigen Wegweiser durch die verwirrende deutsche Gruppenvielfalt an die Hand zu geben als auch Verbandsvertretern und sonstigen politisch Interessierten.

Das Studienbuch besteht auf fünf Teilen: Der erste Abschnitt dient der Klärung der wichtigsten Begriffe und stellt die einschlägigen Verbändetheorien und die Funktionen organisierter Interessen vor. Der zweite Teil gibt einen Überblick über die Vielfalt der Verbände und illustriert sie anhand ausgewählter Fallbeispiele. Abschnitt III dokumentiert und analysiert die praktische Funktionswahrnehmung verschiedenster Organisationstypen. Die beiden letzten Teile thematisieren schließlich gesondert die wichtigsten aktuellen Entwicklungen im deutschen Verbändewesen und die Wandlungen, die westliche Interessengruppensysteme generell betreffen. Mit diesem Vorgehen verfolgen wir den Zweck, den Gegenstand nicht nur deskriptiv zu erschließen, sondern auch nach Gründen für die jeweiligen Befunde zu suchen und – soweit möglich – daraus sowohl theoretische als aus praktische Folgerungen zu ziehen.

Sind wir zwar beide gleichermaßen für das Gesamtergebnis verantwortlich, so ist auch dieses Projekt arbeitsteilig durchgeführt worden: *Martin Sebaldt* erstellte das Gesamtkonzept und zeichnet auch für Gesamtüberarbeitung und Schlussredaktion verantwortlich. Auch die verschiedenen Teile der Studie entstammen jeweils einer Feder: *Alexander Straßner* verfasste die Abschnitte I, II und III.2, *Martin Sebaldt* die Abschnitte III.1, III.3, IV und V. Verbesserungsvorschläge an die im Anhang zu findenden E-Mail-Adressen nehmen wir natürlich gerne entgegen.

Etlichen Personen schulden wir großen Dank: *Ondřej Kalina* und *Jürgen Stern* haben sich etliche Male für Recherche-, Korrektur- und Lektoratsarbeiten einspannen lassen und darüber trotzdem ihre gute Laune nicht verloren. Wir hoffen, dass sie ihren Arbeitseinsatz im Nachhinein nicht als vergebliche Liebesmüh einstufen müssen. Auch *Stefan Köppl* und *Carsten Pietsch* danken wir für beschwerliches Korrekturlesen. Gleiches gilt für den Lektor des VS Verlags für Sozialwissenschaften, *Frank Schindler*, der uns mit einer Vielzahl von Verbesserungsvorschlägen hilfreich zur Seite stand. Wenn diese Einführung darüber hinaus noch etwas zur Erschütterung der verbändekritischen Attitüde vieler Zeitgenossen beitrüge, wäre mehr gewonnen, als wir uns eigentlich erhoffen. Denn leider ist nichts dauerhafter als ein lieb gewonnenes politisches Vorurteil.

Regensburg, im Juli 2004

Martin Sebaldt   *Alexander Straßner*

I Begriffliche und theoretische Grundlagen

Alexander Straßner

Die Darstellung organisierter Interessen in der Bundesrepublik erfordert angesichts der Vielzahl an unterschiedlichen Erscheinungsformen und Spielarten zunächst eine klassifikatorische Anstrengung. Darüber hinaus sollten empirische Darstellungen stets auf vorheriger theoretischer Absicherung fußen. Diesen beiden Grundvoraussetzungen wird in diesem ersten Kapitel Rechnung getragen. Neben der exakten Klärung der verwendeten Leitbegriffe Organisation (Abschnitt 1.2), Interesse (Abschnitt 1.3) sowie der Synthese beider Begriffe (Abschnitt 1.4) und einer synoptischen Gegenüberstellung (Abschnitt 1.5) bedeutet dies ebenfalls, den Untersuchungsgegenstand präzise herauszuarbeiten und eindeutig von gesellschaftlichen Nachbarerscheinungen abzugrenzen (Abschnitt 1.6). Im Anschluss daran soll die theoretische Fundierung fortgeführt werden, indem die wesentlichen, die wissenschaftliche Diskussion prägenden Theorien vorgestellt werden (Abschnitt 2). Vor der Darstellung der Einzelfälle werden außerdem die konkreten Funktionen, die Verbände in modernen Gesellschaften erfüllen, systematisch analysiert (Abschnitt 3).

1 Begriffliche Grundlagen

Interessengruppen sind für die Funktionsfähigkeit politischer Systeme unverzichtbar. Dennoch scheint die öffentliche Meinung den Verbänden einen überdimensionalen Einfluss zuzuschreiben, sie sieht die Politik oftmals als einen Spielball organisierter Interessen. Organisierter Interessenvertretung wurden deshalb gerade in Deutschland nicht selten allein negative Wirkungen zugeschrieben: Verbände würden notwendige Veränderungen blockieren, Verbandsmacht untermine das postulierte demokratische Gleichheitsideal „one man, one vote", Organisationsmacht von Verbänden beruhe auf der ungleichen Verteilung von Ressourcen, und darüber hinaus fehle es ihnen generell an demokratischer Legitimation (Reutter 1999: 7). Nicht umsonst wurde daher die ursprünglich als Frage gefasste Formulierung „Herrschaft der Verbände" (Eschenburg 1963) immer mehr und zu Unrecht als Faktum begriffen, war dabei jedoch stets nur Ausdruck der nach Kriegsende weit verbreiteten antipluralistischen Aversionen. Die empirische, rational-vorurteilsfreie Auseinandersetzung mit der

Thematik hat vor diesem Hintergrund stets Schaden genommen (Sebaldt 1997b: 27). Dabei gehören organisierte gesellschaftliche Interessen zu jenem grundlegenden „sozialen Kapital" freiheitlich verfasster Gesellschaften, welches früh bereits *Alexis de Tocqueville* (1805-1859) (Tocqueville 1986) und in neuer Zeit *Robert Putnam* (Putnam 1995: 65-78, Putnam 2000) treffsicher beschrieben haben.

Wenn mit den elementaren Begriffen der Verbändeforschung begonnen werden soll, so stößt der Wissenschaftler auf die selben Probleme wie der Laie: Die rechtlich wie soziologisch nur schwer bestimmbare Organisation von Interessen hat dazu geführt, dass auch die Wissenschaft sich schwer damit tut, ihren Gegenstand zu fixieren und von Nachbarbereichen eindeutig abzugrenzen (Raschke 1978: 20). Dazu gesellt sich die Tatsache, dass Definitionen bereits vorab den Untersuchungsgegenstand zwar erheblich eingrenzen und damit seine Konturen verdeutlichen, daneben aber auch ausgrenzend wirken und eventuell wichtige Nachbarbereiche systematisch ausblenden (von Alemann 1989: 24). Dennoch ist die Klärung der wesentlichen Begriffe unabdingbar und muss der weiteren Darstellung voran gestellt werden.

1.1 Organisation

Die Soziologie geht davon aus, dass die *Organisation* unseres Zusammenlebens unabdingbar notwendig für dessen Funktionieren ist. Aus dieser Grundannahme ergibt sich die Konsequenz, dass die soziale Beziehung „Organisation" erst recht in einer arbeitsteiligen und hochkomplexen Industriegesellschaft eine dominante Rolle spielen muss. Jegliche gewerbliche Unternehmung, jeder Betrieb und jede Verwaltung, jede kirchliche Körperschaft und supranationale Institution stellt eine spezifische Form von Organisation dar (von Alemann 1989: 25). Was aber ist konkret Organisation? Die Schwierigkeit einer präzisen soziologischen Einhegung des Begriffes liegt in seiner alltagssprachlichen Verwendung und partiellen Verwässerung. Dort meint sie die „Tätigkeit des Organisierens, oder solche Zusammenschlüsse von mehreren Personen oder von Personengruppen, die der Durchsetzung bestimmter Interessen dienen. Dabei handelt es sich in der Regel um solche Interessen, die den verschiedenen Personen gemeinsam sind, die aber jeder einzelne nicht allein mit hinreichender Aussicht auf Erfolg verfolgen kann" (Büschges 1981: 22).

In der Soziologie war es *Herbert Spencer* (1820-1903), der Organisation mit einer Bedingung und einem gleichzeitigen Ergebnis von gesellschaftlicher Ordnung gleichsetzte: Diese behütete eine Gruppierung so lange vor dem Zerfall, wie „die Bedürfnisse jeden einzelnen Gliedes durch Vereinigung seiner

Anstrengungen mit denen der anderen besser befriedigt werden, als es dies allein zu erzielen vermöchte. Das Zusammenwirken ist also eine Erscheinung, welche ohne Gesellschaft nicht existieren kann und für welche zugleich die Gesellschaft existiert" (König 1971: 235). Eine aktuellere soziologische Definition liest sich ähnlich: „Organisationen sind tendenziell auf Dauer angelegte soziale Einheiten mit institutionellen Regelungen, die das Verhalten der Beteiligten steuern, und mit spezifischen Zielen bzw. Aufgaben, die durch die Mitglieder realisiert werden sollen" (Voss 1997: 476).

Jenseits des Zwecks und der Zielausrichtung von Organisation geriet ihr Innenleben, ihre Funktionslogik mehr und mehr in den Mittelpunkt der Betrachtung. Zunehmend wurde der Begriff daher organisationssoziologisch ausdifferenziert und angereichert mit Funktionsvariablen, die kennzeichnend für seinen wissenschaftlichen Gebrauch wurden:

> „Organisation ist die Ordnung von arbeitsteilig und zielgerichtet miteinander arbeitenden Personen und Gruppen. Organisation umfasst insofern nicht nur Verbände und Vereinigungen, sondern alle Institutionen, Gruppen und sozialen Gebilde, die bewusst auf ein Ziel hinarbeiten, dabei geplant arbeitsteilig gegliedert sind und ihre Aktivität auf Dauer eingerichtet haben" (König 1971: 548).

In der Politikwissenschaft muss der Akzent auf diese Definition gelegt werden. Dennoch werden besonders die Wirkungen und Funktionsweisen von organisierten Interessen, ihr struktureller Aufbau und ihre Strategie, ihr Interesse auch durchzusetzen, ins Auge gefasst. Dadurch wird jedoch die Definition des Begriffs „Interesse" erforderlich.

1.2 Interesse

Die alltagssprachliche Verwendung, die bereits im vorherigen Begriff deutlich geworden ist, trifft auch auf das „Interesse" zu. Auch hier birgt der Alltagsterminus die Gefahr, die wissenschaftliche Bedeutung zu überlagern und zu verfälschen. Dabei ist er neben seinem gemeinsprachlichen Inhalt auch ein zentraler Begriff der politischen Theorie der Neuzeit. Ältere einführende Darstellungen in die politische Soziologie definieren Politik als soziales Handeln, „das sich auf Machterwerb und Machtgebrauch richtet, um bestimmte Interessen und Ziele von einzelnen Gruppen in geschichtlich-gesellschaftlichen Situationen im öffentlichen Bereich gegen den Willen und die Zielsetzung anderer Personen und Gruppen im Kampfe oder mit Hilfe von Vereinbarungen durchzusetzen, bzw. die Durchsetzung und Realisierung der Zielsetzungen anderer Gruppen zu verhin-

dern" (Stammer/ Weingart 1972: 21). In moderneren soziologischen Nachschlagewerken wird nur kurz darauf hingewiesen, dass unter „Interesse" diejenigen
Intentionen fallen, „die Personen oder Gruppen entwickeln, um aus deren Realisierung Vorteile zu ziehen" (Reinhold 1997: 307).

Damit ist bereits zum einen auf den konfliktiven Charakter von sich gegenüber stehenden Interessen abgehoben. In der Politikwissenschaft erweist sich der
Interessenbegriff allerdings komplexer, in der Regel dreidimensional: die *individuelle* Dimension von Interesse wird ergänzt durch einen *materiellen* und einen
ideellen Aspekt (von Alemann 1989: 27-29).

Der *individuellen Dimension* des Interessenbegriffs liegt das Streben des
Einzelnen zu Grunde, seine eigenen spezifischen Bedürfnisse zu befriedigen.
Vereinzelt ist versucht worden, die Gesamtheit der menschlichen Grundbedürfnisse, welche das Überleben des Einzelnen sichern sollen (Nahrung, Unterkunft,
gesicherte Fortexistenz), in einem Katalog zusammenzufassen (Etzioni 1975:
630-640). Dabei verweist der Interessenbegriff auf die ihm zu Grunde liegenden
Bedürfnisse selbst. Interesse kann jedoch auch auf andere Individuen bezogen
sein, wenn eine Person ihre Bedürfnisse nicht alleine befriedigen kann. Interesse
ist somit zusammengefasst die *Triebfeder des Einzelnen zur Befriedigung der
eigenen Bedürfnisse oder aber die Anteilnahme von Personen an anderen Menschen, Sachen oder einem Geschehen aus einem physischen Grundbedürfnis
heraus*.

Die *materielle Dimension* zielt bereits auf den konkreten Nutzen für Individuen, der sich aus der Interaktion mit anderen ergibt. Das Individuum hat zunächst ein Interesse an der Erlangung von (knappen) materiellen Gütern. Die
materielle Dimension des Interesse-Begriffes ist damit nicht nur Ausdruck der
Befriedigung von Bedürfnissen zur Grundsicherung, sondern der *gezielten und
aktiven Nutzenmehrung über eine essentielle Basisversorgung hinaus*. Der zentrale Aspekt dieser Dimension ist damit bewusst zielorientiert und auf das zu
erwartende Ergebnis der Interaktion mit anderen Individuen ausgerichtet.

In modernen Gesellschaften steigen mit fortschreitendem Wohlstand auch
diejenigen Bedürfnisse, die zwar individuell, jedoch nicht mehr nur materiell
sind. Neben der Sicherung der menschlichen Grundbedürfnisse gewinnen diese
zunehmend an Bedeutung. Dazu gehören über die konkreten und primären Bedürfnisse hinaus die *eigenen subjektiven oder weltanschaulichen Vorstellungen
von Interessen*, die nun nicht mehr mit den grundlegenden, unmittelbar überle-
benssichernden Bedürfnissen des Menschen in Zusammenhang stehen, wie der
Wunsch nach Selbstverwirklichung oder der Einsatz für den Umweltschutz.

Zahlreiche Individuen teilen sich ähnliche oder gleiche Interessen. Aus diesem Grund versucht nicht jedes Individuum, sein Interesse allein zu verfolgen,

sondern sucht den Zusammenschluss mit anderen Personen. Interessen beginnen sich zu organisieren.

1.3 Organisierte Interessen/ Interessengruppen/ Verbände

Für die Politikwissenschaft bedeutsam wird nun das Phänomen der Organisation von Interessen (Buchholz 1970). Bis heute hat sich keine einheitliche begriffliche Deskription dessen herausgebildet, was unter „organisierten Interessen" über die Tatsache des faktischen Zusammenschlusses hinaus verstanden werden kann. Dies liegt nicht zuletzt daran, dass die selbstgewählten Eigenbezeichnungen der Interessenorganisationen nur wenig Auskunft über ihre Ziele und Vorgehensweise geben. Während sich Interessen aus dem ökonomischen Bereich in der Regel als „Verband" oder „Gewerkschaft" bezeichnen, verwenden mehr im Freizeitbereich angesiedelte Organisationen den Begriff „Verein" (Heinze/ Voelzkow 1997: 227). Nebeneinander existieren für den Begriff „organisierte Interessen" daher auch in der Wissenschaft ähnliche deutsche, neutrale (Interessengruppen, Interessenverbände, Interessenorganisationen) oder englische, teils negativ konnotierte Bezeichnungen (interest group, pressure group, lobby).

Gerade die beiden letzteren Begriffe betonen als Konsequenz der Verbändeforschung der fünfziger Jahre die gezielte Einflussnahme von Interessengruppen auf staatliche Stellen durch Ausübung von öffentlichem Druck (pressure), die in der eingangs angeführten *Eschenburgschen* Frage nach der „Herrschaft der Verbände" ihren Niederschlag fand. „Pressure group" zielt primär auf die *Vorgehensweise* der Organisation ab, während der Terminus „Verband" die *organisatorische* Komponente betont (Naßmacher 2002: 79). „Pressure" meint dabei die charakteristische Einflussnahme und die Ausübung von Druck überall dort, wo politische Entscheidungen vorbereitet und getroffen werden. In der Theorie entsteht dieser Druck durch

- die Mobilisierung der öffentlichen Meinung über die Medien,
- die Drohung, einer Partei die Wählerstimmen der eigenen Mitglieder zu entziehen,
- Kundgebungen und Großdemonstrationen,
- politischen Streik und Boykottaktionen,
- den Entzug finanzieller Unterstützung (von Alemann 1989: 172).

In eine ähnliche Richtung zielt der Begriff des „lobbying". Im Gegensatz zur „pressure group" ist er bereits eingegrenzt und zielt nun nicht mehr auf verschiedene Formen der Beeinflussung. Statt dessen nimmt er Bezug auf die von den Verbänden angepeilten *politischen Institutionen*. Mit „Lobby" ist ursprünglich der Vorraum zu einem Sitzungssaal, in diesem Zusammenhang die Wandelhalle des Parlamentes gemeint, bis in welche Nicht-Parlamentarier vordringen durften. Im übertragenen Sinne wurde dieser Begriff auf all jene Personen angewandt, die im Parlamentsvorraum warteten, um Abgeordneten ihre Wünsche vorzutragen und sie durch Versprechungen oder Druck zu einem bestimmten Abstimmungsverhalten zu bewegen. Demzufolge gelänge es besonders ressourcen- und einflussreichen Verbänden, Formen der „inneren Beeinflussung" anzuwenden. Dies geschehe vor allem durch

- personelles Eindringen von Verbandsvertretern in Parteien, Parlamente und Regierungen,
- die Vergabe exklusiver Informationen oder aber Informationsentzug,
- persönliches Überreden und Beeinflussen von Abgeordneten in der Vorhalle des Parlamentes,
- Avisieren oder Verweigern von Investitionsentscheidungen in Branchen oder Regionen,
- finanzielle Zuwendungen, die von normalen und legalen Spenden bis hin zu Korruption und Bestechung reichen können,
- Vergabe von hoch dotierten Positionen in Verbänden an Politiker,
- Bedrohung und Nötigung (von Alemann 1989: 172).

In der Realität werden beide Strategien verbandlicher Einflussnahme, Lobbying wie breiter gefächerter Druck, kombiniert angewendet. Dies nicht zuletzt deshalb, weil die reale Beeinflussung von Politik weitaus vielschichtiger und komplexer ist, als es in kurzgefassten Schlagwörtern verdeutlicht werden kann.

Die ältere Interpretation des Wirkens von Verbänden war vorwiegend negativer Natur, wurde aber sukzessive durch neutralere und differenziertere Ansätze abgelöst. Die Definitionsversuche für den zentralen Begriff „Interessengruppe" sind in der Literatur durchaus unterschiedlich ausgefallen. Sie variieren zwischen Minimaldefinitionen (weiterer Verbandsbegriff) und dem Versuch, mehrere Variablen in die Bezeichnung einfließen zu lassen (engerer Verbandsbegriff). In den einschlägigen Nachschlagewerken werden Interessengruppen definiert als „Organisationen, die, im Kontext der fortschreitenden Industrialisierung der modernen Gesellschaft entstanden, zum einen Interessen gegenüber anderen Gruppen mit abweichenden oder entgegengesetzten Interessen (...) wahrnehmen, zum anderen die Interessen ihrer Mitglieder durch Mitwirkung in und Einwirkung auf Regierung, Parlament, Parteien und Öffentlichkeit im politischen Willensbildungs- und Entscheidungsprozess zur Geltung bringen" (Massing 1996: 289).

Der Begriff des Verbands ist dem gegenüber vornehmlich in der deutschsprachigen Literatur gebräuchlich und betont den *organisatorischen* Charakter des Gegenstandes (von Gierke 1954). Die klassische Definition Max Webers hebt diese Komponente besonders hervor:

> „Verband soll eine nach außen regulierend beschränkte oder geschlossene soziale Beziehung dann heißen, wenn die Innehaltung ihrer Ordnung garantiert wird durch das eigene auf deren Durchführung eingestellte Verhalten bestimmter Menschen (...)" (Weber 1956: 26).

Dabei ist der Verband einerseits durch einen bürokratischen Apparat, andererseits durch die Prinzipien der Führung und Gefolgschaft gekennzeichnet. Beide sind Ausdruck des dauerhaft angelegten Zusammenschlusses von Interessen. Der Zusammenschluss von Personen oder Personengruppen schafft so eine kollektive Handlungseinheit. Deren Ziel ist es nun, die eigenen Interessen im Wettstreit mit anderen Handlungseinheiten oder durch Einflussnahme auf staatliche Einrichtungen, Parteien oder die öffentliche Meinung durchzusetzen (Weber 1981: 76).

Definitionen sind jedoch wie beschrieben problematisch, da sie zugleich ausgrenzend wirken. Eine feste organisatorische Struktur über einen langen Zeitraum hinweg ist zweifellos ein wichtiges Definitionskriterium, dennoch werden dadurch spontane Zusammenschlüsse ausgeklammert. Sind Verbände daher lediglich dauerhaft organisierte Gruppen, die bestimmte Anliegen vertreten, was dazu führt, dass darunter auch jedweder organisierte Verein fällt? Oder wird als Interessengruppe allein jene Organisation bezeichnet, die auch unter die Bezeichnung „Verband" fällt, da sie versucht, ihr Interesse in politische Entscheidungen einfließen zu lassen? In der Literatur wurde der Versuch unternommen, dieses Problem zu umgehen. Edwin *Buchholz* fixierte Industrie-, Fach- und Unternehmerverbände wie Gewerkschaften in doppelter Hinsicht. Zum einen kennzeichne sie das freiwillige Zusammentreten zu einem bestimmten Zweck (der optimierten Konfliktfähigkeit des eigenen Interesses durch Organisation), zum anderen grenzen sie sich als interessengeleitete Zusammenschlüsse von Menschen von anderen Organisationsformen (Parteien, Vereine, Familien) ab (Buchholz 1969). Oder sollen Verbände nur insoweit gefasst werden, wie sie versuchen, tatsächlichen Einfluss auf die Politik durch Beeinflussung oder Beratung (z.B. im Laufe eines Gesetzgebungsverfahrens) zu gewinnen? Dieser Ansatz würde es ermöglichen, unter Verbänden auch Kirchen, Kammern, weltanschauliche Vereinigungen sowie Sport- und Wohlfahrtsverbände zu subsumieren.

Insgesamt hat sich, angeregt durch die angelsächsische Literatur, allgemein der Begriff der „Interessengruppe" durchgesetzt. Dabei werden aber nicht so sehr die organisationssoziologischen Kriterien ins Auge gefasst, sondern das soziologische Kriterium einer Gruppe allein. Maßgeblich sind die gemeinsamen Einstellungen und Zielsetzungen der Mitglieder innerhalb der Organisation. In der Wissenschaft ist es wegen der Schwierigkeiten der Definition üblich geworden, die unterschiedlichen Begriffe weitgehend synonym zu verwenden. Dennoch ist trotz aller begrifflichen Vereinheitlichung zu betonen, dass Verbände von staatlichen Organisationen, Parteien, ökonomischen und voluntaristischen Vereinigungen andererseits abzugrenzen sind (Raschke 1978: 22-25).

Dies gilt besonders dann, wenn die teilweise wechselseitige Durchdringung von Staat und Verbänden in der Übertragung staatlicher Funktionen auf die Verbände seinen Ausdruck findet. Dies geschieht etwa bei öffentlichen Vereinigungen (Gebietskörperschaften, kommunale Zweckverbände, Städtetag, Gemeindetag), aber auch bei öffentlich-rechtlich organisierten Privatinteressen (Kammern, Innungen, Kirchen) (Raschke 1978: 24).

Was schließlich ist der Unterschied zwischen Verbänden und Parteien? Parteien wirken laut Grundgesetz an der politischen Willensbildung und am demokratischen Aufbau mit. Während sie darüber hinaus mit eigenem, rekrutiertem Personal politische Verantwortung übernehmen, fehlt den Verbänden diese verbriefte Funktion.

Organisierte Interessen, Interessengruppen oder Verbände sind daher durch folgende Variablen gekennzeichnet:

- Sie sind ein freiwilliger Zusammenschluss sozialer Einheiten mit bestimmten Zielen.
- Sie organisieren sich arbeitsteilig und bilden Führungsstrukturen heraus.
- Sie haben die Zielsetzung, die individuellen, materiellen oder immateriellen Bedürfnisse ihrer Mitglieder zu befriedigen.

Diese Aufgaben können Interessengruppen innerhalb der sozialen Einheit erfüllen (Sportverein), jedoch auch in der Auseinandersetzung mit anderen Gruppen, Organisationen und Institutionen (Sportverband) oder in Konkurrenz mit anderen Interessengruppen um Einfluss auf die Politik (von Alemann 1989: 30). In der Möglichkeit für das Individuum, Anteil an politischen Entscheidungsprozessen zu erlangen, wird die eingangs erwähnte unverzichtbare Bedeutung von Verbänden deutlich. Verbände bilden neben Parteien, Medien und den neuen sozialen Bewegungen (Bürgerinitiativen) die kollektiven politischen Akteure der Zivilgesellschaft und damit einen fundamentalen und unverzichtbaren Bestandteil gesellschaftlicher Autonomie (Wiesenthal 1998: 325). Als Gelegenheit zur

Teilhabe am politischen Prozess und zur Einsicht in die Schwierigkeiten der Durchsetzung sind sie zweifellos eine „Schule der Demokratie".

1.4 Vergleichende Synopse der Begriffe

Die enge Verwandtschaft der erläuterten Begriffe und die Definitionsschwierigkeiten zeigen, dass gerade für die Verbandsforschung vorab klärende Begriffe unabdingbar sind. Insofern werden hier die zentralen Unterschiede und Argumente noch einmal zusammengefasst, um sie als komprimierte *Synopse* (Zusammenschau) den folgenden Verbändetheorien und den konkreten Verbandsfunktionen zu Grunde zu legen.

Übersicht 1:   Begriffe im Vergleich

Organisiertes Interesse	- Alternativer Begriff für Interessengruppe, Interessenorganisation - Kombination aus • Organisation: Ordnung von arbeitsteilig und zielgerichtet miteinander arbeitenden Personen und Gruppen • Interesse: -individuell / -materiell / -ideell
Pressure group	Betonung des *konfliktiven Verhältnisses*: Ausübung von Druck als Vorgehensweise zur Durchsetzung des Eigeninteresses
Verband	Betonung einer *festen organisatorischen Struktur* über einen langen Zeitraum hinweg: • bürokratischer Apparat • Prinzip von Führung und Gefolgschaft • Zweck: Einflusssicherung auf Politik und verbesserte Durchsetzbarkeit
Verein	im Bereich der Freizeit angesiedelte, voluntaristisch gegründete Organisationen, meist ohne politischen Hintergrund
Lobby / Lobbying	• Ursprünglich: Lobby als Vorraum des Parlaments • Form der „inneren Beeinflussung": Vordringen der Verbandsvertreter in Institutionen • Einflussnahme besonders durch einflussreiche und vermögende Verbände

Quelle: Eigene Darstellung

Was den Gründungszweck und die jeweilige Vorgehensweise des Verbandes betrifft, sind die zentralen Begriffe nun geklärt. Dass sich Verbände durchaus unterschiedlich organisieren können, zeigt sich einerseits an ihrem Einfluss auf die Politik, ist andererseits jedoch abhängig von der Art des vertretenen Interesses. In diesem Sinne ist eine Verbändetypologie zur Verortung unterschiedlicher Verbandsstrukturen ideal.

1.5 Typologie

Auch wenn mit dem Begriff „Verband" nun eine einheitliche Bezeichnung gefunden worden ist, so sind nicht alle Verbände gleich organisiert. Bei der Unterscheidung und Klassifizierung von Verbänden stehen zunächst die inhaltlichen Variablen im Mittelpunkt der Betrachtung. In der Literatur wird am häufigsten zwischen zwei Arten von Verbänden unterschieden. Auf der einen Seite stehen Verbände, die *wirtschaftliche* Interessen vertreten, auf der anderen diejenigen, die *ideelle* Interessen verfechten. Das Hauptunterscheidungskriterium liegt darin, dass wirtschaftlich orientierte Interessengruppen sich vornehmlich um das materielle Wohlergehen der eigenen Gruppenmitglieder sorgen (Gewerkschaften, Industrieverbände), während die zweite Kategorie von Interessengruppen (sogenannte Fördervereinigungen) immaterielle, etwa bestimmte religiöse, kulturelle, humanitäre oder politische Ziele verfolgt (Weber 1981: 79).

Auf den ersten Blick erscheint diese Gegenüberstellung plausibel, gänzlich unproblematisch ist sie allerdings nicht. Denn auch die zweite Kategorie von Interessengruppen engagiert sich für die Interessen ihrer Mitglieder, unabhängig davon, ob sie politisch, religiös, humanitär oder ökologisch sind. Um die eigenen Ziele zu erreichen, bedürfen auch sie optimaler öffentlicher Aufmerksamkeit, Überzeugungsarbeit gegenüber Politikern und der Einwirkung auf den Gesetzgebungsprozess. Somit unterscheiden sie sich in ihrer Vorgehensweise nicht notwendigerweise von den Interessengruppen mit materiellem Hintergrund. Umweltschutzverbände müssen beispielsweise auch materielle Interessen berücksichtigen, etwa die Finanzierung ihrer Maßnahmen. Außerdem können sie handfeste wirtschaftliche Interessen ihrer Mitglieder vertreten. Dies wird besonders dann deutlich, wenn sie eine bürokratische Apparatur herausgebildet haben und nicht wenige Mitglieder ihr berufliches Schicksal als Referenten oder Geschäftsführer des Verbands unweigerlich mit ihm verbunden haben.

Daneben ist zu berücksichtigen, dass Interessengruppen nicht selten beschönigende Selbstbezeichnungen wählen, um ihr konkretes Interesse zu kaschieren. Dies hat einerseits damit zu tun, dass sich stetig größer werdende Organisationen mit ideellen Motivationen irgendwann wohl oder übel auch mit materiellen Fragen beschäftigen müssen. Andererseits können sich hinter einem humanitären Firmenschild aber auch besonders gut materielle Interessen verstecken und auch durchsetzen lassen (Weber 1981: 80). Dies trifft zum Beispiel auf die Glaubensgemeinschaften und die durchgesetzte steuerliche Absetzbarkeit von Kirchenspenden zu (von Beyme 1980: 86).

Aufgrund dieser in wesentlichen Punkten mangelhaften Unterscheidung hat sich deshalb ein weiterer Ansatz herausgebildet. Diese aus der Systemtheorie herrührende Betrachtungsweise beurteilt Verbände nach ihrer Rolle bei der Aufrechterhaltung des politischen und gesellschaftlichen Systems. Der Ansatz unterscheidet zwischen *zentralen* und *peripheren* Verbänden (Wootton 1970: 30). Zentral sind in dieser Unterscheidung all diejenigen Verbände, die dauerhaft auf den politischen Entscheidungsprozess einzuwirken versuchen und von den politischen Amtsträgern auch im Vorfeld in die relevanten Entscheidungen mit einbezogen werden. Peripher sind dem gegenüber diejenigen Interessengruppen, die entweder nur spontan in bestimmten Situationen entstehen, kurzlebig sind oder aber nur eine begrenzte funktionale Bedeutung in der Gesellschaft besitzen.

Wie nicht zu Unrecht hervorgehoben wird, ist auch diese Unterscheidung problematisch, da sie zum einen kaum durch empirische Untersuchungen belegt ist, zum anderen sich durch relativ abstrakte Abgrenzungskriterien herleitet (Weber 1981: 81). Nicht zuletzt deshalb wurde verschiedentlich der Versuch unternommen, sich in der Unterscheidung der Verbände mehr am konkreten *Inhalt* der vertretenen Interessen zu orientieren. Rupert *Breitling* etwa gab die Unterscheidung von relativ homogenen wirtschaftlichen Interessen auf der einen und heterogenen anderweitigen Interessen auf der anderen Seite auf und entwarf statt dessen ein Schema von drei Grundtypen (wirtschaftliche Verbände, Glaubensgemeinschaften, politische Verbände) mit zahlreichen Unterklassen (Breitling 1955). Doch auch ihm gelang es darin nicht, Überschneidungen und Ausgrenzungen zu verhindern. Die Nachkriegsgesellschaft, die *Breitling* beschrieb, war in einem raschen Wandel begriffen, weshalb seine Dreiteilung der Verbände die soziale Realität und alle darin auftretenden Spielarten bald nicht mehr erfassen konnte. In den nachfolgenden Untersuchungen wurden diese Schwierigkeiten der exakten begrifflichen Eingrenzung weiter deutlich. *Schneider* unterschied zwischen unternehmerischen Interessenverbänden, mittelständischen Gruppen, Arbeitnehmerverbänden, Sozialverbänden und Freizeitgruppierungen, politisch-ideologischen Gruppen, lebensständischen Organisationen und letztlich religiösen Gemeinschaften (Schneider 1966). Peter *Raschke* versuchte, der Verbandsvielfalt durch die Erstellung einer fünfgliedrigen Struktur Herr zu werden (Raschke 1978). Erst mit der Typologie der Interessengruppen nach sechs Handlungsfeldern durch Ulrich *von Alemann* (von Alemann 1985) wurde eine bis heute brauchbare Einhegung der Interessengruppen in ein eindeutiges Schema geleistet. Er strukturierte die Verbandslandschaft nach Sektoren, in welchen sie tätig sind:[1]

- Wirtschaft und Arbeit
- Soziales Leben und Gesundheit

---

[1] Die Typologie nach Handlungsfeldern wird im zweiten Kapitel vertieft und mit Einzelbeispielen dargestellt.

- Freizeit und Erholung
- Kultur, Bildung, Wissenschaft, Religion, Weltanschauung
- Politik
- Umwelt

Eine weitere Unterscheidungsmöglichkeit ist die *organisatorische Intensität* der Verbände. Die Herausbildung organisatorischer Strukturen ist stets das Ergebnis von Bedürfnissen der organisierten Individuen, die Dauerhaftigkeit des Verbands und damit seiner Struktur bemisst sich nach seinen Zielen. Von dieser Warte aus lassen sich drei Grundtypen von Interessengruppen unterscheiden (Weber 1981: 82-83):

- *Spontane Interessengruppen* besitzen eine nur diffuse organisatorische Struktur. Eine kleine Zahl an Führungsmitgliedern ruft eine an kurzfristigen historischen Umständen orientierte und damit kurzlebige Interessenvereinigung ins Leben, die sich nach der Erreichung des eigenen Ziels oder aber durch fortwährendes Nicht-Erreichen und anschließende Resignation wieder auflöst. Die geringe personelle Dichte und die thematische Begrenztheit des Interesses verhindern den Aufbau einer dauerhaften Interessenvertretung und einer effektiven Organisationsstruktur. Dennoch kann es auch bei spontanen Interessengruppen zu einer organisatorischen Verfestigung kommen. Dies kann durch eine steigende Mitgliederzahl und fortdauernde Werbung für eigene Ziele innerhalb der politischen Arena geschehen. Gelingt es ihr, sich so gesellschaftlich zu verankern, so kann aus einer spontanen durchaus eine formelle Interessengruppe werden.
- Als *informelle Interessengruppen* werden diejenigen Gruppierungen bezeichnet, deren Mitglieder dauerhaft ein gemeinsames Ziel verfolgen, ohne zu diesem Zweck eine eigene und verbindliche Organisationsstruktur aufzubauen. Dazu zählen etwa Gruppierungen innerhalb der Parlamentsausschüsse, die nicht selten über Parteigrenzen hinweg Abstimmungskoalitionen bilden. Auch lockere Zusammenschlüsse von Produzenten mit identischen Zielsetzungen werden hierunter subsumiert. Öffentlich wahrgenommen wird die Existenz informeller Interessengruppen allerdings nur selten. Aufmerksamkeit erlangen sie dann, wenn ihnen undemokratische oder illegale Aushandlungsprozesse nachgewiesen werden können. So zum Beispiel, wenn das Bundeskartellamt wie im Falle der Pharmaindustrie einschreitet, Monopolbildungen verhindert und z.B. Preisabsprachen aufdeckt und sanktioniert.
- Die *formellen Interessengruppen* bilden den hier relevanten Untersuchungsgegenstand. Unter ihnen werden diejenigen Erscheinungen subsu-

miert, die sich dauerhaft etablieren und deshalb die geschilderte organisatorische Struktur aufbauen. Sie verfügen über hauptamtliche, bezahlte Mitarbeiter und einen gewählten Vorstand, erheben regelmäßige Mitgliedsbeiträge, geben sich eine verbindliche Satzung und sind ausschließlich zum Zweck der Interessenvertretung gegründet worden.

Tabellarisch zusammengefasst ergibt sich damit zunächst folgendes Bild:

Übersicht 2:   Typologie von Interessengruppen

Interessengruppen	Variablen
spontan	▪ diffuse Struktur und Organisation ▪ kleine Zahl an Mitgliedern ▪ in der Regel relativ kurzlebig
informell	▪ keine Struktur/Organisation ▪ kleine Zahl an Mitgliedern ▪ langlebig
formell	▪ feste Struktur und effiziente Organisation
Quelle: eigene Darstellung.	

In der Verbändeforschung bilden die *formellen Interessengruppen* den hauptsächlichen Untersuchungsgegenstand. Sie lassen sich noch einmal unterteilen bzw. voneinander unterscheiden, und zwar anhand der Variablen Grad, Ebene und Form der Organisation.

- Der Organisations*grad* gibt Auskunft darüber, wie viele der möglichen Mitglieder einer Gruppe auch tatsächlich in ihr organisiert sind und inwieweit die Interessengruppe demzufolge repräsentativ für eine gesellschaftliche Schicht operieren kann. Der Organisationsgrad kann erheblich variieren. Während etwa der Deutsche Bauernverband (DBV) nahezu vollständig die von ihm vertretene Klientel erfasst hat, der Deutsche Gewerkschaftsbund (DGB) einen in absoluten Zahlen hohen, prozentual gesehen aber nur mäßigen Organisationsgrad vorweisen kann, ist die Repräsentativität des Bundes der Steuerzahler sehr gering. Der Grad an Organisation bestimmt die Handlungs- und Konfliktfähigkeit des Verbands. In der Regel gilt: Je höher der Organisationsgrad, desto einflussreicher ist der Verband, desto eher kann er seinen Einfluss auf die Politik ausüben oder sein Interesse im Wettstreit mit anderen Verbänden durchsetzen.
- Die Organisations*ebene* bezieht sich auf die geographische und räumliche Ausdehnung der Gruppe und impliziert die Frage, ob sie lediglich lokal oder regional oder aber national, mitunter sogar international operiert. Dabei kann

sie sich nur auf einer, auf mehreren oder sogar auf allen diesen Ebenen bewegen. Die bedeutendste Unterscheidung ist hier diejenige zwischen dem Landesverband und dem Bundesverband auf nationaler Ebene, respektive zwischen dem Fachverband (Fachspitzenverband) eines Landes und dem bundesweiten Dachverband, der mehrere Fachverbände in sich zusammenschließt.

■ Mit der Organisations*form* ist die Rechtsform eines Verbands gemeint. Damit ist die Unterscheidung zwischen öffentlich-rechtlichen und privatrechtlichen Vereinigungen angesprochen, aber auch die Prinzipien der Führung und Leitung des Verbands. An der Spitze eines *Honoratiorenverbandes* arbeiten ehrenamtliche, unbezahlte Mitglieder zeitlich begrenzt, während in einem *Funktionärsverband* hauptamtliche und bezahlte Mitarbeiter die eigentlichen Lenkungsfunktionen ausüben. Verbände können sich beiden Erscheinungsformen annähern (Weber 1981: 83).

Übersicht 3:   Organisationsgrad, -ebene und -form von Verbänden

Variable	Inhalt
Organisations-grad	■ Bestimmung der tatsächlichen Organisation von Mitgliedern einer repräsentierten Gruppe im Verband ■ Grundlage der Konfliktfähigkeit des Verbands und der Durchsetzungsfähigkeit seiner Interessen
Organisations-ebene	■ Räumliche Ausdehnung des Verbands (lokal, regional, überregional, national, international) ■ Unterscheidung zwischen Bundes- und Landesverband, Fach- oder Fachspitzenverband und Dachverband
Organisations-form	■ rechtliche Gestalt des Verbands (öffentlich-rechtlich oder privat-rechtlich) ■ Prinzip von Leitung und Führung (Ehrenamt – Hauptamt)
Quelle: eigene Darstellung.	

2   Verbändetheorien

Nach der Klärung der zentralen Begriffe werden nun die einschlägigen Verbändetheorien vorgestellt, die durchaus unterschiedliche Antworten auf folgende Leitfragen geben: Sind alle Interessen in gleichem Maße organisationsfähig? Welche Strategie verfolgen sie, und auf welche Weise können sie staatliche Entscheidungsprozesse beeinflussen? Wie können sie ihren Einfluss dauerhaft sichern? Haben sie über die Befriedigung ihrer verbandsspezifischen Bedürfnisse hinaus zusätzliche gesamtgesellschaftliche Ordnungsvorstellungen? Daneben werden Fragen der Verbandsstruktur erörtert: Wie gestalten Verbände ihre Struktur, wie verwirklichen sie innerorganisatorisch demokratische Grundsätze, und auf welche Weise bestimmt sich das Verhältnis zwischen ehrenamtlichen und hauptamtlichen Funktionären?

Jede der nun vorzustellenden Theorien besitzt einen gewissen Erklärungsgehalt, jedoch nur zusammengefasst vermögen sie das Wissenschaftsfeld der Interessengruppenforschung befriedigend zu bestellen (von Alemann 1985: 7).

2.1 (Neo-)Pluralismus

Pluralismus bezeichnet die Tatsache, dass es in einer komplexen Gesellschaft zahlreiche unterschiedliche Interessen gibt (Oberreuter 1980). Alle diese Interessen sind gleichberechtigt und organisierbar, ihre Organisation ist legitim und sie haben grundsätzlich die gleiche Chance ihrer Durchsetzung. In seiner ursprünglichen Bedeutung und an der lateinischen Herkunft des Wortes orientiert bezeichnet Pluralismus ein Strukturmerkmal eines politischen Systems, das „in der Konkurrenz einer Vielzahl politischer Kräfte bei der Herstellung und Implementation allgemein verbindlicher Entscheidungen besteht" (Sebaldt 1997a: 14). Der bedeutendste Aspekt der Pluralismustheorie besteht in ihrer normativen, wertgebundenen Ausrichtung. Er betont, dass die Vielfalt an Meinungen, Interessen und Organisationen ein positives Spiegelbild der gesellschaftlichen Komplexität ist und in die Inhalte der politischen Ordnung einzugehen hat (Eisfeld 1996: 537; Oberreuter/ Weber 1978).

Lange aber hatte der Pluralismusbegriff gerade angesichts der obrigkeitsstaatlichen Tradition in Deutschland eine negative Konnotation. Diese war nicht zuletzt in der Tradition der politischen Philosophie zu suchen. Bevor Deutschland als einheitliches staatliches Gebilde 1871 zu existieren begann, wurde der Staat lange Zeit als höchste Form des irdischen Zusammenlebens angesehen. *Georg Wilhelm Friedrich Hegel* (1770-1831) beschrieb den Staat als gottgleiche, bestmögliche und unfehlbare Institution des Zusammenlebens. Gesellschaftlicher Eigenaktivität, der autonomen Formierung unterschiedlicher Interessen und ihrer Teilhabe an der Willensbildung konnte *Hegel* dementsprechend nur wenig abgewinnen. Der deutsche Staatsrechtslehrer *Carl Schmitt* (1888-1985) entwarf in der Tradition des französischen Aufklärers *Jean-Jacques Rousseau* (1712-1778) eine dualistische, unversöhnliche Gegenüberstellung von Staat und Gesellschaft. In dieser Perspektive schadeten partikulare Interessen dem übergeordneten, staatlich definierten Gemeinwohl und waren so konsequent zu bekämpfen.

Aus pluralistischer Sicht werden Verbände nun ganz im Gegenteil nicht als Gefahr für den Staat, seine souveräne Einheit und vermeintliche Homogenität gesehen, sondern vielmehr als legitime Teilhaber am und Gestalter des politischen Willensbildungsprozesses (von Alemann/ Heinze 1979a: 16). Der Staat wird folgelogisch den Interessengruppen gegenüber als „kollektives Aggregat" (von Alemann 1985: 11) begriffen, als eine arbeitsteilige Organisation, deren Legitimität nicht über die aus dem gesellschaftlichen Unterbau herrührenden Interessengruppen hinaus ragen könne: Der Staat erwächst aus der Gesellschaft, sie ist seine Grundlage (Steffani 1980).

Die moderne Pluralismustheorie wurde seit Beginn des letzten Jahrhunderts in den USA, in Großbritannien und in Deutschland formuliert (Fraenkel 1979: 202-205; Reif 1997: 187). Zu diesem Zeitpunkt kleidete sich der Pluralismusbegriff selbst und als Reaktion auf die gesellschaftsfeindlichen Theorien *Hegelschen* Musters in ein strikt anti-etatistisches Gewand. Der Pluralismus betonte die Legitimität divergierender und sich organisierender Interessen sowie ihre Teilhabe an der Willensbildung, anerkannte aber auch die Existenz staatlicher Leitungsorgane, die an die Gesellschaft rückgebunden waren. Einer der ersten und herausragendsten Vertreter des Pluralismus war *David B. Truman*: „As used here „interest group" refers to any group that, on the basis of one or more shared attitudes, makes certain claims upon other groups in the society for the establishment, maintenance, or enhancement of forms of behavior that are implied by the shared attitudes" (Truman 1971: 33).

Ursprünglich auf die amerikanischen Verhältnisse bezogen, zeichnet seine Theorie der Interessenvertretung ein Bild, das von einem pluralistischen Zusammenwirken organisierter und nicht-organisierter gesellschaftlicher Kräfte ausgeht. Am Ende dieses Zusammenwirkens stünde eine politische Entscheidung, die nicht nur akzeptabel sei, sondern auch von allen an der Entscheidung beteiligten Kräften getragen wird. Dabei geht Truman unter dem Eindruck der amerikanischen Interessengruppen davon aus, dass unabhängig von Größe, Organisationsgrad und vertretenem Interesse letztlich jede Organisation theoretisch dazu in der Lage sei, ihre Interessen auch durchzusetzen. Dass es überhaupt zur Bildung organisierter Interessen kommt, führt Truman auf die zuvor fehlende Artikulation bestimmter sozialer Interessen zurück. Insofern provozieren diese sozialen und kommunikativen Mangelerscheinungen sogar den Zusammenschluss gleicher Bedürfnisse, Meinungen und Forderungen (Truman 1971: 34). Diese gemeinsamen Haltungen („*shared attitudes*") konstituieren das gemeinsame Interesse und bilden die gesellschaftliche Realität exakt ab. Dies allerdings mit einer gewissen Zeitverzögerung von dem Zeitpunkt an, an dem die Interessen zwar vorhanden, jedoch noch nicht artikuliert sind, bis hin zur Gründung der Organisation und der Formulierung der eigenen Forderungen. Truman verlässt sich dabei auf die Funktionsfähigkeit offener Gesellschaften mit zugestandener Meinungs- und Organisationsfreiheit (Sebaldt 1997a: 47). In dieser Tradition stehend erwies sich der von *Ernst Fraenkel* (1898-1975) inspirierte *Neopluralismus* (Buchstein/ Göhler 2000). Grundlage von *Fraenkels* Gesellschaftsbild ist die ausbalancierte Stellung von Individuum, Gesellschaft und Staat in den westlichen Demokratien. Diese stellen ihm zufolge keine Gesellschaften isolierter Individuen dar. Gleichzeitig erhöben sie nicht den Anspruch, die Leitung des Staates rechtlich privilegierten Eliten und die Leitung der Wirtschaft rechtlich unkontrollierten Klassen zu überlassen (Fraenkel 1979: 198; Fraenkel 1964). „Um dem Schicksal der Vermassung zu entgehen, gewähren die westlichen Demokratien ihren Bürgern die uneingeschränkte Möglichkeit, sich in einer Vielzahl von Verbänden pluralistisch zu organisieren, zu betätigen und kollektiv in das Staatsganze einzugliedern" (Fraenkel 1979: 199).

Übersicht 4:   Pluralistische Demokratie und totalitäres System

	Pluralistische Demokratie	**Totalitäres System**
Gemeinwohl	Gemeinwohl als ex post-Resultat einer Gruppenauseinandersetzung	Gemeinwohl ex ante vorgegeben und von Partei- oder Staatsführung erkannt
Heterogenität	Legitime Unterschiedlichkeit von Interessen	Grundsätzliche Übereinstimmung aller ideologisch legitimierten Interessen
Abhängigkeit	Vom Staat unabhängige Interessenorganisation	Allein staatsabhängige Organisationen
Herrschaftsanspruch	Mehrparteiensystem mit Opposition und rechtsstaatlichen Sicherungen, begrenzter Herrschafts- und Machtanspruch des Staates	Unumschränkter Gestaltungsanspruch des Staates mit Vordringen in alle Lebensbereiche
Quelle: Darstellung nach Rudzio 1982: 61.		

Nach der Ausbildung des klassischen Pluralismus um die Jahrhundertwende rührte der von *Fraenkel* geprägte Begriff „Neopluralismus" von einer doppelten Negation her: Der Pluralismus sei durch die totalitären Systeme des 20. Jahrhunderts (Nationalsozialismus, Kommunismus) negiert worden, insofern bedürfe es einer Negation der Negation, um den Totalitarismus wiederum durch einen Neo-Pluralismus zu überwinden. Die pluralistische Demokratie sollte sich durch folgende Variablen von den totalitären Systemen unterscheiden:

> *Fraenkel* begriff die gesellschaftlich organisierten Gruppen als „flexibles Kräfteparallelogramm", dem der Staat in Form seiner demokratisch legitimierten

Institutionen (vor allem die Parlamente und Regierungen) als Schiedsrichter gegenüber stünde (Fraenkel 1979: 45). Das aus der Geometrie entlehnte Bild war nicht zufällig: Zum einen sollte es verdeutlichen, dass politische Entscheidungen nicht von vornherein an einem festgelegten Gemeinwohl *a priori* ausgerichtet werden sollten, wie dies in den totalitären Diktaturen des 20. Jahrhunderts durch Aktionsprogramme von Einheitsparteien realisiert wurde. Zum anderen wurde betont, dass Parteien und Verbände *zusammen* mit dem Staat ein Kräftegleichgewicht im politischen System der westlichen Demokratien darstellen sollten. Im verfassten Zusammenspiel, in der rechtlich normierten Auseinandersetzung miteinander sollte das Gemeinwohl gefunden werden, nicht als soziale Realität, sondern *a posteriori* als „regulative Idee", als Ergebnis freien pluralistischen Konkurrenzspiels (Fraenkel 1979: 42). Daher wurde auch eine klare Trennung von Staat und Gesellschaft durch *Fraenkel* abgelehnt, im Gegenteil sollte ersterer aus der letzteren hervorgehen und sich eine zweite Ebene zwischen Individuum und Staat schieben: die intermediären Gewalten (Parteien, Medien, Verbände). Als Grundlage für den Wettstreit der Interessen, an dessen Ende das Gemeinwohl stünde, sollte als Fundament ein „nicht-kontroverser Sektor" dienen (Schütt-Wetschky 1997: 14). Während über sämtliche Fragen in der Gesellschaft Konflikte ausgetragen werden konnten, sollte dieser eine stabile normative Basis mit Regeln für den demokratischen Austrag differierender Interessen bilden. So beinhaltete er neben Verfahrensregeln vor allem unantastbare, gemeinsame Werthaltungen (Menschenrechte, Menschenwürde etc.), die zu keinem Zeitpunkt Gegenstand von Auseinandersetzungen sein dürften. Somit war unabdingbar, „dass zwischen (...) Organisationen das Minimum einer Übereinstimmung über die verpflichtende Kraft eines als gültig anerkannten Wertkodex besteht, das unerlässlich ist, um als tragfähige Basis für den Abschluss der allfälligen Kompromisse zu dienen" (Fraenkel 1979: 42).

Diese „generelle Anerkennung eines Minimums" sei notwendig, da die öffentliche Meinung somit die Grundlagen der Existenz der Interessenverbände, letztere selbst die Grenzen ihrer Betätigungsmöglichkeiten erkennen könnten (Fraenkel 1979: 46). Trotz der gegensätzlichen Interessen sollte der Austrag der Differenzen daher auf der Grundlage eines allgemein anerkannten Minimalkonsenses über die Grundlagen der Verfassungsordnung (Sozialstaat, Rechtsstaat, Bundesstaat, Demokratie) stattfinden. Damit sollte einer eventuellen Wiederholung des Werteverlusts, wie er im Nationalsozialismus deutlich geworden war, ebenso aber auch der totalitären Bedrohung durch den Kommunismus Einhalt geboten werden (Fraenkel 1979: 40-42).

Die Formulierung der Pluralismustheorie stellte somit gerade in Deutschland einen wesentlichen Schritt der Politikwissenschaft dar, die Dominanz der konservativ-etatistischen, auf den Staat ausgerichteten Theorien zu überwinden (von Alemann 1985: 12; Kremendahl 1977). Dabei sind zusammenfassend fünf Minimalbedingungen des Pluralismusmodells fassbar geworden (von Alemann 1989: 43):

1. Alle wesentlichen Interessen der Gesellschaft sind über Verbände und Parteien organisierbar bzw. organisiert.
2. Für diese verbandsmäßig organisierten Interessen herrschen grundsätzlich und unabhängig von der späteren Durchsetzung zunächst dieselben Spielregeln und Wirkungsmöglichkeiten.
3. Das System ist offen und empfänglich für neu sich artikulierende Interessen.
4. Droht die Monopolisierung oder eine einseitige Interessendurchsetzung, so besteht die Garantie einer Gegenverbandsbildung.
5. Der „nicht-kontroverse Sektor" als Grundkonsens über die Spielregeln des pluralistischen Wettbewerbs ist von allen Teilnehmern anerkannt.

Der Pluralismus stellt bereits in seinem Anspruch die organisierten Interessen in den Mittelpunkt seines Ansatzes (Rippe 1996: 289-317). Insofern haben sich auch fast alle nachfolgenden Ansätze und Theorien aus der Auseinandersetzung mit dem Pluralismus entwickelt. Im Wesentlichen sind aber auch zahlreiche Einwände gegen seine Minimalkonditionen vorgebracht worden. So haben zum einen vor allem „allgemeine Interessen" erhebliche Probleme, sich zu organisieren. Daneben droht zum anderen entgegen der Annahme, das System sei offen für das Einfließen neuer Interessen, im Gegenteil und unter bestimmten Umständen eine Monopolisierung und die Verfestigung eines Elitenkartells. Außerdem sind verschiedene Interessen unterschiedlich konfliktfähig, gerade in leistungsorientierten Massengesellschaften lassen sich ökonomisch nachrangige Interessen nur schwer organisieren (Frauen, Alte, Behinderte, Kinder, Arbeitslose etc.). Damit ist die durch die Pluralismustheorie formulierte prinzipielle Chancengleichheit in dieser Form gerade nicht feststellbar, ebenso wenig wie das postulierte Machtgleichgewicht zwischen den einzelnen organisierten Interessen in dieser Eindeutigkeit besteht. Gerade an letzterem Kritikpunkt hat die *Neue Politische Ökonomie* angesetzt.

2.2 Neue Politische Ökonomie (NPÖ)

Die *Neue Politische Ökonomie* (NPÖ) ist eigentlich in den Wirtschaftswissenschaften beheimatet, hat allerdings auch Eingang in die Sozialwissenschaften gefunden (Behrends 2001). Ihr Kernsatz lautet: Alle sozialen Tatsachen sind aus

den Entscheidungen und dem Handeln einzelner Akteure erklärbar, die man sich
ausnahmslos als rationale Nutzenmaximierer vorstellen muss (Kirsch 1997).
Insofern dominiert bei der NPÖ nicht nur ein methodologischer Individualismus,
sondern darüber hinaus auch die Überzeugung, aus dem radikalen Nutzenkalkül
des Einzelnen treffsichere Aussagen über sein zukünftiges Verhalten ableiten zu
können: Jedes Individuum ist ein *homo oeconomicus* und handelt stets so, dass
es seinen größtmöglichen Nutzen erreichen kann. Sein Entschluss zu einem
bestimmten Verhalten (zum Beispiel zum Eintritt in eine Organisation) geschieht
in Erwartung eines anzunehmenden eigenen Vorteils. Der Entschluss zum Beitritt, jegliches Engagement überhaupt gilt daher als Ergebnis einer rationalen
Kosten-Nutzen-Abwägung des Individuums („rational-choice").

Der bedeutendste Ansatz der NPÖ entstammt neben den benachbarten Theorien von *Anthony Downs* (Downs 1968) und *Albert Hirschman* (Hirschman
1974) der Feder des amerikanischen Sozialwissenschaftlers *Mancur Olson* (Olson 1992). *Olson* fragt, inwiefern für unterschiedlich große Interessengruppen
mit voneinander differenten Zielsetzungen gleiche Startbedingungen zu finden
sind (Olson 1992: 4). Als scharfer Kritiker der Pluralismustheorie geht *Olson*
von einem direkt proportionalen Zusammenhang aus. Dieser Zusammenhang
erscheint zunächst überraschend: Je größer die Zahl der Interessenten an einem
erzeugten Nutzen, desto unwahrscheinlicher ist die Bildung einer Interessengruppe. *Olsons* Darlegung zufolge erzeugen besonders die großen Massenorganisationen (er hat vor allem die Gewerkschaften im Sinne) für ihre Mitglieder
nämlich nicht nur individuellen Nutzen, sondern darüber hinaus auch erhebliche
und vor allem unteilbare öffentliche Güter:

> „Ein Gemein-, Kollektiv- oder öffentliches Gut wird hier als jedes Gut definiert, das
> den anderen Personen in einer Gruppe nicht vorenthalten werden kann [...]. Mit an-
> deren Worten, denjenigen, die von dem öffentlichen oder kollektiven Gut weder et-
> was kaufen noch dafür bezahlen, kann man es weder vorenthalten noch kann man
> ihnen seinen Konsum verwehren, wie man das bei nicht-kollektiven Gütern kann"
> (Olson 1992: 14).

Diese öffentlichen Güter zeichnen sich also vor allem hinsichtlich ihrer Kosten
aus. Die Produktionskosten, die für das Bereitstellen des öffentlichen Gutes der
Interessengruppe anfallen, sind immer gleich hoch. Dabei spielt es keine Rolle,
ob das betreffende Gut für viele oder aber lediglich einen einzigen Konsumenten
erstellt wird: Nicht nur ein Individuum, sondern mehrere können gleichzeitig in
den Genuss des Gutes gelangen. So fallen unter öffentliche Güter etwa die nationale Sicherheit, gesunde Luft oder Radiosendungen (Zimmer 1996: 174).

Die Güter kommen damit zwingend nicht nur den Mitgliedern des sie be-
reitstellenden Kollektivs zugute, sondern auch denjenigen, die nicht in der Inte-

ressengruppe organisiert sind, da sie diesen nicht vorenthalten werden können: Von sauberer Luft profitieren neben Umweltschutzaktivisten auch Personen, die sich nicht für den Erhalt unserer Lebensgrundlagen einsetzen. Geht man von dem Streben des Einzelnen nach rationaler Nutzenmaximierung aus, entsteht dadurch ein logisches Problem: Der Anreiz für das einzelne Mitglied der Organisation, sich zu engagieren, seine eigenen Ressourcen (Zeit, Arbeit) einzubringen und einen hohen, materiellen oder immateriellen Mitgliedsbeitrag zu entrichten, ist gering. Da ihm das Kollektivgut nicht vorenthalten werden kann, gelangt es auch ohne den Einsatz eigener Ressourcen in dessen Genuss. In einer rationalen Entscheidung entschließt sich das Individuum folglich dazu, nicht der Interessengruppe beizutreten und dennoch von den durch die Interessengruppe ausgehandelten Kollektivgütern zu profitieren. *Olson* nennt diese Personen Trittbrettfahrer („free-rider"). Anders ausgedrückt heißt dies: Je spezifischer, überschaubarer, enger auf bestimmte Gruppenmitglieder begrenzt ein Kollektivgut ist, umso größer die Wahrscheinlichkeit, dass sich Individuen mit ausreichender Motivation zu dessen Bereitstellung finden. Andernfalls würde das Kollektivgut überhaupt nicht bereit gestellt. Umgekehrt bedeutet dies: Je unspezifischer und allgemeiner ein Kollektivgut, umso größer die Zahl der Interessenten daran und umso geringer gleichzeitig die Chance, sie zu einer aktiven Mitarbeit in der Organisation zu bewegen. Der Organisationsfähigkeit großer Gruppen gebricht es in der Regel also daran, dass sie ebenso große wie allgemeine Kollektivgüter zur Verfügung stellen. Diese sind für so große Teile der Bevölkerung relevant, dass sich dafür aus den geschilderten Gründen keine mobilisierbaren Mitglieder finden lassen (Sebaldt 1997a: 48).

Organisierte Interessen versuchen *Olson* zufolge diesen gordischen Knoten durch eine zweigleisige Strategie zu durchtrennen: Zum einen schaffen sie ein professionelles Führungssystem und etablieren einen Kontrollapparat und bürokratischen Organisationsgrad. Dadurch ermöglichen sie den eigenen Mitgliedern Aufstiegschancen, welche der Trittbrettfahrer nicht nutzen kann. Die zweite Maßnahme zielt in dieselbe Richtung: Interessengruppen fügen den unteilbaren Kollektivgütern spezielle materielle Anreize („*selective incentives*") hinzu, die wiederum nur den Mitgliedern zugute kommen:

> „Nur ein besonderer und selektiver Anreiz wird ein rational handelndes Mitglied einer latenten Gruppe dazu bewegen, gruppenorientiert zu handeln. Unter solchen Umständen kann ein gemeinsames Handeln nur durch einen Anreiz erzielt werden, der nicht wie das Kollektivgut unterschiedslos auf die Gruppe als Ganzes wirkt, sondern vielmehr auf die einzelnen Personen in der Gruppe" (Olson 1992: 49).

Neben die originären und ursprünglichen Anreize der Interessengruppe treten damit ergänzende Interessen, die mit dem eigentlichen Organisationsgrund nichts mehr zu tun haben müssen. So bieten verschiedene große Interessengruppen neben ihren eigentlichen Zielsetzungen auch Rabatte, Sozialleistungen und Versicherungsmöglichkeiten für ihre Mitglieder. Durch diese zusätzlichen Reize motiviert, entschließen sich die Individuen zum Eintritt in die Organisation, zur Einbringung der eigenen Ressourcen und damit indirekt zur Erlangung des Kollektivgutes. Nicht zuletzt aus diesem Grund bestreitet *Olson* die pluralistische Annahme, dass die Landschaft der Interessengruppen ein Abbild der gesellschaftlichen Realität sei. Ebenfalls im Gegensatz zum Pluralismus wird in der NPÖ davon ausgegangen, dass es Interessen gibt, die sich nicht organisieren können. Diese Interessen müssen Olson zufolge „schweigend leiden" und bleiben allein in „vergessenen", nicht fest organisierten Gruppen vertreten. Die Beispiele, die *Olson* dafür anführt, sind die Angestellten, die Steuerzahler oder auch die Pazifisten (Olson 1992: 163-164).

Ein weiterer Vertreter der NPÖ ist *Robert Salisbury*, der, abermals von den Verhältnissen in den USA ausgehend (Salisbury 1992a), die Austauschtheorie zwischen Gesellschaft oder sozialer Struktur und Individuen auf Interessengruppen übertragen hat. Ihm zufolge kann bei der Tätigkeit von Interessengruppen, genau wie bei der Austauschtheorie auf Gütermärkten, zwischen Angebot („supply") und Nachfrage („demand") unterschieden werden. Bei Interessengruppen, freiwilligen Vereinigungen und Vereinen wird der supply-Aspekt durch den jeweiligen Vorstand wahrgenommen. Die Mitglieder und der Anhängerkreis repräsentieren dem gegenüber die Nachfrageseite. Beide stehen dabei in einem wechselseitig voneinander abhängigen Verhältnis. Solange die Angebote und Leistungen der Interessenvereinigung (Lobbyaktivitäten, Fort- und Weiterbildungsmöglichkeiten) nachgefragt werden, so lange ist die Existenz der Organisation und die Stellung ihrer Leitungsebene gesichert. Schwindet die Nachfrage nach den Leistungen der Interessengruppe, so ist kein Mitglied und kein Anhänger mehr bereit, in ein eben solches Austauschverhältnis mit der Organisation einzutreten: Die Organisation kann als Anbieter nicht mehr fortbestehen.

Salisbury wird zugute gehalten, dass er im Gegensatz zu *Olson* auch nach den Voraussetzungen und Vorleistungen einer Organisation fragt, die einen Austausch zwischen Anbietern und Nachfragern überhaupt erst ermöglichen (Zimmer 1996: 199). Er unterscheidet dabei drei Analyseebenen: Zum einen berücksichtigt *Salisbury* die Gründung einer Interessenvereinigung und vergleicht sie mit dem unternehmerischen Risiko einer Firmengründung: Das Austauschverhältnis ist erst noch zu etablieren, und wenn sich keine Nachfrage für das Angebot der Interessengruppe findet, so kann der Gründer durchaus „Schiffbruch" erleiden (Salisbury 1969: 11). Damit steht als erste Untersuchungseinheit der politische oder ideologische Initiator der Interessengruppe mit sozialen und materiellen Ressourcen fest. Daneben muss das Angebot der betreffenden Organisationen einer kritischen Würdigung unterzogen werden. *Salisbury* nennt diese Anreize „benefits" und unterscheidet zwischen

- materiellen „benefits" (Sachgüter, Dienstleistungen, Arbeitsplatz),
- immateriellen Anreizen wie Zusammensein und Zusammenhalt in der Gruppe, Solidarität, gesellschaftliche Anerkennung und Status,
- sowie expressiven Anreizen (die eigentliche und ursprüngliche Zielsetzung der Gruppe).

Letzten Endes ist auch der Austausch selbst noch zu analysieren, da die verschiedenen Anreize einerseits erst zum Eintritt, andere wiederum zum Verbleib bzw. zum Nicht-Austritt animieren (Salisbury 1992a: 14-20). *Salisbury* trifft sich inhaltlich in weiten Teilen mit *Olson*. Der Unterschied zwischen beiden liegt jedoch in ihrer Herangehensweise. *Olson* beschreibt vor allen Dingen große Interessengruppen, klassifiziert sie als *offene Systeme* ohne klar auszumachende Grenzen und zeichnet die daraus resultierenden Probleme bei der Erstellung eines Kollektivgutes nach. Dem gegenüber stellen diese Organisationen *Salisbury* zufolge relativ *geschlossene Systeme* mit klaren Motiven und eindeutigen Strukturen dar. Daraus leiten sich unterschiedliche Untersuchungsebenen ab: Die Austauschtheorie ist weitaus stärker an organisatorischen und damit strukturellen Fragen interessiert, da sie sich an den Entstehungsbedingungen von Organisationen orientiert (Zimmer 1996: 200). Darin liegt jedoch auch genau ihre Schwäche: Sie überbetont die Struktur von Organisationen und die dadurch bestimmte Funktionslogik, während die Akteure der Interessengruppe, deren Motivation und Zielrichtung sowie daraus resultierende Probleme unterbelichtet bleiben.

Ein relativ junger Forschungszweig der NPÖ behandelt das Phänomen des „rent-seeking" (Buchanan/ Tollison/ Tullock 1980), das Streben von Individuen nach Renten. Rente wird dementsprechend als „Überschuss über die Opportunitätskosten einer Ressource" (Märtz 1990: 12) definiert, wobei unter Ressourcen hier nicht nur materielle und nicht-materielle Güter, sondern auch persönliche Fähigkeiten und Fertigkeiten gefasst werden. Damit ist die Tendenz beschrieben, dass sich Individuen in einer rational-ökonomischen Entscheidung bewusst gegen marktwirtschaftliches Engagement und daraus resultierende Erträge („profit-seeking") entscheiden. Statt dessen lassen sie sich in eine neuere Entwicklung gleichsam einspannen: Staatliche Institutionen tendieren mehr und mehr dazu, durch Steuerbegünstigungen, Subventionen und allgemeine Regulierungsmaßnahmen einzelne Sektoren gezielt zu unterstützen. Handlungs- und Steuerungs-

kapazitäten, die ansonsten der selbstregulierenden Eigenschaft des Marktes ob-
lägen, zieht der Staat somit an sich und wird selbst regulierend und umverteilend
tätig. Da individuelles Verhalten allein keine dauerhaften ökonomischen Gewinne zu garantieren vermag, ergibt sich der Anreiz, Marktmechanismen durch
staatlich determinierte Regelungen auszuhöhlen, mit staatlicher Hilfe Privilegien
langfristig zu sichern und Verteilungsverluste durch den Markt zu verhindern.
Für das Individuum erscheint es daher rationaler, statt eines marktwirtschaftlichen „profit-seekings" nach einer „natürlichen" Rente eher eine Strategie zu
wählen, derzufolge ihm durch staatliche Unterstützung eine Mindestrente, eine
sogenannte „politische" Rente garantiert wird (Märtz 1990: 11).

Diese Rente kann zwar im Vergleich zur Profit-Rente des Marktes geringer
ausfallen, die Gefahr von Verlusten, die auf Seiten des Marktes stets gegeben ist,
wird dadurch jedoch umgangen. Der Staat wird damit und aufgrund seiner Möglichkeit, vorteilhafte Positionen zu schaffen und dauerhaft zu sichern, zu einem
begehrten Adressaten zahlreicher Aktivitäten von Interessengruppen. Um diese
politischen Renten wird somit durch gezielte Einflussnahme auf den politischen
Entscheidungsprozess konkurriert. Solche „rent-seeking"-Aktivitäten richten
sich auf die Erlangung von Transferleistungen des Staates aus, die neben direkten monetären und realen Transfers (im Bereich der sozialen Sicherung) ebenso
Steuervergünstigungen, Subventionen oder Kontingentierungen umfassen können. Dazu kommen auch begünstigende Leistungen etwa im Bildungsbereich
oder im Beschäftigungswesen, die entweder unentgeltlich oder zu abermals
subventionierten Preisen bereit gestellt werden.

Der Wandel vom liberalen Nachtwächterstaat, der sich allein auf seine
Kernaufgaben beschränkt und ansonsten im Hintergrund bleibt, zum modernen
und selbsttätig aktiven Wohlfahrts- und Interventionsstaat ist aus Sicht des „rent-
seekings" daher von zentraler Bedeutung. Nicht zuletzt ist der gesellschaftliche
Wandel hin zu einer „rent-seeking-society", dem breiten Streben der meisten
Individuen nach „politischen" Renten, das Ergebnis vermehrter staatlicher Um-
verteilungsmaßnahmen. Der Staat wird von dieser Warte aus allein als der Faktor interpretiert, der für spezielle Gruppen mit Verteilungszielsetzungen deren
Wünsche adäquat durchzusetzen vermag. Das quantitative und qualitative Ausmaß dieser Interessendurchsetzung wird durch die Bereitschaft staatlicher Insti-
tutionen bestimmt, Distributionsvorteile zugunsten einzelner Individuen oder
Gruppen zuzulassen. Insofern wirken besonders Interessengruppen auf die
Durchführung staatlicher Sonderregelungen hin, um die Einkommen ihrer Mitglieder durch leistungsunabhängige Renten dauerhaft zu erhöhen. Diese Sonder-
regelungen berühren jedoch abermals die Interessen und Ansprüche anderer
Gruppierungen, die ihrerseits versuchen, Ausnahmeregelungen durchzusetzen.
Der sich aus diesem Interessenkonflikt von einzelnen Gruppen und staatlichem

Entscheidungs- und Verteilungsverhalten ergebende, sich spiralenartig steigernde Prozess kann dazu führen, dass bestimmte Interessengruppen die durch die Umverteilung gewonnenen Vorteile dauerhaft zu sichern versuchen. Sie entwickeln eine Anspruchshaltung gegenüber dem Staat, der sich bereits vorab einem erhöhten Druck zu Maßnahmen mit vornehmlich distributivem Charakter ausgesetzt sieht (Märtz 1990: 35).

Für moderne Volkswirtschaften kann diese Entwicklung problematisch sein, da das individuell-rationale Streben nach Marktrenten für das Wachstum und die Entwicklung einer Ökonomie von entscheidender Bedeutung sind (Märtz 1990: 16). Die selektive Anwendung staatlicher Steuerungskapazitäten und die faktische Umverteilung von Eigentum lassen die „rent-seeking"-Theorie zu einem Gradmesser staatlicher Übersteuerung werden. Je mehr sich Individuen in einer rationalen Entscheidung dazu entschließen, statt nach einer Marktrente nach einer politisch garantierten Rente zu streben, desto mehr kann auf staatliche Aktivität und Regulierungsmaßnahmen im Wirtschaftsbereich geschlossen werden. Die neoliberale Ausrichtung der Theorie selbst betrachtet die Investition von Ressourcen in den Einfluss auf politische Entscheidungsprozesse durch Interessengruppen als ökonomische Verschwendung. Die Mittel, die zur staatlichen Umverteilung herangezogen werden, werden gleichzeitig dem Wirtschaftskreislauf und damit der Steigerung des gesamtwirtschaftlichen Outputs entzogen (Märtz 1990: 70). Außerdem birgt die Etablierung dauerhaft bevorrechtigter Gruppen die Gefahr, in langfristig verkrustete Strukturen und selektive Monopolbildungen zu münden. Diese Gruppen entwickeln ein dauerhaftes Blockadepotential und können Modernisierungsprozesse langfristig behindern. Olson hat den Zusammenschluss mehrerer dieser Gruppen als „Verteilungskoalitionen" bezeichnet (Olson 1991: 56-60). Verteilungskoalitionen bilden ihm zufolge Kartelle und vertreten „Sonderinteressen", während sie gleichzeitig die Effizienz eines übergeordneten Systems (Sozialprodukt, Staat etc.) in Mitleidenschaft ziehen oder zumindest beeinträchtigen. Da sie Entscheidungen langsamer treffen als die Individuen und Unternehmen, die sie konstituieren, können sie ursächlich mitverantwortlich sein für mangelhafte Flexibilität bis hin zu Reformstau und Modernisierungsunfähigkeit (Olson 1991: 75).

Der Wert der verschiedenen Ansätze aus der NPÖ liegt zusammenfassend darin, dass sie die Existenz auch wenig konfliktfähiger und deshalb nur schwer organisierbarer Interessen erklären können: Erst der zusätzliche materielle Anreiz, den die Interessengruppen ihren Mitgliedern neben dem eigentlichen Organisationsgrund bieten, übersteigt die Entscheidungskosten des Individuums und lässt sein Engagement rational erklärbar werden. Zahlreiche ihrer Variablen sind jedoch in der Realität nicht zu beobachten, weshalb sich intensive Kritik an den Ansätzen der NPÖ herausgebildet hat (Homann/ Suchanek 1992: 13-27). So gehört der idealtypische *homo oeconomicus* in den Sozialwissenschaften, aber auch in den Wirtschaftswissenschaften der Vergangenheit an. Mittlerweile wird von einer begrenzten Rationalität des Individuums („bounded rationality") ausgegangen, das sich nicht nur am bloßen Nutzenmaximum, sondern darüber hinaus an konkreten Situationen, tradierten Normen und den Bedürfnissen der Mitmenschen auszurichten hat. Das individualistische, egoistische Menschenbild sieht sich dadurch einer Zähmung durch gesellschaftliche Triebkräfte, aber auch durch andere Individuen ausgesetzt, die Rationalität der individuellen Entscheidung ist somit eingehegt und begrenzt („bounded"). Neben der Kritik am unrealistischen und einseitigen *Olsonschen* Menschenbild wird an seiner Theorie moniert, dass sie wesentliche Bedingungen bezüglich der Funktionslogik und der Weiterentwicklung freiwilliger Vereinigungen nicht berücksichtigt. So geht *Olson* selbst in einem weiter entwickelten Ansatz von einer radikalen Version des free-riders („strong free-rider hypothesis") aus, der sich überhaupt nicht engagiert und keinen Beitrag zur Erstellung eines Kollektivguts leistet. Auf der anderen Seite wird allerdings als empirische Widerlegung des *Olsonschen* Ansatzes eine abgeschwächte Form des free-riders („weak free-rider hypothesis") postuliert. Der „weak free-rider" zeigt gegenüber seiner radikalen Variante durchaus Engagement, wenn es um die Bereitstellung eigener Ressourcen zur Erlangung eines Kollektivgutes geht. Er kalkuliert seine eingebrachten Ressourcen jedoch stets, unterzieht sie auch weiterhin einer strikten Nutzenmaximierungskontrolle und hält sie generell in engen Grenzen (Marwell/ Ames 1978/79). Daneben werden auch die „selective incentives", die besonderen zusätzlichen Anreize, kritisiert, da sie die Gefahr von Zirkelschlüssen in sich bergen. Denn würde sich jedes Individuum nach den *Olsonschen* Maßstäben verhalten, so würde es erst gar nicht zur Bereitstellung von Kollektivgütern kommen. So wird vielmehr von einer Mixtur aus verschiedenen Anreizen ausgegangen, welche Individuen überhaupt dazu motivieren können, sich ehrenamtlich oder gegen Entgelt zu engagieren. Insofern sind persönliche Lebensumstände der Individuen, ihre Einbettung in ein soziales Umfeld und gesamtgesellschaftliche Entwicklungslinien ebenso maßgeblich wie die Zielsetzung der jeweiligen Vereinigung (Zimmer 1996: 198). Der Wert der NPÖ *Olsonscher* Prägung liegt vielmehr darin, dass sie zeigen konnte, dass es entgegen der pluralistischen Annahme Interessen gibt, die durch erhebliche Organisationsprobleme gekennzeichnet sind (ethnische Minderheiten, soziale Randgruppen, diffuse Großgruppen wie Arbeitnehmer oder Verbraucher).

2.3 (Neo-)Korporatismus

Der Korporatismusansatz ist mit der Pluralismustheorie verwandt bzw. ihr untergeordnet. Beide gehen von der Legitimität sich formierender, gesellschaftlicher Interessen aus. Während es sich beim Pluralismus allerdings um den Typus einer Gesellschafts*formation* handelt, beschreibt der Korporatismusbegriff ein System der Interessen*vermittlung* zwischen Staat und Interessengruppen. Diese Interessenvermittlung ist durch Aushandlungsprozesse zwischen Staat und Interessengruppen, die wechselseitig von einander abhängig sind (Interdependenz), geprägt (Streeck 1999; von Alemann 1989: 158). Der Korporatismusbegriff (als alternative Begriffe gelten Neokorporatismus, liberaler oder demokratischer Korporatismus) geht auf denjenigen des Korporativismus zurück. Dieser bezeichnet die Form organisierter Interessen in der ständischen Gesellschaft des Spätmittelalters und der Frühen Neuzeit (Adel, Klerus, städtisches Bürgertum), die in ihren Strukturen bis in die vorkapitalistische Feudalphase maßgebend war. In dieser starren und schwer durchlässigen Sozialstruktur fanden sich ebenso undurchlässig strukturierte Zünfte und Stände als Vorläufer moderner Interessengruppen (von Alemann/ Heinze 1979b: 39, Lehmbruch 1984a: 467).

Wie im Pluralismusmodell wird die Legitimität der Organisierung von Interessen nicht bestritten, nur geht der Korporatismusansatz bei der Frage nach dem Einfluss von Interessen auf politische Entscheidungsprozesse einen Schritt weiter. In modernen und liberalen Gesellschaften meint Korporatismus zunächst einmal die Beteiligung von Interessengruppen an der Politik. Diese Beteiligung geschieht jedoch nicht mehr wie im Pluralismus durch ein Konkurrenzspiel von unterschiedlichen Interessen, sondern ist institutionalisiert und den jeweiligen Verbänden von staatlicher Seite zugesichert. Damit ist allgemein eine enge Verflechtung von Parteien, Parlamentsfraktionen und starken Spitzenverbänden durch Prozesse des Aushandelns beschrieben (Czada 2000). Im engeren Sinne wird darunter heute die „Konzertierung" der staatlichen Instanzen, insbesondere der Regierung mit den großen Interessenverbänden von Kapital und Arbeit, verstanden (Lehmbruch 1984a: 467). Politik wird hier zum Ergebnis eines *Aushandlungsprozesses* zwischen Staat und Verbänden. Dieser Aushandlungsmodus kann aber auch zwischen Regierung und politischer Verwaltung und zwischen Regierung und zentralisierten Verbänden etabliert sein (Streeck/ Schmitter 1991: 135). Diesem Prinzip wird eine erhebliche „Staatsentlastung" und die Dämpfung gesellschaftlicher Konflikte durch die Findung eines tragfähigen Kompromisses zugeschrieben.

Damit ist auch der Wandel vom Pluralismus hin zu einem Prinzip der freiwilligen Koordination von unterschiedlichen Interessen beschrieben. Insofern entstand der Korporatismus als Ansatz aus den Schwächen der einfachen Übertragung des Pluralismusmodells auf die Interessengruppenforschung in Europa. *Philippe C. Schmitter*, einer der Begründer der Korporatismustheorie, bezeichnet Korporatismus demzufolge als „ein System der Interessenvermittlung, dessen wesentliche Bestandteile organisiert sind in einer begrenzten Anzahl singulärer Zwangsverbände, die nicht miteinander in Wettbewerb stehen, über eine hierarchische Struktur verfügen und nach funktionalen Aspekten voneinander abgegrenzt sind" (Schmitter 1979: 94).

Ausgangspunkt der Korporatismusforschung war die Interessenvermittlung und die daraus resultierende Politik im Verbund von Staat, Gewerkschaften und Arbeitgeberverbänden in den siebziger Jahren, welche die Bekämpfung der Inflation und der Arbeitslosigkeit zum Ziel hatte (Reutter 1991). In der heutigen Betrachtung steht vermehrt die ökonomische Lenkungsfunktion von Interessengruppen in einzelnen Politikfeldern im Mittelpunkt des Forschungsinteresses. Gemeinsam ist beiden die offizielle Einbindung von Interessengruppen in einen politischen Formulierungs- und Entscheidungsprozess, an welchem sie verbindlich und auch regelmäßig beteiligt werden (Czada 1996: 365).

Mitunter besitzen derlei privilegierte Verbände daher von staatlicher Seite nicht nur Anerkennung oder Lizenz, sondern können sogar auf Betreiben des Staates hin gebildet worden sein, wie etwa die gesetzlichen Krankenkassen oder die Industrie- und Handelskammern. In bestimmten Bereichen wird ihnen daher ein Repräsentationsmonopol zugestanden. Als Gegenleistung müssen sie bestimmte Auflagen bei der Auswahl des Führungspersonals und bei der Artikulation von Ansprüchen oder Unterstützung beachten (Schmitter 1979: 95).

Die Einbindung von Verbänden in politische Entscheidungsverfahren hat zwei mögliche Folgen: Zum einen die Durchsetzung gruppenegoistischer Ziele, zum anderen die Mäßigung interessenpolitischer Forderungen. Das Korporatismuskonzept richtet seinen Fokus auf die zweite Möglichkeit: auf Formen des Konfliktmanagements, in welchen gesellschaftliche Organisationen sowohl zur Zusammenarbeit mit der Regierung als auch zu Kompromissen und Zugeständnissen ihr gegenüber bereit sind.

Die regelmäßige Teilhabe bestimmter Verbände an politischen Aushandlungsprozessen birgt aber auch Probleme. So etwa, wenn überdurchschnittlich große Verbände die heterogene Interessenlandschaft ebenso wie die staatliche Politik erheblich stören können („Elitenkartell"). Auch die durch ständige und garantierte Beteiligung von Verbänden entstehenden Netzwerkstrukturen stellen hinsichtlich ihrer Demokratieverträglichkeit ein Problem dar. So ist bei der Existenz von benachbarten Verbänden kaum ersichtlich, wieso diese nicht an Entscheidungsprozessen beteiligt werden. Ebenso besteht die Gefahr von intransparenten Entscheidungen, deren konkreter Entstehungsprozess von Außenstehenden nicht mehr nachvollzogen werden kann. Insofern drohen besonders in stark korporatistischen Systemen politische „Kungelrunden" unter Ausschluss der Öffentlichkeit sowie der demokratisch legitimierten Institutionen (Parlamente, Regierung, Parteien).

Die institutionalisierte, von staatlicher Seite garantierte Beteiligung von Verbänden allein ist allerdings noch kein hinreichender Beleg für korporatistische Strukturen. Im Gegenteil besteht der Unterschied zwischen pluralistischen „pressure-groups", die allein aufgrund ihrer Größe oder wegen des vertretenen Interesses besonderen Einfluss haben, und bewusst korporatistischen Einbindungsstrategien in Folgendem: Die Einbindung der Interessengruppen geschieht im Korporatismus formal freiwillig. Die am politischen Formulierungs- und Entscheidungsprozess beteiligten Verbände sind damit zum einen gleichberechtigt und andererseits paritätisch am Aushandlungsprozess beteiligt (Czada 1996: 365-366). Darin vermutet Schmitter eine Austauschlogik zum Vorteil jeder Seite und nennt sie „Syndikalismus": Die staatlichen Stellen profitieren – vor allem auf dem Sektor der Arbeitsbeziehungen – von der Entlastung durch Verbände, die ihrerseits für eine wirksame Durchsetzung ihrer Interessen sorgen können (von Alemann 1985: 14). Das Gleichgewicht zwischen beiden Funktionen ist aber fragil: Staatliche Stellen laufen stets Gefahr, durch partikulare Interessen gleichsam „gefangen" (capture) genommen zu werden. Andererseits sind die beteiligten Verbände stets auf einen Kompromisskurs angewiesen.

Die Korporatismustheorie versucht damit systematisch, die Blindstellen der anderen bisherigen Theorien aufzuhellen. Übertrug die Pluralismustheorie das freie ökonomische Konkurrenzprinzip auf den politischen Markt, geht der Korporatismus von einer bestehenden Vermachtung und Versäulung unterschiedlich wirkmächtiger organisierter Interessen aus. Gerade in der Bundesrepublik entzündete sich eine Diskussion darüber, ob die staatlichen Institutionen durch die Verpflichtungen der Konsensdemokratie gegenüber organisierten Gruppen und mächtigen Verbänden, besonders Wirtschaftsverbänden und Gewerkschaften, noch dazu fähig seien, eigenverantwortliche Politik im Interesse der Allgemeinheit zu betreiben. Andererseits gab es auch Kritik von den in den Interessengruppen Organisierten selbst. So wurde unterstellt, dass besonders die Großverbände durch ihre Beteiligung an staatlicher Verantwortung nicht mehr zur Interessenpolitik in der Lage seien, da sie neben den Interessen ihrer Mitglieder auch ihre gesamtstaatliche Verpflichtung im Auge behalten müssten. Der Korporatismustheorie gebührt genau an dieser Stelle das Verdienst, den Beitrag von Verbänden nicht nur zur Formulierung gesellschaftlicher Interessen, sondern auch für die staatliche Handlungs- und Problemlösungsfähigkeit überhaupt erst erschlossen zu haben (Reutter 2002: 501).

Die Korporatismustheorie betrachtet zusammenfassend die großen Interessenverbände nicht als „pressure groups", die versuchen, Interessen zu bündeln, an den Staat heran zu tragen und durch Ausübung von Druck durchzusetzen. Vielmehr sind Interessengruppen aus dieser Warte bedeutende Akteure, die selbst aktiv an der Gestaltung von Politik teilhaben, indem sie Aufgaben des Staates übernehmen. So wird darunter in Betonung der beschriebenen Doppelstruktur, die „intensive Einbindung privilegierter Interessengruppen in den politischen Entscheidungsprozess einerseits und in den Implementationsprozess andererseits" (Sebaldt 1997a: 59), verstanden. Insofern unterscheidet er sich vom ständestaatlichen Korporativismus dadurch, dass er in modernen Demokratien gezielt in Erscheinung tritt und darüber hinaus demokratischen Spielregeln gehorchen muss. Zwischen staatlichen Instanzen, Parteien und Interessengruppen hat sich daher bisweilen ein geradezu symbiotisches Verhältnis heraus gebildet. Tarifpolitik, Sozialpolitik und die Autonomie der Tarifparteien wie ihr faktischer Einfluss auf die Wirtschaftspolitik sind dafür die eindringlichsten Beispiele.[2] Daneben erfüllen sie auch die Funktion der Koordinierung von Wirtschafts- und Lohn-Preis-Politik. Am deutlichsten greifbar wird dies in Form der Vertretung von Staat, Kapital und Arbeit („Tripartismus"), die in gemeinsamer Steuerung eine zukunftsorientierte, aber gleichzeitig sozial verträgliche Wirtschaftspolitik anstrebt. Historisch eng umgrenzte Erscheinungsformen wie die „Konzertierte Aktion" der endenden sechziger Jahre oder das erst jüngst gescheiterte *Bündnis für Arbeit* sind dafür nur zwei Beispiele. Das Bündnis, erstmals 1995 durch die IG Metall gefordert und etabliert, bezeichnete Spitzengespräche von Bundesregierung, Gewerkschaften und Wirtschaft sowie eine Steuerungsgruppe wie verschiedene Expertengruppen und eine Benchmarking-Gruppe, welcher die Bestandsaufnahme des Sozial- und Wirtschaftsstandortes Deutschland im internationalen Vergleich oblagen (Bleses/ Vetterlein 2002: 119-121, Hassel 2000: 498-524). Laut Neokorporatismus sind diese Bündnisse und Arrangements aber bereits auf spezifische Politikfelder („Arenen") spezialisiert und können über ihren Schwerpunkt hinaus keine Ergebnisse zeitigen (Lehmbruch 1979: 607, Weßels 1999: 16-21).

Gegenüber den individualistischen Ansätzen der NPÖ und des Pluralismus betont der Korporatismus insgesamt die kollektiven, herrschaftsorientierten Gruppenprozesse sowie die interaktiven Elemente in der Interdependenz von Staat und organisierten Interessen (von Alemann 1985: 14). Entgegen allen kritischen Ansätzen und Interpretationen gilt es festzuhalten, dass Verbände und Staat in einem wechselseitigen Abhängigkeitsverhältnis stehen. Dieses ist seinerseits Kennzeichen einer demokratisch verfassten Gesellschaft. Staatliche Stellen benötigen Verbände zur Sicherung der eigenen Effizienz, eine Tendenz, die aus der öffentlichen Zuschreibung von Problemlösungskompetenz den staatlichen

---

[2] Vgl. auch Kapitel III, Abschnitt 3.

Instanzen gegenüber resultiert. Nicht zuletzt das Bedürfnis staatlicher Instanzen nach funktionaler Entlastung angesichts immer größerer Anforderungskataloge gilt es dabei zu berücksichtigen (Heinze 1984: S. 528). Der Korporatismusansatz verweist aber auch auf problematische Erscheinungen. Die Beteiligung der Gewerkschaften etwa bleibt für sie selbst immer mit einem Risiko verbunden. Unter den drei beteiligten Akteuren Arbeit, Kapital und Staat können sie die geringsten Sanktionsmittel vorweisen und allein auf ihre Konfliktfähigkeit in der Tarifauseinandersetzung setzen (Bleses/ Vetterlein 2002: 27-30). Auf der anderen Seite ist das System des institutionalisierten Einflusses der Verbände nicht davor gefeit, in andere Politikbereiche vorzudringen. Hier besteht die Gefahr, dass Staat und Verbände ein versteinertes und verschlossenes Elitenkartell ohne demokratische Transparenz und Legitimation bilden (von Alemann 1985: 14). So können die Tarifpartner, vor allen Dingen die Arbeitgeber, über Fragen der Wirtschaftspolitik erheblichen Einfluss auf die Energie- und Technologie-, aber auch auf die Gesundheitspolitik ausüben. Damit kann demokratietheoretisch eine problematische Situation entstehen, da die eigentlichen Entscheidungsträger (Parlament) zunehmend unter den Einfluss des verbandlich dominierten Elitenkartells zu geraten drohen.

Die Bundesrepublik lag in vergleichenden Untersuchungen stets in der Mitte zwischen schwach ausgeprägten und starken korporatistischen Erscheinungsformen. Die einheitliche Gewerkschaftsstruktur, starke Unternehmerverbände, die intensive Durchorganisierung des gesamten sozialpolitischen Sektors und die ausgeprägte Gemeinwohlorientierung der deutschen Gesellschaft stützen in großem Maße die korporatistischen Grundelemente von Kompromiss und Kooperation (Fürstenberg 2002: 27-36). Dabei führen sie aber nicht immer zu korporativen Instrumenten und Strategien. Über die unterschiedliche Leistungsfähigkeit korporatistischer Strukturen in verschiedenen Systemen wird noch zu sprechen sein.

2.4 Konflikttheorie

Neben der fundamentalen Kritik durch die konservativ-etatistische Demokratietheorie eines *Carl Schmitt* und eines *Ernst Forsthoff* (1902-1974) sowie durch die NPÖ sah sich der pluralistisch-integrative Ansatz besonders auch der Gegnerschaft von links ausgesetzt. Der Kerngedanke der neomarxistisch geprägten Konflikttheorie beruht darauf, dass es entgegen dem demokratischen Postulat der durch eine Verfassung gebändigten Hauptinteressen auch in modernen Demokratien herrschende Interessen von privilegierten Klassen, Schichten oder Gruppen gäbe (Offe 1972: 135; Offe/ Fuchs 1998). Die strukturelle Verteilung politischer Einflusschancen sei eben nicht grundlegend paritätisch gestaltet, sondern an historisch tradierten Ungleichgewichten orientiert. Davon profitierten am meisten wirtschaftliche Interessen, denen auch die politischen Institutionen untergeordnet seien. Politische Herrschaft erscheine dem gegenüber „als bloße Artikulationsform im Widerspruch stehender gesellschaftlicher Interessen – gleichgültig, ob diese auf der Ebene des Klassensystems, der Interessenverbände, der politischen Parteien, der „power elites" oder des Wählerverhaltens untersucht werden. (...) Die Institutionen des politischen Systems erscheinen (...) vornehmlich in ihrer instrumentellen Funktion bedeutsam, nämlich als Machtmittel, mit deren Hilfe die in vorpolitischen Bereichen konstituierte sozioökonomische Interessenstruktur befestigt und reproduziert wird" (Offe 1972: 139).

Staatliche Institutionen sind somit nicht mehr als Absicherung gesellschaftlicher Interessen zu werten, sondern dienen primär der Verflechtung von Ökonomie und Politik, mithin der spätkapitalistischen Organisation und damit deren Interessen. Insofern konnten auch der liberale Verfassungsstaat und dessen Verfassung stets nur die vorpolitisch konstituierten Interessen der herrschenden Klasse sichern. Zum einen wurden durch Wertsysteme und Ideologien des Bürgertums außen-, finanz- und sozialpolitische Strategien des Staatsapparates mit den eigenen Interessen vereinbar. Zum anderen kam es zur strikten Ausgrenzung des Staates aus Handlungsräumen, in welchen die Wirtschaftssubjekte fortan ungehemmt ihre kapitalistischen Interessen verfolgen konnten. Gerade durch die freiwillige Selbstbeschneidung der staatlichen Zuständigkeiten sei die private Kapitalakkumulation befördert worden. Diese Tendenz sei noch einmal verstärkt worden, indem das ökonomische System als staatsfreier Raum festgeschrieben wurde, wie es etwa bei den Tarifverhandlungen der Fall ist. Hier bekämen wirtschaftliche Eliten, die ökonomisch herrschende Klasse, ein faktisches Monopol bei der Steuerung des politischen Handlungssystems. Die Chancen der politischen Artikulation fielen daher mit den ökonomisch determinierten Klassengrenzen zusammen (Offe 1972: 140-142). Der Kern der Kritik richtete sich abermals gegen das Pluralismusmodell: Das a posteriori-Gemeinwohl des Neopluralismus wurde als geschöntes Bild einer schlechten Wirklichkeit gebrandmarkt, in der jegliches Ergebnis als das erreichbare Optimum dargestellt werde (Rudzio 1982: 63). Dieses potenziere sich jedoch in korporatistischen Strukturen noch einmal in der ungleichen Einbindung von Unternehmern und Arbeitnehmern (Offe 1981: 146-150). In diesem Zusammenhang hielt *Offe* dem pluralistischen Modell vor, dass nicht alle Interessen gleichermaßen organisierbar seien, was aber nicht nur auf ihre Größe, sondern auch auf ihre Bedeutung für die Verwertbarkeit im kapitalistischen Wirtschaftssystem zutreffe. Im Mittelpunkt seiner Betrachtungen steht dem zufolge besonders der Hauptgegensatz zwischen Kapital und Arbeit. Nicht der als legitim postulierte Maßstab der gleichen Verteilung von Lebenschancen sei festzustellen, sondern die permanente Benachteiligung menschlicher Arbeit gegenüber organisierten Kapitalinteressen (Offe 1977: 161). Somit sei bereits durch unterschiedliche *Organisationsfähigkeit* der Interessen das Theorem der demokratischen Chancengleichheit verworfen. *Offe* unterschied daher organisierte Interessen von „privilegierten" und „unterprivilegierten" Lebensbereichen. Organisierbar seien nur solche Interessen, die sich als Spezialbedürfnisse einer sozialen Gruppe interpretieren lassen. Gerade der Kategorie allgemeiner Bedürfnisse sei die Organisationsform des Verbandes oder der Interessengruppe hingegen versperrt. Hierunter fallen beispielsweise Umweltschutzthemen wie das Interesse an sauberer Luft oder umweltverträglicher Energie. An dieser Stelle trifft sich die Kritik der Konflikttheorie mit derjenigen der NPÖ. Den allgemeinen Interessen, die im Zusammenhang stünden mit den Bereichen Wohnung, Gesundheit, Verkehr und Bildung, sei die Organisationsform des Verbandes strukturell versperrt. Hier schließt sich auch der Kreis der Kritik an der Pluralismustheorie: Organisationsfähig sind demnach erneut nur diejenigen Interessen, die einer *materiellen* Austauschlogik folgen. Lediglich Gruppen, die eine konkrete, begrenzte Leistung erbringen sowie eine für sie nützliche Gegenleistung entgegennehmen, sind als Wirtschaftssubjekte definiert und legitimiert. Statt eine prinzipiell gleichberechtigte Situation zu schaffen, beförderten pluralistische Theorien nur markt-analoge Interessendefinitionen (Offe 1972: 146; Offe/ Heinze 1986: 471-495).

Die Konflikttheorie postuliert ferner, dass durch unterschiedliche Organisationsfähigkeit von Interessen auch eine erheblich voneinander *abweichende Fähigkeit zum Austrag von Konflikten festgestellt* werden muss. Aus der *Konfliktfähigkeit* resultiere schließlich die *Chance auf politischen Einfluss*. So sind Studenten, Schüler und Arbeitslose Gruppen, die zwar organisationsfähig sind, deren Sanktionsmittel Leistungsverweigerung aber kaum ins Gewicht fällt. Damit sind diese Gruppen nicht in der Lage, gesellschaftlich relevanten Druck auszuüben. Die Konflikttheorie schreibt diese Tatsache allein dem Umstand zu, dass diese Interessen am Rande oder außerhalb des Leistungsverwertungsprozesses stehen. Die Fähigkeit zum Konflikt dürfe jedoch generell nicht inflationäre Anwendung in der Beurteilung finden. Im Gegenteil beruht die politische Einflussmacht von konfliktfähigen Verbänden stets nur auf der Androhung ihres Konfliktpotentials (z.B. Streik) statt einer realisierten Dauerkonfrontation. Damit würden nämlich der Interessengruppe diejenigen materiellen Ressourcen abhanden kommen, welche sie durch die Mitglieder in Erwartung kurzfristiger Erfolge zugestanden bekommt. Mit einem andauernden Konflikt würden demnach alle beteiligten Parteien verlieren.

Als Ergebnis daraus verfahren Interessengruppen nach folgenden Vorgehensweisen: Die Formulierung verhandlungsfähiger Positionen versucht sich der verbandsinternen Öffentlichkeit zu entziehen. Flexible Reaktionen und taktische Verhandlungsspielräume werden durch Mitgliederabstimmungen oder bindende Entschlüsse der Basis erschwert oder unmöglich. Diese Nicht-Öffentlichkeit befördert eine Entdemokratisierung der Verbandsstruktur, in der die Führungsebene gegenüber den restlichen Mitgliedern über neuralgische Informationen bezüglich der eigenen Verhandlungspläne verfügt. Gerade in den Gewerkschaften also müssen die Mitglieder dauerhaft diszipliniert werden, da utopische Bedürfnisäußerungen die Vorgehensweise des Verbandes wie seine Gesamtstrategie behindern könnten (Offe 1972: 148).

Die Kritik an *Offes* Ansatz liegt auf der Hand. Zum einen ist er zu einseitig auf den Gegensatz von Kapital und Arbeit ausgerichtet. Sein monokausaler Erklärungsversuch degradiert andere Konfliktfelder zu nachrangigen Organisationsgründen. Gerade die sich stets wandelnde Landschaft an Verbänden bringt aber mehr und mehr Erscheinungen hervor, die gerade nicht an diesem Gegensatz ausgerichtet sind. Zum anderen übersieht er grundlegende Errungenschaften des Sozialstaates. Dieser hat gerade den von *Offe* im Zentrum seiner Betrachtungen stehenden, nicht-privilegierten Schichten der Bevölkerung zu einem bescheidenen Wohlstand verholfen und wirkt mäßigend auf den Konflikt, den *Offe* zu einem elementaren Grund zur Formierung organisierter Interessen hochstilisiert.

2.5 Theorie der kritischen Masse

Neben der Kritik an der Pluralismustheorie wurde für zahlreiche Sozialwissenschaftler die Auseinandersetzung mit *Olsons* „Theorie des kollektiven Handelns" entscheidend. *Gerald Marwell* entwickelte als kritische Replik auf den *Olsonschen* Ansatz seine „Theorie der kritischen Masse" (Marwell/ Ames 1978/79: 1336-1338). Zunächst schien der Ansatz demjenigen *Olsons* noch zu ähneln. Menschen mit begrenzten Zeit- und Geldressourcen wägen entsprechend einer Kosten-Nutzen-Analyse ab, wann und wie sie ihr Engagement einbringen. Danach aber trennen sich die Autoren vom *Olsonschen* Dilemma. *Olson* wurde in Folge intensiver empirischer Untersuchungen (Marwell/ Ames 1978/79: 1348-1359) entgegen gehalten, seine Sicht auf eine vermeintlich homogene innere Struktur von Interessengruppen sei verfehlt. Dazu gesellte sich der Vorwurf, dass *Olsons* Individuen streng rationalistisch und weitgehend unabhängig voneinander agierten, während die Theorie der „kritischen Masse" die Interdependenzen zwischen den Individuen und die daraus resultierenden Perzeptionen mit berücksichtigt. Hierin liegt der Hauptunterschied zu *Olson*: Individuen machen ihre Handlungen und ihr Engagement nicht nur von ihren isolierten, allein persönlichen und ökonomisch-rationalen Abwägungen abhängig. Zusätzlich wird der Blick auf die anderen Engagierten in einer Gruppe handlungsanleitend (Marwell/ Oliver 1993: 9). Im Gegensatz zu *Olson* seien Gruppen durch ihre Heterogenität, durch die Interdependenz und die Mobilisierungswirkung einzelner Akteure geprägt (Marwell/ Oliver 1993: 2-4). Besonders den Beziehungen zwischen den Individuen innerhalb der Gruppe und den daraus resultierenden Netzwerken kommt eine besondere Bedeutung zu. Dieses Beziehungsgeflecht wird hinsichtlich seiner Dichte, seines Zentralisierungsgrades um den Kern der „kritischen Masse" ebenso wie nach unterschiedlichen Kosten analysiert (Marwell/ Oliver/ Prahl 1988: 505-509). Unter der „kritischen Masse" wird die Zahl an Mitgliedern verstanden, welche bereit sind, ihre eigenen Ressourcen Zeit und Geld einzubringen. Bleibt diese Zahl und damit die investierte Zeit und Geld zu gering, kommt es nicht zur Organisation, nicht zu kollektiver Aktion und auch nicht zur Vertretung des Interesses nach außen. Der Vorteil gegenüber früheren Theorien liegt darin, dass die Theorie der „kritischen Masse" ihren Fokus auf die Komplexität sozialer Interaktionen innerhalb der Gruppen richtet und sie nicht als homogene Blöcke begreift. Vielmehr ist es das Anliegen *Marwells* und *Olivers*, die relevanten Gruppen in kleine, voneinander differente Glieder zu unterteilen und sie hinsichtlich ihrer Bedeutung für die kollektive Aktion zu untersuchen. Und auch die *Olsonsche* Annahme unteilbarer Kollektivgüter bestreitet die Theorie der „kritischen Masse": Kollektivgüter könnten sich sehr wohl voneinander unterscheiden. So existieren Kollektivgüter unterschiedlicher Qualität: Billige Kollektivgüter wie saubere Luft oder Sonnenlicht, teure Kollektivgüter (nationale Sicherheit), Kollektivgüter, für deren Bereitstellung wenige (Radiosendungen, Tarifabschluss) oder viele Menschen nötig sind, etc. Kollektive Interessen bedingten zwar einen kollektiven Aktionismus, nicht aber ein bestimmtes kollektives Verhalten, da jeweils situationsabhängig die spezifischen Gruppencharakteristika, die jeweilige Interessenlage und die Art des Interesses sowie die unterschiedlichen Aktionsmöglichkeiten der jeweiligen Gruppe berücksichtigt werden müssten (Marwell/ Oliver/ Prahl 1988: 505).

Wann und wie aber kommt es für *Marwell* und *Oliver* zu einem kollektiven Zusammenschluss, zu „kollektiver Aktion"? Wann und unter welchen Umständen ist es für ein Individuum rational, sich zu engagieren, wann übersteigen die Partizipationserträge die persönlichen Kosten? Wie gelingt es einer Gruppe, eine bestimmte Anzahl von Menschen dazu zu veranlassen, Geld und Zeit zu investieren, um ein Kollektivgut bereit zu stellen (Marwell/ Oliver 1993: 9)? Ihre Antwort lautet: Eine gemeinsame Aktion von durch gleiche oder ähnliche Interessen geleiteten Menschen kommt nur dann in Gang, wenn die beteiligten Personen der Auffassung sind, dass ihre quantitative Zusammensetzung groß genug ist. Entscheidend dabei ist jedoch nicht die tatsächliche Gruppengröße oder die Gesamtanzahl der Mitglieder. Von fundamentaler Bedeutung ist vielmehr der zentrale Kern an denjenigen Mitgliedern (*„large contributors"*), die zum Einen hoch engagiert sind und zum Anderen die entscheidenden Ressourcen ausreichend in die Interessenvertretung einbringen können (Marwell/ Oliver 1993: 10). Ist diese „kritische Masse" an Menschen oder Kapital in einer Gruppe groß genug, so kommt die kollektive Aktion in Gang. Die „kritische Masse" selbst ist aber erneut ebenso wenig homogen wie die Gesamtgruppe. Ihre Tätigkeit und ihr Einfluss auf die gesamte Interessengruppe differiert daher von Situation zu Situation, und sie kann sowohl das Kollektivgut selbst bereitstellen als auch von entscheidender Mobilisierungswirkung auf andere Gruppenmitglieder sein (Marwell/ Oliver 1993: 58-101). Insofern ist das von den Autoren gebrauchte Nuklearmodell einer Kettenreaktion eine zutreffende Metapher: Der Kern der Gruppe, die „kritische Masse", stellt die Initialzündung dar und beginnt mehr und mehr Menschen zu einem Engagement zu bewegen, so dass es zu einer kollektiven Handlung kommt und letztlich ein Kollektivgut erstellt wird. Aus diesem Grund ist das „free-riding" für *Marwell* und *Oliver* ein allenfalls temporär begrenzt auftretendes Problem: Zwar möchte jeder mitfahren, doch das Fahrzeug würde erst gar nicht ans Ziel gebracht, da sich niemand für die letzte Wegstrecke engagieren würde. Im Gegenteil ist es sogar eine Aufgabe der „kritischen Masse", eine Trittbrettfahrergelegenheit für diejenigen Gruppenmitglieder zur Verfügung zu stellen, die über weniger Ressourcen verfügen als die „large contributors" (Marwell/ Oliver 1993: 182).

Bei aller Kritik an *Olson* betonen *Marwell* und *Oliver* jedoch, dass sie trotz unterschiedlicher Prämissen zu tendenziell ähnlichen Ergebnissen und Beobachtungen kommen. So sind die Beobachtungen *Olsons* und die daraus resultierenden nachteiligen Ergebnisse auch durch ihre Theorie bestätigt worden. Im Gegensatz zu *Olson* allerdings ermöglicht sie eine differenzierte Betrachtung und schreibt das beobachtete Phänomen nicht einer allgemein gültigen Gruppenlogik zu.

2.6 Dritter-Sektor-Theorie

Die Theorie des „Dritten Sektors" und ihre Forschung reichen in die achtziger Jahre zurück. Sie sind das Ergebnis der Diskussion um die Zukunft des Wohlfahrtsstaates und die Frage nach der sinnvollen Aufgabenverteilung zwischen „Markt", „Staat" und den nicht diesen beiden Sektoren zuzuordnenden Organisationen (Schmid 1998: 51-55). Da der moderne Staat sich nicht mehr auf seine hoheitlichen Funktionen und die Gewährleistung der inneren und äußeren Sicherheit beschränkt, sondern sein Aufgabenrepertoire durch die Unterhaltung und das Angebot öffentlicher Güter (Schulen, Krankenhäuser, Kindergärten, Museen, Theater) durch Steuermittel ausgeweitet hat, wird für ein eventuelles Versagen des Sektors „Markt" der „Staat" herangezogen. Gleichzeitig kann der Markt eventuelles Fehlverhalten oder Übersteuerung durch den Staat regulieren, indem er weitreichenden Einfluss des Staates in bestimmten Politikbereichen (Subventionen etc.) als volkswirtschaftlich schädlich verdeutlicht. Insofern ist auf den ersten Blick zunächst einmal kein weiterer Sektor notwendig (Zimmer 1996: 175). Dennoch kann es zu einem gleichzeitigen Versagen von Markt und Staat kommen, weshalb an dieser Stelle der „Dritte Sektor" in die Diskussion aufgenommen wurde.

Nicht von ungefähr fällt die Diskussion um den „Dritten Sektor" in die wirtschaftspolitisch bedeutsame Abkehr vom nachfrage- und staatsorientierten Keynesianismus, in welchem der Staat als wichtiger Akteur im Wirtschaftsleben (z.B. als Nachfrager) auftrat, hin zu einer monetaristisch ausgeprägten Politik im Sinne *Milton Friedmans*, die im „Thatcherism" in Großbritannien und den „Reagonomics" in den USA zu Anfang der achtziger Jahre erste Höhepunkte erlebt hatte. Fortan herrschte die Meinung vor, der Staat müsse sich grundsätzlich aus wirtschaftlichen Zusammenhängen heraus halten und lediglich Rahmenbedingungen erstellen. Innerhalb dieses Rahmens sollten sich die selbstregulierenden Kräfte des Marktes und der Gesellschaft organisieren und ihre Selbststeuerungskräfte entfalten. Die Theorie des „Dritten Sektors" propagierte dem gegenüber jedoch ein ausgewogenes Mischungsverhältnis des Wohlfahrtsstaates zwischen drei Sektoren: dem „Markt", dem „Staat" und dem Dritten Sektor (Zimmer 1996: 86).

Der „Dritte Sektor" kennzeichnet dabei den Bereich organisierter Interessen, die nicht zu den beiden anderen Sektoren „Markt" und „Staat" gehören (Zimmer/ Scholz 1992: 21-39; Seibel 1992; Birkhölzer/ Klein/ Zimmer 2004). Dazu gehören der Theorie entsprechend die Mehrzahl der Vereine, aber auch gemeinnützige und karitative Einrichtungen sowie Interessenvertretungen allgemein (Gewerkschaften, Bürgerinitiativen, Frauenorganisationen etc.) (Priller/ Zimmer/ Anheier 1999: 12). Somit fallen in den Bereich „Dritter Sektor" diejenigen organisierten Interessen, deren Handlungsanleitungen nicht den Bereichen „Markt" und „Staat" zuzuordnen sind, gleichzeitig aber über eine formalere Organisationsform als unverbindliche Zusammenschlüsse (Familie, Freundeskreis) verfügen. Insofern sind darunter Organisationen zu fassen, die im Gegensatz zu Unternehmen weder eigenwirtschaftliche noch ökonomische Ziele verfolgen, noch hoheitliche Aufgaben (Polizei, Militär) wahrnehmen (Zimmer 1996: 84). Ihre gesellschaftspolitische Relevanz geht über ihre beschäftigungspolitische Bedeutung weit hinaus, da sie als Mittler zwischen Markt, Staat und Gemeinschaft einen wesentlichen Teil der „zivilgesellschaftlichen Infrastruktur" bilden (Anheier/ Priller/ Zimmer 2000: 71-98). Vor allen Dingen hinsichtlich der steigenden Arbeitslosigkeit erfährt das durchaus vorhandene Beschäftigungspotential des „Dritten Sektors" besondere Beachtung.

Strukturell zeichnen sich Organisationen des Bereichs „Dritter Sektor" durch Variablen aus, welche sie von den beiden anderen Sektoren deutlich abgrenzen (Zimmer 1996: 84):

- Im Vergleich zu Einrichtungen der öffentlichen Verwaltung kennzeichnet sie ein geringeres Maß an Amtlichkeit und eine nur wenig hierarchische Organisation.
- Grundlegend different von marktorientierten Interessen ist der so genannte „non-profit-constraint". Das vorrangige Ziel der Organisation ist gerade nicht die Gewinnmaximierung. Gewinne dürfen zwar erwirtschaftet werden, ihre Ausschüttung oder Distribution unter den Organisationsteilnehmern ist jedoch untersagt. Insofern müssen Dritter-Sektor-Organisationen ihre erwirtschafteten Gewinne stets wieder investieren oder aber gemeinnützig einsetzen (Horch 1992; Badelt 1997: 8).

Die Bandbreite der dem „Dritten Sektor" zugehörigen Organisationen ist sehr groß. Sie reicht von öffentlichen Betrieben und Wohlfahrtsverbänden bis hin zu Initiativen der neuen sozialen Bewegungen und den Einrichtungen der alternativen Ökonomie. Dadurch erwächst dem „Dritten Sektor" eine eigenständige qualitative Bedeutung als institutionelle Ergänzung zu „Markt" und „Staat" und als Verbindung zwischen Mikro- und Makroebene einer Gesellschaft. Das macht ihn essentiell für das Funktionieren einer Gesellschaft (Zimmer 1996: 86). Die jüngere Forschung hat einen noch differenzierteren Kriterienkatalog für die Organisationen des „Dritten Sektors" erstellt (Salomon/ Anheier 1997: 153-174):

- Sie stellen eine formal rechtliche, auf Dauer angelegte Organisationsform dar.
- Sie sind keine öffentliche Einrichtung und nicht Teil der öffentlichen Verwaltung.
- Sie sind von anderen Einrichtungen (Ämtern, politischen Gremien) in ihrer Führungsstruktur unabhängig und verwalten sich selbst.
- Sie verfolgen keine eigenwirtschaftlichen Ziele und unterliegen dem „non-profit-constraint".

- Sie dienen nicht der Förderung kommerzieller Partikularinteressen oder der Rekrutierung politischen Personals.
- Sie sind nicht voll professionalisiert und bestehen zu einem gewissen Anteil noch aus ehrenamtlichen Mitarbeitern.

Bei strikter Anwendung dieses Funktionskatalogs begrenzt sich der Anteil der Organisationen des „Dritten Sektors" in der Bundesrepublik auf die nicht von der öffentlichen Verwaltung oder politischen Gremien abhängigen, privaten, gemeinnützigen, nicht professionalisierten, nicht spezifisch kommerziellen und berufsständischen Interessen dienenden Einrichtungen. Nichtsdestotrotz ist die Bedeutung des „Dritten Sektors" stets dort am größten, wo er in enger Kooperation mit staatlichen Stellen steht, was die Gefahr seiner potentiellen Vereinnahmung verstärkt. In der Bundesrepublik hat sich diese Zusammenarbeit allerdings erst in den Bereichen soziale Dienste und Gesundheit etabliert (Priller/ Zimmer/ Anheier 1999).

Mit diesem Kriterienkatalog sind vom „Dritten Sektor" sowohl öffentliche Betriebe und Parteien als auch spontane Vereinigungen wie Freundeskreise und Nachbarschaftshilfen ausgegrenzt. Dagegen zählt dazu die Mehrheit der Vereine, die zum einen formalrechtlich organisiert, andererseits von Staat und Verwaltung unabhängig sind und zumeist aus ehrenamtlichen Mitarbeitern bestehen. Die als Vereine organisierten Parteien zielen dem gegenüber bereits wieder auf die Rekrutierung politischen Personals ab, und auch die Gewerkschaften sind in ihrem Bemühen, die wirtschaftliche Situation ihrer Mitglieder zu verbessern, nicht dem „Dritten Sektor" zuzurechnen (Zimmer 1996: 87). Gerade der Faktor „Ehrenamt" zielt auf die „moralische Dimension" (Etzioni 1997: 168-214) individuellen Handelns ab, weshalb sich die Kritik des „Dritten Sektors" vor allen Dingen gegen den idealtypisch konzipierten *homo oeconomicus* der NPÖ richtet. Die Vorstellung eines allein eigennutzorientierten Individuums widerspricht letztlich in dieser Sichtweise der Funktionslogik einer modernen Gesellschaft, im Gegensatz dazu propagiert die „Dritte-Sektor-Theorie" ein altruistisches, am Nächsten ausgerichtetes Menschenbild. Dieses bringt den Einzelnen dazu, bei einer Entscheidung nicht nur die Konsequenzen für seine eigene Person in seine Überlegungen mit einzubeziehen, sondern auch sein Gegenüber und die Mitglieder der eigenen Gruppe (Zimmer 1996: 88). Insofern begreifen die Vertreter der Theorie ihre zentrale Bedeutung nicht in arbeitsmarktpolitischen und finanziell-materiellen Möglichkeiten, sondern in seinen Rahmenbedingungen für Partizipation und bürgerschaftliches Engagement. Darin liegt auch eine wichtige demokratietheoretische Komponente des „Dritter-Sektor"-Ansatzes.

2.7 Netzwerktheorie

Die Netzwerktheorie untersucht die Art der Einflussnahme von Interessengruppen auf die Entscheidungsbefugten in der Politik (Schmid 1998: 55-60). Diese Einflussnahme geschieht ihr zufolge über direkten oder indirekten Kontakt innerhalb eines geschlossenen Systems wechselseitiger Informationspreisgabe. Um diesen Informationsfluss zu sichern, bilden sich Netzwerke. Diese Netzwerke werden durch formelle oder informelle Kontakte zwischen einzelnen Verbandsvertretern und Ansprechpartnern im politischen System gebildet. Der netzwerktheoretische Ansatz begreift Politik als einen Problemverarbeitungsprozess, der durch den politisch-administrativen Apparat bewältigt wird. Sein Zugang ist durch die angloamerikanische Trias *policy* (Politik-Inhalte), *polity* (Rahmenbedingungen) und *politics* (Politik-Prozesse) bestimmt, wobei sein Schwerpunkt auf der Einflussnahme durch Interessengruppen auf staatliche *policies* liegt. Die Netzwerktheorie vergleicht den Zugang von Interessengruppen zum Regierungssystem und richtet ihren Fokus zunächst auf die drei Stadien des *policy*-Prozesses: Problemwahrnehmung, Agenda-Setting und Politikentwicklung (Gesetzentwurf) (Pappi/ König/ Knoke 1990: 33). Diese drei Phasen bilden zusammen einen Politikzyklus, und in jeder Phase entscheidet sich, ob eine policy weiter verfolgt wird oder nicht. Hier befindet sich jeweils der Ansatzpunkt für organisierte Interessen.

Unter einem Netzwerk verstehen die Protagonisten dieses Ansatzes, *Franz Urban Pappi* und *Thomas König*, ein Beziehungsgeflecht von an einem Politikfeld interessierten und einflussreichen Akteuren. Es ist definiert durch relativ dauerhafte, nicht formal organisierte wechselseitige Abhängigkeiten, gemeinsame Verhaltenserwartungen, Orientierungen, Vertrauensbeziehungen, stabilisierte Kommunikationsstrukturen, kurze Kommunikationswege und den Informationsaustausch zwischen Organisationen und Individuen. Dieses Netzwerk soll dem Erstellen eines Kollektivgutes oder der gemeinsamen Interessenformulierung dienen (Benz 1995: 194). Dabei entstehen sie zwar aus einer gewissen interessengeleiteten Ausrichtung bewusst, als Ergebnis nicht hierarchisch organisierter Interessenvielfalt aber ungeplant. Die dem zugrunde liegende Absicht besteht aus drei Elementen (Benz 1995: 195):

▪ Zum einen gilt es, das eigene Interesse in einer sich abzeichnenden Hierarchisierung von unterschiedlichen oder ähnlich gelagerten Interessen möglichst zentral und frühzeitig im Netzwerk zu verorten. Dadurch gelingt es, bereits in einer Frühphase der Bildung informaler Netzwerke dauerhaft seinen Einfluss zu sichern, indem man die Knotenpunkte des wachsenden Netzwerkes besetzt.

- Zweitens sollen die in verkrusteten formalen Organisationen aufgetretenen Spannungen durch informelle Aushandlungsmuster reduziert und die darin deutlich gewordene Unsicherheit abgebaut werden. Aus der Wiederherstellung des Vertrauens in die Steuerungskompetenz soll eine erhöhte Problemlösungskompetenz entstehen.

- Zum Dritten suchen Interessengruppen in Netzwerken nach konsensfähigen Lösungsalternativen und Verständigungsmöglichkeiten, welche in den formalisierten Systemen nicht erkennbar und nicht realisierbar sind. In informalen Netzwerken soll dies vor allem durch verbesserten Kontakt und Absprachen realisiert werden.

Politikfelder sind in diesem Zusammenhang miteinander verbundene Bereiche von Politikinhalten, die auf den ersten Blick als relativ scharf voneinander abgrenzbare Sektoren (Bildungspolitik, Sozialpolitik, Außenpolitik, Europapolitik) erscheinen (Pappi/ König/ Knoke 1990: 38). Innerhalb des Politikfeldes als politischer Arena kommt es aufgrund unterschiedlicher *policy*-Präferenzen zu Konflikt und Konsens zwischen den beteiligten Akteuren. Daraus resultiert deren wechselndes Einfluss- und Machtpotential zur Interessenrealisierung. Politikfelder sind damit inhaltlich abgegrenzte Bereiche von Regelungen und Programmen (policies), „wie sie normalerweise organisatorisch im Zuständigkeitsbereich von Ministerien oder Parlamentsausschüssen zusammengefasst sind" (Pappi/ König 1995: 111).

Die Grenzen des Politikfeldes werden in Form einer Konvention durch die Beteiligten gemeinsam definiert. Innerhalb des Politikfeldes bildet sich nun das Netzwerk, und es kommt zum Austausch von für die privaten (Verbändevertreter) und politischen (staatliche Vertreter und Entscheidungsträger) Akteure wertvollen Informationen. Insofern treten Akteure sowohl als Informationsspender wie auch als deren Rezipienten innerhalb des Netzwerkes auf. Je nachdem, wie der Informationsaustausch stattfindet, kann er pluralistisch oder korporatistisch organisiert sein. Die Verbände werden dabei pluralistisch vornehmlich als „pressure groups" auf der Suche nach Teilhabe an policy-Entscheidungen verstanden, welche sie durch Konglomerate und enge Politikfeldnetze aufbauen und vorbereiten. Dabei meint Informationsaustausch im Netzwerkansatz stets eine reziproke Informationsweitergabe des Prinzips *do ut des*: Eine Informationspreisgabe ist immer mit der Bedingung verknüpft, dafür eine qualitativ vergleichbare Information zu bekommen (Pappi/ Knoke/ Bisson 1993: 287-313). Diese Beziehung kann zwar auch einseitig bestehen, wenn Information weitergegeben wird, die Vergütung dafür jedoch in einer für das Netzwerk irrelevanten Form entrichtet wird. Sie spielt dann aber für den Netzwerkansatz keine Rolle (Pappi/ König 1995: 118).

Die zentrale Fragestellung ist, inwiefern ein Netzwerk der Informationsweitergabe als mögliche Realisierung eines Systems der Interessenvermittlung dienen kann. Ob eine Art der Interessenvermittlung korporatistisch oder pluralistisch ist, lässt sich am besten durch ein einheitliches Netzwerk darstellen, welches als gemeinsame Basis für korporatistische als auch pluralistische Strukturen fungiert. Unbestritten ist, dass für beide Formen der Interessenvermittlung Kommunikation unerlässlich ist. Während es in pluralistischen Systemen der Politikformulierung eher zu Koalitionsbildungen kommt, sind korporatistische Systeme eher auf Aushandlungsprozesse in kleinen Gruppen zugeschnitten (Pappi/ König 1995: 129). Während in korporatistischen Systemen die symmetrische Beteiligung von Spitzenverbänden (DGB, BDI) kennzeichnend ist, stehen pluralistische Systeme für den asymmetrischen Wettbewerb mehrerer konkurrierender Interessen. Netzwerke sollen hier eine Synthesefunktion zwischen beiden Positionen einnehmen.

Doch ist auf Defizite der Netzwerke ebenso wie Gefahren ihrer Theorie hinzuweisen. So neigen Netzwerke ebenso wie die abgelösten formalen Systeme aufgrund ihrer immensen Eigendynamik zur Bildung einer eigenen Arena mit spezifischer Grenzziehung, Selektions- und Interaktionsregeln, die ihrerseits nun wieder wesentliche Akteure auszuschließen drohen. Netzwerke tendieren somit zur Exklusivität und der Beliebigkeit des Zugangs. Daher ist auch der Vorwurf der „Kungelei", des demokratisch nicht ausreichend legitimierten Aushandelns von Problemen, nicht gänzlich zu Unrecht erhoben worden. Die Tatsache, dass sie funktionslose demokratische Kontrollmechanismen durch informelle Einflussverfahren ersetzen, kann noch kein hinreichender Legitimitätsersatz sein. Diese Legitimität kann ihrerseits wieder nur durch formale Institutionen mit verbindlichen Entscheidungsregeln und der Nachvollziehbarkeit von Entscheidungen erreicht werden. Nicht zuletzt aus diesem Grund sind Netzwerke wie Institutionen wechselseitig aufeinander angewiesen. Netzwerke garantieren die Effektivität von Entscheidungsstrukturen auch in Mehrebenensystemen, während die Institutionen ihre Legitimität gewährleisten (Benz 1995: 203). Die Gefahr der Theorie insgesamt besteht letztlich darin, jeglichen politischen Problemverarbeitungsprozess, vor allem aber jegliche Implementation politischer Entscheidungen als das Ergebnis von Kungelrunden und informeller Absprachen abseits der demokratisch legitimierten Bahnen anzusehen.

Übersicht 5:   Theorien im Vergleich

Theorien/ Variablen	Pluralismus	Korporatismus	Neue Politische Ökonomie
Vertreter	Truman/Fraenkel	Lehmbruch/Schmitter	Olson/Salisbury/ Märtz
Menschenbild	Mensch ist interessengeleitet	Mensch ist interessengeleitet	homo oeconomicus (individuelle Nutzen- maximierung
Kernaussagen und Stärken	Konfliktives Verhältnis: alle gesellschaftlichen Interessen sind prinzipiell organisier- bar und besitzen identische Chancen zur Durchsetzung Überwindung des traditio- nellen Gegensatzes von Staat und Gesellschaft in der Theorie	Konsensuales Verhältnis: institutio- nalisierte Teilhabe von Interessengruppen am politischen Entschei- dungsprozess Politik als Ergebnis eines Aushandlungs- prozesses	Interessen unter- schiedlich gut organi- sierbar Kleingruppen mit spezifischen Interes- sen gelingt dies besser als Großgruppen, die öffentliche Güter bereit stellen
	Betonung der Legitimität von Interessen in der De- mokratie	Erklärung für Vorteile und Bedingungen für Beteiligung von Inte- ressengruppen	Problem des Tritt- brettfahrers, der öffentliche Güter ohne Gruppenmitglied- schaft konsumiert
			Lösung durch Auf- stiegsmöglichkeit für Mitglieder innerhalb der Verbandsstruktur oder selektive Anreize
			Erklärung individuel- len Verhaltens und Rückschluss auf Makrosystem
Defizite und Gefahren der Theorie und ihrer Umset- zung	Unterschiedliche Chancen und Machtpotentiale ver- schiedener Interessen wer- den nicht angemessen berücksichtigt	Fehlende Erklärung für Veränderungen in der Verbandslandschaft Überbetonung instituti- onalisierter Teilhabe und der daraus folgen- den Ungleichgewich- tung Mangelnde Flexibilität korporatistischer Arrangements	Egoismus nicht alleinige Triebfeder des Einzelnen Fehlende Wertsyste- me, Einbindung des Individuums in sozi- alen Zusammenhang nicht berücksichtigt Mangelnde Berück- sichtigung von Grup- peninteressen

Konflikttheorie	Theorie der „kritischen Masse"	Dritter-Sektor-Theorie	Netzwerktheorie
Offe	Marwell	Zimmer	Pappi/ König
Mensch durch Klassenstruktur reglementiert	Mensch bereit zum Engagement	Mensch an Überwindung und Fortschritt interessiert	Mensch an Überwindung und Fortschritt interessiert
Interessengruppen sind Teil der verfestigten und in der Demokratie legalisierten kapitalistischen Ordnung

Interessen aus dem Bereich Arbeit stets benachteiligt

Interessenvertretungen des Kapitals sind aufgrund ihrer Macht konfliktfähiger als andere Gruppierungen

Hinweis auf unterschiedlich ausgeprägte Konfliktfähigkeit | Organisation von Interessen und Erstellung eines Kollektivguts kommt nur dann in Gang, wenn Kern an Mitgliedern oder Ressourcen in ausreichendem Maße zur Verfügung steht

Erklärung für Entstehung kollektiver Aktion jenseits von allein individuellem Nutzenstreben | Interessengruppen sind Teil des Dritten Sektors, der als Unterbau den Sektoren „Markt" und „Staat" beigeordnet ist und zur eigenständigen Problemlösung in der Lage ist

Ansatz zur Überwindung eines starren Gesellschaftsbildes, Differenzierung und Verortung der Interessengruppen in wirtschaftlicher Perspektive | Sicherung des Einflusses von Interessengruppen in institutionell defizitären oder blockierten Ordnungen durch Bildung informeller Netzwerke

Erklärung für Entscheidungsfindungen in informellen oder blockierten Entscheidungssystemen |
| Einseitig auf den Gegensatz Kapital-Arbeit ausgerichtet

Übersieht Errungenschaften des Sozialstaates | Enge Grenze des Ansatzes auf Ressourcen Zeit und Geld gesteckt, auch anderweitige Vorgaben können zur Organisation von Interessen führen | Berücksichtigt Verbindungen von Vereinigungen im Dritten Sektor mit anderen Sektoren nicht | Betonung von allein informell zustande gekommenen Entscheidungen, Ausblendung etablierter Entscheidungsverfahren

Demokratietheoretisch bedenklich: Aushandlungsmuster ohne ausreichende Legitimation |

2.8 Vergleichende Zusammenfassung

Die unterschiedlichen Theorien zur Erklärung der Organisations- und Durchsetzungsfähigkeit von Interessen sind erst in ihrer Zusammenschau von erklärendem Charakter. So kann auch kein einzelner Ansatz für sich allein ausreichend darlegen, aus welchen Gründen einzelne Interessen besser organisierbar sind als andere, zumal einigen Ansätzen durchaus ideologische Motive zugrunde liegen. Insofern kann allein die Kombination der unterschiedlichen Herangehensweisen einen geschärften Blick auf die genannten Problemkomplexe aufzeigen. Tabellarisch zusammengefasst ergibt sich das in Übersicht 5 gezeigte Bild.

3 Funktionen von Interessengruppen

Die Bedeutung von Interessengruppen liegt in ihrer Repräsentation der gesellschaftlichen Vielfalt. Sie realisieren einen gewichtigen Aspekt der Volkssouveränität. Ohne die demokratischen Grundprinzipien der Mit- und Selbstbestimmung wären sie nicht existent. Wie aber erreichen Verbände diese Funktion? Durch welche Mechanismen erfüllen Verbände ihre demokratiestützende Rolle? In Anlehnung an eine Bearbeitung von Weber lassen sich vier Grundfunktionen und Aufgaben unterscheiden, welche Interessengruppen erfüllen müssen: Artikulation, Aggregation, Selektion und Integration politischer Interessen (Weber 1981: 386-396). Dieser Aufgabenkatalog kann um weitere Funktionen (Partizipation, Legitimation, sozioökonomische Selbstregulierung) ergänzt werden, die nicht primär die Aufgaben *gegenüber ihrer spezifischen Klientel* betreffen, sondern *freie Leistungen oder Leistungen im Auftrag des gesamten politischen Systems* darstellen.

3.1 Interessenaggregation

Unter Interessenaggregation wird die Bündelung einer Vielzahl zumeist heterogener Wünsche und Forderungen zu einheitlichen verbandspolitischen Zielen und programmatischen Aussagen verstanden (Weber 1981: 388).[3] Dieser Prozess ist nicht auf Verbände beschränkt. Er verläuft ebenso in Parteien (besonders in großen Volksparteien) und Bürgerinitiativen, also in all jenen Organisationen, in welchen voneinander verschiedene Positionen in einheitliche und nach außen vertretbare Positionen umgemünzt werden müssen. Diese Funktion ist für Ver-

---

[3] Vgl. auch Kapitel III, Abschnitt 2.

bände stets schwierig. Besonders Großverbände sehen sich mit komplizierten Aggregationsprozessen konfrontiert: Sie müssen nicht selten zahlreiche Unterorganisationen mit Branchengegensätzen und Hunderttausenden von Mitgliedern vertreten. Auch für die großen Verbände in der Bundesrepublik bringt dies diffizile Problemlagen mit sich. So muss der DGB neben den Braunkohlerevieren in Nordrhein-Westfalen auch die Arbeitnehmer in Hochtechnologiesektoren vertreten. Was den Beschäftigten in der einen Branche dienlich ist, kann für die Angehörigen des anderen Sektors schädlich sein. Einerseits bedeutet dies eine nicht unwesentliche Einschränkung der Verbandsaktivität. Der Verband ist stets auf der Suche nach einem kleinsten gemeinsamen Nenner innerhalb der Organisation. Andererseits bietet dieser Mechanismus jedoch zugleich einen wirksamen Schutz gegen ausscherende Einzelinteressen von Untergruppen (von Alemann 1989: 188). Aus diesen Schilderungen lässt sich ableiten: Je heterogener die interne Verbandsstruktur, desto komplexer, schwieriger und gleichzeitig wichtiger die Aggregationsfunktion. Die Aggregation von Interessen wird ebenso wie die übrigen Aufgaben von Interessengruppen kaum öffentlich wahrgenommen. Dabei handelt es sich hier für die Funktionslogik von Verbänden um eine nicht zu vernachlässigende Vorbedingung. Die Kernaufgabe der Aggregation stellt sich folgendermaßen dar: Aus den gesamten Einzelmeinungen, Wünschen, Bedürfnissen und Forderungen eines nur schwach begrenzten Interessenspektrums wird eine eindeutig bestimmbare Position heraus destilliert. Dies kann einerseits durch Bündelung, also die Zusammenfassung ähnlicher Interessen innerhalb der Organisation geschehen. Andererseits ist die Komprimierung, die Konzentration auf die wesentlichen gemeinsamen Forderungen von Interessen eine Möglichkeit, diese Funktion wahrzunehmen. Durch Komprimierung wird die Betonung mehr auf den kleinsten gemeinsamen Nenner zwischen einzelnen Gruppen betont. Auf diese Weise erreicht der Verband insgesamt eine Position in einer Sachfrage, die er nun nach außen vertreten kann. In der Regel werden die gesammelten Positionen in einem programmatischen Zielsystem zusammengefasst und in der Folge gegenüber einem politischen Akteur vertreten (Sebaldt 1997b: 27).

Aggregation von Interessen und deren eindeutige Formulierung ist so eine notwendige Voraussetzung für die politische Handlungsfähigkeit eines Verbandes. Auf der anderen Seite ist sie allerdings auch hilfreich für die Entscheidungsfähigkeit der Adressaten im politischen System. Diese können klar bestimmbaren Positionen eindeutige Maßnahmen zuordnen. Innerhalb des Verbands ist der Sinn von Aggregation eindeutig: Würden alle unter den Mitgliedern artikulierten Forderungen nach außen vertreten, wäre die Verbandsspitze und damit die gesamte Interessengruppe handlungsunfähig. Zum Einen würde eine Überforderung eintreten, da sie für die Vielzahl an unterschiedlichen Interessen weder die personellen noch die finanziellen Ressourcen aufzuwenden vermag. Zum Anderen würde der Verband dadurch nur mangelhaft von anderen Verbänden abgrenzbar. Deshalb gilt es, gegenüber anderen Verbänden nur die zentralen Forderungen aufzustellen. Neben der Überforderung der eigenen Verbandsstruktur erwüchse dem Verband nämlich auch eine erhöhte Anfälligkeit gegenüber Gegenforderungen: Zugeständnisse bei einer Forderung würden Kompromisse bei anderen, nachrangigeren Fragen bedeuten. Insofern ist die Konzentration auf die zentralen Forderungen sowohl verbandsintern als auch nach außen unabdingbar. Daneben ist mit der Aggregation von Interessen auch eine Schutzfunktion des politischen Systems vor Überlastung seiner Entscheidungskapazität beschrieben. Gerade in Ländern, in welchen die Aggregation von Interessen nur unzureichend, ungefiltert und ohne die Existenz von intermediären Organisationen vonstatten geht, sehen sich die staatlichen Institutionen mit der gesamten Fülle unterschiedlichster gesellschaftlicher und nicht selten einander widersprechender Forderungen konfrontiert. Die adäquate Berücksichtigung aller Interessen ist vor diesem Hintergrund nicht mehr möglich. Einzelne Interessen können daher bei dauerhafter Nicht-Berücksichtigung ihre Durchsetzung auf militantem Wege zu erzwingen versuchen. Kurzum würde der Staat ohne die Aggregation von Interessen durch Verbände seiner Fähigkeit beraubt, die in der Gesellschaft auftretenden Konflikte zu befrieden (Weber 1981: 389). Verhandlungen der staatlichen Institutionen mit einem straff organisierten Dachverband erweisen sich daher als einfacher und zielführender als die Auseinandersetzung mit zahlreichen und heterogenen Einzelpositionen.

3.2 Interessenselektion

Aggregation von Interessen rekurriert vor allen Dingen auf die verbandsinterne Struktur. Dem gegenüber bezeichnet die Funktion der Selektion die aus der Aggregation resultierenden Wirkungen der Verbände auf das politische System.[4] Bei obig beschriebenem, ungeordnetem Einströmen zahlloser Einzelmeinungen auf das politische System können die staatlichen Institutionen nur noch eine begrenzte Anzahl sachgerechter Entscheidungen treffen. Folglich könnten andere Forderungen und Interessen nicht angemessen berücksichtigt werden. Um sich mit einer überschaubaren Anzahl an Forderungen von Verbandsseite konfrontiert zu sehen, sind also Filter vonnöten, die einer eventuellen Überlastung vorbeugen (Weber 1981: 390). Zum Einen erfüllen Verbände diese Filterfunktion, indem sie nur diejenigen Interessen vertreten, die auch realistisch durchsetz-

---

[4] Vgl. auch Kapitel III, Abschnitt 2.

bar sind. Zum Anderen werden verschwindend geringe Interessen ausgeklammert. Verbände erfüllen diese Selektionsleistung also, indem sie diejenigen Forderungen auswählen, die sie einerseits als besonders wichtig erachten, andererseits zu einem bestimmten Zeitpunkt für optimal durchsetzbar halten. Aus diesem Grund entwerfen Verbände in der Regel hierarchische Prioritätentableaus und verfolgen so an den Mitgliederinteressen ausgerichtete kurz-, mittel- oder langfristige Ziele. Von entsprechender Bedeutung ist daher die agenda-setting-Funktion der Verbände: Durch öffentliche Thematisierung können sie bestimmte eigene Anliegen gleichsam auf die Tagesordnung setzen. Je eher eine Interessengruppe dazu in der Lage ist, die politische Diskussion innerhalb und außerhalb des Parlamentes mit zu bestimmen, desto erfolgreicher wird die verbandliche Arbeit sein. Mindestens ebenso wichtig aber ist die Fähigkeit, breite gesellschaftliche Diskussionen in den Medien zu verhindern.

Darüber hinaus sind auch auf dem Wege der verbandsinternen Willensbildung erhebliche Selektionsleistungen zu erbringen. Darunter ist zu verstehen, dass erst intern noch unterschiedliche Interessen auf einen gemeinsamen Nenner zu bringen sind, weil innerhalb der Interessengruppe häufig keinesfalls grundlegende Homogenität vorherrscht. Insofern besteht die Selektionsleistung von Verbänden vornehmlich in der Findung eines Kompromisses, einer Kanalisierung einerseits und eines Ausgleichs zwischen eventuell divergierenden Interessen im eigenen Interessenspektrum andererseits (Sebaldt 1997b: 27). Dazu gehört auch das systematische Ausschließen von dezidierten Minderheits- oder Extremmeinungen, die einerseits nicht oder nur wenig kompromiss-, andererseits nach der Aggregation auch kaum durchsetzungsfähig sind.

Andererseits kommt diese Filterfunktion aber auch den Adressaten der Verbandspolitik zu: Amtsinhaber sind für an sie heran getragene Wünsche unterschiedlich empfänglich. Abgeordnete etwa haben selektiven Kontakt mit ausgesuchten Verbandsvertretern: Sie wählen aus, welche Interessen besonders in ihrem Wahlkreis berücksichtigt werden müssen. Es handelt sich dabei jedoch nicht um rein subjektive Selektionsleistungen. Im Gegenteil bedeutet die Ausrichtung an bestimmten Interessen aus subjektiven Interessenlagen heraus immer auch eine Vereinfachung der gesellschaftlichen Realität. So garantieren Verbände den ungehinderten Kommunikationsfluss zwischen Staat und Gesellschaft. Aus diesem Grund können sich die staatlichen Institutionen und Amtsinhaber nicht einfach durch den Ausschluss bestimmter Gruppen vor einer Überfrachtung bewahren. Vielmehr müssen sie durch eine institutionalisierte und demokratisch legitimierte Form der Informationsauswahl Selektionsleistungen erbringen.

Die Selektion von Interessen kann dabei durchaus mit negativen Folgen behaftet sein. Dies vor allem dann, wenn sie einseitig vorgenommen wird: Neben einem Ausschluss bestimmter Interessen kann dies auch zu einer Monopolisierung und dauerhaften Berücksichtigung von anderen Interessen führen. Dies zu verhindern, ist abermals Aufgabe der Verbände, da sie als „Türwächter" („gate keeper") im politischen System begriffen werden. Die Handlungsfähigkeit des politischen Systems liegt dabei ebenso in ihrem eigenen Interesse wie die Verhinderung, dass bestimmte Interessen durch fortwährende Nicht-Thematisierung in Vergessenheit geraten. Aus der Art und Weise, wie Verbände diese Funktion erfüllen, lässt sich folglich der demokratische Zustand einer Gesellschaft ablesen (Weber 1981: 391).

3.3 Interessenartikulation

Artikulation bedeutet die Umformung von latenten in manifeste Interessen. Die Verbände wenden sich zur Durchsetzung der Mitgliederinteressen mit Vorschlägen und Forderungen an die Inhaber von Entscheidungspositionen im politischen System.[5] In diesem Sinne leiten sie zunächst einmal die Interessen der Mitglieder lediglich weiter. Realiter und weitaus häufiger aber müssen die diffusen und nicht selten emotional bestimmten Einzelinteressen in der Interessengruppe erst einmal in konkrete Aussagen umformuliert werden. Allgemeine Einstellungen werden auf diesem Wege zu kollektiven Verhaltenserwartungen verdichtet. Die gebündelten Interessen gilt es nun eindeutig und schlagkräftig als Forderung zu formulieren und in den politischen Entscheidungsprozess einzubringen. Dies geschieht entweder auf dem Wege der öffentlichen Diskussion oder durch den direkten Zugang zur entscheidungsbefugten Stelle im Staatsapparat. In diesem Sinne bedeutet Interessenartikulation die Transformierung der diffusen Einstellungsmuster in vertretungs- und entscheidungsfähige Positionen.

In dieser Funktion wird besonders deutlich, dass Verbände Sachwalter ihrer Mitglieder sind. Sie versuchen, auf der Basis eines „generalisierten Mandats" in deren Auftrag ihre Interessen vorzutragen und durchzusetzen. Insofern sind die Verbände auch als soziale Mechanismen zu betrachten. Sie machen auf bestimmte Problemlagen erst aufmerksam, formulieren damit in Verbindung stehende, latent vorhandene Interessen und thematisieren sie öffentlich. Die Kommunikationsströme verlaufen dabei innerhalb des Verbands nicht automatisch von unten nach oben. Nicht selten beruht die Formulierung der Verbandsziele auf der Initiative der Führungsgremien, die erst danach unter den Mitgliedern für ihre Vorschläge werben. Auf diese Weise werden die Mitglieder für spezifische Themen sensibilisiert, die zuvor aus dem Aktionsradius des Verbands ausge-

---

[5] Vgl. auch Kapitel III, Abschnitt 1.

klammert worden waren. Dabei können seitens der Führungsspitzen einerseits weitreichende gesellschaftspolitische Motive ausschlaggebend sein, andererseits aber auch die Absicht, sich bei anstehenden Vorstandswahlen bei den Mitgliedern in Erinnerung zu rufen.

Interessenartikulation ist innerhalb eines Verbandes ein hochkomplexer Vorgang. In seinem Verlauf initiiert, formuliert und transportiert die Führungsspitze eines Verbands Interessen. Auf dieser Basis treten Verbände in einen regen Kommunikationsaustausch mit den staatlichen Organen (Weber 1981: 387). Die Funktion der Artikulation von Interessen ist diejenige Aufgabe, die am ehesten beobachtbar und wohl auch am prominentesten ist. Diese Tendenz nimmt ob der stets wachsenden Bedeutung der medialen Inszenierung von verbandlichen Forderungen zu. In der Tat deuten spezifische Begriffe wie „pressure group" oder „Lobbyismus" darauf hin, dass die Öffentlichkeit vor allen Dingen auf diese Funktion von Verbänden rekurriert, wenn es darum geht, den Charakter von Interessengruppen zu beschreiben (Sebaldt 1997b: 27). Abermals profitieren auch die zentralen Ansprechpartner der Verbände von dieser Funktion: Für die Amtsinhaber in den staatlichen Institutionen schafft die Artikulation von Interessen durch Verbände erst die Möglichkeit, realitätsgerechte Ordnungs- und Verteilungsentscheidungen zu treffen.

3.4 Integration

Darüber hinaus wirken Verbände auf besondere Art und Weise an der komplexen und langfristigen Integration der Bürger in den Staat mit. Neben den primären (Familie, „peer-group") und sekundären Integrationsinstanzen (Vorschule, Schule, Jugendarbeit, Jugendverbände) bilden Verbände zusammen mit Parteien und Kirchen eine dritte Form politischer Integration (Meyer 1997: 468). Sie bauen das Individuum in Vermittlungsprozesse ein, bieten ihm die Möglichkeit, für seine Interessen zu streiten, und verdeutlichen ihm die Komplexität einander gegenüberstehender Interessen. Auf welche Weise die politische Integration geleistet wird, ist dabei ein wichtiges Merkmal zur Bestimmung der jeweiligen Herrschaftsordnung. Dabei ist zwischen sozialer und politischer Integration zu unterscheiden. Soziale Integration beschreibt die immaterielle, geistig-diffuse Komponente. Sie meint den Aufbau von Identifikationshaltungen, insgesamt die Entwicklung eines Zusammengehörigkeitsgefühls, das erst zur Gruppenbildung führt. Politische Integration meint dem gegenüber den konkreten Prozess, in dessen Verlauf die Bürger als Bestandteil gesellschaftlicher Gruppen Loyalitätsbeziehungen zum Staat entwickeln. Mit ihm treten Verbände in einen regen Kommunikationsaustausch, am Ende dieses kommunikativen Prozesses trifft er im Idealfall ihren Interessen entsprechende, allgemein verbindliche Entscheidungen. Indem Verbände im Spiel freier Konkurrenz die Interessen ihrer Mitglieder durchzusetzen versuchen, wirken sie an der Integration der Gruppierungen in den Staat mit.[6] Auf diese Weise erfüllen sie abermals neben der innerverbandlichen eine demokratiestützende Funktion: Sie stärken damit die Funktions- und Steuerungsfähigkeit des politischen Systems (Weber 1981: 391).

Die Integrationsfunktion von Interessengruppen ergibt sich in der Regel aus dem Zusammenspiel der bisherigen Verbandsfunktionen. Werden die übrigen Funktionen zufriedenstellend geleistet, so ist auch eine adäquate politische Integration der Vielzahl an Interessen gewährleistet. Als Bestandteil des intermediären Sektors schaffen Verbände politisch-kulturellen Nährboden und bieten eine Vielzahl an Partizipationsmöglichkeiten jenseits von Parteigrenzen. Damit ist auch politischer Ausgrenzung und subjektivem Empfinden der Machtlosigkeit in einem Wettstreit heterogener Interessen ein Riegel vorgeschoben (Sebaldt 1997b: 28).

Vor allen Dingen in politisch-kulturell stark fragmentierten Gesellschaften besteht oft die Gefahr des Auseinanderfallens der verschiedenen Subkulturen, etwa wenn nicht berücksichtigte Interessen ihre Durchsetzung auf anderem, unter Umständen militantem Wege zu erreichen suchen. In der Tat gibt es daher kulturelle Friktionen und Bruchlinien in Gesellschaften, die wie in Nordirland bis zum heutigen Tag eine weitgehende Befriedung verhindert haben (von Alemann 1989: 189). Insofern ist die Integrationsfunktion von Verbänden für die Befriedung von Gesellschaften und einen dauerhaften Ausgleich zwischen gegenüberstehenden Interessen elementar. Diese wird vor allen Dingen dadurch erreicht, dass sich die Mitgliedschaften von organisierten Interessen milieuübergreifend überlappen und somit als Verbindungsglied fungieren. Auf diese Weise kann das politische System höchstmögliche Integrationskraft entfalten und seine Grenzen stabilisieren. Umso größer ist damit auch die Integrationsleistung organisierter Interessen und die Einsicht des Einzelnen in die Notwendigkeit von Kompromiss und Konsens.

3.5 Partizipation

Die Integrationsfunktion organisierter Interessen nur aus der Warte der Systemstabilität zu interpretieren, würde jedoch zu kurz greifen. Interessengruppen bieten auch die Chance zur politischen Teilhabe und damit letztlich auch zur Information und Kommunikation (von Alemann 1989: 189). Die Partizipations-

---

[6] Vgl. auch Kapitel III, Abschnitt 1.

funktion speist sich dabei aus der Integrationsfunktion. Partizipation in Verbänden meint die Beteiligung von Individuen an politischen Prozessen. In Verbänden haben Mitglieder die Möglichkeit zur freiwilligen Teilhabe an gesellschaftlicher Willensbildung über den zeitlich festgesetzten und begrenzten Wahlakt hinaus. Dies wird vor allem hinsichtlich der demokratietheoretischen Kritik bedeutsam, die einen periodisch stattfindenden Wahlakt als einziges Mittel zur Einflussnahme des Einzelnen als zu wenig erachtet. Dem gegenüber bieten Verbände prinzipiell jedem Mitglied die Möglichkeit, in einem selbst gestellten organisatorischen Rahmen mittelbar an der politischen Willensbildung teilzunehmen. Der zentrale Wert organisierter Interessen besteht hier darin, dass sie entscheidende Partizipations- und Kommunikationsmedien in der Gesellschaft überhaupt erst zur Verfügung stellen. Dabei sind die unterschiedlichen Formen der Partizipation durchaus in ihrer Wichtigkeit voneinander verschieden. Mitglieder können in der Verbandshierarchie aufsteigen, Kontakt mit politischen Entscheidungsträgern aufbauen und pflegen, ehrenamtliche Funktionen übernehmen und müssen dazu die Bereitschaft zeigen, freiwillig und ohne Entgelt einen Teil ihrer Freizeit für das Engagement in der Interessengruppe zu opfern. Dennoch muss in Rechnung gestellt werden, dass nur ein geringer Anteil der in Verbänden Organisierten die Motivlage hat zu partizipieren oder zu kommunizieren. Zum Einen liegt dies an der in allen größeren Organisationen zu beobachtenden Oligarchisierung der Willensbildung. Damit ist die Tendenz beschrieben, dass sich auch in Verbänden Eliten herausbilden, die den Verband führen. Dies gelingt den Eliten in der Regel durch einen beträchtlichen Informationsvorsprung gegenüber den einfachen Mitgliedern. Diese Tendenz rührt in großen Organisationen auch daher, da diese durch ihre quantitative Zusammensetzung zur Ausbildung hierarchischer und bürokratischer Strukturen gezwungen sind, um überhaupt effektive Arbeit leisten zu können (Weber 1981: 393). Zum Anderen ist ein Großteil der Mitglieder tatsächlich nur durch „selective incentives" im *Olsonschen* Sinne daran interessiert, Engagement an den Tag zu legen. Daher ist auch die alleinige Mitgliedschaft in mehreren Verbänden gleichzeitig noch nicht als Beweiskriterium für eine ausgeprägte Partizipationsbereitschaft zu werten: Es ist nicht eindeutig festzustellen, ob das Individuum nicht überall nur als Trittbrettfahrer partizipiert.

Dennoch nehmen Verbände diese Rolle wahr, und auf diese Weise steuern sie einen entscheidenden Beitrag zur Anerkennung des politischen Systems bei. Nicht nur diejenigen Verbände, die den jeweiligen Regierungskurs unterstützen, tragen so zur Legitimation des politischen Systems bei. Auch der Opposition nahe stehende Organisationen, die sich mit ihren Forderungen an die zentralen Akteure des politischen Systems wenden, erkennen damit seine grundsätzliche Legitimation und Legitimationsfähigkeit an (von Alemann 1989: 190). Im Wesentlichen aber schärft die Partizipationsfunktion von Verbänden das politische Bewusstsein der Bürger. Sie gewinnen auf der einen Seite Einblick in die Funktionslogik des politischen Systems. Andererseits bieten sie Angehörigen aller Bevölkerungsschichten die Möglichkeit, verbandsinterne und damit einmal mehr demokratiestützende Mitarbeit zu leisten.

3.6 Sozioökonomische Selbstregulierung

Unter sozioökonomischer Selbstregulierung wird die Tatsache verstanden, dass es Politikbereiche gibt, in denen der Staat Aufgaben an Verbände delegiert hat (Wirtschaft, Gesundheit).[7] Die Funktion der Selbstregulierung ist im Kern eine den Verbänden zugeschriebene *Ordnungsfunktion* und manifestiert damit einen zusätzlichen Wert von Verbänden für das zentrale politische Entscheidungssystem: Mit der Übernahme von Regulationsfunktionen in ihrem Bereich *entlasten Interessengruppen den Staat*. Dies geschieht auf zweierlei Weise. Zum Einen besteht die Entlastung darin, dass der Staat die Aufgaben von Verbänden ansonsten kostenintensiv selbst erbringen müsste. Wäre der Staat mit den Aufgaben der Bündelung und Selektion von Interessen selbst beauftragt und konfrontiert, so würden zusätzliche Ressourcen von staatlicher Seite nötig werden. Diese Ressourcen stellen nun die Verbände bereit, in dem Bewusstsein, hier autonom für die Durchsetzung der eigenen Interessen sorgen zu können. Zum Anderen ist über die Kosten hinaus auf die staatliche Steuerungskompetenz abzuheben: Würde diese Funktion nicht durch die Verbände übernommen, müsste sie abermals durch staatliche Aktivität kompensiert werden. Damit wäre zumindest eine zusätzliche Belastung, wenn nicht gar eine erhebliche Überlastung beschrieben. Das Ergebnis daraus wäre, dass die Steuerungsfähigkeit des Staates erheblich in Mitleidenschaft gezogen wäre. Dem zentralen politischen Entscheidungssystem wird die kostenintensive Informationssuche erleichtert und abgenommen. Statt dessen wird die gebündelte und mehrheitsfähige Position eines Interessenspektrums fertig „serviert" (Sebaldt 1997b: 28). Neben die monetäre Entlastung tritt damit eine strukturelle Entlastung, welche die staatliche Handlungseffizienz dauerhaft zu sichern vermag.

Die Beispiele für diese Verbandsfunktion sind zahlreich: So wacht das Prüferkorps des Bundesverbandes Deutscher Banken über das Geschäftsgebaren seiner Mitglieder, die Wohlfahrtsverbände sind als Träger von Krankenhäusern und Pflegeanstalten für deren Funktionalität verantwortlich. Die Gewerkschaften sind Organisatoren beruflicher Fortbildungsseminare, die Industrie- und Han-

---

[7] Vgl. auch Kapitel III, Abschnitt 3.

delskammern bieten Zusatzqualifikationen und stellen Gesellen- und Meisterbriefe aus (Weber 1981: 396). Der Staat wird durch diese Maßnahmen der gesellschaftlichen Fortentwicklung und Selbstkontrolle durch Verbände also erheblich entlastet. Besonders deutlich wird diese entlastende Funktion verbandlicher Aktivität bei den Gewerkschaften und den Arbeitgeberverbänden. Während die Mehrzahl der Verbände überhaupt erst durch eigenen Aktivismus auf die Einflussnahme auf Parteien, Regierung, Parlament oder Ministerien angewiesen ist, sichert die verfassungsmäßig garantierte Tarifautonomie den Konfliktparteien im Arbeitskampf eine besondere Stellung. Über die Auswirkungen von Tarifabschlüssen auf Preise, Geldwert, Beschäftigung und internationale Konkurrenzfähigkeit zeitigen sie ein Bündel an Folgemaßnahmen. Diese können der wirtschaftspolitischen Zielsetzung durchaus zuwider laufen, sofern keine Einigung mit den staatlichen Instanzen erfolgt. Damit ist der staatliche Einfluss auf die Wirtschaftspolitik durch die Verfassungsgeber bewusst eingeschränkt worden.

3.7 Legitimation

Die Legitimationsfunktion ist gegenüber den übrigen Funktionen von Interessengruppen als „Generalfunktion" zu bezeichnen. Legitimation politischen oder sozialen Handelns ist in Demokratien mit weitgehend transparenten Entscheidungsprozessen unabdingbar. Verbände erfüllen diese Funktion, indem sie den zentralen gesellschaftlichen Forderungen Ausdruck verleihen und ihnen zur Durchsetzung verhelfen. Die staatliche Legitimation ihrerseits ist an die Einhaltung der demokratischen Spielregeln durch ihre Institutionen gebunden. Legitim sind dementsprechend nur solche Maßnahmen und Eingriffe staatlicher Instanzen, die durch demokratisch legitimierte Mandatsträger in einem demokratischen Entscheidungsprozess und einem rechtsstaatlichen Verfahren getroffen und beschlossen werden. Eine entscheidende Legitimationsstütze erhalten die staatlichen Institutionen vor allem dadurch, dass sie zur wichtigsten Instanz der Gewährleistung der Lebensgrundlagen aller Bürger geworden sind (Bildung, innere und äußere Sicherheit, Rahmenbedingungen für Wirtschaftswachstum). Umgekehrt würde ein Staat, der diese Funktionen nicht mehr wahrnehmen kann, nicht mehr auf die Anerkennung der Legitimität seiner Eingriffe und Forderungen (Wehr- oder Zivildienst, Steuererhebung, Sozialabgaben) durch die Bürger vertrauen können. In diesem Sinne besteht die staatliche Legitimation daher gemeinsam aus der Effizienz seiner Maßnahmen wie der gleichzeitigen Einhaltung demokratischer Spielregeln durch ihn selbst. Darüber hinaus gilt für staatliche Entscheidungen und Maßnahmen das Prinzip der allgemeinen Verbindlichkeit. Dieses ist nur durchzusetzen, wenn sich die Mehrheit der Bürger unterstützend hinter die staatlichen Eingriffe stellt. Gerade hier spielen die Verbände eine entscheidende Rolle. Ist die Verfahrenslegitimität des demokratischen Staates einmal anerkannt, umso mehr wird die Leistungsfähigkeit des Staates, seine Effizienz in den Mittelpunkt der Beurteilung durch die Bürger treten. Mit einem nicht hinterfragbaren, allumfassenden Gestaltungsanspruch seinerseits wie in totalitären Systemen kann der demokratische Staat nicht rechnen. Im Gegenteil muss er seine Eingriffe begründen und die Loyalität der Bürger durch wohlfahrtsstaatliche und gemeinwohlorientierte Maßnahmen festigen (Weber 1981: 397).

Die Verbände wirken an dieser Stelle als Repräsentanten spezieller Bevölkerungsgruppen entscheidend mit. Sie ermöglichen es dem Individuum auch abseits der Wahlurne, auf die Formulierung von Politik Einfluss zu nehmen. Außerdem wird in täglicher Verbandsarbeit sicher gestellt, dass sich politische Entscheidungen nicht fernab von den konkreten Lebenssituationen der Menschen befinden. Politik wird damit nicht mehr als Abstraktum begriffen. Im Gegenteil erhält sie zusätzliche Legitimation durch die Identifikation der Verbandsmitglieder mit den staatlichen Institutionen und den darin stattfindenden Entscheidungsprozessen. Solange eine gesellschaftliche Gruppe eine reelle Chance sieht, den eigenen Forderungen mit Aussicht auf Erfolg Nachdruck zu verleihen, stellt sie die Legitimität des politischen Systems nicht in Frage. Insofern stellt die Existenz von verbandlichen Forderungskatalogen an staatliche Instanzen eine enge Bindung an die Gegebenheiten des politischen Systems dar. Diese Forderungen sind Ausdruck der Akzeptanz seiner demokratischen Spielregeln und Spiegelbild des Vertrauens in die Effektivität seiner Prozesse.

3.8 Vergleichende Zusammenfassung

Zusammenfassend lässt sich festhalten, dass in jeglicher der genannten Funktionen die besondere Bedeutung der Kommunikation hervor zu heben ist (vgl. Übersicht 6). Verbände wirken wie kommunizierende Röhren zwischen Gesetzgeber, Verwaltung und den von den staatlichen Maßnahmen betroffenen Bürgern. Dabei fördern oder beeinträchtigen Verbände aber nicht nur das Vertrauen der Bürger in den Staat, sondern bedingen auch die Wirksamkeit seiner Maßnahmen und Leistungen durch ihre Unterstützung oder aber ihren Widerstand.

Übersicht 6:   Funktionen von Interessengruppen im Vergleich

Funktion	Bedeutung für Verband	Demokratietheoretische Bedeutung
Aggregation	Bündelung und Zusammenfassung der heterogenen gesellschaftlichen Interessen zu verbandspolitischen Zielen	Verbesserte Durchsetzbarkeit von Interessen durch Bündelung und Organisation, Betonung der Legitimität gesellschaftlicher Forderungen
Selektion	Vereinheitlichung unterschiedlicher Interessen innerhalb des Verbands, Auswahl zentraler wie augenblicklich durchsetzbarer Forderungen in einem Bereich	„Filterwirkung" der Verbände und Schutz vor Überlastung staatlicher Institutionen; Interessenverbände als „gate-keeper" zwischen Ausblendung bestimmter Interessen und politischer Handlungsunfähigkeit des Systems
Artikulation	Umformung latenter und manifester Interessen in Aussagen und Forderungen gegenüber dem politischen System	Ausrichtung der staatlichen Ordnungs- und Verteilungsmaßnahmen an der gesellschaftlichen Realität
Integration	Einbindung von Individuen in die Verbandsstruktur und Teilhabe an den Durchsetzungsmaßnahmen des Verbandes	Stabilisierung des gesellschaftlichen Unterbaus, Aufbau von Loyalitätsstrukturen und Legitimitätszuschreibung an das politische System
Partizipation	Möglichkeit zur Teilnahme an verbandlicher Arbeit durch Information und Kommunikation und zum Aufstieg innerhalb der Organisation	Indirekte Teilnahme am politischen Entscheidungsprozess, Anerkennung der legitimen staatlichen Steuerungskompetenz, Transparenz der Funktionslogik des politischen Systems
Sozioökonomische Selbstregulierung	Selbständige Regulationsfunktionen in bestimmten Politikfeldern (Wirtschaftsbereich, Gesundheitspolitik)	Stabilisierung des gesellschaftlichen Unterbaus, finanzielle und strukturelle Entlastungsfunktion gegenüber staatlichen Institutionen, Präsentation mehrheitsfähiger Positionen
Legitimation	Gelegenheit für Individuen zur Teilnahme am politischen Prozess über den Wahlakt hinaus, Verdeutlichung reeller Chancen zur Durchsetzung eigener Interessen, Teilhabe an Lösung konkreter politischer Einzelfragen	*„Metafunktion"*: Bindung der Individuen an die Struktur des politischen Systems, Akzeptanz demokratischer Verfahren, Schaffung von Vertrauen in die Effizienz des politischen Systems durch Rückbindung der staatlichen Politiken an die gesellschaftliche Realität

Quelle: eigene Darstellung.

Und auch für den einzelnen Bürger leisten sie dementsprechend Unverzichtbares. Angesichts der Fülle an hochkomplexen Entscheidungsmaterien wäre jeder Einzelne überfordert, sich mit allen Problemkomplexen angemessen auseinander zu setzen. Andererseits wären staatliche Instanzen ohne die Existenz aggregierender und selektierender Verbände in ihrer Steuerungskompetenz überfordert. Insofern betätigen sich Verbände auch als „Interpreten des Staates" (Weber 1981: 393), erläutern gesetzgeberische Maßnahmen und sorgen damit als Folge eines Kommunikationszirkels wiederum für Unterstützung des politischen Systems. Zusammenfassend dienen die Funktionen von Verbänden nicht nur dem Selbstzweck des Verbands. Sie leisten darüber hinaus auch einen bedeutenden demokratiepraktischen Beitrag.

II Das Spektrum der Verbände in Deutschland

Alexander Straßner

Nach der Schaffung des theoretischen Fundaments soll in diesem Kapitel die Verbandslandschaft der Bundesrepublik vorgestellt werden. Dabei wird vereinzelt auf die vorhergehenden Funktions- und Theoriekapitel zurückgegriffen. Die Vorgehensweise gestaltet sich dabei wie folgt: Nach der gerafften Darstellung der historischen Entwicklung des Verbandswesens vom Mittelalter bis in die Bundesrepublik (Abschnitt 1) und der Klärung des rechtlichen Rahmens, in welchem sich Verbände bewegen (Abschnitt 2), wird zunächst ein grober Überblick über die Größe und Struktur der bundesdeutschen Verbandslandschaft gegeben (Abschnitt 3). Wie darin deutlich wird, können die Verbände in sechs unterschiedliche Sektoren unterteilt werden, die sodann sukzessive vorgestellt werden. Einer allgemeinen, überblickshaften Gesamtdarstellung des jeweiligen Sektors mit Unterkategorien und Fallbeispielen folgt jeweils die detaillierte Schilderung von Einzelbeispielen (Abschnitt 4). Ein resümierendes Fazit beschließt das Kapitel (Abschnitt 5).

1 Historische Genese

Die Fundamente unserer heutigen Gesellschaft wurden nicht erst nach dem Zweiten Weltkrieg gelegt (Best 1993; von Alemann 1996: 9-10; Hardtwig 1997). Vielmehr reichen erste Formen der gesellschaftlichen Organisation wesentlich weiter zurück. Diese ersten Spielarten organisierter Interessen und ihre Entwicklung müssen beschrieben werden, um deren heutige Erscheinungsform verstehen zu können.

1.1 Ancien Régime und frühes 19. Jahrhundert

Die mittelalterlichen Zünfte und Gilden waren keine Verbände, wie wir sie hier verstehen. Die Zugehörigkeit zu ihnen definierte sich in der mittelalterlichen Ständegesellschaft in der Regel allein durch die Geburt: Mit ihr war mit der Standesangehörigkeit des Individuums auch sein Beruf festgelegt (Ullmann 1988: 17). Durch ihre starren Grenzen und den gildentypischen Berufszwang nahmen sie folglich keine Mittlerfunktion zwischen Gesellschaft und Staat ein, wie die Verbände es heute tun. Im Gegenteil waren sie selbst Bestandteil der ständischen Gesellschaft mit einer strikten Reglementierung des Ein- und Austritts. Da der Austritt durchaus mit dem Verlust aller sozialen Sicherheit und materiellen Rechte einhergehen konnte, ist ihre fundamentale Diskrepanz gegenüber heutigen, freiwillig gegründeten Interessengruppen nur zu deutlich. Insofern können sie kaum als Vorläufer moderner Verbände gelten. Die bürgerlichen Revolutionen versuchten, den letzten Rest der ständischen Gliederung der Gesellschaft zu zerschlagen, nun jedoch aus anderen Motiven. Da einerseits das Volk (*Rousseau*), andererseits der Staat (*Hegel*) als unumschränkter Souverän bzw. als höchste Form des menschlichen Zusammenlebens galten, sollte es intermediäre und damit gesellschaftliche Strömungen und Forderungen repräsentierende Organisationen nicht geben (von Alemann 1989: 145).

Die Französische Revolution 1789 läutete das Ende der mittelalterlich-feudalistischen und ständisch organisierten Gesellschaft ein. Vor allem das Bürgertum als Träger liberalistischer Konzeptionen und der Vorstellung eines selbst verantwortlichen Individuums erwies sich als Vorkämpfer gegen gesellschaftliche oder ökonomische Zwänge und forderte die Gleichheit vor dem Recht ebenso ein wie die Beseitigung überkommener Bindungen wie das Zunftwesen. Der Bildung von Verbänden war diese Entwicklung dennoch zunächst nicht förderlich. Im Gegenteil zeigten sich die Revolutionäre durch ihre Berufung auf die *Rousseausche* Vorstellung eines allgemeinen Volkswillens („volonté générale") stark verbändefeindlich, eine Tendenz, die sich auch in der Gesetzgebung niederschlug. So löste die *Loi le Chapelier* aus dem Jahr 1791 alle Stände, Zünfte, Gilden und Innungen auf und untersagte darüber hinaus die Bildung von Verbänden (Ullmann 1988: 22). Erst nach der Restauration der Monarchie kam es in Frankreich relativ rasch zur Ausbildung verschiedenster Interessensgruppen, wenngleich die Aufhebung des Vereinigungsverbots in Frankreich erst im Jahre 1905 erfolgte (Weber 1981: 60).

In Deutschland vollzog sich dieser Wandel verspätet, weitaus langsamer und darüber hinaus mehr als reformerische Maßnahme. Erst die langsam aufkeimende Gewerbefreiheit, angestoßen durch die napoleonischen Verwaltungsmaßnahmen, das *Stein-Hardenbergsche* Reformwerk in Preußen und die Gründung des Deutschen Zollvereins 1834 führten dazu, dass sich mehr und mehr auch in den Handwerksberufen eine Tendenz zur Verselbständigung durchsetzte. Erst weit nach 1800 kam es so auch in den deutschen Staaten zu einer immensen Vereinigungsflut, in deren Verlauf sich in fast allen Lebensbereichen Organisationen herausbildeten. Den größten und bedeutendsten Vereinigungen der ersten Hälfte des 19. Jh., etwa dem *Deutschen Handels- und Gewerbeverein* von 1819 sowie dem *Börsenverein des Deutschen Buchhandels* (1825), mangelte es allerdings noch an einem arbeitsteiligen Apparat und einer feingliedrigen bürokratischen Struktur, welche einen größeren Einfluss bedeutet hätten. Und auch die ersten Ansätze von Handwerker- und Gesellenbündnissen konnten keine effektive Organisationsstruktur aufbauen (Ullmann 1988: 40-49).

In diese Zeit fielen auch die Anfänge der Gewerkschaften, es entstanden soziale Selbsthilfeorganisationen wie Kranken- und Sterbekassen (Uellenberg-van Dawen 1995). Ein Höhepunkt der Organisierung von Interessen war mit der Frankfurter Nationalversammlung und der Revolution 1848 erreicht. Die Abgeordneten der Nationalversammlung sahen sich in den wichtigsten Ausschüssen von Berufsvereinigungen bestürmt und mit zahlreichen Petitionen eingedeckt (Weber 1981: 63).

Die ersten Ansätze der Organisierung von Interessen wurden jedoch durch die intensive Restaurationsphase nach 1848 neuerlich zerschlagen (Rudzio 1982: 12). Trotz des ausgesprochenen Koalitionsverbots aber nahmen in der Folge die Streiks zu. Der Modernisierungsdruck auf Unternehmen und die sich ausbreitenden wirtschaftlichen Verflechtungen zwischen verschiedenen, auch internationalen Wirtschaftsfeldern, begannen die ökonomischen Interessen zu stärken, da auf ihrer Prosperität die staatliche Stabilität ruhte. Nachdem 1869 die Koalitionsfreiheit durch die Gewerbeordnung des Norddeutschen Reichstages garantiert wurde, begünstigten letztlich die ersten fundamentalen Krisen des Frühkapitalismus immer mehr die Gründung von Interessenorganisationen. Die dadurch beförderte Interessenformation betroffener Produzentengruppen erhöhte den Druck auf die staatlichen Institutionen, die Unterdrückung der Interessengruppen zu beenden. Zusätzliche Interventionsversuche des Staates aber provozierten erst neuerliche Verbandsgründungen.

Zusammenfassend war die Entstehung eines Verbandswesens aus der ständischen Gesellschaft des Mittelalters das Ergebnis politischer, gesellschaftlicher und ökonomischer Modernisierung. Stieß die Gründung von Verbänden durch unterschiedliche politische Rahmenbedingungen in verschiedenen Staaten des Deutschen Reiches noch auf Schwierigkeiten, so bedeutete der Wandel zur Bürgergesellschaft einen rapiden Wandel in der Gesellschaftsstruktur: Maßgeblich für die berufliche Entscheidung und die Schichtzugehörigkeit des Individuums waren nun nicht mehr Geburt und Abstammung, sondern mehr und mehr Besitz und Leistung. Parallel dazu erfuhr der Gründungsakt von Verbänden eine erhebliche Veränderung: Verbände begannen zunehmend nicht das Ergebnis eines staatlichen Impulses, sondern das Resultat freier Verbandsgründung zu werden. Mit der fortschreitenden gesellschaftlichen Differenzierung kleidete sich auch das Vereinswesen in stets neue Gewänder und brachte eine Unzahl an Vereinen hervor, die auf eng begrenzte Interessen spezialisiert waren (Ullmann 1988: 58-62).

1.2 Kaiserreich und Erster Weltkrieg

Als erste Vorläufer der Gewerkschaften entstanden 1848 Organisationen der Buchdrucker und Zigarrenarbeiter (Schönhoven 1987: 18-24). Eine Festigung der gewerkschaftlichen Bewegung trat aber erst nach der Gründung der sozialdemokratischen Partei ein, als *Ferdinand Lassalle* den *Allgemeinen deutschen Arbeiterverein* (1863) ins Leben rief. Doch auch noch lange danach unterlagen gewerkschaftliche Organisationsformen staatlicher Unterdrückung, die ihren Höhepunkt in den Interessenkämpfen des Kaiserreiches und darin wiederum in den *Bismarckschen* Sozialistengesetzen 1878-1890 fand (von Alemann/ Heinze 1979a: 23; Schneider 2000: 58-69). Die Fehde zwischen *Bismarck* und den Gewerkschaften wurde für die weitere Entwicklung der Gewerkschaften entscheidend. Zwei versuchte Attentate auf Kaiser *Wilhelm I.*, die *Bismarck* wider besseres Wissen den Sozialdemokraten anlastete, nutzte er zu dem Versuch, sie endgültig daran zu hindern, zu einer Massenbewegung zu werden. Das *Gesetz gegen die gemeingefährlichen Bestrebungen der Sozialdemokratie* verbot neben sozialdemokratischen Versammlungen und Druckschriften auch Vereine und Gewerkschaften (Schneider 2000: 59; Schönhoven 1987: 44-46).

Dennoch konnten staatliche Repressionen die Formierung von Arbeiterinteressen und damit die fortwährenden Neugründungen von Einzelgewerkschaften nicht verhindern. Doch blieben die prägenden weltanschaulichen Konflikte innerhalb der Gewerkschaftsbewegung aktiv, so dass es zur Bildung mehrerer Parallel-Gewerkschaften kam (Schönhoven 2003: 44-45). Zu einem Zusammenschluss der heterogenen Gewerkschaftslandschaft kam es aber erst nach *Bismarcks* Demission 1890. Die Sozialistengesetze wurden danach nicht mehr verlängert. In der Folge schlossen sich die sozialistischen Gewerkschaften zur *Generalkommission der Freien Gewerkschaften Deutschlands* zusammen, daneben entstanden die liberalen *Hirsch-Dunkerschen Gewerkvereine* und die christlichen, zentrumsnahen Gewerkschaften als Nachbarorganisationen. Das Wachstum und die Organisationsstärke der Gewerkschaften waren damit nicht mehr aufzuhalten. Nach und nach wurden sie zu Massenorganisationen (Schneider 2000: 69-119). Fortan wurde ihr Einfluss so groß, dass sie die Politik der Sozialdemokratie maßgeblich mitzubestimmen begannen, indem sie deren reformistischen Flügel gegenüber ihren orthodoxen Widersachern verstärkten (Schönhoven 1987: 61-64). Obschon die einzelnen Vertreter der jeweiligen Verbände selbst noch undemokratische politische wie gesellschaftliche Standpunkte vertraten, so folgten sie in ihrer konkreten Einflussarbeit doch bereits der Logik der parlamentarischen Demokratie. Sie begannen nicht nur, in der Lobby des Reichstages Abgeordnete zu beeinflussen, sondern stellten eigene Kandidaten auf und versuchten, diese als Mandatsträger in das Parlament zu entsenden (Fischer 1973: 146).

Auch die industriellen Branchen Eisen, Stahl und Textil hatten sich in dieser Zeit zu organisieren begonnen. Ein erster Höhepunkt war die Gründung des *Centralverbands Deutscher Industrieller* (CVDI) im Jahr 1876 und ein sich anschließendes Bündnis mit der großagrarischen Landwirtschaft. Innerhalb der (durch unterschiedliche Interessenlagen bedingten) miteinander koalierenden und mitunter heftig konkurrierenden Interessengruppen gab es jedoch erhebliche Startunterschiede. Die wilhelminische Obrigkeitspolitik zeigte sich durchaus den Verbandsinteressen von Großindustrie und Großgrundbesitz aufgeschlossen (Ullmann 1988: 79). Im Wesentlichen aber waren die sich rasch ändernden Produktionsbedingungen infolge der industriellen Entwicklung dafür verantwortlich, dass die traditionellen Handels- und Handwerkerverbände den gesonderten Interessen der industriellen Fertigung nicht mehr gerecht wurden. Aus diesem Grund, und um sich gegen die Gewerkschaftsbewegung zu formieren, versuchten Unternehmer neben den Kammern eine parallele Interessenorganisation aufzubauen. Die daraus resultierende Gründung des CVDI stellte jedoch noch keinen Dachverband dar, da er lediglich die Vertreter der Grundstoffindustrie umfasste. Daneben entstand daher der *Bund der Industriellen*. Zwischen beiden Dachorganisationen kam es zu einem jahrelangen Konflikt um Mitglieder und Einfluss (Ullmann 1988: 77-85).

Darüber hinaus entstanden zahlreiche „freie Vereine", die sich ab 1896 mit dem Erlass, 1900 mit dem Inkrafttreten des Bürgerlichen Gesetzbuches (BGB) auf einen festen rechtlichen Rahmen berufen konnten. Diese freien Vereine waren ein Kompromiss aus dem etatistischen und dem liberalen Prinzip: Auf der einen Seite versuchte der Staat, durch Anstöße zu Verbandsgründungen und durch weitreichende Eingriffe in Wirtschaft und Gesellschaft seinen Einfluss auf die Entwicklung des Verbandswesens beizubehalten. Auf der anderen Seite betonte das liberale Prinzip, dass sich der Staat so weit wie möglich aus der Wirtschafts- und Gesellschaftspolitik heraushalten sollte (Ullmann 1988: 77). Die ersten freien Vereine bewegten sich so auf einer Scheidelinie zwischen Etatismus und Liberalismus: Sie konnten sich frei gründen und organisieren, wurden jedoch kontrolliert und diskriminiert, wenn sie sich aus ihrem privaten Milieu lösten und öffentliche, gewerbliche oder politische Ziele zu verfolgen begannen (von Alemann 1989: 148).

Die Gründung der Vorläufer unserer heutigen Verbände war damit vollzogen, auch wenn sie im letzten Drittel des 19. Jahrhunderts noch immer eine lediglich „akzeptierte Begleiterscheinung" der liberal-kapitalistischen Gesellschaft waren (Rudzio 1982: 12). Besonders der Konflikt zwischen Kapital und Arbeit, aber auch derjenige zwischen Bürger und Staat und zwischen Staat und Privatwirtschaft hatte als Transmissionsriemen entscheidend für die erhebliche Mobilisierung im Anschluss an 1848 gesorgt. Von zentraler Bedeutung war dabei die zunehmende Autonomie der Verbände. Sie war zu beobachten durch die gleichzeitige Betonung der gesellschaftlichen Autonomie gegenüber dem Staat, durch die Beanspruchung von Bürgerrechten und die Forderung, der Staat dürfe nicht in alle wirtschaftlichen und gesellschaftlichen Bereiche hinein regulierend tätig werden (Ullmann 1988: 76).

Die Zeit des Kaiserreichs wird vor diesem Hintergrund gerne als Geburtsstunde der Verbände bezeichnet. Auch wenn dieses Urteil durchaus problematisch ist, so waren in diesem Zeitraum dennoch signifikante Tendenzen zu beobachten, welche die Evolution des Verbandswesens in Deutschland erheblich voran brachten (Ullmann 1988: 114-116):

▪ *Differenzierung und Akzentuierung*: Mit der Industrialisierung differenzierten sich auch im Reich die gesellschaftlichen Interessen aus. Zeitgleich begannen sich mit den weitreichenden sozialen Veränderungen, welche die Industrialisierung mit sich brachte, die Konfliktlinien zwischen den Interessen zu verschärfen. Beide Ursachen sorgten für breit angelegte Organisationsschübe.

▪ *Verbandsbildung als Krisenphänomen*: Mit der fortschreitenden Krisenanfälligkeit der wirtschaftlichen Entwicklung stieg auch die Zahl der Verbandsgründungen. Verbände entstanden im 19. Jh. eher in Krisenzeiten als in Aufschwungphasen, was vor allem auf die siebziger und achtziger Jahre zutrifft. Danach begannen Unterschiede in der Wachstumsgeschwindigkeit den Ausschlag zu geben. Der Übergang vom Agrar- zum Industriestaat beförderte die Interessenorganisation sowohl auf Seiten der Landwirte als auch auf Seiten des Mittelstandes.

▪ *Auftreten des Interventionsstaates*: Mit den zunehmenden Versuchen des Staates, regulierend in das gesellschaftliche Leben einzugreifen, änderten sich auch Charakter und Reichweite staatlicher Politik. Der Staat begünstigte in seinem Anliegen, zugunsten bestimmter Interessen die allgemeinen Rahmenbedingungen zu verändern oder gezielte Förderungsmaßnahmen zu ergreifen, einzelne Verbände. Dadurch benachteiligte er andere Verbände wiederum erheblich. Die staatlichen Maßnahmen begannen, sich auf die Gesellschaft auszuwirken: Da die Arbeits-, Produktions- und auch Lebensbedingungen jedes Einzelnen betroffen waren, war die Organisierung und Verbandsbildung für das Individuum das probate Mittel, um Maßnahmen zu seinen Gunsten durchzusetzen oder konkurrierende Interessen abzuwehren. Ergebnis war die zusätzliche Differenzierung und Organisierung von gesellschaftlichen Interessen, andererseits verstärkte sich der Druck auf den Staat, zugunsten bestimmter Interessenregulierung einzugreifen.

- *Änderung der politischen Rahmenbedingungen*: Mit der Reichsgründung von 1871 nahm das staatlich-politische System Deutschlands eine neue Gestalt an. Um sich diesen neuen Rahmenbedingungen anzupassen, waren neuerliche Verbandsgründungen nötig. Verbänden auf Reichsebene folgten daher föderalistische Untergliederungen und Landesverbände als Ausdruck der Anpassung an veränderte Prämissen.

- *Professionalisierung*: Die öffentlich-rechtlichen oder staatlich geförderten Verbände reichten nicht mehr aus, um die Interessen gegenüber dem Staat wirkungsvoll zu vertreten. Dies bedeutete den Aufstieg der freien Verbände. Nicht nur konnten sie weitaus flexibler auf die veränderten Rahmenbedingungen reagieren, vielmehr begann sich zusätzlich eine innergesellschaftliche Eigendynamik ohne den Anstoß des Staates zu entwickeln. Die Organisation einer Branche rief zunehmend Verbandsgründungen in anderen, bisher schwach oder überhaupt nicht organisierten Bereichen hervor.

Die freie und evolutionäre Entfaltung des Verbändewesens wurde durch den Ersten Weltkrieg jäh gestoppt. Im Rahmen der Kriegsproduktion griffen staatliche Institutionen umfangreich in die organisierten Interessen ein, was vor allen Dingen auf die Verbände des Wirtschaftssektors zutraf (Ullmann 1988: 124). Und auch die sozialistischen Gewerkschaften, welche unter *Bismarck* und den Folgekanzlern des wilhelminischen Obrigkeitsstaates so immens bekämpft worden waren, betonten ihre Bereitschaft zur Kooperation (Schönhoven 2002: 165-184; Schönhoven 1987: 94-115). Die staatliche Autorität konnte damit die Arbeiterinteressen gegen die Schwerindustrie und deren Dominanzansprüche ausspielen. Den Gewerkschaften wurde als Ausgleich dafür die Aufhebung der gebliebenen koalitionsrechtlichen Restriktionen zugestanden.

1.3 Weimarer Republik

Nach Kriegsende wurden die Verbände in der Weimarer Republik zu einem verfassungsrechtlich verankerten Bestandteil des gesellschaftlichen Lebens (Art. 124 und 159 Weimarer Reichsverfassung) (Böhret 1973: 216-226). Im Anschluss an 1918 erlebten aber vor allem die freien sozialistischen Gewerkschaften einen immensen Aufschwung. Im Ersten Weltkrieg und während der Weimarer Republik unterstützten die Gewerkschaften die Position der Mehrheitssozialisten der MSPD. Damit formulierten sie implizit die Zustimmung zur Zurückstellung des politischen Konfliktes in den Kriegsjahren und unterstützten den Versuch, die nach Kriegsende drohende Rätebewegung zu bändigen. So konnten Gewerkschaften und SPD zwar bereits einige Reformen durchsetzen (8-Stunden-

Tag, Anerkennung der Gewerkschaften als Tarifpartner, Arbeitslosenversicherung etc.), eine ökonomische Neuordnung blieb aber auch weiter unerreicht. So erfüllte auch das Betriebsrätegesetz 1920 nicht die Erwartungen der Gewerkschaften, da zu den Aufgaben des Betriebsrates fortan nicht nur die Wahrnehmung der wirtschaftlichen Interessen von Angestellten und Arbeitern, sondern auch die Unterstützung des Arbeitgebers bei der Erfüllung der Betriebszwecke gehörte (Schneider 2000: 152). Der Generalstreik in Folge des rechtsextremistischen *Kapp*-Putsches bedeutete dagegen zunächst noch eine Stärkung des *Allgemeinen Deutschen Gewerkschaftsbundes* (ADGB). Der ADGB hatte im Jahr 1920 bereits über acht Millionen Mitglieder, die folgende Inflation und Wirtschaftskrise dezimierte die Mitgliederzahl aber wieder erheblich. In der Folge verloren die Gewerkschaften zunehmend an Einfluss. Wirtschaftskrisen und Massenarbeitslosigkeit trugen zu ihrem Bedeutungsverlust ebenso bei wie die ideologischen Richtungskämpfe zwischen Kommunisten und Sozialdemokraten in der internationalen Arbeiterbewegung. Derart geschwächt vermochten sie den Vormarsch des Nationalsozialismus nicht aufzuhalten und traten in einen Auflösungsprozess ein (Schönhoven 2002: 276-309).

Bei den Unternehmerverbänden setzte sich dagegen zeitgleich die *Konzentrationstendenz* fort. Die Konkurrenz zwischen den Dachverbänden CVDI und dem *Bund der Industriellen* wurde in der Weimarer Republik wieder aufgehoben, beide Dachverbände vereinigten sich zum *Reichsverband der Deutschen Industrie* (RDI). Nach der erfolgreichen russischen Revolution von 1917 und der November-Revolution im Deutschen Reich 1918 erwarteten die Unternehmer eine Welle der Enteignung und Sozialisierung der Großunternehmen, wie sie die marxistisch-leninistische Ideologie propagierte. Zu diesen Entwicklungen gesellte sich der Umstand, dass auch die übrigen organisierten Interessen die starke Stellung der Gewerkschaften in der Weimarer Republik nicht anerkennen wollten. Die weltweite wirtschaftliche Krise im Anschluss an den „Schwarzen Freitag" an der New Yorker Börse 1929 verschärfte diesen Konflikt. Von Seiten der Unternehmer wurde abermals der Ruf nach einem starken Staat wilhelminischer Prägung laut, dessen Manifestation in den Präsidialkabinetten der endenden Weimarer Republik (*Brüning, von Papen, Schleicher*) aber immer noch als unzureichend angesehen wurde. Einzelne Branchen der Schwerindustrie und Banken forderten zunehmend die Einbeziehung der NSDAP in die Regierungspolitik zur Wahrung der Unternehmerinteressen. Dies nicht zuletzt deshalb, weil die Nationalsozialisten besonders in Landwirtschaft und Mittelstand breite Schichten ihrer Wählerschaft rekrutierten, fördernd tätig und damit zu einer dominierenden Macht geworden waren. Die Unternehmen versuchten damit, die Nationalsozialisten für eine unterstützende Politik auch der Großindustrie gegenüber zu gewinnen (Ullmann 1988: 143).

Die erste deutsche Demokratie sah eine erhebliche Expansion der Verbandslandschaft. Ebenso wie zu Ende des 19. Jahrhunderts waren staatliche Wirtschaftslenkung während des Krieges und zahlreiche Interventionsversuche der Weimarer Regierungen verantwortlich für die in diesem Zeitraum eingetretene Steigerung. Andererseits bedeutete die Einbeziehung in gesamtstaatliche Anliegen während des Krieges die Übernahme hoheitlicher Aufgaben und damit einen erheblichen Kompetenzzuwachs (Ullmann 1988: 173).

Doch in der Ausrichtung der Verbände zeichneten sich Veränderungen ab. Kennzeichnend für die Interessengruppen der Weimarer Republik war allgemein die bewusst gesuchte Annäherung an jeweils eine politische Partei. Freihändlerische Wirtschaftsverbände waren eindeutig den Liberalen zuzuordnen, der *Bund der Landwirte* und die lutherischen Kirchen bildeten das Fundament der konservativen Parteien, während das *Zentrum* eng mit der katholischen Kirche verflochten war. Besonders die Sozialdemokraten versuchten, das Individuum auch neben seiner Eigenschaft als Arbeiter in die politische Organisation einzubeziehen, indem es durch eine weitreichende Palette von Nebenorganisationen durch das ganze Leben begleitet wurde. Einen alle Lebensbereiche umfassenden Zwangscharakter bekamen diese Tendenzen wenig später in der totalen Vereinnahmung des Individuums durch die NSDAP (Rudzio 2000: 68). Insgesamt trugen auch die Verbände, die in der Weimarer Republik neben dem ökonomischen Sektor auch im kulturellen, sozialen und gesellschaftspolitischen Bereich erstmals zur vollen Entfaltung gekommen waren, durch fehlende Verankerung demokratischer Normen entscheidend zum Zusammenbruch der ersten deutschen Demokratie bei. Doch auch aktiv hatten vor allen Dingen die Wirtschaftsverbände der Weimarer Republik durch ihre nachhaltige Agitation Anteil am Kollaps des demokratischen Systems (Schiller 1997: 462).

1.4 Drittes Reich

Die Nationalsozialisten brachen mit den liberalen Grundsätzen von Markt, Konkurrenz und weitgehender staatlicher Nicht-Einmischung. Wirtschaft sollte den „nationalen" und machtpolitischen Zielen untergeordnet werden (Ullmann 1988: 219). Aus diesem Grund wurden zur Organisation der Verbände drei Grundsätze festgeschrieben (Ullmann 1988: 223):

- *Ausschließlichkeit*: Neben den staatlich sanktionierten Verbänden sollte es keine Formen freier gesellschaftlicher Interessenvertretung mehr geben. Der Verbandspluralismus, wie ihn die Weimarer Republik erlebt hatte, wurde konsequent beseitigt. Im Gegenteil besaßen die NS-Verbände das faktische Organisationsmonopol. Jegliche Formierung eines Interesses aus der Gesellschaft konnte daher nur unter der Warte der nationalsozialistischen Ideologie erfolgen.

- *Zwangsmitgliedschaft*: Die Mitglieder der jeweiligen NS-Organisationen gehörten ihnen nicht freiwillig, sondern durch Gesetz an. So gab es die Zwangsmitgliedschaft in NS-Jugendorganisationen ebenso wie in NS-Berufsverbänden (zum Beispiel das *Nationalsozialistische Kraftfahrerkorps* (NSKK)), um den Weg zu einer „formierten Gesellschaft" (Bracher 1993: 235) abzuschließen.

- *Führerprinzip*: Wie die Partei waren auch die NS-Organisationen streng hierarchisch aufgebaut. Der Entscheidungsprozess verlief von oben nach unten, die Leitungspositionen wurden nicht mehr gewählt, sondern bestimmt. Neben einem erheblichen Einfluss staatlicher Stellen auf die Verbände kristallisierte sich so der enorme Druck der NSDAP heraus.

Die in der Weimarer Republik so vielfältig entstandenen Verbände wurden durch die Nationalsozialisten in nur wenigen Monaten zerschlagen, „gleichgeschaltet" oder umgewandelt. An ihrer Statt fungierten nun öffentliche Zwangsorganisationen; die *Deutsche Arbeitsfront* (DAF) anstelle von Gewerkschaften und Unternehmerverbänden, der *Reichsnährstand* anstelle der Bauernverbände, der *Reichsstand des deutschen Handwerks* und die *Reichsgruppe Handel* (Ullmann 1988: 192-219).

Auf Seiten der Gewerkschaften bedeutete dies einen immensen Blutzoll. Zahlreiche Gewerkschaftsfunktionäre wurden verhaftet und in Konzentrationslagern interniert, wieder andere flohen ins Exil, um nach Ende des Zweiten Weltkriegs am Wiederaufbau der Gewerkschaften mitzuwirken (Schneider 2000: 223-244). Die nationalsozialistische Arbeitsorganisation DAF schaffte die in Jahrzehnten errungenen Rechte der Arbeiter systematisch ab, nicht ohne sie im Sinne der „Volksgemeinschaft" als notwendig zu propagieren. Zuerst aber wurden die freien Interessenvertretungen umfunktioniert zu schieren Lenkungs- und Kontrollorganen des totalitären Staates und standen schon im Zeichen der Unterdrückung unliebsamer sozialer Interessen (Arbeiterschaft) wie der kriegswirtschaftlichen Lenkung (Ullmann 1988: 226).

So wurden auf Seiten der Unternehmerverbände der *Reichsverband der Deutschen Industrie* (RDI) und die *Vereinigung deutscher Arbeitgeberverbände* (VDA) zum *Reichsstand der deutschen Industrie* zwangsvereinigt. Gemäß den ideologischen Vorgaben des totalitären Führerstaates wurde das Führerprinzip auch in den Verbänden durchgesetzt. So wurden die ehemaligen Unternehmerverbände bis auf den RDI in sechs Reichsgruppen aufgeteilt, wobei jede Gruppe einem Wirtschaftssektor entsprach (Ullmann 1988: 192-201). Das Bekenntnis der Gewerkschaften in einem Aufruf zum 1. Mai 1933, auch in einem neuen Staat mitarbeiten zu wollen, war dagegen insofern kennzeichnend, als sie tags darauf verboten und führende Mitglieder inhaftiert wurden (Schneider 2000: 223-230).

Ziel der Nationalsozialisten war in Anlehnung an den „korporativen Staat" Mussolinis in Italien der Aufbau einer korporativen Wirtschaftsordnung als Reaktion auf die wirtschaftlichen Krisen der Weimarer Republik. Eine Rückkehr zur geburtsständischen Gliederung der Gesellschaft aber war unmöglich. Anstelle von Geburtsständen sollte die Sozialordnung daher auf Berufsordnungen aufbauen (Ullmann 1988: 220). Dieses Vorhaben ließ sich aber nicht realisieren. Vor allem das starre Führerprinzip erwies sich mit einer „organischen Staatsbildung" nicht kompatibel. Auch wenn ein einheitlicher organischer Ständestaat im totalitären Selbstverständnis dem Führerprinzip nicht widersprechen musste: Die Zwangskorporationen waren alles andere als in eine organische „Volksgemeinschaft" inkorporiert (von Alemann 1989: 151).

1.5 Verbände nach 1945

Die Wiedererrichtung der Demokratie in Deutschland nach der Katastrophe des Nationalsozialismus war auch gekennzeichnet durch das Bestreben der organisierten Interessen, an ihre Tradition aus der Weimarer Republik anzuknüpfen. Dabei war eindeutig erkennbar, dass von Seiten derjenigen Interessengruppen, welche die Forderung nach einer Regierungsbeteiligung der NSDAP erhoben hatten, durchaus unterschiedlich mit der eigenen Vergangenheit umgegangen wurde. In der Regel bestand die Reaktion auf den Zusammenbruch des Dritten Reichs in der versuchten Verdrängung der eigenen Mitschuld und einer Anlehnung an eigene Organisationsformen vor 1933, wobei allein die Arbeiterbewegung tatsächlich unbelastet war. Sie allein konnte verhältnismäßig bruchlos an genuine demokratische Traditionen der Weimarer Republik anknüpfen (Schneider 2000: 245-269).

Die Reorganisierung der Verbandslandschaft lief dabei in zwei Phasen ab: Von 1945 bis 1949 vollzog sie sich unter der Federführung der Besatzungsmächte nach deren eigenen Interessen. Nach den zwei bestimmenden Prinzipien der Dezentralisierung und der Demokratisierung konnten Verbände erst lokal, dann zonal, und erst weitaus später im überzonalen Rahmen gegründet werden. Zentralistische Verbände nach NS-Muster konnten sich so nicht mehr etablieren. Unter Gesichtspunkten der Demokratisierung trat anstelle der Zwangs- wieder die freiwillige Mitgliedschaft, die Führungspositionen wurden nun wieder durch Wahl, nicht durch Ernennung besetzt. In einer zweiten Phase wurde die Etablierung des Verbandswesens in der Bundesrepublik nach der Staatsgründung 1949 abgeschlossen (Ullmann 1988: 264-265).

Generell kennzeichnend war allerdings das Bestreben, die in der Weimarer Republik an den Tag gelegte enge Bindung an eine Partei aufzugeben und eine Neutralitätsstrategie zu fahren. Vereinzelt blieben dennoch enge Bindungen bestehen: Die Gewerkschaften behielten ihre Kontakte zur Sozialdemokratie bei, während die Unternehmerverbände ihre politischen Ansprechpartner vornehmlich in den Lagern der Union und der FDP fanden (Rudzio 2000: 68).

Nach 1945 dominierte auf Seiten der neugegründeten Parteien überwiegend ein christlicher Sozialismus sowie ein ausgeprägter Antikapitalismus. Auch die CDU hatte in ihrem *Ahlener Programm* (1947) die Verstaatlichung von Großindustrien gefordert. Die Bestrebungen der westlichen Alliierten und insbesondere der Amerikaner, den Einfluss sozialistischer Ideen energisch zurückzudrängen, war jedoch auch hier entscheidend. Insofern entstanden auch die Gewerkschaften zuerst im Betrieb, dann regional und erst später zonal (Mielke 1990: 19-83), im Grunde eine ideale Voraussetzung für einen gesellschaftlich gefestigten und organisch gewachsenen *intermediären Sektor* (von Alemann/ Heinze 1979a: 24; Schneider 2000: 245-253).

Organisatorisch zogen die Gewerkschaften in Erinnerung an die eigene geschwächte Stellung durch die Zersplitterung während der Weimarer Republik eine entscheidende Konsequenz. 1949 wurde in der Bundesrepublik der *Deutsche Gewerkschaftsbund* (DGB) als Dachverband von damals 16 Einzelgewerkschaften ins Leben gerufen. In der DDR formierte sich der *Freie Deutsche Gewerkschaftsbund* (FDGB) abermals unter dem Diktat einer Partei und nach strikt demokratisch-zentralistischen Kriterien organisiert.[8]

Dagegen scheiterten die wirtschaftspolitischen Neuordnungsversuche der Gewerkschaften in der Bundesrepublik grundlegend, da unter dem Einfluss der Alliierten die gewerkschaftliche Politik zunehmend auf die Themen der Sozial- und Tarifpolitik beschränkt wurde, nicht aber mehr grundlegende gesellschaftliche Visionen (Vergesellschaftung, Verstaatlichung von Großindustrien) zuließ. Waren die Gewerkschaften im 19. Jahrhundert weitgehend ausgeschlossen von den Zentren der Politik und Kultur und selbst zumeist systemfeindlich orientiert, gelang ihnen in der Bundesrepublik die Einbindung in das gesellschaftliche und politische Leben des neuen Systems. Von da an wurden ihnen öffentliche Funktionen und Verantwortung zugeschrieben, die besonders in der Mitsteuerungsfunktion der Gewerkschaften ihren Ausdruck erhielten. Fand sich darin zwar ihre rechtlich eindeutige und institutionalisierte Einflussnahme erstmals wieder, so bedeutete dies aber auch eine zunehmende Professionalisierung und Bürokra-

---

[8] Vgl. zum Verbändewesen der DDR auch Kapitel IV, Abschnitt 1.1.

tisierung der Gewerkschaftsapparate und der Funktionäre. Diese Entwicklung einer fortschreitenden Professionalisierung war in dieser Zeit in allen Großverbänden zu beobachten, so zum Beispiel auch bei dem damals bereits 300.000 Mitglieder zählenden *Bauernverband* (Ullmann 1999: 30).

Die Unternehmer organisierten sich nach 1945 zunächst zonal und branchenbezogen uneinheitlich, um bereits wenige Jahre darauf wieder selbstbewusst auf die Regierungspolitik einzuwirken. Dies führte bald zu einer neomarxistisch inspirierten Kritik an einer neuerlichen Interessenkoalition zwischen einflussreicher Großindustrie und politischer Führungsebene (Stanzick 1969: 48-79). Nachdem die Alliierten die Gründung von Verbänden bereits 1945 wieder zugelassen hatten, war der im Januar 1946 gegründete *Arbeitgeberverband für die Eisen- und Metallindustrie des rheinisch-westfälischen Industriebezirks* ein erster Meilenstein zur Neugründung der Unternehmerverbände. Der im August des Jahres getroffene Entschluss, eine *Vereinigung der industriellen Wirtschaftsverbände* zu gründen, trieb die Neuformierung auf Unternehmerseite weiter. Mit der Bildung einer *Arbeitsgemeinschaft Eisen- und Metallindustrie* (1948), des *Ausschusses für Wirtschaftsfragen industrieller Verbände* (1949) und seiner Umbenennung in *Bundesverband der Deutschen Industrie* (BDI) ein Jahr darauf war die Neustrukturierung auf Unternehmerseite abgeschlossen (Ullmann 1988: 239-240).

Die Gewerkschaften organisierten sich zunächst einheitlich im DGB nach dem Prinzip „ein Betrieb, eine Gewerkschaft", wobei diese Homogenität durch die unabhängigen Angestellten- und Beamtenverbände frühzeitig durchlöchert wurde. Auf Seiten der Unternehmer etablierte sich häufig eine funktionale Trennung von Arbeitgebervereinigungen und Industrieverbänden, ergänzt durch wieder entstehende Formen der Zwangskorporation in Kammern. Auch die übrigen Interessen begannen sich analog zur Weimarer Republik vielfältig zu organisieren (Ullmann 1988: 264-266). Erst mit den zunehmenden Wirtschaftskrisen ab Mitte der sechziger Jahre und den entstehenden Frauen- und Studentenbewegungen wandelte sich das Bild des befestigten Pluralismus. Das Verbandsspektrum begann sich zunehmend auszudifferenzieren und expandierte dementsprechend. Ab den sechziger Jahren verfeinerten sich auch die Methoden der Einflussnahme von Verbandsspitzen auf die Politik. So wurde vom probaten Mittel der meist publizistischen Drohung durch Stimmenentzug abgesehen und statt dessen versucht, durch internes Lobbying politische und persönliche Präferenzen im Verbund mit den Parteispitzen abzuklären (von Alemann/ Heinze 1979a: 27). Insgesamt gesehen aber hat sich nach 1945 langsam das Verbändesystem der Bundesrepublik heraus gebildet. Die Verbandslandschaft hat sich dabei auch durch die Wiedervereinigung nicht entscheidend verändert. Im Gegenteil bedeutete die Einheit in der Regel nur für die interne Struktur von Verbänden eine

Modifizierung, um die in Ostdeutschland vorhandenen Interessen in die westdeutschen Organisationen zu integrieren (Löbler/ Schmid/ Tiemann 1992).[9]
Übersicht 7 fasst die wichtigsten Stationen der Entwicklung des deutschen Verbändesystems zusammen:

Übersicht 7:   Historische Entwicklung des Verbandswesens

Zeitraum	Entwicklung
bis ca. 1700	• Zünfte, Gilden und Stände als erste Form der Interessenvertretung mit starren Grenzen und strikter Reglementierung des Ein- und Austritts
1789	• frz. Revolution beruft sich auf Gesellschaftsbild *Jean-Jacques Rousseaus*, Revolutionäre untersagen die freie Bildung von Verbänden • 1791: *Loi le Chapelier* löst Gilden, Zünfte und Innungen auf
ab 1800	• Gewerbefreiheit, napoleonische Verwaltungsmaßnahmen und Stein-Hardenbergsche Reformen in Preußen legen Grundstein für Verselbständigung von Interessen, besonders im Handwerk • 1819: *Deutscher Handels- und Gewerbeverein* • 1825: *Börsenverein des Dt. Buchhandels* • 1828: *Deutscher Zollverein*
1848	• dt. Revolution bildet ersten Höhepunkt der Organisierung von Interessen, ihr Scheitern und die intensive monarchische Restauration führen zum Koalitionsverbot • Organisation der Buchdrucker und Zigarrenarbeiter als erste Vorläufer der Gewerkschaften
1850-1900	• Modernisierungsdruck und zunehmende sozioökonomische Verflechtung stärken Wirtschaft und Gesellschaft gegenüber dem Staat • Krise des Frühkapitalismus und sich rasch ändernde Produktionsbedingungen bedingen Aufschwung der Interessengruppen • 1863: *Allgemeiner Deutscher Arbeiterverein* (Ferdinand Lassalle) • 1869: Koalitionsfreiheit durch Gewerbeordnung des Norddeutschen Reichstages • 1878: Rückschlag durch Sozialistengesetze und Gewerkschaftsverbot
1914-1918	• 1. Weltkrieg bringt immense staatliche Eingriffe in und Beschneidung der organisierten Interessen (Kriegsproduktion)

---

[9] Vgl. dazu Kapitel IV, Abschnitt 1, wo auch die Ausnahmen von dieser Regel zur Sprache kommen und ein komplexes Bild der verbandlichen Wiedervereinigung gezeichnet wird.

1918-1933	• Verankerung der Verbände in der Verfassung der Weimarer Republik, enge Bindung an politische Parteien • erste Erfolge der Gewerkschaften • 1920: Betriebsrätegesetz • aber: rascher Bedeutungsverlust der Gewerkschaften durch Wirtschaftskrisen
1933-1945	• Zerschlagung oder Gleichschaltung der organisierten Interessen • Umfunktionierung der Verbände zu Lenkungs- und Kontrollorganen des Staates • 1933: Gründung der *Deutschen Arbeitsfront* (DAF) nach Verhaftung, Internierung oder Ermordung führender Gewerkschaftsvertreter
ab 1945	• Neugründung von Verbänden, Anknüpfung an Traditionen der Weimarer Republik • keine enge Bindung an Parteien mehr • zunächst christlicher Sozialismus und Antikapitalismus • 1946: Gründung erster Arbeitgeberverbände • 1948: *Arbeitsgemeinschaft Eisen- und Metallindustrie* • 1949: *Ausschuss für Wirtschaftsfragen industrieller Verbände* (seit 1950 BDI) • 1949: Gründung des *Deutschen Gewerkschaftsbundes* (DGB)
ab 1960	• Pluralisierung und Expansion des Verbandsspektrums mit zunehmender Verfeinerung der Einflussmöglichkeiten von Verbänden • Entwicklung des Lobbyismus als Form „innerer Beeinflussung"
ab 1989/90	• Einbindung ostdeutscher Interessen durch Eintritt in die westdeutschen Organisationen („Institutionentransfer")
Quelle: eigene Darstellung.	

2 Rechtliche Basis

Nach dem Grundgesetz ist die Bundesrepublik Deutschland eine parlamentarische Demokratie. Die Herstellung und Durchsetzung allgemein verbindlicher Entscheidungen obliegt daher allein den gewählten Verfassungsorganen Bundestag, Bundesregierung und Bundesrat sowie den entsprechenden Organen der Länder. Im Gegensatz zu den Parteien, denen die Teilhabe am politischen Prozess zugebilligt wird, werden organisierte Interessen lediglich mittelbar unter den Grundrechten subsumiert. Art. 9 Abs. 1 GG sichert das Recht jedes einzelnen Bürgers, Vereine und Gesellschaften zu gründen und ihnen beizutreten. In Abs. 3 wird die Koalitionsfreiheit geregelt: Jedermann hat das Recht, auch Vereinigungen und besonders solche zur selbständigen „Wahrung und Förderung der Arbeits- und Wirtschaftsbedingungen" zu bilden (Vereinigungsfreiheit).

Dies ist vor allem dahingehend bedeutsam, da der Staat im Bereich der Wirtschaftspolitik durch die Tarifautonomie einen tragenden gesellschaftlichen Bereich aus der Hand gegeben hat. Neben den Verfassungsprinzipien zur Sicherstellung der freien Entfaltung der Persönlichkeit (Art. 2 GG), zur freien Meinungsäußerung (Art. 5 GG) und zur Versammlungsfreiheit (Art. 8 GG) ist auch die Vereinigungsfreiheit ein im Grundgesetz verankertes Grundrecht. Interessengruppen vermögen sich auf der Grundlage dieser verbürgten Rechte zu allen wesentlichen Punkten zu äußern, können sich an die Öffentlichkeit wenden und in gegebenem Falle auch Bitten und Beschwerden an staatliche Institutionen herantragen. Neben den Grundrechten sind die jeweiligen Geschäftsordnungen der Parlamente und Ministerien für die Verbände relevant. So sieht die Geschäftsordnung des Deutschen Bundestages in § 70 vor, dass Experten und Sachverständige aus dem nicht-parlamentarischen Bereich angehört werden können. Auch wenn die Verbände keinen Rechtsanspruch auf Anhörung haben, so versuchen sie, durch Kontaktpflege mit möglichst allen Parteien auf diese Weise für verbesserte Chancen und künftige Berücksichtigung ihrer Experten zu sorgen (Sebaldt 2001a: 280-302). Da im politischen System der Bundesrepublik der Schwerpunkt gesetzesvorbereitender Entwürfe und deren Ausarbeitung jedoch in den Ministerien liegt, wenden sich Interessengruppen in der Regel an die jeweiligen Fachministerien, wie es in § 10 der Geschäftsordnung der Bundesregierung zur Entlastung des Kanzlers beschrieben wird (Bethusy-Huc 1990: 150).

Die jeweilige Organisationsform, die eine Gruppe von Bürgern zu diesem Zweck wählt, stellt faktisch das „rechtliche Kleid" des Zusammenschlusses dar. Unter den verschiedenen Möglichkeiten der Organisation sind Vereine, Parteien und Verbände am häufigsten anzutreffen. Gemeinsam ist allen drei Erscheinungsformen der gesellschaftlichen Organisation die gesetzliche Forderung von innerorganisatorisch demokratischen Strukturen, da sie als das gesellschaftliche Fundament eines weitergehenden demokratischen Staatsaufbaus angesehen werden (Abendroth 1997: 135-166). Unter den Vereinen, laut BGB definiert durch einen Vorstand und die Mitgliederversammlung, kommt es dabei zu einer erheblichen Ausdifferenzierung. Zu unterscheiden ist dabei zwischen dem *wirtschaftlichen* und dem *ideellen* sowie dem *nicht-rechtsfähigen* und dem *rechtsfähigen* Verein. Der wirtschaftliche Verein hat sich die Teilnahme am Marktgeschehen auf die Fahnen geschrieben und will ein profitorientiertes Geschäft betreiben, während der ideelle Verein ein gemeinnütziges Ziel verfolgt. Die wirtschaftlichen Vereine sind gegenüber ideellen Vereinen deutlich in der Unterzahl. Der rechtsfähige Verein unterscheidet sich von seinem nicht-rechtsfähigen Pendant vor allen Dingen darin, dass er eine juristische Person darstellt. Diese kann eigenständig Rechtsgeschäfte tätigen und Verbindlichkeiten eingehen, für welche der rechtsfähige Verein als Organisation haften muss. Auf der Seite des nicht-rechtsfähigen Vereins, der keine Besitztümer erwerben kann, haftet der jeweilige Vorsitzende oder ein Vorstandsmitglied, der die Verbindlichkeit eingegangen ist, mit seinem privaten Vermögen. Ideelle Vereine aber können ihre Rechtsfähigkeit durch ihren Eintrag in das Vereinsregister erlangen, dem lediglich formale Hürden vorgeschaltet sind (Zimmer 1996: 32; Scheuch 1993: 143-207).

Die Parteien sind als Mitwirkende an der politischen Willensbildung in der Verfassung der Bundesrepublik explizit genannt. Ebenso wie die Verbände sind sie das Produkt der bürgerlichen Gesellschaft und ihrer wirtschaftlichen Verfassung (Schmid 1993: 171-189). Nicht von ungefähr sind beide in funktionslogischen Aspekten auch heute nur wenig voneinander zu trennen, sind die Grenzen zwischen ihnen mitunter fließend. Parteien und Interessenverbände bilden damit zwei grundlegende Typen politischer Organisation, die im Rahmen institutioneller Willensbildungs- und Entscheidungsstrukturen Chancen und Funktionen der Interessenvermittlung wahrnehmen. Nicht zuletzt gilt diese enge Verwandtschaft für die noch immer existente Verbindung von Gewerkschaften und Sozialdemokratie, aber auch von wirtschaftlichen Interessen mit den Unionsparteien und ökologischen Interessen mit der Partei der Grünen. Die Beispiele für diese tradierten Verbindungen sind vielfältig: In England gilt heute etwa noch immer das Prinzip der korporativen Mitgliedschaft von Gewerkschaft und Labour Party (Grebing 1992: 247-254). In der Weimarer Republik kandidierten auch kleinere Interessengruppen der Grundbesitzer und Weinbauern als Parteien, in den ersten Jahren der Bundesrepublik trat der Bund der Heimatvertriebenen und Entrechteten (BHE) ebenfalls als Interessenverband und zugleich als Partei an (von Alemann 1989: 147). Trotz aller Gemeinsamkeiten lassen sich Verbände aber in drei wesentlichen Elementen von den Parteien abgrenzen (Schiller 1997: 459):

▪ Verbände beteiligen sich nicht am parlamentarischen Mandatswettbewerb.
▪ Ihr Wirkungskreis ist im Gegensatz zu Parteien, die auch sozialstrukturell übergreifend tätig werden wollen, stärker nach Funktionsbereichen und sozialen Gruppen ausdifferenziert.
▪ Interessengruppen sind nicht nur sozialstrukturell, sondern auch thematisch enger auf die speziellen Bedürfnisse und Interessen ihrer Klientel zugeschnitten. Damit sind sie stärker in die spezifischen sozialen Zusammenhänge der Vertretenen eingebunden.

Parteien haben also zusammenfassend die grundgesetzlich verbürgte Teilhabe am politischen Willensbildungsprozess vorzuweisen, ihr innerer Aufbau muss demokratischen Grundsätzen entsprechen und sie übernehmen politische Verantwortung mit eigenem rekrutierten Personal. Verbände sind demgegenüber auf einen speziellen Verbandszweck hin ausgerichtet, ihr innerer Aufbau wird in

Satzungen relativ frei festgelegt und sie übernehmen keine politische Verantwortung. Auch wenn dem BGB zufolge Vereine demokratischen Grundsätzen
entsprechen müssen, ist deren Realisierung nicht einklagbar und bleibt anders als
bei den Parteien den Vereinsgründern oder Mitgliedern überlassen (Bethusy-Huc
1990: 151-152). Dies gilt so lange, wie sich der als Verein gegründete Verband
nicht gegen die verfassungsmäßige Ordnung oder den Gedanken der Völkerverständigung richtet (Art. 9 Abs. 2).

Den Verbänden gebührt insgesamt der Vorteil, dass sie eine größere Nähe
zur sozialen Basis vorweisen können, die im Gegensatz zur generalisierten Vertretung der Parteien gesehen werden muss. Das grundlegende Kennzeichen von
Verbänden ist das Prinzip der negativen Koalitionsfreiheit. Dieses besagt, dass
kein Individuum zum Beitritt in einen Verband gezwungen werden kann. Ausnahmen stellen hier die Kammern sowie öffentlich-rechtliche Körperschaften
und Berufsgenossenschaften dar, deren Mitgliedschaft gesetzlich geregelt ist.
Aus der negativen Koalitionsfreiheit ergibt sich ferner die Tatsache, dass Zwänge auch für das Verbands*ziel* nicht existieren können. Auch das Ausschließen
nicht-organisierter Individuen vom erreichten öffentlichen Gut („closed shop")
ist daher nicht rechtmäßig.

Von den Vereinen trennen sich die Verbände durch den Zweck ihrer Ausrichtung. Sind Vereine im organisationssoziologischen Sinne gegründet, um eine
gemeinsame Betätigung ihrer Mitglieder zu gewährleisten (Interessenvertretung
nach innen), vertreten Verbände ihre Interessen nach außen. Deren Zahl beläuft
sich in Deutschland auf Bundesebene derzeit auf ca. 4.000-5.000.[10] Daneben
sind die Verbände auch untereinander auszudifferenzieren. So unterscheiden
sich die freien Verbände von den *öffentlich-rechtlichen Körperschaften* durch
eine Reihe von Merkmalen (vgl. Übersicht 8).

Die freien Verbände beruhen gemäß ihrer Bezeichnung auf einer freien
Vereinigung und auf freiwilligem Zusammenschluss. Insofern bestimmen sie
sowohl Grenzen als auch Ziele ihrer Aktivitäten autonom und sind auch frei in
der Wahl ihrer Mittel zur Durchsetzung der eigenen Interessen. Öffentlich-
rechtliche Körperschaften unterscheiden sich davon in folgenden Punkten: Sie
sind in der Regel nicht durch freiwilligen Zusammenschluss, sondern durch
staatliche Entscheidung gegründet. Ihre Ziele und Aufgaben sind gesetzlich
vorgeschrieben, während ihr Aktionsradius nicht beliebige Druckmittel umfasst,
sondern lediglich die Beratung von staatlichen Instanzen und Stellungnahmen
ihnen gegenüber beinhaltet.

---

[10] Vgl. dazu im einzelnen Abschnitt 3 weiter unten.

Übersicht 8: Freie Verbände und öffentlich-rechtliche Körperschaften im Vergleich

Freie Verbände	Öffentlich-rechtliche Körperschaften
▪ Branchenverbände ▪ Gewerkschaften ▪ Sportvereine etc.	▪ Industrie- und Handelskammern ▪ Ärztekammern ▪ Berufsgenossenschaften ▪ kassenärztliche Vereinigungen etc.
▪ freie Vereinigung ▪ beruhend auf dem Willen der Mitglieder	▪ öffentlich-rechtliche Einrichtung ▪ beruhend auf staatlicher Entscheidung
▪ freiwillige Mitgliedschaft	▪ Zwangsmitgliedschaft
▪ selbstgewählte Aufgaben und Ziele	▪ gesetzlich vorgeschriebene Aufgaben und Ziele
▪ Anwendung beliebiger Druckmittel im Rahmen der allgemeinen Gesetze, um sich durchzusetzen	▪ beschränkt auf Beratung und Stellungnahme gegenüber staatlichen Instanzen ▪ Übernahme von Aufgaben im Auftrag des Staates
Quelle: eigene Darstellung nach Rudzio 1982: 14.	

Von den Verbänden ebenso zu trennen sind die Bürgerinitiativen. Sie sind in der Geschichte der Bundesrepublik ein eher jüngeres Phänomen. Zum Einen resultieren sie aus dem Wertewandel. So sind mehr und mehr Individuen dazu bereit, sich für nicht-materielle Werte und Interessen (Umweltschutz, Selbstverwirklichung etc.) zu engagieren. Zum Anderen sind sie ein Ergebnis des gesellschaftlichen und politischen Wandels der späten sechziger Jahre. Die studentische Protestbewegung löste die Tendenz aus, die Rechte des Bürgers, besonders diejenigen von Minderheiten, gegenüber dem Staat auf entschiedene, mitunter auch radikale Weise zu vertreten. Dies trug besonders dazu bei, dass sich Bürgerinitiativen seit den siebziger Jahren besonderer Beliebtheit und gleichzeitiger Akzeptanz erfreuen, um gegen lokale oder regionale politische Projekte zu protestieren oder die staatliche Verwaltung zu kontrollieren (Sontheimer 1984: 97). Daneben tritt die Motivation, über die spontane Bildung von Bürgerinitiativen abseits von Verbänden und als Ausdruck direktdemokratischer Verfahren Einfluss auf die Politik zu gewinnen oder aber selbst und unabhängig von Verwaltungen und Parteien Politik zu gestalten. Obwohl die Bereitschaft zur Mitarbeit in einer Bürgerinitiative potentiell stets hoch ist und dies in den Augen der Gesellschaft ein hohes Maß an Ansehen und Unterstützung genießt, so waren bereits in den siebziger Jahren faktisch nur drei Prozent der Bundesbevölkerung auch tatsächlich in diesen Organisationen engagiert, was bis heute unverändert geblieben ist (Rudzio 2000: 81).[11] Idealtypisch werden Bürgerinitiativen definiert als spontan ins Leben gerufene, stets mehr oder minder kurzlebige, räumlich und thematisch begrenzte und locker organisierte Zusammenschlüsse von Betroffenen. Und in der Tat zeichnen sich Bürgerinitiativen durch folgende Eigenschaften aus:

- *Situationsgebundenheit*: Bürgerinitiativen konzentrieren sich auf meist regional oder kommunal begrenzte Projekte (Stadtentwicklung, Bauplanung, Umweltschutz, Erziehung, Verkehr) und vertreten nicht selten nur ein Ziel („single purpose movement").
- *Quantitative Begrenzung*: Bürgerinitiativen haben meist eine kleine und sehr überschaubare Mitgliederzahl. Dies bringt den Vorteil einer erheblich erleichterten Kommunikation mit sich und ermöglicht zudem informale Verhaltens- und Entscheidungsprozesse.
- *Sozialstrukturelle Begrenzung*: Bürgerinitiativen setzen sich in der Regel aus Angestellten, Angehörigen freier Berufe und Beamten der höheren Einkommens- und Bildungsschichten zusammen. Je nach Ausrichtung der einzelnen Initiative kann eine dieser drei Gruppierungen oder Untergruppen mit speziellen Kenntnissen eine dominante Rolle spielen.

Diese Variablen sind Ausdruck der bis heute wenig definierten Rechtsform von Bürgerinitiativen. So entstehen diese häufig ohne formale Vereinsgründung, auch wenn zahlreiche Bürgerinitiativen durch ihren mitunter dauerhaften Organisationsgrad eher den Vereinen, mitunter auch den Verbänden ähneln (Wiesendahl 2001: 39). Spezielle rechtliche Regelungen für Bürgerinitiativen existieren jedoch nicht. Organisieren sie sich als Verein, so unterliegen sie dem Vereinsrecht, während ihre nach außen gerichteten Aktivitäten sich an den Regelungen des Versammlungs- und Demonstrationsrechtes ausrichten müssen (Sontheimer 1984: 98). Wie die Vereine sind sie eine soziale Organisationsform, die auf dem Prinzip der freiwilligen Mitgliedschaft basiert. Ihre Mitglieder vertreten jedoch in der Regel ein sozialpolitisches Interesse. Die Grenzen sind abermals fließend (Kroll 1991: 73-74).

Nachdem auf diese Art und Weise die Verbandslandschaft von den öffentlichen Institutionen, Vereinen, Parteien und Bürgerinitiativen rechtlich abgegrenzt

---

[11] Im Gegensatz dazu ist allerdings generell in der Bundesrepublik eine gesteigerte Bereitschaft zum bürgerschaftlichen Engagement zu verzeichnen. Quer durch alle Möglichkeiten des in einer empirischen Umfrage aus dem Jahr 1999 sehr weit gefassten Engagements (Vereine, Verbände, Kirchen, öffentliche Funktionen, politisch oder soziales Engagement, Selbsthilfe etc.) ist im Augenblick – mit Überschneidungen und Doppelmitgliedschaften – ein Stand von 22 Mio. Menschen zu verzeichnen, die sich bürgerschaftlich engagieren. Siehe dazu Rosenblatt 2000: 44 und Hacket/ Mutz 2002: 39-46.

worden ist, kann an die Darstellung des Spektrums von Verbänden herangegangen werden.

3   Größe und Struktur der deutschen Interessengruppenlandschaft

Die Anzahl der organisierten Interessen in der Bundesrepublik hat in den letzten dreißig Jahren erhebliche Veränderungen erfahren, auch wenn sich dieser Sachverhalt nicht eindeutig quantifizieren lässt (Sebaldt 1997b: 28). Genaue Aussagen über Größe und Umfang des deutschen Verbändesystems waren daher stets schwierig. In den siebziger Jahren wurde eine Faustregel formuliert, nach der auf 1000 Einwohner mindestens drei bis vier Interessengruppen kommen, wobei unter diesen Vereinigungen nicht nur politisch aktive Verbände erfasst wurden, sondern auch Gruppierungen, die in erster Linie der gruppeninternen Bedürfnisbefriedigung dienen (Vereine, Selbsthilfegruppen) (Ellwein 1985: 239-277). Die Anzahl der *Verbände* reduziert sich jedoch durch die Betonung der politischen Arbeit bereits erheblich (Sebaldt 1997b: 28). Schließlich stellt nicht jede Vereinigung eine Interessenorganisation dar, die Einfluss auf politische Entscheidungen nehmen möchte. Vereine dienen in diesem Sinne eher der Zusammenführung und gemeinsamen Betätigung ihrer Mitglieder und treten nur dann als Interessengruppen in Erscheinung, wenn es um die Zuweisung öffentlicher Mittel geht (Zuwendungen an Sportvereine für Turnhallenbau etc.). Die Quantifizierung der Gesamtzahl bundespolitischer Verbände fällt daher schwer, sie wurde Ende der siebziger Jahre auf ca. 5.000 geschätzt, wobei sich die Zahl unter Hinzunahme der jeweiligen Landesverbände auf 20.000 erhöhte (Weber 1981: 91). Aktuellere Schätzungen gehen von mindestens 4.000 bundesweit tätigen Verbänden aus (Reutter 2001: 83), während die Zahl der Bürgerinitiativen mittlerweile auf bis zu 50.000 geschätzt wird und rechtsfähige Vereine es im Jahr 2001 sogar auf 544.701 Eintragungen im Vereinsregister brachten (Deutscher Bundestag 2002: 112).[12] Die Zahl der Bundesverbände hat sich durch die Wiedervereinigung nur wenig verändert. Im Gegenteil blieb die Oberflächenstruktur der Verbandslandschaft wesentlich unverändert, da die ostdeutschen Interessen hauptsächlich in ihren westdeutschen organisatorischen Ausprägungen aufgingen (Rudzio 2000: 71). Statt einer organisatorischen Neuordnung der Verbandslandschaft bedeutete die Wiedervereinigung vielmehr primär einen *Institutionentransfer* von West nach Ost.[13]

---

[12] Vgl. jetzt auch das umfängliche Referenzwerk „verband.info" der *Deutschen Gesellschaft für Verbandsmanagement e.V.* (DGVM 2003).

[13] Vgl. dazu Kapitel IV, Abschnitt 1.

Präzise Daten lassen sich allein durch die offizielle Lobbyliste des Deutschen Bundestages eruieren.[14] Darin lassen sich all diejenigen Verbände registrieren, die bundespolitisch aktiv werden und für parlamentarische Anhörungen gleichsam eine Akkreditierung benötigen. Anhand des jährlichen Vergleichsmaßstabs lassen sich einige signifikante Wandlungstendenzen der bundesdeutschen Verbandslandschaft ausmachen: Die Zahl der öffentlich registrierten Verbände ist seit dem Erscheinen der ersten Lobbyliste kontinuierlich angewachsen. Fanden sich im Jahr der Ersterhebung 1974 lediglich 635 Organisationen verzeichnet, so sind es im Jahr 2003 bereits 1788. Allein die Gesamtzahlen vermitteln einen Eindruck vom gewachsenen Umfang lobbyistischer Tätigkeit und dem quantitativen Wandel verbandlicher Aktivität.

Tabelle 1: Zahl der in den Lobbylisten 1974-2003 registrierten Interessengruppen[15]

Jahr	Zahl	Ent-wicklungs-index	Jahr	Zahl	Ent-wicklungs-index
1974	635	100,0	1989	1442	227,1
1975	712	112,1	1990	1501	236,4
1976	769	121,1	1991	1578	248,5
1977	831	130,9	1992	1481	233,2
1978	889	140,0	1993	1530	240,9
1979	942	148,3	1994	1572	247,6
1980	996	156,9	1995	1538	242,2
1981	1036	163,1	1996	1614	254,2
1982	1104	173,9	1997	1631	256,9
1983	1161	182,8	1998	1673	263,5
1984	1192	187,7	1999	1675	263,8
1985	1230	193,7	2000	1691	266,3
1986	1287	202,7	2001	1732	272,8
1987	1330	209,4	2002	1760	277,2
1988	1376	216,7	2003	1788	281,6

Quelle: „Öffentliche Liste über die Registrierung von Verbänden und deren Vertretern", in: Bundesanzeiger, jährliche Beilage.[16]

---

[14] Offizieller Titel: „Öffentliche Liste über die Registrierung von Verbänden und deren Vertretern". Sie erscheint jährlich als Beilage des Bundesanzeigers. Vgl. auch Kapitel III, Abschnitt 1.1.1.

[15] Tabelle entnommen aus Sebaldt 2002a: 284, Jahresdaten für 2001-2003 Eigenrecherche.

[16] In der Folge wird diese Liste als „Lobbyliste" bezeichnet.

Dabei verbirgt sich hinter den Gesamtzahlen naturgemäß ein heterogenes Tableau von Organisationen, welche Interessenvertretung auch mit unterschiedlicher Intensität betreiben (Sebaldt 1997a: 75-178; Sahner 1988). Die bekannten Spitzenverbände der Wirtschaft, wie der *Bundesverband der Deutschen Industrie* (BDI) oder die *Bundesvereinigung der Deutschen Arbeitgeberverbände* (BDA), finden sich hier genauso wie auf einzelne, eng begrenzte Interessen spezialisierte Verbände, z.b. die Naturschutzorganisation *Ameisenschutzwarte Nordrhein-Westfalen*. Eine breite Palette wirtschaftlicher Fachverbände, sozialer bzw. Wohlfahrtsorganisationen hat sich ebenfalls registrieren lassen. Dazu kommen Berufsverbände verschiedenster Sparten, Selbsthilfeorganisationen und auch Bürgerinitiativen. Der quantitative Überblick über die Entwicklung der Verbände in der Bundesrepublik liest sich wie folgt:

Im untersuchten Zeitraum hat weit mehr als eine Verdopplung derjenigen Verbände stattgefunden, die ihrem Lobbyistengeschäft direkt am deutschen Regierungssitz nachgehen. Dadurch hat auch die Intensität des Verbändewirkens auf das zentrale politische Entscheidungssystem zugenommen (Sebaldt 1997b: 28). Damit ist jedoch keinerlei gleichförmige Entwicklung des Interessenspektrums beschrieben, im Gegenteil haben sich die verschiedenen Verbandssektoren auch unterschiedlich entwickelt (vgl. Tabelle 2):

Für einige Verbandssektoren war seit den siebziger Jahren ein überdurchschnittliches Wachstum zu beobachten. Vor allen Dingen die Sozial- und Kulturverbände konnten ihre Anzahl zum Teil vervielfachen, was unter ihnen besonders die Non-Profit-Organisationen betrifft (von Winter/ Willems 2000: 9-11). Nicht anders verhält es sich bei denjenigen Gruppen, die der Neutralisierung gesellschaftsbedrohender Risiken (Umweltverschmutzung, soziale Vereinsamung, Kriegsgefahr) dienen, während andere kein oder nur ein geringeres Wachstum aufweisen (wie die traditionellen Wirtschaftsverbände) oder sogar stagnierten.

Die Ursache für diese Entwicklung wird gemeinhin in dem Phänomen des Wertewandels gesucht. Nachdem Pluralismustheorie und Neue Politische Ökonomie die Diskussion in der Theorie des Verbändewirkens dauerhaft bestimmt hatten und die neomarxistisch inspirierte Klassenanalyse eines *Claus Offe* eine geringere Organisations- und Konfliktfähigkeit ökonomischer Interessen diagnostiziert hatte,[17] setzte in den siebziger Jahren ein Paradigmenwechsel ein: *Ronald Inglehart* beobachtete eine soziale Aufbruchstimmung in den westlichen Gesellschaften, die auch in zunehmendem bürgerschaftlichen Engagement ihren Ausdruck fand (Inglehart 1977). Trotz der berechtigten Kritik an *Ingleharts* methodischem Design (Klages 1992: 5-39) fanden sich keine Belege, um an

---

[17] Vgl. dazu Kapitel I, Abschnitt 2.2.

seinem Ergebnis grundlegend zu zweifeln. Das Ergebnis von *Ingleharts* Untersuchungen implizierte, dass angesichts der dauerhaften Sicherung materieller Bedürfnisse mehr und mehr immaterielle („postmaterialistische") Werte und Interessen in den Vordergrund träten und durch Individuen vertreten bzw. angestrebt würden. Vor diesem Hintergrund schien der Aufschwung der Sozial-, Kultur- und Umweltverbände, aber auch die prozentuale Stagnation der Wirtschaftsverbände in verschiedenen Gesellschaften erklärbar.[18]

Tabelle 2:   Repräsentierte Systemsektoren der zwischen 1974 und 1994 in den Lobbylisten verzeichneten Organisationen

System-sektor	Jahr (Absolutwerte und Prozentanteile)					
	1974	1978	1982	1986	1990	1994
Ökonomie	499	679	794	876	990	1014
	78,6	76,4	71,9	68,1	66,0	64,5
Soziales	75	108	153	200	246	254
	11,8	12,1	13,9	15,5	16,4	16,2
Kultur	31	54	90	119	151	179
	4,9	6,1	8,2	9,2	10,1	11,4
Politik	17	23	30	42	45	46
	2,7	2,6	2,7	3,3	3,0	2,9
Umwelt	9	16	22	29	43	48
	1,4	1,8	2,0	2,3	2,9	3,1
Freizeit	4	9	15	21	26	31
	0,6	1,0	1,4	1,6	1,7	2,0
Summe	635	889	1104	1287	1501	1572
	100,0	100,0	100,1	100,0	100,1	100,1
Quelle: Sebaldt 1997a: 79.						

Die Größe der Wirtschaftsverbände erlaubt jedoch auch keine größeren prozentualen Veränderungen nach oben. So ergibt sich heute einerseits eine sehr große Verbändezahl im Bereich der Wirtschafts- und Berufsverbände (ca. 1500), während sich ebenfalls in den Wirtschaftsverbänden eine enorm hohe Mitgliederzahl konzentriert (Gewerkschaften), welche nur noch durch die Mitgliederzahl der Kirchen übertroffen wird (Schiller 1997: 460).

Insgesamt aber ist eine tatsächliche Bedeutungsverschiebung nicht zu übersehen. Wirtschaftsorganisationen sowie landwirtschaftliche und ernährungswirt-

---

[18] Vgl. dazu im einzelnen Kapitel V, Abschnitt 1.

schaftliche Vereinigungen, aber auch Bankenverbände verlieren im Untersu-
chungszeitraum deutlich an prozentualen Anteilen, während Familien-, Umwelt-
und Gesundheitsorganisationen mit einer Vielzahl neu entstehender Selbsthilfevereinigungen an Boden gewinnen, ebenso wie Gruppierungen zur Pflege der
Auswärtigen Beziehungen (Sebaldt 1997a: 75-178).

Ihren Handlungsrahmen und damit ihre Struktur richten Verbände am
staatlich-institutionellen System aus. Das Mehrebenensystem der deutschen
Politik gibt in diesem Sinne die organisatorische Gliederung der Verbände nach
kommunaler, Landes-, Bundes- oder Europaebene vor. Dabei stellt sich die Zusammensetzung der Verbändelandschaft im groben Aufriss wie folgt dar: Eine
1994 erfolgte Auszählung der beim Bundestag offiziell angemeldeten Interessenorganisationen ergab, dass fast zwei Drittel (64,5 Prozent) wirtschaftliche
Interessen vertraten, während 16,2 Prozent soziale, 11,4 Prozent kulturelle, 3,1
Prozent ökologische, 2,9 Prozent politische und letztlich nur noch 2 Prozent
Freizeitinteressen nach außen vertraten (vgl. Tabelle 2). In welchen Erscheinungsformen sich die Verbände der einzelnen Verbandssektoren zeigen, soll in
der Folge sowohl anhand eines Gesamtüberblicks über den jeweiligen Sektor als
auch durch die Fallstudien exponierter Beispiele verdeutlicht werden.

4   Verbandssektoren: die verschiedenen Handlungsfelder

Nachdem in den einleitenden Kapiteln die rechtliche Stellung, ihre Abgrenzung
von benachbarten Organisationen und der historische Werdegang der Verbände
nachgezeichnet wurden, wird im Folgenden das zuvor allgemein umrissene Verbandsspektrum genauer in einzelne Handlungsfelder aufgeschlüsselt. Dabei wird
jeweils zunächst ein allgemeiner Überblick über das jeweilige Handlungsfeld
und seine quantitative Entwicklung gegeben, um danach vertiefende und exemplarische Fallstudien anzuschließen.

Die folgende Darstellung orientiert sich an den sechs typischen Handlungsfeldern von Verbänden: Wirtschaft, Soziales Leben und Gesundheit, Freizeit und
Erholung, Kultur, Bildung, Wissenschaft und Religion sowie Politik und Umwelt. Darauf folgen Aussagen über die darin verbleibende Vielfalt des Verbändesystems hinsichtlich seiner Größe, Mitgliedertypen und Mobilisierungsfähig-
keit.

Eine endgültige Einteilung nach Handlungsfeldern ist damit aber noch nicht
geleistet. Dies liegt vor allem daran, dass sich die Verbandslandschaft in perma-
nentem Fluss befindet (Weber 1981: 84). Eine klare Abgrenzbarkeit von Verbänden und ihren Handlungsfeldern ist aber auch deshalb nicht möglich, weil
sich eine Vielzahl von definitorischen Schwierigkeiten ergibt: Zum einen kann

die *Größe* der Verbände nicht ausschlaggebend sein. Mehrere Millionen Mitglieder umfassenden Interessengruppen (DGB, ADAC) stehen kleine Verbände mit einigen hundert Mitgliedern gegenüber. Dabei ist nicht unbedingt und nicht immer von einem direkten Zusammenhang zwischen faktischer Größe und politischem Einfluss zu sprechen.

Außerdem unterscheiden sich Verbände auch durch ihre *Mitgliedertypen*. Unternehmerverbände etwa zeichnen sich in der Regel dadurch aus, dass das *Unternehmen* Mitglied des Verbands ist, während bei den meisten anderen Verbänden die Mitglieder, auf Unternehmerseite aber auch beim *Bund Katholischer Arbeitnehmer* die *Person des Unternehmers* Mitglied ist (Abromeit 1997b: 574).

Daneben sind die vertretenen Interessen höchst heterogen. Besonders kleine Verbände besetzen Nischen und vertreten mitunter exotische, für die Gesamtgesellschaft verhältnismäßig unbedeutende Interessen. Da diese in der Regel aber einen hohen *Mobilisierungsgrad* erreichen, also einen Großteil der Mitglieder dieses Spektrums organisieren können, sind sie mitunter entsprechend einflussreich, weil der Leistungsentzug ihrer Mitglieder die Gesamtgesellschaft empfindlich treffen kann (z.B. die Pilotenvereinigung *Cockpit*). Wieder andere, mitgliederstarke Verbände wie die Gewerkschaften beanspruchen die völlige Repräsentation ihrer Mitglieder und verstehen sich selbst als umfassende Interessenrepräsentanten in sozialen, wirtschaftlichen, kulturellen und politischen Fragen (Triesch/ Ockenfels 1995: 22). Damit tritt ein Zuordnungsproblem auf, denn manche Verbände lassen sich nicht eindeutig in einer verorten, sondern gleichzeitig unter mehreren Kategorien einordnen. So ist der ADAC zwar ein Verbraucherverband der Autofahrer, doch zugleich auch ein Motorsportverein, Pannendienst, Reiseunternehmen und eine Lobby für die Automobilbranche. Der Anspruch einer dauerhaft gleichbleibenden Ausrichtung von Verbänden ist daher auch unredlich, müssen Verbände doch stets neue Mitgliederschichten erschließen. Die Ordnung der Interessengruppen nach Handlungsfeldern aber nähert sich diesem Problem auf pragmatische Art und Weise, und ihr Verzicht auf verbandsinterne Variablen ermöglicht eine zumindest mittelfristige Klassifizierung.

4.1 Wirtschaft und Arbeit

4.1.1 Überblick

Die Organisation von Interessen im Bereich der Arbeitsbeziehungen gilt als fundamental, da Arbeit als Grundlage der menschlichen Existenz angesehen wird (von Alemann 1985: 7; Blümle/ Schwarz 1985). Auch wenn sich die Verbände dieses Sektors durch die spezifische Situation im System bestimmen, ist ihre Mitgliederschaft keinesfalls homogen (vgl. Übersicht 9).

Übersicht 9: Sektor Wirtschaft und Arbeit

Handlungssektor Wirtschaft und Arbeit	Verbands-typen	Einzelbeispiele
Organisationen von Unternehmen und Selbständigen	Branchen-verbände	▪ Bundesverband der Deutschen Industrie ▪ Handwerksverbände ▪ Deutscher Bauernverband ▪ Hauptverband der Dt. Bauindustrie ▪ Aktionsgemeinschaft Wirtschaftlicher Mittelstand ▪ Bundesverband der gemeinwirtschaftlichen Unternehmen ▪ Deutscher Mittelstandsbund ▪ Unternehmerverband mittelständische Wirtschaft
	Kammern	▪ 82 Industrie- und Handelskammern ▪ 55 Handwerkskammern ▪ Berufskammern der Ärzte ▪ Berufskammern der Notare ▪ Berufskammern der Zahnärzte ▪ Berufskammern der Tierärzte ▪ 10 Landwirtschaftskammern
	Arbeitgeber-verbände	▪ Bundesvereinigung der Deutschen Arbeitgeberverbände ▪ Verband der Edelstein- und Diamantindustrie
Arbeitnehmer-verbände	Dachverbände	▪ Deutscher Gewerkschaftsbund ▪ Christlicher Gewerkschaftsbund
	Branchenge-werkschaften	▪ Deutscher Beamtenbund ▪ Deutscher Journalistenverband ▪ Deutscher Bundeswehrverband
	Sonstige	▪ Arbeitslosenverband Deutschland
Verbraucher-verbände		▪ Verbraucherzentrale Bundesverband ▪ Die Verbraucher-Initiative ▪ Deutscher Bahnkunden-Verband ▪ Bundesverband der Energieabnehmer
Berufsverbände		▪ Verband deutscher Meteorologen ▪ Verband deutscher Kunsthistoriker ▪ Verband deutscher Bahnofsbuchhändler ▪ Verband deutscher Kapitäne und Schiffsoffiziere ▪ Bund deutscher Forstleute ▪ Bundesverband der Dolmetscher und Übersetzer ▪ Vereinigung Cockpit

Quelle: eigene Darstellung nach Lobbyliste 2003.

Zu ihr gehören die Arbeitgeber- und Unternehmerverbände aller Wirtschafts-
sektoren (Produktion, Verarbeitung, Dienstleistung und Branchen) (Hartmann
1985: 76-100; Lang 2004), Arbeitnehmerverbände (Gewerkschaften, Berufsverbände), Verbände der Selbständigen (Bauern, freie Berufe, Hausbesitzer etc.),
sowie allgemeine und spezielle Verbraucherverbände. Im Allgemeinen werden
die Interessengruppen in diesem Handlungsfeld allerdings in *drei Großgruppen*
unterteilt.

Die *Unternehmer- und Selbständigenverbände* bilden die „Organisationen
des Kapitals" (Raschke 1978: 40; Bührer/ Grande 2000; Weber 1987) und vertreten die wirtschaftlichen Interessen ihrer Mitglieder gegenüber Staat und Gesellschaft, besonders aber gegenüber den Tarifpartnern. Sie versuchen vor allem
Einfluss auf die wirtschaftspolitischen Entscheidungen des Staates zu nehmen.
In der Bundesrepublik sind sie durch eine dreigliedrige Struktur definiert:

Zum einen gehören zu den Unternehmens- und Selbständigenorganisatio-
nen die sogenannten Branchenverbände. Die Wirtschaftsverbände der Unternehmen und Selbständigen weisen als ihren Hauptvertreter den *Bundesverband
der Deutschen Industrie* (BDI) mit 36 Branchenverbänden, 330 Fachverbänden
und Arbeitsgemeinschaften sowie 100.000 Unternehmen auf, der in sich alle
Branchenverbände des produzierenden Gewerbes vereint (Abromeit 1997b:
574). Die Interessen des Handwerks sind im *Zentralverband des Deutschen
Handwerks* organisiert. Dieser ist ein Dachverband für die 55 Handwerkskammern und 42 Zentralfachverbände wie den *Zentralverband des Kraftfahrzeug-
Handwerks* bis hin zum *Bundes-Innungsverband des Gebäudereinigerhand-
werks*. Die Branchenverbände gliedern sich ihrerseits wieder in Landesverbände
(Krickhahn 1995: 100-101).

Die regionalen Bauernverbände, die im Gegensatz zur Weimarer Republik
Klein-, Mittel- und Großbauern in sich vereinigen, sind im *Deutschen Bauernverband* mit seinen 41 assoziierten Fachverbänden (Winzer, Imker, Baumschu-
len) zusammengeschlossen (Heinze 1997: 28-29). Außerdem gehört zu diesen
Vereinigungen auch der *Bundesverband der Freien Berufe*. Darunter fallen
weiterhin die Ärzteverbände wie der *Deutsche Kassenarztverband* oder der *Verband der Ärzte Deutschlands (Hartmannbund)* als Bestandteil des Gesundheitswesens oder entsprechende Organisationen der Rechtsanwälte, Architekten und
Ingenieure. Hier gilt es vor allen Dingen, Interessen gegenüber Krankenkassen
wie auch Forderungen hinsichtlich Berufsausbildungsregelungen und Gebüh-
rensätzen zu vertreten. Außerdem gehören hierzu auch der *Hauptverband des
Deutschen Einzelhandels* mit 46 Einzelverbänden sowie die Verbände der Spar-
kassen, Banken, Handelsvertreter, Hoteliers, Reeder und Makler mit den entsprechenden wirtschafts- und verkehrspolitischen Interessen (Rudzio 2000: 73).
Da es diesen hochorganisierten Berufsgruppen gelungen ist, ihren Einfluss auf

staatliche Entscheidungsträger zu institutionalisieren, richtet sich ihr Hauptau-
genmerk auch heute noch auf befriedigende und garantierte Preise wie Absatz-
möglichkeiten.

Die *Kammern* gelten neben den Branchen- und Fachverbänden als „Quasi-
Interessenorganisationen" (von Alemann 1985: 7). Zwar besteht in ihnen Selbstverwaltung, die Mitgliedschaft darin allerdings ist obligatorisch und gesetzlich
verankert; durch ihren öffentlich-rechtlichen Charakter erfüllen sie daher nicht
das Definitionskriterium der Freiwilligkeit. Die 82 Industrie- und Handelskammern, 55 Handwerkskammern, 10 Landwirtschaftskammern und Berufskam-
mern der Anwälte, Ärzte, Notare, Zahn- und Tierärzte nehmen dabei besonders
regionale und raumbezogene Aufgaben wie die Strukturförderung, Berufsausbil-
dung und Berufsaufsicht, aber auch Aufgaben hinsichtlich Gewerbesteuern und
Verkehrsanbindungen wahr (Abromeit 1997a: 492). Mitunter tendieren Kammern auch dazu, ihre Interessen überregional zu vertreten. Zu diesem Zweck
bilden sie freie Verbände wie den *Deutschen Industrie- und Handelskammertag*
(DIHK) oder den *Deutschen Handwerkskammertag*. Im Gegensatz zur Zwangsmitgliedschaft der einzelnen Kammern aber können ihre Dachverbände als freie
Interessenorganisationen fungieren und damit auch überregional und ohne öffentlich-rechtliche Bindungen agieren (Rudzio 2000: 77).

Die *Arbeitgeberverbände* mit ihrem Dachverband BDA fungieren im Rahmen der Tarifverhandlungen als Gegenpol zu den Gewerkschaften und vertreten
diesen gegenüber ihre Interessen, was sich vor allen Dingen auf die Löhne und
Arbeitsbedingungen bezieht. Die BDA besteht dabei aus 68 Mitgliedsverbänden
und setzt sich ferner aus Unterverbänden aus allen Bereichen der Wirtschaft
zusammen (Lobbyliste 2002). Dabei ziehen die Arbeitgeberverbände aus der
vielschichtigen Organisationsstruktur der Unternehmerverbände in Regional-,
Fach- und Branchenverbänden insgesamt großen Vorteil und eine ebenso breite
Organisationsmacht. Dazu kommt die herausragende Stellung des Unternehmers,
der zwar in einer Organisation seine Interessen vertreten wissen will, aber sie
daneben auch durch direkten politischen Zugang zur Macht durch faktische
Marktbedeutung realisieren kann.

Die *Gewerkschaften* und die übrigen Verbände der abhängig Beschäftigten
bilden den interessenpolitischen Gegenpol zu den organisierten Unternehmerinteressen (Armingeon 1988). Sie fassen die in den Betrieben organisierten Erwerbspersonen zusammen, jedoch nicht in analoger Weise zu den Unternehmerverbänden, sondern entweder entsprechend der sozialen Position (Arbeiter, An-
gestellter, Beamter) oder an der Ausbildung orientiert (Lehrer, Musiker etc.).
Daraus ergeben sich mannigfaltige Überschneidungen (Raschke 1978: 41). So
ist auch der Organisationsgrad je nach Branche unterschiedlich hoch. Während
im Bergbau und bei der Bahn der Organisationsgrad überdurchschnittlich hoch

ist, sind die Arbeiterinteressen in Handel und Landwirtschaft relativ locker organisiert. Nicht zuletzt deshalb ist daraus keine gleichgewichtige Machtkonstellation zwischen Arbeitnehmer- und Arbeitgeberverbänden zu konstatieren. Die Ressourcen der Unternehmerverbände (gleichzeitig Investoren) sind nämlich darüber hinaus den Gewerkschaften in einem privatwirtschaftlich organisierten System stets überlegen.

Der bedeutendste gewerkschaftliche Zusammenschluss in der Bundesrepublik ist der *Deutsche Gewerkschaftsbund* (DGB). In ihm sind seit 2002 noch acht Branchengewerkschaften in 12 Landesbezirken mit weit mehr als 8 Mio. Mitgliedern organisiert (www.dgb.de, Stand 27.03.03). Den größten Einfluss innerhalb des DGB weisen aufgrund jeweils rund ein Drittels der Mitglieder die IG *Metall* und die Dienstleistungsgewerkschaft *ver.di* auf. Außerdem gehören zum DGB auch kleinere Branchenverbände wie die IG *Bauen, Agrar, Umwelt*, die IG *Erziehung und Wissenschaft* als auch die *Gewerkschaft Nahrung-Genuss-Gaststätten* (Rudzio 2000: 71). Der DGB ist dabei nach zwei feststehenden Prinzipien organisiert. Zum einen gilt im Unterschied zu den Verhältnissen vor 1933 das *Prinzip der Einheitsgewerkschaft* unabhängig von parteipolitischer Zugehörigkeit und vom arbeitsrechtlichen Status (Arbeiter, Angestellte, Beamte), zum anderen das *Industrieverbandsprinzip*, also eine Organisation für alle in einem Wirtschaftsbereich abhängig Beschäftigten (Industriegewerkschaftsprinzip) (von Alemann 1985: 8). Parallel zum DGB gibt es noch einzelne Gewerkschaften, die das Prinzip der Einheitsgewerkschaft für bestimmte Berufsgruppen oder weltanschauliche Bekenntnisse durchbrechen. Zu ihnen gehören zum Beispiel der *Deutsche Beamtenbund* (DBB) mit 47 Unterverbänden und weit über einer Million Mitgliedern, die seit 2002 in der Dienstleistungsgewerkschaft *ver.di* aufgegangene *Deutsche Angestelltengewerkschaft* (DAG) mit 16 Unterverbänden und einer halben Million Organisierten, der *Christliche Gewerkschaftsbund* (CGB) mit 15 Unterverbänden, die *Union der Leitenden Angestellten*, der *Deutsche Journalistenverband* und der *Deutsche Bundeswehrverband* (Rudzio 2000: 73).

Die *Konsumentenverbände* spielen daneben nur eine nachrangige Rolle. Obwohl das allgemeine Verbraucherinteresse als „public interest" einzustufen und daher zunehmend wichtig ist, sind entsprechende Interessenvertretungen erheblich unterentwickelt (Lübke 1991: 60-67). Dies wohl nicht zuletzt deshalb, da ihre Dachorganisation *Verbraucherzentrale Bundesverband* ebenso wie die ihm angeschlossenen 16 Verbraucherzentralen der Länder und 21 verbraucherpolitisch orientierten Verbände im Wesentlichen von staatlichen Zuwendungen abhängig sind. Doch trotz der Förderung durch die Bundesregierung seit 1953 und dem dadurch ermöglichten Zusammenschluss in der *Arbeitsgemeinschaft der Verbraucherverbände* (heute *Verbraucherzentrale Bundesverband*) sind deren 37 Mitgliedsverbände doch stets nebenberufliche Verbände geblieben. Zu ihr gehören etwa der *Bund der Vertriebenen*, Wohlfahrts-, Familien- und Frauenverbände. Nur wenige Mitgliedsverbände der Arbeitsgemeinschaft sind spezifische „Verbraucherzentralen" in den Bundesländern, wobei diese Bezeichnung bereits ihrer organisatorischen Schwäche Ausdruck verleiht (Rudzio 2000: 78). In der jüngsten Vergangenheit ist jedoch ein Trend zu beobachten, der den Konsumenteninteressen zusätzliches Gewicht zu verschaffen scheint. In einer Gesellschaft, die nicht mehr nur auf die Befriedigung täglicher Konsuminteressen abgestellt und von Wettbewerbsstrukturen bestimmt ist, erhalten Interessen von Konsumenten neuen Stellenwert (Triesch/ Ockenfels 1995: 12; Lübke 1991: 60-67).

Zu guter Letzt firmieren unter dieser Rubrik auch einzelne Berufsverbände. Diese haben sich auf die Vertretung einzelner Berufsangehöriger spezialisiert und weisen daher meist eine geringe Mitgliederzahl auf. Zu ihnen gehören etwa der *Verein Deutscher Ingenieure*, der *Verband der Kapitäne und Schiffsoffiziere*, der *Verband der Kunsthistoriker* oder die Piloten- Vereinigung *Cockpit* (Rudzio 2000: 74).

Angesichts der nur noch schwer zu überschauenden Anzahl von Verbänden dieses Sektors werden zur Vertiefung die beiden herausragenden Organisationen dieses Handlungsfelds vorgestellt. Die Wirtschaftsverbände sind in nahezu jeder Industriegesellschaft demokratischen Typs die beherrschenden sozialen Machtgruppen (Sontheimer/ Bleek 2000: 204). Die organisierten Interessen aus Kapital und Arbeit sind daher auch in der Bundesrepublik in ihrer Bedeutung für die Politik derart zentral, dass die hier ausgetragenen Konflikte als exemplarische Ebene der Interessenpolitik angesehen werden. Sie umfassen und berühren Arbeitsbedingungen (Kündigungsschutz, Einstellungen etc.), Wirtschaftsbedingungen, Arbeitsbeziehungen (Tarifpolitik etc.) und Entlohnungsbedingungen (Lohn, Besoldung, Arbeitszeit etc.) (von Alemann 1989: 73). Innerhalb der Wirtschaftsverbände hat sich, wie bereits in den vorhergehenden Kapiteln mehrfach angesprochen wurde, eine Konzentrationstendenz fortgesetzt, die zu einer Bildung von Spitzenverbänden geführt hat. Deren Aufsaugungstendenz war in der Vergangenheit derart ausgeprägt, dass sie kleinere, benachbarte Verbände mit ähnlichen oder identischen Zielen zu vereinnahmen wussten und heute ein faktisches Vertretungsmonopol aufzuweisen haben. Deshalb wird hier sowohl für die Seite des Kapitals als auch für diejenige der Arbeit jeweils ein Verband näher analysiert.

4.1.2 Fallstudie 1: der Bundesverband der Deutschen Industrie (BDI)

Auf der Seite der Arbeitgeber ist der *Bundesverband der Deutschen Industrie* (BDI) neben den beiden anderen Spitzenverbänden der Wirtschaft (*Deutscher Industrie- und Handelskammertag* (DIHK) als nationaler Vertretung der Industrie- und Handelskammern und *Bundesvereinigung der deutschen Arbeitgeberverbände* (BDA)) der bedeutendste Zusammenschluss organisierter Unternehmerinteressen (Mann 1994; Burgmer 1999). Er repräsentiert die deutsche Unternehmerschaft des industriellen Bereichs und fungiert als einflussreichste politische Organisation der deutschen Arbeitgeber. Gemäß seiner Satzung ist es sein zentrales Anliegen, die „internationale Wettbewerbsfähigkeit der deutschen Industrie" sowie den „Standort und Arbeitsplätze zu sichern" (www.bdi.de, Stand: 27.03.03).

Mit der Gründung der BDA 1950 wurde die vor der Weimarer Republik vorherrschende Arbeitsteilung zwischen einem wirtschaftspolitischem Verband (BDI) und einem sozialpolitischen Verband (BDA) wieder etabliert (Ullmann 1988: 237-240). Während die BDA sich als Konkurrent gegenüber den Gewerkschaften in den Tarifauseinandersetzungen versteht und sich den Arbeitgeberinteressen ihrer Mitglieder verpflichtet fühlt, definiert sich der BDI durch die Interessenvertretung der *industriellen* Unternehmen. Er beansprucht für sich also nicht, die Gesamtheit der Unternehmerinteressen zu vertreten (von Alemann 1989: 75).

Der BDI ist als Dachverband organisiert und strukturiert. Seine Mitglieder sind die 36 einzelnen industriellen Branchenverbände, wozu sich die 16 jeweiligen Landesverbände der Länder gesellen. Dabei ist jeder Industrieverband (Branchenverband) wiederum als Dachverband mehrerer Fachverbände für fast jeden Industriezweig konzipiert. Diese fassen einzelne Produktionsbereiche innerhalb einer Branche unter ihrem Dach zusammen. So fungiert der *Verband der Cigarettenindustrie* als Branchenverband gleichzeitig als übergeordneter Dachverband des *Tabakwaren-Großhandelsverbands* und des *Bundesverbands der Zigarettenindustrie*. Durch diese verschachtelte Struktur vertritt der BDI nach eigenen Angaben weit über neunzig Prozent der industriellen Unternehmen (80.000) in der Bundesrepublik. Der Aufgabenschwerpunkt liegt jedoch nicht allein beim BDI, sondern umfasst auch zentrale Leistungen der angeschlossenen Industrieverbände. Im Wesentlichen lassen sich die Kerntätigkeiten dieser Branchenverbände unter drei Punkten zusammenfassen (von Alemann 1989: 76):

▪ Vertretung der jeweiligen und speziellen Brancheninteressen in den Bundesorganen des BDA und BDI.

- Vertretung der Brancheninteressen gegenüber den politischen Institutionen auf Landes-, Bundes- und zunehmend auf europäischer Ebene mit der Tendenz, eine Beeinflussung der die Branche berührenden Gesetzgebung zu bewirken.
- Angebot von Dienstleistungen für Mitgliedsunternehmen und die ihnen angeschlossenen Fachverbände.

Organisatorisch zählen zu den Hauptaufgaben des Dachverbands BDI die Öffentlichkeitsarbeit ebenso wie der direkte Kontakt zu Ministerien, Parlamenten und Verwaltungen. Diese Funktion wird ihm durch seine korporatistische Einbindung in politische Entscheidungsprozesse erleichtert (Bührer 2000: 43-52; Petersohn 2000). Seine dominante Stellung konnte er durch die Ausweitung seiner Struktur auf die neuen Bundesländer festigen (Bauer 1991: 12-19). Dem entsprechend obliegt dem BDI auch die Erstellung von wissenschaftlichen Materialien (Gutachten, Stellungnahmen etc.) zur besseren Durchsetzung der eigenen Interessen. Insofern setzt sich auch der Dachverband zu einem nicht unwesentlichen Teil aus wissenschaftlich ausgebildetem Personal zusammen. Der Umfang des durch den BDI beschäftigten Personals insgesamt ist beträchtlich. Werden für jeden einzelnen Industrieverband bis zu 200 Mitarbeiter festgesetzt, so ergibt sich angesichts der großen Anzahl an dem BDI untergeordneten Industrieverbänden eine immense Zahl an hauptamtlichen Mitarbeitern, die auf eine gewisse Stärke des Dachverbands an personeller, sachlicher und finanzieller Ausstattung schließen lässt. Gemeinsam mit der BDA trägt der BDI das *Institut der deutschen Wirtschaft* (IW). Diesem obliegen Dokumentations- und Forschungsaufgaben (Müller-Jentsch 1997: 189); in ihm sind augenblicklich 69 wissenschaftliche Mitarbeiter beschäftigt.

Der finanzielle Spielraum des BDI bemisst sich nach den Mitgliedsbeiträgen der ihm angeschlossenen Verbände, wobei die genauen Einnahmen durch den BDI nicht offen gelegt werden. Den Vorgaben nach innerverbandlicher Demokratie wird formal entsprochen. Das zentrale Gremium ist die *Mitgliederversammlung*, die jedoch nur einmal im Jahr zusammentritt. Das darin Anwendung findende Stimmrecht ist nach der Größe der jeweiligen Beschäftigtenzahl der Einzelverbände gestaffelt. Die Mitgliederversammlung wählt den *Präsidenten* des BDI und seine sieben Stellvertreter, sie genehmigt den Verbandshaushalt und verabschiedet Satzungsänderungen. Der *Vorstand* setzt sich aus den Präsidenten der einzelnen Industrieverbände und der Landesverbände zusammen. Er wählt aus seiner Mitte diejenige Anzahl der Mitglieder, die gemeinsam mit dem Präsidenten, seinen Stellvertretern, dem Schatzmeister und dem Hauptgeschäftsführer das Präsidium bilden. Dieses kann acht weitere Mitglieder ernennen, an seinen Sitzungen nimmt regelmäßig auch der Präsident der BDA teil. Daneben ist bei zahlreichen Präsidiumsmitgliedern eine Doppelmitgliedschaft sowohl in der BDA als auch im BDI zu konstatieren (Keller 1995: 18-21).

Zwar entspricht dieser Aufbau formalen demokratischen Prinzipien, die tatsächliche Entscheidungsgewalt obliegt jedoch über weite Strecken den hauptamtlichen Geschäftsführern und Verbandsangestellten (Lang 2004: 445-605). Diese Entwicklung ergibt sich nicht zuletzt aus der Tatsache, dass kleinere Unternehmen weniger Ressourcen aufbringen können, um an demokratischen Willensbildungsprozessen innerhalb des Verbandes teilzunehmen. Allein größere Unternehmen und Kapitalgesellschaften stellen eigens Mitarbeiter dazu ab, in der Verbandsarbeit mitzuwirken. Insofern hat sich innerhalb des BDI ein latentes Konfliktverhältnis herauskristallisiert, in welchem die Vertreter der geringer gewichteten Unternehmen eine Dominanz der großen Gesellschaften monieren (Müller-Jentsch 1997: 183-184). Da eine passive Mitgliedschaft überwiegt, kommt der bürokratischen Struktur im BDI eine besondere Bedeutung dadurch zu, dass sie Beschlussvorlagen und Anträge weitgehend selbsttätig vorbereitet und sie den entscheidenden Gremien vorlegt. Da diese in der Regel auch angenommen werden, hat die Verwaltung des BDI einen nicht zu vernachlässigenden Einfluss auf die Strategie und Programmatik des Verbandes.

Gemäß der Ausrichtung des Gesamtverbandes steht im Mittelpunkt der programmatischen Äußerungen des BDI die Pflege des selbständigen Unternehmertums. Damit wird öffentlich in Rechnung gestellt, dass die unternehmerische Tätigkeit nicht Ausfluss individuellen Nutzenstrebens ist, sondern der allgemeinen Wohlfahrt dienen soll. Der wirtschaftliche und gesamtgesellschaftliche Nutzen des Unternehmers ergebe sich aus dem Einsatz seiner Arbeit und seiner Ressourcen einerseits, andererseits durch seinen sparsamen und effizienzorientierten Umgang mit beidem. Die unternehmerische Freiheit erweise sich dementsprechend deckungsgleich mit der gesellschaftlichen; deren Begrenzung ist mithin ein Verlust für das gesamte soziale Gefüge. Insofern definieren sich Unternehmerverbände programmatisch auch *ex negativo* als Verhinderungsmacht gegenüber gewerkschaftlich dominierten Interessengruppen. Ferner propagiert der BDI programmatisch den Einfluss auf die Betriebsverfassungspolitik. So wird etwa in Fragen der Mitbestimmung moniert, dass die Mitbestimmung der Arbeitnehmer stets zu Lasten des Unternehmers und seines privaten Eigentums ginge und so mit einem freiheitlich verfassten Gesellschaftsentwurf nicht vereinbar sei (von Alemann 1989: 78).

Der zentrale Ansatzpunkt für unternehmerische Interessenpolitik in der Bundesrepublik ist aufgrund der herausgehobenen Stellung der Regierung und ihres Verwaltungsapparates die Ministerialbürokratie.[19] Der BDI verfolgt dabei

---

[19] Vgl. dazu auch Kapitel III, Abschnitt 1.3.1.

eine zweigleisige Strategie. Zum einen versucht er, bei der personellen Beset-
zung der Spitzenpositionen im Ministerium Einfluss geltend zu machen, andererseits ist auch der direkte Kontakt in speziellen Politikbereichen eine probate
Möglichkeit der Einflusssicherung. Somit ist das seit 2002 aus zwei Ministerien
zusammengelegte *Bundesministerium für Wirtschaft, Arbeit und Soziales* nicht
nur direkter Adressat eigener Forderungen, sondern auch ein Element des zentralen politischen Entscheidungssystems, welches der BDI durch personelle
Durchdringung in seinem Interesse zu beeinflussen sucht. In punkto direkter
Zusammenarbeit kommt dem BDI dabei seine Organisation zu Gute. Die fun-
dierte Durchsetzung der eigenen Struktur mit wissenschaftlich qualifiziertem
Personal ermöglicht einen weitgehend reibungslosen Verkehr mit den relevanten
Stellen im Ministerium. Der Wandel des Ministeriums von einer gewerkschafts-
nahen Ausrichtung hin zu einer arbeitgeberfreundlichen Politik erfordert den-
noch eine intensive Interessenstrategie des BDI, da hier die relevanten Entscheidungen im Betriebsverfassungs- und Arbeitsrecht, aber auch in der gesetzlichen
Sozialversicherung getroffen werden.

Ebenso aber wird die klassische Lobbyistentätigkeit im Deutschen Bundestag praktiziert. Dort werden besonders diejenigen Forderungen vorgebracht,
die eine entsprechende öffentliche Resonanz benötigen oder sich durch relative
Transparenz gut ‚verkaufen' lassen. Insofern bietet sich eine derartige Strategie
besonders dann an, wenn die Unternehmerinteressen in weitgehender Opposition
zur aktuellen Regierung stehen (von Alemann 1989: 79).

Der BDI ist nach dem *Deutschen Industrie- und Handelskammertag*
(DIHK) der mächtigste Wirtschaftsverband der Bundesrepublik mit der Organisation von 11 Mio. Beschäftigten in 80.000 Unternehmen (www.bdi.de, Stand:
27.03.03). Dennoch führt er nicht die Tarifverhandlungen mit den Vertretern der
Arbeitnehmerschaft. Diese Aufgabe wird von den über eintausend Arbeitgeberverbänden wahrgenommen, die sich in der BDA zusammengeschlossen haben
(Sontheimer/ Bleek 2000: 205).

4.1.3 Fallstudie 2: der Deutsche Gewerkschaftsbund (DGB)

Der DGB betrachtet sich seiner Satzung entsprechend als „die Stimme der Gewerkschaften gegenüber den politischen Entscheidungsträgern, Parteien und
Verbänden in Bund, Ländern und Gemeinden" (www.dgb.de, Stand 27.03.03).
Bei der Gründung des DGB galt es angesichts der Aufsplitterung in politisch-
ideologische Richtungsgewerkschaften das Verhältnis der Einzelgewerkschaften
zum Dachverband neu zu bestimmen. Ergebnis dieser Neupositionierung war der
Gedanke der *Einheitsgewerkschaft*. Zum Einen bedeutete dies zwar die relative

Selbständigkeit der Einzelgewerkschaften (Beispiele: IG *Metall, Gewerkschaft der Polizei* (GdP), *Vereinigte Dienstleistungsgewerkschaft ver.di* etc.) in punkto Tarif- und Finanzpolitik, zum Anderen aber organisierten sich sämtliche Berufsgruppen eines Betriebes in ein und derselben Gewerkschaft (*Industrieverbandsprinzip*). Darüber hinaus beschloss man, ebenfalls aus den Erfahrungen der Weimarer Republik, parteipolitische und konfessionelle Neutralität zu wahren (Schneider 2000: 263-268). Die personellen Verflechtungen zwischen Sozialdemokratie und Gewerkschaften blieben allerdings bestehen (Mielke 1997: 206).

Der Einfluss der Einzelgewerkschaften auf den Dachverband richtet sich nach der Größe der Einzelgewerkschaft. Die dominante Stellung der IG *Metall*, in der nahezu ein Drittel der Gewerkschaftsmitglieder organisiert ist, hat sich dabei erst 2002 mit der Gründung der Dienstleistungsgewerkschaft *ver.di* gewandelt, die heute allein 37 Prozent der DGB-Mitglieder umfasst. Im DGB sind vier Fünftel aller Gewerkschaftsmitglieder organisiert. Die Mitgliederentwicklung des DGB liest sich lange Zeit wie eine Erfolgsgeschichte: Von 1949 bis zur Wiedervereinigung war mit wenigen Ausnahmen ein stetiger Mitgliederzuwachs zu verzeichnen. Von 5,5 Mio. Mitgliedern im Jahre 1950 kletterte die Zahl der Organisierten auf nahezu 8 Mio. im Jahr 1990. Gleichzeitig aber ging der *Organisationsgrad* im DGB kontinuierlich zurück.[20] Mit dem Vereinigungsprozess dehnten sich die gewerkschaftlichen Organisationsdomänen auf den Osten aus. Ende 1991 betrug der Höchststand 11,8 Mio. DGB-Mitglieder. Die strukturelle Schwäche in den neuen Bundesländern und daraus resultierende Massenarbeitslosigkeit sorgten jedoch ab 1991 für einen stetigen Mitgliederschwund. 1999 hatte sich die Mitgliederzahl wieder bei 8 Mio. eingependelt (Müller-Jentsch/ Ittermann 2000: 80). Betrachtet man die Mitgliederentwicklung nach Branchen und Berufsstatus aufgeschlüsselt, ergeben sich in den Jahrzehnten seit Gründung der Bundesrepublik signifikante Tendenzen (Ebbinghaus 2003: 179-183; von Alemann 1989: 84):

- Der Anteil der Arbeiter an der Gesamtmitgliederzahl war in den ersten dreißig Jahren bis 1980 deutlich zurückgegangen, lag jedoch noch immer deutlich höher als der Anteil der Arbeiter in der Erwerbstätigenstruktur.
- Die Zahl der organisierten Beamten und Angestellten konnte im gleichen Zeitraum verdoppelt werden, gemessen am Anteil der Beamten und Angestellten in der Erwerbstätigenstruktur war er jedoch noch immer schwach.
- Die nur geringe Organisationsdichte bei Frauen und Jugendlichen blieb konstant.[21]

---

[20] Vgl. dazu Kapitel III, Abschnitt 2.
[21] Vgl. dazu Kapitel III, Abschnitt 2.

Bis 1996 vertraten 17 Einzelgewerkschaften die Interessen der Beschäftigten unter dem Dach des DGB. Seither hat sich die Struktur des Gewerkschaftsbundes erheblich geändert. Zum Einen liegt dies in „Aufsaugungsprozessen" begründet. Der DGB nahm dabei in den letzten Jahren zahlreiche organisatorische Neustrukturierungen vor: 1996 vereinigten sich die IG *Bau-Steine-Erden* und die *Gewerkschaft Gartenbau, Land- und Forstwirtschaft* zur IG *Bauen-Agrar-Umwelt*. Ein Jahr darauf fusionierten die IG *Chemie-Papier-Keramik*, IG *Bergbau und Energie* sowie die *Gewerkschaft Leder* zur IG *Bergbau, Chemie, Energie* (Hanau 1994: 205-214). In den drei Folgejahren schlossen sich die *Gewerkschaft Textil-Bekleidung* und die *Gewerkschaft Holz und Kunststoff* der IG *Metall* an (Müller-Jentsch/ Ittermann 2000: 82). Auch die IG *Chemie* hat mitgliederschwache Organisationen aus nachrangigen oder erodierenden Industriebranchen in ihre Struktur integriert. Zum anderen bedeutete die Gründung der Vereinigten Dienstleistungsgewerkschaft *ver.di* im Jahre 2002 eine erhebliche Veränderung. *ver.di* stellt eine komplette Neuschöpfung aus fünf bis dahin eigenständigen Gewerkschaften (*Öffentliche Dienste, Transport und Verkehr* (ÖTV), *Post, Deutsche Angestellten-Gewerkschaft* (DAG), *Gewerkschaft Handel, Banken und Versicherungen* (HBV) und IG *Medien*) dar (Müller/ Wilke 2003: 122-143; www.verdi.de/vd_internet/organisation, Stand 27.03.2003). Mit dieser Neugliederung wurde innerhalb der Gewerkschaftslandschaft auch die bis dahin beibehaltene Spaltung von DGB und DAG aufgehoben (Schroeder 2002: 617). Heute setzt sich der DGB daher aus acht Einzelgewerkschaften zusammen (Huckenbeck 1999: 858-867).

Organisatorisch sind diese Einzelgewerkschaften aufgebaut wie der DGB. Die strikte Einhaltung des Delegationsprinzips von der untersten Ebene bis hin zu den Gewerkschaftstagen sowie des Repräsentationsprinzips ehrenamtlicher und hauptamtlicher Vorstände, die in der Regel an die Weisungen der höheren Gremien gebunden sind, ist Pflicht. Der DGB umfasst drei Ebenen (Kreise, Landesbezirke, Landesebenen) und ist an den jeweiligen Verwaltungsgrenzen ausgerichtet. Auf der unteren Ebene hat sich die Bildung von Ortskartellen, in welchen die Mitglieder eines Ortes zusammengefasst werden, herausgebildet. Die Delegiertenzahl bei Kreisversammlungen berechnet sich nach der Mitgliederstärke der Einzelgewerkschaften. Die Kreisversammlung wählt den Kreisvorsitzenden. Hinzu kommen weitere, von den Einzelgewerkschaften vorgeschlagene Vorstandsmitglieder. Diese Kreisvorstände unterstützen die Gewerkschaften, führen Weisungen übergeordneter Instanzen aus und erarbeiten Stellungnahmen. Ähnlich stellt sich die Struktur der Bezirke dar (Asshoff 2003: 211-219; Keller 1995: 26-29).

Das höchste Gremium des DGB auf Bundesebene ist der *Bundeskongress* (Gewerkschaftskongress, Gewerkschaftstag). Seine 400 Mitglieder werden auf den Mitglieder- bzw. Delegiertenversammlungen der Verwaltungsstellen oder Bezirke gewählt. Der Bundeskongress bestimmt die Richtlinien der Gewerkschaftspolitik, wählt den 13-köpfigen *Bundesvorstand* und die Revisionskommission. Darüber hinaus übt er eine Kontrollfunktion aus, indem er den Geschäfts- und Kassenbericht prüft. Da er nur alle vier Jahre zusammentritt, legt in diesem Zeitraum der Bundesausschuss mit vierteljährlichen Tagungen die Richtlinien fest (Lebek-Linke 1998: 87).

Der Bundesvorstand übt die Finanz- und Personalhoheit aus, sichert die Zusammenarbeit zwischen den Einzelgewerkschaften und fasst gewerkschaftspolitische Beschlüsse. Er setzt sich aus den Vorsitzenden der Einzelgewerkschaften und dem geschäftsführenden Bundesvorstand zusammen. Er vertritt die Gewerkschaft nach innen und außen, überwacht die Einhaltung der Satzung und ist für die Ausführung der Beschlüsse des Bundeskongresses verantwortlich. (Lebek-Linke 1998: 90) Der DGB unterhält darüber hinaus ein eigenes Forschungsinstitut (*Wirtschafts- und Sozialwissenschaftliches Institut*, WSI) und ein Studien-, Wissenschafts- und Mitbestimmungsförderungswerk (Hans-Böckler-Stiftung) (von Alemann 1989: 87).

Die Programmatik des DGB ist in kurzfristige, situationsorientierte Aktionsprogramme und langfristige Grundsatzentscheidungen aufgeteilt. Das grundlegende soziale Leitbild des DGB (Beschäftigung, Einkommen, Qualität der Arbeit, Aufgaben des Staates) liegt allen weiteren Gewerkschaftsforderungen zugrunde (Bleses/ Vetterlein 2002: 83). Neben den gewerkschaftspolitischen Zielen ist jedoch die Sicherung von gewerkschaftlichen Rechten innerhalb und außerhalb der Betriebe im Sinne ihrer Schutzfunktion für Arbeitnehmer weitaus wichtiger. Doch auch umweltpolitische Fragen stellte der DGB bis heute immer weiter in den Vordergrund. Neben den programmatischen Aussagen stellen die Serviceleistungen und Unterstützungsangebote des DGB wichtige Aufgabenbereiche dar. So bietet er seinen Mitgliedern zusätzlich zur Vertretung ihrer Interessen auch einen umfassenden Rechtsschutz, einen eigenen Automobilclub (ACE) und eigene Reisedienste (www.dgb.de; Stand: 20.07.2003).

Strategisch agieren die Gewerkschaften auf Betriebsebene, auf der Ebene des sektoralen und regionalen Arbeitsmarktes sowie auf der Makroebene der Gesamtwirtschaft. In der Bundesrepublik sind die Gewerkschaften in ein korporatistisches Modell einbezogen, wobei die makropolitische Aufgabe der Gewerkschaften in der Tarifpolitik liegt. Die Auseinandersetzungen um tarifliche Einigungen zwischen Arbeitgebern und Gewerkschaften werden dabei in der Regel branchenspezifisch geführt, so verhandelt der Arbeitgeberverband *Gesamtmetall* mit seinem gewerkschaftlichen Pendant IG *Metall*. Diese Einigung wirkt zurück auf den Einzelbetrieb als Mikroebene und den Ort der tarifpolitischen Auseinandersetzung. Von dort gehen wiederum Rückwirkungen auf die regionale und die Makroebene aus (Blank 1996). Die Tarifautonomie der beteiligten Parteien hat dabei drei wesentliche Funktionen (von Alemann 1989: 88):

- Dauerhafte Sicherung des Lebensstandards der Arbeitnehmer und Garantie menschlicher Arbeitsbedingungen (*Schutzfunktion*),
- Sicherung der gerechten Beteiligung am gesamtgesellschaftlichen Wohlstand (*Verteilungsfunktion*),
- Sicherung der Mitbestimmung über die Anwendungsbestimmungen der Arbeitskraft durch die betriebliche Demokratie (*Partizipationsfunktion*).

Der Sinn der Tarifautonomie liegt in der Förderung gesellschaftlicher Selbststeuerung.[22] In der *Tarifpolitik* überwiegen die Themenkomplexe Lohnforderungen und Arbeitsbedingungen, da die Gewerkschaften es geschafft haben, die sozialen und politischen Konkretisierungen an den Staat und die ihn tragenden Parteien zu delegieren. Ihre Interessendurchsetzung erfolgt auf der Basis einer dreiteiligen Struktur. Nach einem Scheitern der Tarifverhandlungen wegen Nichteinigung kann ein „neutraler" Schlichter einberufen werden. Findet auch dieser keine Möglichkeit der Einigung, so können die Gewerkschaften Arbeitskampfmaßnahmen einleiten. Dazu muss der Gewerkschaftsvorstand einen entsprechenden Beschluss fassen und drei Viertel der Mitglieder der Gewerkschaft müssen für den Streik votieren. Der Streik kann ebenfalls durch Urabstimmung beendet werden, wobei nun nur noch ein Viertel für dessen Beendigung stimmen muss (Boll 2003: 478-510, Keller 1995: 163-177).

Daneben tritt als zweite tragende Säule der Gewerkschaftsarbeit die *Mitbestimmung*. Dadurch wird faktisch ein duales System der Interessenvertretung etabliert: Das Betriebsverfassungsgesetz regelt die Rechte von Betriebsräten ab einer bestimmten Betriebsgröße, der Betriebsrat wird dabei von allen Beschäftigten und nicht nur von den Gewerkschaftsmitgliedern des Betriebes gewählt. Somit entwickelte sich eine sowohl betriebliche als auch arbeitnehmerische Mitbestimmung, was die Gewerkschaften in ein Dilemma von Integration aus Betriebsgründen und Konflikt um der Arbeitnehmerschaft willen bringt. Interessenpolitik für die Arbeitnehmer kann so durchaus der Interessenpolitik für einen Gesamtbetrieb entgegen laufen (Müller-Jentsch 2003: 460-466, Keller 1995: 78-81, DGB 1978).

Seit der Wiedervereinigung änderten sich bisherige Tendenzen kaum: Der Anteil der Land- und Forstwirtschaft an der Gesamtzahl der Beschäftigten blieb konstant, ebenso wie derjenige des produzierenden Gewerbes und des Dienstleistungssektors. Mehr und mehr aber drängte der rasche wirtschaftliche Wandel

---

[22] Vgl. dazu Kapitel I, Abschnitt 3.6.

die Arbeitnehmerschaft zu Anpassung und Ausdifferenzierung (630-Mark-Jobs, „Scheinselbstständige", „Ich-AG"). Angesichts hoher Arbeitslosenzahlen schwand der Einfluss der Gewerkschaften. Stark blieben sie allerdings dort, wo sie die ‚Verlierer' des Modernisierungsprozesses (ungelernte Arbeiter, Arbeiter in traditionellen Sektoren wie Braunkohle- und Stahlindustrie) zu organisieren vermochten (Schneider 2000: 466). Und auch organisatorisch-strukturell musste sich der DGB nach 1989/1990 den veränderten Rahmenbedingungen anpassen. Wie in einem Positionspapier der damals eigenständigen ÖTV gefordert wurde, sollte der DGB seinen Aufgabenkatalog straffen und die Interessenvertretung der Gewerkschaftsmitglieder den Einzelgewerkschaften überlassen. Es forderte die Verringerung der Zahl der DGB-Vorstandsmitglieder von acht auf fünf, die Landes- und Kreisvorsitzenden sollten entfallen und durch Geschäftsführer ersetzt werden. Statt dessen wurde eine Konzentration auf die Kernaufgaben der Gesellschafts- und Sozialpolitik ins Auge gefasst. In deren Mittelpunkt sollten die Wirtschafts-, Finanz- und Steuerpolitik ebenso wie die Gleichstellungs- und Bildungsfrage stehen. Der Bundeskongress sollte von 600 auf 400 Mitglieder verringert, die Gewerkschaftskongresse sollten nur noch alle drei Jahre einberufen werden (Schneider 2000: 469). Der organisatorischen Neustrukturierung sollte auch eine programmatische folgen. Eine DGB-Kommission legte unter dem Eindruck des Modernisierungsdrucks einen Leitfaden zur Programmdebatte vor, der folgende Punkte umfassen sollte (Beck 1993: 31-41; Leif/ Klein/ Legrand 1993):

- Wege zur sozialen Einheit,
- Zukunft des Sozialstaates,
- Gestaltung der Ökonomie,
- Zukunft der Arbeit,
- Bildung und Ausbildung für die Zukunft,
- Emanzipation der Frau,
- Europäische Zusammenarbeit,
- Wanderungsbewegungen und gesellschaftliche Integration,
- Umwelt, Frieden und Entwicklung,
- Zukunft der gewerkschaftlichen Interessenvertretung.

Die Realisierung dieser programmatischen Einzelpunkte ist vor dem Hintergrund genereller Schwierigkeiten gewerkschaftlicher Politik in wirtschaftlichen Krisenjahren bisher nur ansatzweise gelungen (Schneider 2000: 476-482; Schabedoth 2002: 78-84).

4.2 Soziales Leben und Gesundheit

4.2.1 Überblick

Wie der Sektor Arbeit ist auch das Handlungsfeld *Soziales Leben und Gesundheit* durch eine Vielzahl miteinander konkurrierender Verbände geprägt (vgl. Übersicht 10) (von Winter 1997). Die Verbände im sozialen Bereich definieren sich durch die Vertretung eigener oder fremder sozialer, im wesentlichen materieller Interessen gegenüber dem Staat, die außerhalb des Arbeitsbereichs angesiedelt sind. Unter diese Rubrik fallen damit Sozialleistungsverbände (Wohlfahrtsverbände), Sozialanspruchsverbände (Blinden- und Kriegsopferverbände) sowie übrige Sozialverbände wie etwa Medizin-, Patienten- und Selbsthilfevereinigungen, Familienverbände, Kinder-, Jugendlichen-, Senioren-, Frauen- sowie Ausländer- und Flüchtlingsverbände.

Die auf freiem Zusammenschluss basierenden Interessengruppen in diesem Bereich werden allgemein in drei Kategorien unterteilt. Zum einen sind dies die Verbände, die als *Vertretung Betroffener* gesetzlicher Regelungen *Sozialleistungsansprüche gegenüber dem Staat geltend machen*, zum anderen Großorganisationen, die *selbst Sozialleistungen für andere erbringen* oder drittens andere Sozialverbände wie Selbsthilfegruppen (*Anonyme Alkoholiker* etc.), deren Intention es ist, soziale Schieflagen autonom und ohne die Verbandsvertretung nach außen oder gegenüber der Politik zu lösen (von Alemann 1985: 8).

Die *sozialen Anspruchsvereinigungen* (*Kriegsfolgen- und Beschädigtenverbände*) organisieren relativ homogene Personenkreise, denen Gefühl oder Erfahrung gemeinsam ist. Die Bewältigung von Kriegsfolgen macht jedoch nur mehr einen Teil der Verbandsarbeit aus. So gehören zur Klientel dieser Verbände körperlich Behinderte allgemein (Blinde, Gehörlose, Stumme etc.), demographisch und sozial Benachteiligte wie alte Menschen, alleinerziehende Eltern oder aber durch politische Entwicklungen Betroffene. Hierbei sind etwa Vertreibung (*Bund der Vertriebenen*) oder unmittelbare Kriegseinwirkung (*Sozialverband VdK Deutschland*) zu nennen. Diese beiden Organisationen stellen die gewichtigsten Kriegsfolgen- und Beschädigtenverbände dar. Der *Bund der Vertriebenen* vertritt eigenen Angaben zufolge zwei Millionen Mitglieder, während sich der VdK auf über eine Million Mitglieder stützen kann (Rudzio 2000: 74). Neben diesen beiden Verbänden gehören auch der *Volksbund Deutsche Kriegsgräberfürsorge*, der *Verband der Heimkehrer, Kriegsgefangenen und Vermisstenangehörigen Deutschlands*, der *Verband deutscher Soldaten* und auch die *Gemeinschaft ehemaliger politischer Häftlinge – Vereinigung der Opfer des Stalinismus* in diese Rubrik. Da sich die demographische Zusammensetzung der organisierten Klientel durch ein sehr hohes Alter auszeichnet, verlieren diese Organisationen aber zunehmend an gesellschaftlichem Rückhalt und Mitgliederzahl. Daher versuchen sie vermehrt, auch allgemeine Interessen alter und insbesondere behinderter Menschen wahrzunehmen, die Vertriebenenverbände versuchen dieses Defizit durch das forcierte Engagement in punkto Grenz- und Eigentumsfragen zu kompensieren (Rudzio 2000: 79).

Übersicht 10: Sektor Soziales und Gesundheit

Handlungssektor Soziales Leben	Einzelbeispiele
Soziale Anspruchs-vereinigungen (Kriegsfolgen- und Beschädigtenverbände)	▪ Verband der Kriegs- und Wehrdienstopfer, Behinderten und Rentner ▪ Volksbund Deutsche Kriegsgräberfürsorge ▪ Verband Deutscher Soldaten ▪ Bund der Vertriebenen ▪ Bund der Kriegsblinden Deutschlands ▪ Aktionsgemeinschaft der Kriegsopfer und Sozialrentner ▪ Heimatverdrängtes Landvolk
Sozialleistungs-vereinigungen (Wohlfahrtsverbände)	▪ Deutsches Rotes Kreuz ▪ Deutscher Caritasverband ▪ Diakonisches Werk der Evangelischen Kirche Deutschlands ▪ Arbeiter-Samariter-Bund ▪ Arbeiterwohlfahrt ▪ Deutscher Paritätischer Wohlfahrtsverband ▪ Kolpingwerk ▪ Zentralwohlfahrtsstelle der Juden in Deutschland
Andere Sozialverbände	▪ Deutscher Kinderschutzbund ▪ Deutsche Gesellschaft für Humanes Sterben ▪ Bund der Steuerzahler ▪ Deutscher Mieterbund ▪ Allgemeiner Patientenverband ▪ Selbsthilfegruppen ▪ Bundesvereinigung Lebenshilfe für Menschen mit geistiger Behinderung
Quelle: eigene Darstellung nach Lobbyliste 2003.	

Die *Sozialleistungsvereinigungen* (Wohlfahrtsverbände) bilden demgegenüber einen sehr einflussreichen und dominanten Block (Schmid 1996; Boeßenecker 1998). Da die Aufgabenwahrnehmung in diesem Sektor nicht nur öffentlichen (hoheitlichen) Trägern obliegt, fungieren sie als „freie Träger", als Bereitsteller sozialer Dienste (Backhaus-Maul 2000: 22). Sie berufen sich auf ihre Entste-

hungsgeschichte aus kirchlichen oder Arbeitnehmerorganisationen (Armenfür-
sorge etc.) und reklamieren eine vorrangige Zuständigkeit für die Bearbeitung
sozialer Probleme (Klatetzki/ von Wedel-Parlow 1998: 570). Darunter sind
höchst heterogene Tätigkeiten zu verstehen: So fällt die Fürsorge und Betreuung
von Randgruppen ebenso darunter wie finanzielle Hilfeleistung für Bedürftige,
die Einrichtung von Heimen und Kindergärten sowie verschiedentliche Hilfe in
den Sektoren Bildung, Erziehung, Resozialisierung, Gesundheit, Ernährung und
Erholung (Schmid 1997: 630-632). In ihrem Mittelpunkt stehen die großen
Wohlfahrtsverbände wie das *Deutsche Rote Kreuz* (DRK) mit 4,7 Mio. Mitgliedern, die *Arbeiterwohlfahrt* mit 650.000 Organisierten, der *Arbeiter-Samariter-
Bund*, der *Deutsche Caritasverband* mit 19 Fachverbänden (unter anderem der
Malteser-Hilfsdienst), das *Diakonische Werk der Evangelischen Kirche Deutsch-
lands* mit 122 angegliederten Organisationen und der aus der DDR herrührende
Volkssolidarität Bundesverband (Rudzio 2000: 74). Aktuell haben sich zahlrei-
che Wohlfahrtsverbände (u.a. *Caritas, Diakonie, Arbeiterwohlfahrt, Deutscher
Paritätischer Wohlfahrtsverband*) in der *Arbeitsgemeinschaft Freier Wohlfahrts-
verbände* zusammengeschlossen.

Die starke Stellung der Leistungsvereinigungen erwächst aus ihrem Engagement in wichtigen Segmenten der Sozialpolitik. So nehmen die Wohlfahrtsverbände Dienstleistungsfunktionen wahr, die durch die öffentliche Hand und
die Sozialversicherungen bezahlt werden (Schmid 1997: 631). Dies ist ihnen
nicht zuletzt deshalb gelungen, weil sie weniger die Interessen ihrer Mitglieder
als vielmehr von Dritten vertreten.

Sonstige Sozialverbände wie der *Deutsche Mieterbund* mit über einer Million Mitgliedern und seine Nachbarverbände vermochten ebenso großflächig
soziale Interessen zu bündeln. Der *Bund der Steuerzahler* hingegen kann entgegen seiner Titulierung als Massenorganisation keine großflächige Vertretung
von Sozialinteressen aufweisen. Doch treten diese Vereinigungen durchaus auch
als Vertretung von Konsumenten in Erscheinung. Der *Deutsche Kinderschutz-
bund*, die *Deutsche Gesellschaft für humanes Sterben*, der *Deutsche Elternverein*
und der *Allgemeine Patientenverband* gehören ebenso in die Rubrik der Sozialverbände (Rudzio 2000: 74). Die unter den *übrigen Sozialverbänden* zu subsu-
mierenden Selbsthilfegruppen (Drogenabhängige, Anonyme Alkoholiker, Ob-
dachloseninitiativen) leiden demgegenüber unter dem strukturellen Nachteil,
sich in einem permanenten Kampf gegen die arrivierten und etablierten großen
Wohlfahrtsverbände zu befinden, da sie nur lose organisiert sind.

Insgesamt befinden sich die Verbände dieses Sektors unter immensem An-
passungsdruck. Der erhebliche Rückgang ehrenamtlicher Mitarbeiter (Kulbach
2002: 55-60; Boeßenecker 1999: 87-93; Bock 2003: 8) sowie der Eigenmittel hat
bei einigen Verbänden zu weitreichenden Reformvorhaben geführt. So tendiert

das DRK dazu, einerseits ehrenamtliche Aufgabenfelder beizubehalten, andererseits setzt es auch auf seine Zukunft als wettbewerbsfähiger Dienstleister. Deshalb war in den letzten Jahren eine zunehmende Professionalisierung (Höflacher 1999: 51-63) des nun hauptamtlichen Managements zu beobachten, während das Spendenmarketing die finanziellen Engpässe beheben helfen sollte (Nährlich/ Zimmer 1997: 269). Als herausragendes Beispiel für Verbände aus dem Sektor Soziales Leben und Gesundheit und als einer der ältesten Verbände dieses Sektors wird das DRK in der Folge näher analysiert.

4.2.2 Fallstudie 3: Deutsches Rotes Kreuz e.V. (DRK)

Die weltanschauliche Orientierung des *Deutschen Roten Kreuzes e.V.* (DRK) ist als „pragmatischer Humanismus" zu bezeichnen, der in seiner Bedeutung bis in die Gründungszeit der Rotkreuz- und Rothalbmondbewegung im 19. Jahrhundert zurückreicht (Nährlich/ Zimmer 1997: 257). Das DRK begreift sich gemäß dem von ihm aufgestellten Leitbild als „Teil einer weltweiten Gemeinschaft von Menschen (...), die Opfern von Konflikten und Katastrophen sowie anderen hilfsbedürftigen Menschen unterschiedslos Hilfe gewährt, allein nach dem Maß ihrer Not" (www.drk.de/generalsekretariat/leitbild.html, Stand: 25.11.02). Als weitere Leitlinien des DRK-Engagements gelten neben der Hilfe für alle hilfsbedürftigen Menschen ferner die unparteiliche Hilfeleistung und die weltanschauliche, rassische und politische Neutralität. Zur Erfüllung dieser Aufgaben hat sich der Verband folgende Struktur gegeben:

Das oberste Organ des DRK ist die Bundesmitgliederversammlung. Sie wählt den Präsidenten und das gesamte Präsidium, wobei ersterer gemäß der Satzung eine herausragende Stellung hinsichtlich seiner Machtfülle einnimmt. Die Bundesversammlung wird von den Landesverbänden nach deren jeweiliger Stärke beschickt. Außerdem gehören ihr der Präsident, gemeinnützige Organisationen und Vertreterinnen des *Verbandes der Schwesternschaften* an. Dem Präsidium obliegt die Leitung des DRK, wobei es von Fachausschüssen beraten wird. Aus der Mitte des Präsidiums wird ein geschäftsführendes Präsidium gewählt, welches die laufenden Geschäfte führt, wobei es von einem Generalsekretariat mit drei Abteilungen und mehreren Referenten unterstützt wird. Dem Generalsekretariat steht ein durch die Bundesversammlung gewählter Generalsekretär vor. Daneben existiert ein Präsidialrat, der aus den Präsidenten der Landesverbände und der Präsidentin des *Verbandes der Schwesternschaften* besteht. Seine Bedeutung erstreckt sich auf Beratung, Anhörung und Zustimmung zu den Entscheidungen des Präsidiums. Neben den bereits erwähnten Schwesternschaften sind dem DRK auch das *Jugendsozialwerk* und das *Elsa-Brandström-Werk* als soziale Vereinigungen angeschlossen. Ähnlich wie zahllose Verbände in anderen Sektoren sieht sich auch das DRK vermehrt einem Mitgliederschwund ausgesetzt, der sich besonders aus mangelnder aktiver Unterstützung in den unteren Altersstufen herleitet (Klatetzki/ von Wedel-Parlow 1998: 572, Nährlich/ Zimmer 1997: 263).

Das DRK ist ein Spitzenverband der Wohlfahrtspflege, aber auch eine nationale Rot-Kreuz-Gesellschaft in der Tradition der Genfer Rot-Kreuz-Abkommen. Insofern gestaltet sich der Aufgabenkatalog des DRK höchst komplex und umfasst zahlreiche voneinander verschiedene, aber auch sich zum Teil überkreuzende Anforderungen. Während unter ihre Funktion als Spitzenverband die Wohlfahrtspflege und Sozialarbeit für Kinder, Jugendliche, alte Menschen, Mütter, Behinderte und Kranke in Form der Bereitstellung von Tagesstätten und Mobilen Diensten subsumiert werden kann, sind ihre Aufgaben als Rot-Kreuz-Gesellschaft davon teilweise verschieden. Hier stehen sowohl die Mitwirkung beim Schutz der Zivilbevölkerung, die Unterstützung notleidender Menschen im Falle einer kriegerischen Auseinandersetzung, die Mitwirkung im Sanitätsdienst der Bundeswehr als auch generelle Suchdienste im Mittelpunkt des Aufgabenspektrums. Zwischen beiden Aufgabenbereichen kann es jedoch auch zu Überschneidungen kommen. So fallen Krankenpflege, -transport und Rettungsdienst auf den Straßen, in Betrieben sowie in freier Natur (Bergrettung, Wasserwacht), der Blutspendedienst, Erste Hilfe in Katastrophen und bei Unfällen, allgemeiner Katastrophenschutz und internationale Hilfsaktionen in beide Funktionsbereiche des DRK (von Alemann 1989: 97).

Laut Internetpräsenz des Verbandes (www.drk.de, Stand: 27.03.03) hat das DRK in den Jahren 1994-1997 ein Zukunftsprogramm aufgelegt, dessen Aufgabe es ist, die Modernisierung des Verbandes in den folgenden Bereichen einzuleiten:

- *Selbstverständnis*: Hierzu gehört das DRK-Leitbild, also weiter gefasste Leitlinien und Führungsgrundsätze. Es soll das Selbstverständnis der ehren- und hauptamtlichen Mitarbeiter zielgerichtet an die modernen Anforderungen anpassen.
- *Strategische Planung und Wirtschaftlichkeit*: Darunter fallen die Formulierung rotkreuzpolitischer Rahmenbedingungen und auch die Erarbeitung von Teil- und Globalstrategien durch Landes- und Kreisverbände.
- *Erscheinungsbild*: Seit 1997 ist man zu einer einheitlichen Regelung des DRK-Erscheinungsbildes übergegangen (Symbol, Logo, Schriften, Geschäftsvordrucke, Fahrzeuge, Kleidung etc.).
- *Öffentlichkeitsarbeit*: Im Rahmen des Zukunftsprogramms wurde ein Handbuch für Kommunikation erarbeitet, das ein professionelles Erschei-

nungsbild des Verbandes nach außen, besonders auf der Ebene der Kreisverbände gewährleisten soll.

- *Führung*: Darüber hinaus wurde ein Handbuch für den Führungsalltag der
  Rotkreuz-Manager entwickelt, welches Informationen zum Personalmana-
  gement enthält.

Gerade die Anforderungen bezüglich des Katastrophenschutzes haben eine enge
Verbindung mit den staatlichen Stellen notwendig werden lassen. Nicht selten
sind daher leitende Beamte der Gemeinden in Personalunion die jeweiligen Vorsitzenden des örtlichen DRK-Verbandes. Neben dieser Möglichkeit der Interessendurchsetzung zeigt auch die historische Entwicklung eine Möglichkeit zur
effektiven Interessenvertretung gegenüber der Politik auf. Die stets enge Verbindung zu Adel und Hochadel noch im letzten Jahrzehnt des vergangenen Jahrhunderts ermöglichte damals und auch heute noch die direkte Einflussnahme auf
die Politik. Zusätzlich ergeben sich über Netzwerke und die Einbindung promi-
nenter Personen aus Landes- oder Bundespolitik, die sich der öffentlich grundsätzlich positiv konnotierten Tätigkeit des DRK nicht entziehen können, effektive Möglichkeiten der Interessenpolitik. Neben den personellen Vernetzungen ist
das DRK allerdings auch als Organisation direkt in parlamentarische Prozesse
eingebunden. Besonders in Form von Expertengutachten konnten so die
Schwesternschaften als auch andere Institutionen des DRK in mehrere Gesetz-
gebungsverfahren (Krankenpflegegesetz, Bundespflegesatzverordnung) steuernd
eingreifen (Murswieck 1997: 197). Im Wettbewerb auf dem Markt der sozialen
Dienstleister ist das DRK wie jeder andere Verband auf die Effektivierung der
eigenen Angebote angewiesen. Aus diesem Grund bietet es für seine Mitglieder
Fort- und Weiterbildungsprogramme an (Wettengel 1999: 185-196).

4.3 Freizeit und Erholung

4.3.1 Überblick

Angesichts ihrer Ausrichtung ist es fraglich, ob die Interessenorganisationen des
Sektors Freizeit und Erholung überhaupt zu den Verbänden gehören (vgl. Übersicht 11). Dies nicht zuletzt deshalb, da sie in überwiegendem Maße keine politischen oder gesellschaftlichen Auswirkungen zeitigen, sondern meist der Pflege
gemeinsamer Freizeitaktivitäten der Mitglieder gewidmet sind. So haben zahlreiche der unter diesem Sektor subsumierten Organisationen zunächst die regelmäßige Zusammenkunft der Mitglieder oder die Freizeitgestaltung der Organisierten als Zielsetzung, ohne damit politischen Einfluss oder Druck auf politi-

sche Mandatsträger ausüben zu wollen. Alle Verbände in diesem Bereich haben ihre hohe Mitgliederzahl und die geringe Intensität der Organisierteninteressen gemeinsam. Aus der quantitativen Stärke der Verbände in diesem Bereich kann also kein Rückschluss auf ihr politisches Gewicht gezogen werden.

Übersicht 11:   Sektor Freizeit und Erholung

Freizeit und Erholung	Einzelbeispiele
Sportverbände	▪ Deutscher Sportbund ▪ Verband Deutscher Sportfischer ▪ Deutscher Schwimmverband ▪ Deutscher Basketballbund
Sonstige Freizeitverbände	▪ Deutscher Sängerbund ▪ Allgemeiner Deutscher Automobil Club (ADAC) ▪ Arbeitsgemeinschaft Kino ▪ Deutscher Naturschutzring ▪ Deutscher Alpenverein
Quelle: eigene Darstellung nach Lobbyliste 2003.	

Der Bereich Freizeit und Erholung fasst unter seiner Rubrik Sportverbände, Verbände für Heimatpflege, Brauchtum und Geschichte, Kleingärtnerverbände, Naturnutzerverbände (Jäger, Angler, Tierzüchter) sowie Geselligkeits- und Hobbyverbände (Kegler, Sammler, Sänger, Spiel und Spaß, Fan-Clubs) zusammen. Zu ihnen gehören als der bekannteste der *Deutsche Sportbund* (DSB) mit zahllosen Spartenvereinen und über 26 Mio. organisierten aktiven und passiven Mitgliedern (allein der Fußballverband zählt 6,1 Mio. Mitglieder), daneben aber auch der *Deutsche Sängerbund* (1,8 Mio), der *Allgemeine Deutsche Automobil-Club* (ADAC), studentische Verbindungen (*Deutsche Burschenschaft*) oder der *Deutsche Naturschutzring* mit 92 Mitgliedsverbänden, darunter der *Deutsche Alpenverein* (Rudzio 2000: 75). Obwohl ihre politische Funktion von nachrangiger Bedeutung ist, wirken sie langfristig aber doch und zum Teil erheblich durch ihre prägende und politisch sozialisierende Funktion als Bestandteil des intermediären Sektors auf die Politik ein (von Alemann 1985: 9). Besonderes Gewicht erhalten Interessen aus dem Bereich Sport genau dann, wenn Entscheidungen dieser Verbände weitreichende finanzielle Konsequenzen haben. So gehören neben dem DSB der *Deutsche Fußball-Bund* (DFB) oder das *Nationale Olympische Komitee* (NOK) zu den einflussreichsten Großverbänden. Zum einen liegt dies an Sportfördermitteln, welche diese Verbände verteilen, oder an bedeutsamen Standortentscheidungen, die wiederum für die wirtschaftliche Situation einer Region von Bedeutung sind: Die Entscheidung darüber, in welchen Stadien die Spiele der Fußballweltmeisterschaft 2006 ausgetragen werden, oder über den

Bewerbungsort für die Olympischen Spiele 2012 waren neben ihrer sportlichen Bedeutung auch von besonderer ökonomischer Tragweite (Kurz u.a. 2003: 140-142). Andererseits wirken gerade Sportverbände, aber auch Freizeitverbände an der (politischen) Sozialisation von Individuen mit. So verfügen sie gleichsam ungewollt über eine faktisch starke quantitative Stellung und üben entscheidenden Einfluss auf die Wertevermittlung aus. Gerade von dieser Warte aus bilden diese Verbände einen elementaren Pfeiler des ‚sozialen Kapitals' einer Gesellschaft, da sie politische Grundverhaltensweisen entscheidend präformieren. Ein Beispiel dafür ist der ADAC, der mit seinen heute über 15 Mio. Mitgliedern im Konflikt um Tempobegrenzungen und Mineralölsteuern bereits seinen Einfluss unter Beweis stellen konnte (Schmitz 1992: 135-142). Die Bedeutung der Verbände im Sektor Freizeit und Erholung wird noch weiter zunehmen, wenn der Wandel zu einer „Freizeitgesellschaft" in Betracht gezogen wird (Schulze 1993). Ein bedeutsamer Faktor für diesen Sektor ist daher die Tatsache, dass zusätzliche Ressourcen an verfügbarer Zeit frei werden. Die zunehmende Arbeitszeitverkürzung und das teilweise frühe Aussteigen aus dem Berufsleben dürften die Bedeutung des Freizeitbereichs daher entsprechend steigern, auch wenn sich die genannten traditionellen Freizeitverbände in einem zunehmenden Kampf mit den Freizeitangeboten der neuen Medien (Internet, Fernsehen etc.) oder kommerziell organisierten Service-Anbietern (Fitness-Studios etc.) befinden.

4.3.2 Fallstudie 4: Allgemeiner Deutscher Automobil Club e.V. (ADAC)

Die Freizeitvereinigungen sind in einem Konfliktfeld zwischen Produzenten und Konsumenten angesiedelt. Der besondere Stellenwert von Mobilität und Flexibilität hat vor allem die Automobilindustrie zu einer entscheidenden Determinante dieses Konfliktfeldes werden lassen. Insofern bietet sich an dieser Stelle eine Untersuchung des *Allgemeinen Deutschen Automobil-Clubs* (ADAC) an, der die Interessen der Autofahrer gegenüber staatlichem Zugriff (eventuell auf dem Umweg über Erhöhungen der Mineralölsteuer) einerseits und den Interessen der Autoproduzenten andererseits vertreten soll.

Der ADAC wurde 1903 unter dem Namen *Deutsche Motorradfahrervereinigung* (DMV) gegründet. Erst nach einer weiteren Umbenennung trägt er seit 1911 seinen noch heute gültigen Namen. Nach seiner Vereinnahmung während des Dritten Reichs wurde er unmittelbar nach Kriegsende zunächst in Bayern wieder gegründet und wenig später auch in den anderen westlichen Besatzungszonen wieder zugelassen (von Alemann 1989: 112).

Der ADAC ist dreigliedrig strukturiert, in *Ortszusammenschlüsse* (Mitgliederschaft in Ortsclubs), die *Gauebene* und die *Bundesebene*. Auf der untersten Ebene rangieren die Motorsportvereine als Ortsclubs. Gemäß der Satzung wird ihnen besondere Bedeutung beigemessen, da das einzelne „Mitglied im Mittelpunkt steht" und die „Wahrung der Mitgliederinteressen" absolute Priorität genießt (www.adac.de, Stand: 27.03.03).

Ihnen werden durch das Präsidium anerkannte Mustersatzungen vorgegeben, gegen deren Verstoß dem jeweiligen Ortsclub das Prädikat „ADAC-Club" auch entzogen werden kann. Diese Ortsclubs stellen die Mitglieder der *Gauhauptversammlung*, die einmal jährlich tagt und darüber hinaus auch eine Kreationsfunktion innehat: Sie wählt den *Gauvorstand*, der sich seinerseits aus dem Vorsitzenden, seinen Stellvertretern, den Referenten für einzelne Fahrzeugsparten und weiteren Beisitzern zusammensetzt. Außerdem wählt sie den *Ehrenrat*, der über Schiedsfragen richtet, und die Delegierten zur Hauptversammlung des *Bundesclubs*. Der Vorstand amtiert zwei volle Jahre, wobei nach Ablauf nur die Hälfte neu gewählt wird. Der Vorstand ernennt einen Geschäftsführer für die Durchführung der Verwaltung (Schmitz 1992: 135-142).

Die entscheidende Kompetenz der Bundesversammlung besteht in der Wahl des Präsidiums. Vorsitzender, seine Stellvertreter und der Schatzmeister bilden das geschäftsführende Präsidium. Gemeinsam mit dem Beisitzer bildet es das Präsidium. Das Präsidium ist außerdem Bestandteil des Verwaltungsrates, der sich darüber hinaus aus den jeweiligen Gauvorsitzenden und den Referenten der Kraftfahrzeugsparten zusammensetzt. Der Verwaltungsrat fungiert zwischen den Tagungen der Hauptversammlung als föderatives Organ und ist in diesem Zeitraum für alle grundsätzlichen organisatorischen und finanziellen Fragen zuständig. Zu dieser Struktur gesellt sich der *Ehrenhof* aus Ehrenmitgliedern, die weder dem Verwaltungsrat noch dem Präsidium angehören dürfen und eine Schiedsfunktion im Falle von Streitigkeiten zwischen diesen beiden Institutionen wahrnehmen. Mit der formalen hierarchischen Darstellung, die laut ADAC-Broschüren der demokratischen Kultur der Bundesrepublik entsprechen soll, ist faktisch aber gerade die Hauptversammlung nicht als zentrales Organ konzipiert, sondern vielmehr als Demonstrationsort des in Vorbereitungssitzungen harmonisierten und vereinheitlichten Willens der Gesamtorganisation (Schmitz 1992: 135-142).

Paragraph 2 der Bundessatzung gemäß besteht die Funktion des ADAC darin, die „Wahrnehmung und Förderung der Interessen des Kraftfahrerwesens, des Motorsports und des Tourismus" zu sichern. „In diesem Sinne wahrt er die Belange der motorisierten Verkehrsteilnehmer und setzt sich unter Berücksichtigung des Natur- und Umweltschutzes für Fortschritte im Verkehrswesen, vor allem auf dem Gebiet des Straßenverkehrs, der Verkehrssicherheit und der Verkehrserziehung ein. Der Club fördert die Luftrettung und tritt für den Schutz der Verkehrsteilnehmer ein. Er nimmt insbesondere deren Interessen als Verbraucher wahr" (www.adac.de, Stand: 27.03.03).

Das schließt auch die Einflussnahme auf die Verkehrspolitik ein, wobei das Einwirken auf Behörden, Presse und Öffentlichkeit, Förderung von Maßnahmen zur Verbilligung von Kraftfahrzeughaltung und die Beratung der Mitglieder bei Kauf und Verkauf von Kraftfahrzeugen zu den zentralen Aufgaben gezählt wird. Ansonsten wurde betont, dass man sich der parteipolitischen Betätigung enthalten will. Eine Richtlinie, die gerade im Anschluss an die Ölkrise des Jahres 1973 und die folgenden Maßnahmen der Bundesregierung zur Geschwindigkeitsbegrenzung unterminiert wurde, da sich der Slogan des ADAC „Freie Bürger fordern freie Fahrt!" zu offensichtlich mit den parteipolitischen Standpunkten von Union und FDP deckte. Der ADAC versuchte diesen Anfeindungen durch eine Betonung seines demokratischen Aufbaus und der wissenschaftlichen Fundierung seiner Kampagnen zu begegnen (von Alemann 1989: 115). Diese Vorgehensweise schien auf Zustimmung zu stoßen: Die Mitgliederzahl des ADAC stieg allein in den Jahren 1974 bis 2000 von 4,2 auf 12,8 Mio. Mitglieder (Rudzio 2000: 75), um im Jahr 2002 einen Höchststand von 14,6 Mio. Organisierten zu erreichen (www.adac.de, Stand: 27.03.03). Die enorme Mitgliederzahl des ADAC lässt sich jedoch nicht nur durch sein Engagement im verkehrspolitischen Bereich erklären. Gerade an seinem Beispiel wird deutlich, wie sehr Verbände ihren Organisationsgrad erhöhen, indem sie Zusatzanreize anbieten. Da der A-DAC seinen Mitgliedern nicht nur Pannenhilfe („gelbe Engel") und die allgemeine Vertretung von Kraftfahrer-Interessen offeriert, sondern auch spezielle Dienstleistungen anbietet (billige Versicherungen, kostengünstige Reisen für Mitglieder, Mitgliederzeitschriften etc.), ist er ein klassisches Beispiel für die Nutzung von „*selective incentives*".[23]

4.4 Kultur, Bildung, Wissenschaft, Religion, Weltanschauung

4.4.1 Überblick

Das Handlungsfeld Religion/ Weltanschauung ist in der Literatur vereinzelt im Zusammenhang mit den Bereichen Kultur und Wissenschaft abgehandelt worden, da bei beiden besonders ideelle Aspekte eine wesentliche Rolle spielen (von Alemann 1985: 10). Die auch dort eingestandene Heterogenität der Kategorie

---

[23] Siehe dazu Kapitel I, Abschnitt 2.2.

soll anhand der Übersicht 12 verdeutlicht werden. Unter dieser Rubrik finden sich die unterschiedlichsten Ausprägungen organisierter Interessen:

Übersicht 12: Sektor Kultur, Bildung, Wissenschaft, Religion und Weltanschauung

Handlungssektor	Einzelbeispiele
Kultur	▪ Deutscher Bühnenverein ▪ Alexander-von-Humboldt-Stiftung ▪ Deutscher Kulturrat ▪ Deutscher Museumsbund ▪ Bundesvereinigung kulturelle Jugendbildung ▪ Kulturpolitische Gesellschaft
Bildung	▪ Arbeitskreis deutscher Bildungsstätten ▪ Deutsche Vereinigung für Politische Bildung ▪ Bundesarbeitsgemeinschaft der Berufsbildungswerke
Wissenschaft	▪ Verband für Geoökologie in Deutschland ▪ Deutsche Vereinigung für Politische Wissenschaft ▪ Bund Freiheit der Wissenschaft ▪ Bund demokratischer Wissenschaftlerinnen und Wissenschaftler
Religion	▪ Zentralinstitut Islam-Archiv-Deutschland Stiftung ▪ Deutsche Vereinigung für Religionsfreiheit ▪ ZeLem – Verein zur Förderung des messianischen Glaubens in Israel ▪ Katholische Kirche, Evangelische Kirche Deutschlands
Weltanschauung	▪ Katholische Bundesarbeitsgemeinschaft für berufliche Bildung ▪ Gemeinschaftswerk der Evangelischen Publizistik
Quelle: eigene Darstellung nach Lobbyliste 2003.	

Zu den organisierten Interessen dieses Handlungssektors gehören zum einen die Kirchen, aber auch wissenschaftliche Fachverbände und kulturelle Vereinigungen. In der Verbändeforschung werden sie daher übergreifend „ideelle Fördervereinigungen" genannt (von Alemann 1989: 117). Einige dieser Interessengruppen haben sich auf ideelle Werte und deren Verteidigung spezialisiert. Neben den Kirchen und sonstigen Religionsgemeinschaften fallen darunter auch die gesellschaftspolitischen Verbände (Internationale Verständigung, Frieden, Kriegsdienstverweigerer etc.). Alle diese Vereinigungen im Bereich Religion, Weltanschauung und gesellschaftliches Engagement weisen nur in geringem Maße Charakteristika von Verbänden auf. So haben die meisten der Verbände in diesem Sektor nur sehr geringe Mitgliederzahlen, sieht man einmal von den

Kirchen ab. Ihr gemeinsames Merkmal, das Interesse an ideellen, also immateriellen Werten, mag dafür eine Ursache sein. Daher ist auch die Einordnung
etwa der Kirchen unter organisierte Interessen nicht unumstritten, was im Wesentlichen an der privilegierten Rechtsstellung der anerkannten Religionsgemeinschaften in Deutschland liegt (Abromeit 1989: 244-260). Dennoch wird
auch hier der freiwillige Zusammenschluss[24] von Gläubigen einer Konfession
oder Religion unter dem Spektrum der organisierten Interessen abgehandelt, da
davon auch eine gesellschaftspolitische Wirkung ausgehen kann. Nach einem
erheblichen Rückgang der Kirchgangshäufigkeit und dementsprechend redu-
ziertem politischen Gewicht kann dabei eine Steigerung der Tendenz beobachtet
werden, im Verbund mit neuen sozialen Bewegungen (z.B. gemeinsam durchge-
führte Aktionen mit Umweltschutz-, Friedens-, Dritte-Welt- und Frauenbewe-
gungen) den eigentlich vertretenen Interessen zusätzliche Anreize hinzuzufügen
(von Alemann 1985: 10). Ein Verlust an Einfluss ist auch durch die zunehmende
religiöse Heterogenität der Bevölkerung in der Bundesrepublik zu konstatieren.
So verzeichnen die *Neuapostolische Kirche,* die *Zeugen Jehovas* und das Ju-
dentum steigende Mitgliederzahlen, während durch Immigration auch orthodoxe
Christen und Muslime an Einfluss gewinnen (Rudzio 2000: 80). In der Regel
krankt die Organisationsmacht der Kirchen jedoch an der Transzendenz ihrer
Ziele. Dennoch haben sie eine faktische Größe (*Evangelische Kirche*: 39 Prozent
der Deutschen, *Katholische Kirche*: 33 Prozent der Deutschen) als auch einen
öffentlich-rechtlichen Status erreicht, der ihre Bedeutung als Interessenorganisationen erhöht. Obwohl sie keine Interessenverbände sind, haben Kirchen bei
einigen Themen, gerade aber in schul- und familienpolitischen Fragen erheblichen Einfluss, wie zuletzt bei der Reform des *Paragrafen 218* (Schwanger-
schaftsabbruch) oder der Bekenntnisschule deutlich geworden ist (Rudzio 1982:
21). Dieser Einfluss lässt sich auch in den Kirchen nahe stehenden Organisationen wie dem *Bund katholischer Arbeitnehmer* oder dem protestantisch geprägten
Gemeinschaftswerk der Evangelischen Publizistik nachweisen.
   Die Interessenvereinigungen in Wissenschaft und Kultur zeichnen sich dadurch aus, dass sie sich allein durch ihren Bereich, auf den ihre Interessen konzentriert sind, definieren (Sebaldt 1996b: 163-193). Dazu gehören etwa Verbände der Bildung, Ausbildung und Weiterbildung, Verbände im Kunstbereich
(Literatur, Theater, Musik, bildende Kunst), Verbände für Kultur- und Denkmal-
schutz und wissenschaftliche Vereinigungen. Im Bereich der Kultur können dies
Stiftungen, Galerien und Mäzenatentum sein; zu ihren herausragendsten Beispielen gehören der *Deutsche Museumsbund* oder der *Deutsche Kulturrat.* Der

---

[24] Auch wenn die Einordnung als „freiwilliger Zusammenschluss" für Kirchen religionssoziologisch
ja in der Regel nicht gilt, da sie ihre Mitglieder nicht wie Sekten durch persönlich-qualifikative
Eignung, sondern qua Geburt requirieren. Siehe dazu Weber 1988: 209-237.

Deutsche Kulturrat z.B. fungiert als Dachverband von 200 Verbänden aller Sparten und unterhält selbsttätig kulturelle Kontakte mit dem Ausland, so dass an dieser Stelle von einer „Entstaatlichung" der Kulturpolitik zugunsten von Organisationen und Stiftungen gesprochen wird (Wiesand 1997: 247).

Zu den wissenschaftlichen Vereinigungen zählen spezifische Fördervereine zur wissenschaftlichen Bearbeitung als wichtig erachteter Problemstellungen und Zusammenschlüsse von Experten. Bei den wissenschaftlichen Vereinigungen handelt es sich um akademische Fachverbände der wissenschaftlichen Einzeldisziplinen oder um fächerübergreifende Verbände. Typische Beispiele für Fachverbände sind etwa die *Deutsche Vereinigung für Politische Wissenschaft* (DVPW) oder die *Gesellschaft für physikalische Medizin*, Exempel für fächerübergreifende Verbände der *Bund demokratischer Wissenschaftler* oder der *Bund Freiheit der Wissenschaft*. Unter diesen Beispielen finden sich sowohl kommerzielle Wissenschaftseinrichtungen und Berufsinteressen als auch non-profit-Interessen aus den Bereichen Kultur, Bildung, Weltanschauung, die in vielen Verbänden (z.B. Wissenschaftsverband) simultan vertreten werden. Daneben gibt es unter den wissenschaftlichen Verbänden auch disziplinübergreifende Fördervereinigungen wie etwa den *Stifterverband für die Deutsche Wissenschaft*. Zu den kulturellen Verbänden gehören besonders international operierende Organisationen wie der *Verein für Deutschtum im Ausland* oder die *Deutsch-Israelische Gesellschaft* mit 4.500 Mitgliedern (Rudzio 2000: 75).

Wie zahlreiche andere Verbände haben besonders die Kirchen unter dem Wertewandel, der zunehmenden Säkularisierung des öffentlichen Lebens und damit einem erheblichen Bedeutungsverlust in breiten Bevölkerungsschichten gelitten. Zur Verdeutlichung des organisatorischen Aufbaus von Verbänden aus diesem Sektor wird in der Folge eine der beiden großen Kirchen näher betrachtet.

4.4.2 Fallstudie 5: Evangelische Kirche in Deutschland (EKD)

Im Gegensatz zur strikt hierarchischen Organisation der *römisch-katholischen Kirche* wird die EKD durch weitgehend selbständige Gliedkirchen, sogenannte Landeskirchen, gebildet. So setzte sich die nach Kriegsende 1948 gegründete EKD zunächst aus 25 Landeskirchen zusammen, wobei 1969 die acht evangelischen Landeskirchen in der DDR aus der Vereinigung ausschieden und sich im *Bund der Evangelischen Kirchen in der DDR* zusammenfanden (von Alemann 1989: 118). Nach der im Februar 1991 beschlossenen Wiedervereinigung mit dem *Bund der evangelischen Kirchen in der DDR* bestand die EKD einschließlich der reformierten und unierten Kirchen zwischenzeitlich aus 24 Landeskirchen (Spieker 1997: 239). Analog zum Verzicht auf eine hierarchische Organisation betont die Struktur der EKD die Selbstständigkeit der jeweiligen Landeskirchen. So sind die Mitglieder stets Angehörige der Landeskirche, nicht aber unmittelbar der EKD. Die Landeskirchen sind gegenüber der EKD nicht weisungsgebunden. Im Gegenteil besitzen sie volles eigenes kanonisches Gesetzgebungsrecht sowie die Hoheit über ihre Finanzen und ihr Personal. Die EKD besitzt den Status einer Körperschaft des öffentlichen Rechts. Heute gehören ihr 16 Landeskirchen an. Dabei ist die EKD die Bündelung von protestantischen (lutherischen), reformierten und unierten Kirchen der Bundesrepublik. Die EKD ist zwar die zentrale, aber nur eine der Organisationen der protestantischen Glaubensgemeinschaft. Die *Vereinigte Evangelisch-Lutherische Kirche in Deutschland* (VELKD) versammelt unter sich die lutherischen Kirchen vor allem Norddeutschlands, aber auch Bayerns, während der *Reformierte Bund* die reformierten Kirchen und Gemeinden vor allem in Nordwestdeutschland vertritt. Die *Evangelische Kirche der Union* repräsentiert die unierten Kirchen der Republik von Westfalen, Hessen, Baden und der Pfalz. Daneben hat sich ein Kranz zahlreicher durch Weltanschauung der EKD verbundener Organisationen herausgebildet, welchen die jeweiligen religiösen Streitfragen und Problemstellungen, die noch immer erheblich und schwer überwindbar scheinen (Abendmahl, Amts- und Kirchenverständnis) zugrunde liegen (Spieker 1997: 240).

Der strukturelle Aufbau ist abermals von einer strikten Absage an hierarchische Organisationsformen geprägt. So stehen die drei zentralen Organe der EKD, die *Synode*, die *Kirchenkonferenz* und der *Rat* gleichberechtigt nebeneinander.

Der Rat der EKD besteht seit 1997 (Ende der 8. Synode) aus 15 Mitgliedern. Dem Rat der EKD obliegt die Verwaltung sowie die Leitung der Organisation. Er vertritt daher auch die Organisation nach außen und erlässt gesetzesvertretende Verordnungen. Alle Mitglieder werden durch die Synode und die Kirchenkonferenz gewählt, lediglich der *Präses der Synode* kommt kraft seines Amtes als Mitglied hinzu. Die Mitglieder des Rates müssen mit Zweidrittelmehrheit gewählt werden, außerdem sollen darin sämtliche protestantischen Konfessionen und regionalen Spezifika proportional abgebildet werden. Die Wahl der Mitglieder des Rates gestaltet sich dementsprechend besonders schwierig. Das Kirchenamt in Hannover übernimmt die Funktion des Sekretariats des Rates. Der Rat vertritt die evangelische Christenheit in der Öffentlichkeit, gibt Stellungnahmen zu religiösen Fragen ab und sorgt für die Zusammenarbeit der kirchlichen Werke und Verbände (www.ekd.de, Stand 27.03.03).

Die Kirchenkonferenz setzt sich aus den Kirchenleitungen der Landeskirchen zusammen. Landeskirchen mit mehr als zwei Millionen Mitgliedern haben in der Konferenz zwei Stimmen, die anderen Landeskirchen sind mit einer Stimme vertreten. Ihre Mitglieder kennen weder eine zeitliche Beschränkung der Amtsdauer noch sind sie feste Mitglieder. So können sie zwar einerseits eigenständig Entscheidungen fällen, andererseits ist aber auch jederzeit eine Unterordnung unter die Weisungen der Landeskirche möglich. Neben ihrer Wahlfunktion bezüglich des Rates übt die Konferenz vor allen Dingen beratenden Einfluss aus. Durch die Eigenständigkeit der Landeskirchen erhalten die Beschlüsse und Ratschläge der Konferenz besonderes Gewicht. Die Leitung der Tagungen der Konferenz obliegt ebenso wie ihre Einberufung dem Vorsitzenden des Rates der EKD.

Die Synode der EKD ist am ehesten mit einem Parlament gleich zu setzen. Sie ist das Gesetzgebungs- und Haushaltsorgan der EKD, wird auf sechs Jahre gewählt und tagt in der Regel einmal im Jahr. Einhundert ihrer Mitglieder („Synodalen") werden zum Teil von den Landeskirchen gewählt, während zwanzig von ihnen durch den Rat der EKD benannt werden. Die Mitglieder der Synode sind nicht weisungsgebunden. Ihre Funktion besteht in der Beratung über grundsätzliche Entscheidungen und Stellungnahmen der EKD zu gesellschaftlichen oder politischen Themen, aber auch zu innerkirchlichen Fragen. Als eigentliches Gesetzgebungsorgan der EKD obliegt ihr das Erteilen von Richtlinien für den Rat. Zu diesem Zweck bildet die Synode aus ihrer Mitte neun ständige Ausschüsse. Ihr Vorsitzender führt den Titel Präses der Synode, ihre Finanzierung wird durch die Umlage der Kosten auf die jeweiligen Landeskirchen gesichert. Zur Synode gehören darüber hinaus eine Reihe von Kammern und Ausschüssen, die allesamt nach außen gerichtete Gemeinschaftsaufgaben der EKD wahrnehmen.

Insgesamt besteht die Aufgabe der EKD darin, die einzelnen Gliedkirchen organisatorisch zusammen zu fassen und somit für eine möglichst einheitliche Vertretung nach außen zu sorgen. So unterhält sie nicht nur intensive Kontakte mit den evangelischen Kirchen im Ausland, sondern vertritt im Inland die Interessen ihrer Mitglieder gegenüber den staatlichen Organen und koordiniert die Aktivitäten der Landeskirchen. Zu diesem Zweck unterhält die EKD die Einrichtung eines Bevollmächtigten am Sitz der Bundesregierung (Spieker 1997: 240). Dessen Aufgabe ist es, die Interessen der EKD direkt vor Ort zu vertreten und gegebenenfalls gegenüber der Regierung zu artikulieren.

4.5 Politik

4.5.1 Überblick

Die Verbände des Handlungsfeldes Politik lassen sich in zwei Grobkategorien fassen (vgl. Übersicht 13). Zu den Verbänden des Handlungssektors Politik gehören zum einen sogenannte *public interest groups*. Darunter sind organisierte Gruppen zu verstehen, die nicht die Belange ihrer Mitglieder, sondern diejenigen der Allgemeinheit und der Öffentlichkeit vertreten, allerdings unter Verwendung von Mitteln, welche auch den anderen Verbänden zur Verfügung stehen. Diese Verbände vertreten latent vorhandene Interessen und Güter, die keine selektiven Anreize und spätere Vorteile für ihre Mitglieder bieten, sondern die Bevölkerung insgesamt und in ihrer Eigenschaft als Verbraucher, Steuerzahler oder Bürger betreffen (Verbraucherschutz, Umweltschutz, Produktsicherheit etc.). Aus diesem Grund steht die Mitgliedschaft in *public interest groups* auch der gesamten Bevölkerung offen (Brinkmann 1984: 7). Darunter lassen sich besonders humanitäre Organisationen nennen, etwa die *Internationale Gesellschaft für Menschenrechte* oder die *Gesellschaft für bedrohte Völker* mit über 7.000 Mitgliedern.

Übersicht 13: Sektor Politik

Handlungssektor	Einzelbeispiele
public interest groups	▪ Internationale Gesellschaft für Menschenrechte ▪ Amnesty International ▪ Gesellschaft für bedrohte Völker
Verbände der Gebiets-körperschaften	▪ Deutscher Städte- und Gemeindebund ▪ Deutscher Städtetag ▪ Deutscher Landkreistag
Quelle: eigene Darstellung nach Lobbyliste 2003.	

Neben diesen Gruppierungen zählen aber auch die Verbände der öffentlichen Gebietskörperschaften zu den organisierten Interessen des Handlungsfeldes Politik. So fallen darunter Körperschaften der Länder, Kommunen und Städte, z.B. der *Deutsche Städte- und Gemeindebund* mit den jeweiligen kreisangehörigen Mitgliedsgemeinden, der *Deutsche Städtetag*, der neben den kreisfreien Städten auch andere Städte umfasst (Dieckmann 1999: 292-305) sowie der *Deutsche Landkreistag*, der sich aus Vertretern der Landkreise zusammensetzt. Die Länder der Bundesrepublik unterhalten – genau wie andere Verbände – eine Verbindungsstelle in der Bundeshauptstadt. Diese Verbände versuchen durch ihren Zusammenschluss Einfluss auf die Landes- oder Bundespolitik zu gewinnen und ihren Standpunkten (zum Beispiel hinsichtlich der Bezahlung der öffentlich Bediensteten, die durch die Kommunen respektive Städte aufgebracht werden muss) größeres Gewicht zu verleihen (Mäding 1997: 385). Öffentlich-rechtliche Verbände wie der Zusammenschluss von Gebietskörperschaften sind ein Hinweis, dass die theoretisch abstrakte und undifferenzierte Gegenüberstellung von Staat und Gesellschaft modernen Gesellschaften nicht gerecht wird. Als Träger hoheitlicher Funktionen und gleichzeitig als „pressure groups" gegenüber staatlichen, übergeordneten Institutionen verdeutlichen sie, dass der Staat weder ein homogenes Gebilde ist noch einheitliche Interessen verfolgt (von Beyme 1980: 91).

Zahlreiche Verbände dieses Sektors haben den Bedeutungszuwachs von ideellen Werten ausnutzen können, um zusätzliche Mitglieder und ehrenamtliche Helfer anzuwerben. Als einer der bekanntesten Verbände des Sektors „Politik" im Allgemeinen und dem Bereich der *public interest groups* im Speziellen mit einem erheblichen Mitglieder- und Unterstützungszuwachs gilt dabei die Menschenrechtsorganisation *Amnesty International* (AI).

4.5.2 Fallstudie 6: Amnesty International e.V. (AI)

Die Gründung von AI reicht in das Jahr 1961 zurück, als der britische Rechtsanwalt Peter *Benenson* auf einen Zeitungsaufruf („„appeal for amnesty"") zahlreiche Angebote zu einer Unterstützung seines Vorhabens erhielt (Müller 1989: 12-19). Diese latente Unterstützungshaltung ermöglichte nach der Gründung der ersten AI-Gruppe die Bildung von Ablegern in mehreren Staaten (Belgien, Irland, BRD), durch die fortan Kontakte zu Behörden und Regierungen geknüpft werden sollten. Eine weitere Aufgabe dieser sogenannten „threes" (benannt nach der Anzahl der zu betreuenden Gefangenen) war die Herstellung von Öffentlichkeit für das eigene Anliegen, eine Strategie, die sich hauptsächlich an die Medien richtete. Nur ein Jahr nach dem Zeitungsaufruf konnten auf der zweiten Jahrestagung bereits die offizielle Namensgebung und die gesicherte private Finanzierung verkündet werden (Claudius/ Stepan 1978: 24-39).

AI ist sowohl international als auch national strukturiert. Die jeweiligen Landesverbände (Sektionen) haben dabei großen Einfluss auf die internationale Organisation. Zur Durchsetzung ihres Anspruchs hat sich bei AI auf internationaler Ebene folgende Struktur herausgebildet: Das oberste Entscheidungsgremium von AI auf internationaler Ebene ist der *Internationale Rat*. Er besteht aus Vertretern der nationalen Sektionen und der Vertreter des *Internationalen Exekutivkomitees* (IEC), deren Mitglieder und Politik er bestimmt. Jede der 56 Sektionen kann Vertreter entsprechend der eigenen quantitativen Mitgliedschaft entsenden, wobei jede Sektion das Recht auf mindestens einen Vertreter hat. Die Wahrnehmung des Stimmrechts der nationalen Sektionen richtet sich dabei unter anderem danach, ob sie der Entrichtung des Jahresbeitrages nachgekommen sind. Der Rat legt den Arbeitsrahmen von AI fest und entscheidet über die Dringlichkeit der anliegenden Aufgaben. Das IEC ist dem entsprechend das ausführende Organ des Rates, es führt die laufenden Geschäfte zwischen den jährlichen Tagungen des Rates und bestimmt den Generalsekretär der Gesamtorganisation, welcher das internationale Sekretariat in London leitet. Die acht Mitglieder des IEC werden durch den Rat in unterschiedlichen Zeitabständen gewählt, wodurch eine kontinuierliche Arbeit gewährleistet werden soll; eine Wiederwahl ist möglich. In der Regel trifft sich das IEC drei- bis viermal pro Jahr und entscheidet dann über die Entsendung von Beobachtern zu Prozessen und Missionen. Die Mitglieder des IEC verhandeln mit Regierungsvertretern und Diplomaten, außerdem pflegen und etablieren sie den Aufbau von Kontakten zu überstaatlichen und nicht-staatlichen Organisationen.

Das *Generalsekretariat* wird durch alle Sektionen gemeinsam finanziert. Dort werden mit einem hauptamtlichen Mitarbeiterstab internationale Kampagnen koordiniert, Medienstrategien ausgearbeitet, Menschenrechtsverletzungen ermittelt und registriert. Exekutivkomitee und Sekretariat legen zu jeder Ratstagung einen schriftlichen Jahresbericht vor, der einen Überblick über die Aktivitäten der Organisation gibt. Die Generalsekretärin (z. Zt. *Irene Khan*) ist gemäß der Satzung von AI verantwortlich für die Wahrnehmung der Aufgaben und der damit verbundenen Angelegenheiten und für die Durchführung der Beschlüsse des *Internationalen Rates*. Neben den Mitgliedern in Einzelstaaten, die über ihre nationalen Sektionen dem Gesamtverband angeschlossen sind, gibt es auch Mitglieder in Staaten, die keine nationale Sektion von AI haben („Internationale Mitglieder"). Sie sind direkt dem *Internationalen Sekretariat* angeschlossen. Diese internationalen Mitglieder sind nicht selten berühmte Personen aus Film, Fernsehen, Sport, Politik oder Wissenschaft, deren Gewicht in der öffentlichen Meinung den Zwecken von AI besonders zugute kommt. Über Mitbestimmungsrechte und damit über faktischen Einfluss auf Ausrichtung und Strategie der Organisation verfügen sie aber kaum.

Der Aufbau der nationalen Sektionen orientiert sich grundlegend an demjenigen der internationalen Organisation. Gemäß der Satzung der deutschen Sektion des Verbands ist es das Ziel, „eine Welt zu schaffen, in der alle Menschen die in der Allgemeinen Erklärung der Menschenrechte und anderen internationalen Menschenrechtsinstrumenten festgeschriebenen Rechte genießen". Aus diesem Grund hat sich AI das Mandat gegeben, für die „Einhaltung der und das Bewusstsein für die in der Erklärung enthaltenen Garantien, für die Unteilbarkeit und gegenseitige Abhängigkeit aller Menschenrechte und Grundfreiheiten" zu streiten (www.amnesty.de, Stand: 26.03.03). Auch in der deutschen Sektion von AI haben namhafte Persönlichkeiten lediglich Beratungsrechte. So engagierte sich etwa die deutsche Schauspielerein *Meret Becker* angesichts der globalen Anti-Folter-Kampagne von Amnesty im Jahr 2000 (www.uni-kassel.de/fb10/ frieden/thema/menschenrechte/folter.html, Stand: 26.03.03). Sie werden durch das Berufungsgremium ausgewählt, dem Vorstand der deutschen Sektion, der seinerseits wiederum von den Delegierten der sogenannten Adoptionsgruppen auf den Jahreshauptversammlungen gewählt wird. Dem Vorstand untersteht ein Sekretariat (mit der aktuellen Generalsekretärin *Barbara Lochbihler*), welches er für die Öffentlichkeitsarbeit gezielt einsetzen kann. Delegationsberechtigt sind allerdings nur die aktiven Mitglieder, die regelmäßig an Organisationsaufgaben teilnehmen und mit Sachaufgaben befasst sind. Die außerordentlichen Mitglieder, die über Spenden an die deutsche Sektion Einfluss gewinnen wollen, haben dieses Recht jedoch nicht. Prominente Persönlichkeiten aus aller Welt („Internationale Schirmherren") bilden darüber hinaus das sogenannte *Ehrenpräsidium* (Claudius/ Stepan 1978: 194-213). In der Bundesrepublik gibt es heute ca. 600 Gruppen, die gemeinsam die Sektion der Bundesrepublik bilden. Doch bilden einzelne Gruppen in der Bundesrepublik auch regionale Zusammenschlüsse, insgesamt 48 Bezirke, die ihrerseits eigene Büros unterhalten. Insgesamt gibt es 2002 weltweit 7.800 Ortsgruppen (www.amnesty.de, Stand 27.03.03).

Die Basis für die Tätigkeit von AI bildet die „Allgemeine Erklärung der Menschenrechte" aus dem Jahr 1948. Die Organisation hat sich die permanente Proklamation, Einforderung und Überprüfung der politischen und bürgerlichen Rechte (Gleichheitsgrundsatz, Schutz vor Folter, Sklaverei, politischer Verfolgung, Gewissens-, Religions-, Meinungsfreiheit, menschliche Arbeitsbedingungen) zur Aufgabe gemacht. 1968 wurde diese Strategie im „Stockholmer Statut" zu drei entscheidenden Punkten verdichtet (von Alemann 1989: 128):

- Gefangenenarbeit
- Bekämpfung der Folter
- Bekämpfung der Todesstrafe.

Die Gefangenenarbeit betrifft vor allen Dingen den Kampf um die Freilassung von politischen Gefangenen, worunter Menschen zu verstehen sind, die allein aufgrund ihrer politischen oder religiösen Überzeugung, ihrer Hautfarbe oder ihrer Herkunft inhaftiert sind. AI unterstützt jedoch nur diejenigen Gefangenen, die selbst nicht für Gewalt als politisches Mittel eingetreten sind noch diese selbst angewendet haben. Unter die Gefangenenarbeit fällt auch der Kampf für rechtsstaatliche und zügige Gerichtsverfahren. Eng mit der Gefangenenarbeit verwoben ist das Engagement gegen die Folter. Zur Bekämpfung von Folter und

Todesstrafe verabschiedete AI 1983 ein 12-Punkte-Programm, das die eigenen Aktivitäten unterstützen und in der Öffentlichkeit thematisieren sollte (Devries 1998: 185-192, von Alemann 1989: 128):

- Offizielle Verurteilung der Folter,
- Befristung und Verurteilung der Isolationshaft (Inhaftierung von Gefangenen unter extremen Bedingungen sozialer Isolation, etwa in Dunkelheit und unter systematischem Entzug sozialer Kontakte und Nahrung),
- keine geheime Haft („Verschwinden" von Systemgegnern),
- Schutzvorkehrungen für Verhör und Haft, Schutzvorkehrungen für politisch Verfolgte vor Abschiebung in das Land, in welchem ihnen die Todesstrafe oder Folter droht,
- unabhängige Untersuchung von Folterberichten und Berichten über politische Morde,
- keine Verwendung von Aussagen, die unter der Folter dem Gefangenen abgenötigt wurden,
- gesetzliches Verbot der Folter,
- Strafverfolgung mutmaßlicher Folterer und Vergewaltiger,
- Ausbildung von Beamten mit Polizeibefugnissen,
- materielle und immaterielle Rehabilitation und Entschädigung von Folteropfern,
- internationale Reaktion,
- Ratifizierung internationaler Anti-Folter-Konventionen.

Am Beispiel der Gefangenenarbeit soll die Initiative von AI verdeutlicht werden: Darin versucht AI konkret, die Isolation der Gefangenen zu durchbrechen und ihnen eine gewisse psychische Stärke und Sicherheit zu vermitteln. Dies geschieht durch persönlichen und/oder brieflichen Kontakt mit den Gefangenen. Gleichzeitig werden Petitionen und Briefe an Regierungen und Behörden verfasst, um Haftzeitverkürzung, eine spürbare Verbesserung der Haftbedingung oder sogar die Freilassung zu erreichen. Eine gezielte Öffentlichkeitsarbeit dient der deutlichen Warnung von staatlichen Instanzen, stellt die geheime Praxis von Menschenrechtsverletzungen in ein öffentliches Licht und kann so dem Inhaftierten einen gewissen Schutz bieten. Nicht selten bedeutet die Unterstützung eines Inhaftierten auch eine Unterstützung seiner Familie (z.B. Schulgeld für Kinder von Gefangenen). Weitere strategische Operationsformen lassen sich wie folgt klassifizieren (von Alemann 1989: 129; Müller 1989: 108-115):

- *Regionale Netzwerke*: Einzelne AI-Gruppen arbeiten sich in geographisch eng umgrenzte Räume und ihre Menschenrechtssituation ein und leiten daraus regionalspezifische Maßnahmen für entsprechende Kampagnen ab.
- *Öffentlichkeitsarbeit*: Verteilung von Flugblättern, Veranstaltung von Podiumsdiskussionen, Unterschriftensammlungen zur öffentlichen Thematisierung und Mobilisierung zahlreicher Menschen, um den öffentlichen Druck zu erhöhen.
- *"Gefangene(r)" des Monats*: Brandmarkung und herausgehobene Betonung besonders schwerwiegender Fälle von Menschenrechtsverletzungen durch Briefe an beschuldigte Regierungen.
- *Dringlichkeitsaktionen* („urgent action"): Im Falle von bevorstehender Folter oder drohendem Vollzug der Todesstrafe Organisierung von Widerstand, Verfassen von Briefen oder Eiltelegrammen über Informationsnetzwerke.

Die politische Arbeit von AI ist insgesamt von Erfolg gekrönt; in über 30 Prozent der Fälle vermögen die Aktionen eine Verbesserung der Gefangenensituation herbeizuführen. Darunter verstehen die Funktionäre des Verbands die Entlassung von Häftlingen aus der Isolationshaft, den sozialen Kontakt mit anderen Inhaftierten sowie die Versorgung mit ausreichend Nahrung und Trinkwasser. Besonders betont wird heute auch die zurückliegende Aktivität gegen Folter und Todesstrafe, auf welche Amnesty gerade im Falle Osteuropas nur durch die Entfaltung öffentlichen Drucks einwirken konnte (Mihr 2002). Insgesamt ist die Handlungsfähigkeit der Organisation allerdings entscheidend abhängig von der öffentlichen Thematisierung ihrer Aktionen. Die mediale Aufmerksamkeit entscheidet nicht nur über den Erfolg im konkreten Einzelfall, sondern darüber hinaus auch über die finanzielle Situation des Verbands. Je mehr seine Aktionen und ihr Erfolg in der Öffentlichkeit bekannt werden, desto eher finden sich weltweit Geldgeber und prominente Unterstützer (Devries 1998: 192-197).

4.6 Umwelt

4.6.1 Überblick

Der Politiksektor „Umweltschutz" hat sich seit den sechziger, spätestens seit den siebziger Jahren explosionsartig entwickelt. So konkurrieren heute mehrere Verbände mit allgemeiner Zielsetzung sowie zahlreiche Verbände mit speziellen Aufgaben miteinander (Sebaldt 1997a: 129). Die organisierten Interessen im Umweltsektor haben sich allesamt das Ziel gesetzt, die natürlichen Lebensgrundlagen des Menschen zu erhalten und (im Anschluss an die kritischen Berichte des *Club of Rome*, der bereits seit den sechziger Jahren auf die Begrenztheit der für den Menschen zur Verfügung stehenden Rohstoffe hinweist) die globalen Grenzen ebenso wie die umweltpolitischen Konsequenzen des Wachstums in Erinnerung zu rufen (Kadner 1995). Die Vielzahl der Verbände in diesem Handlungssektor wird in Übersicht 14 zusammengefasst.

Die Verbände des Sektors Umwelt haben besonders vom Wandel der gesellschaftlichen Werthaltungen profitiert. In seiner Folge hat sich ein sehr breites Spektrum von Verbänden etabliert, das es sich zur Aufgabe gemacht hat, „public interests" zu vertreten. Unsere Darstellung der Verbandslandschaft muss sich daher auf die exponiertesten Beispiele beschränken.

Inhaltlich orientieren sich die Verbände dieses Sektors in der Regel an den Themen des klassischen Naturschutzes (Erhalt natürlicher Lebensgrundlagen, Schutz bedrohter Tiere etc.). Ihre Eingriffziele können aber auch den nachsorgenden (z.b. der Bau von Kläranlagen) und strukturpolitischen Umweltschutz (Ausbau öffentlicher Verkehrssysteme) betreffen. Ihre konkrete Verbandsarbeit besteht sowohl in klassischem Lobbyismus als auch in vereinzelten, spektakulären Aktionen, z.b. von *Greenpeace* gegen die Atombombenversuche Frankreichs in der Südsee oder gegen den Versuch der Erdölgesellschaft *Shell*, die Ölbohrplattform *Brent Spar* in der Nordsee zu versenken (Kiehle 1997: 570). Ihre Sachkompetenz verschafft ihnen weitreichenden Einfluss bei einschlägigen Gesetzesverfahren und damit auf die Umweltpolitik der Bundesrepublik (Jänicke/ Kunig/ Stitzel 2000: 86).

Übersicht 14:   Sektor Umwelt

Handlungssektor	Einzelbeispiele
Transformierte Naturschutzverbände	▪ Bund für Umwelt- und Naturschutz Deutschland ▪ Naturschutzbund Deutschland ▪ Deutscher Naturschutzring ▪ Deutscher Tierschutzbund
‚Neue' Umweltschutzverbände	▪ Bürgerinitiativen ▪ Greenpeace ▪ Robin Wood
Sonstige Umweltschutzverbände	▪ Bundesverband Altöl ▪ Arbeitsgemeinschaft für Umweltfragen ▪ Bundesverband für Umweltberatung ▪ Deutsches Tierhilfswerk
Quelle: eigene Darstellung nach Lobbyliste 2003.	

Jenseits nationaler Ziele reagieren sowohl Umweltverbände wie *Robin Wood* oder *Greenpeace* als auch die Anti-Atomkraft-Bewegung vor allen Dingen auf die Tatsache, dass Schädigungen der natürlichen Lebensgrundlagen nicht an nationalen Grenzen Halt machen. Nicht zuletzt aus diesem Grund sind Umweltverbände oft transnational organisiert und machen auf globale Probleme der Wasser-, Luft und Bodenverschmutzung, auf Waldsterben und bevorstehende Ausrottungen gefährdeter Tierarten, Energieverschwendung und steigendes Verkehrsaufkommen (Smog) aufmerksam. So haben sich Umweltschutzverbände dergestalt organisiert, dass sie auch weitreichenden Einfluss auf die Politikformulierung in der EU gewinnen konnten (Hey/ Brendle 1994). Ende der achtziger Jahre wurde für die Umweltverbände eine Zweiteilung beobachtet. Zum einen wurde eine Form ,neuer' Verbände diagnostiziert, die im Wesentlichen aus Bürgerinitiativen hervorging, zum anderen wurde die Tendenz bisheriger Naturschutzverbände auf ihrem Weg zu Umweltschutzverbänden festgestellt (von Alemann 1989: 134).

Für die Verbände aus dem Umweltbereich gilt Ähnliches wie für die *public interest groups* des Sektors Politik. Der Zuwachs an Bedeutung, Mitgliedern und Ressourcen geht dabei auf eine erhebliche Verschiebung der öffentlichen Meinung und der herausgehobenen öffentlichen Bedeutung von Umweltthemen zurück (Wiesenthal 1998: 337). Hier wird der *Bund für Umwelt und Naturschutz Deutschland e.V.* (BUND) näher betrachtet.

4.6.2 Fallstudie 7: Bund für Umwelt und Naturschutz Deutschland e.V. (BUND)

Der BUND ist auch nach der Wiedervereinigung der bedeutendste Umweltschutzverband der Bundesrepublik (Kiehle 1997: 570). Er wurde im Jahre 1975 gegründet, wobei er sich nur auf wenige historische Vorläufer wie den *Bund Naturschutz Bayern* (1913) und den *Landesverband für Umwelt- und Naturschutz Baden-Württemberg* stützen konnte. Der Sache nach lässt sich jedoch erkennen, dass Naturschutz bereits weitaus früher und im Rahmen des Heimatschutzes betrieben wurde. Im auslaufenden 18. und 19. Jahrhunderts gab es erste Tendenzen zur Einrichtung von Landschaftsgärten und Maßnahmen zu Landschaftsverschönerungen, die durchaus mit dem heutigen Selbstverständnis des Verbands korrelieren (Cornelsen 1991).

In der Weimarer Republik endlich wurden Landschaftspflege und Naturschutz als staatliche Aufgabe begriffen. Umfassend wahrgenommen wurde diese Aufgabe aber erst seit den beginnenden siebziger Jahren des 20. Jahrhunderts, z.B. durch das damals vorgelegte Umweltprogramm der sozialliberalen Bundes-

regierung *Brandt* (1971). Die erstmals breite Sensibilisierung für umweltpolitische Themen (Energie- und Ölkrise, pessimistische Wachstumsaussichten der
Wissenschaftlergruppe des *Club of Rome*, Kritik an der Kernenergie) war dabei
ein entscheidender Grund für die Formierung des BUND und andere ökologisch
inspirierte Gruppierungen in der Mitte der siebziger Jahre (Leonhard 1986: 131).
Zehn Jahre nach dem Umweltprogramm der Regierung war der BUND mit 16
Landesverbänden in allen Bundesländern vertreten, nachdem schon die Gründung auf Bundesebene einen frühzeitigen Einfluss des Verbandes auf die sich
noch im Entstehungsstadium befindliche Umweltpolitik der Bundesregierung
garantieren sollte. Der organisatorische Schwerpunkt des BUND lag jedoch auch
weiterhin in Bayern und Baden-Württemberg (Leonhard 1986: 140).

Die Satzung des BUND (www.bund.net, Stand: 27.03.03) betont seine Ver-
fassungstreue, er bezeichnet sich selbst als überparteilich, überkonfessionell und
sieht sich „ausschließlich als Lobby der Natur". Laut Satzung ist der Zweck des
Verbands:

- Die Einsichten in ökologische Zusammenhänge als Grundlage für eine
  Bewertung der Landes- und Landschaftsentwicklung zu fördern;
- die Kenntnis der Umweltgefährdung in der Öffentlichkeit zu verbreiten;
- einen wirkungsvollen Schutz des Lebens und der natürlichen Umwelt
  durchzusetzen und
- die Verbraucher über die umwelt- und gesundheitsrelevanten Auswirkungen von Produkten, Dienstleistungen und Verhaltensweisen aufzuklären.

Zur Verwirklichung dieses Anspruchs setzt sich der BUND für die

- Schaffung und Erhaltung einer menschenwürdigen Umwelt
- und eine das Leben fördernde gesunde Landschaft,
- die ökologische Bewertung aller das Leben beeinflussenden Maßnahmen,
- die Förderung des Verständnisses für Schutzmaßnahmen und
- die Verbesserung des Tier- und Pflanzenschutzes ein.

Das wachsende öffentliche Bewusstsein für umweltpolitische und gesellschaftliche Fragen bringt dem BUND bis heute steigende Mitgliederzahlen (Kiehle
1997: 570). Der Bundesverband ebenso wie die Landesverbände sind eingetragene Vereine, wobei die Kreis- und Ortsgruppen über keine eigenen Satzungen
verfügen und daher den jeweiligen Landesverbänden zugeordnet sind.

Auf der Ausgabenseite des BUND schlagen die Kosten für Personal und
Verwaltung am meisten zu Buche, erst dann folgt die Öffentlichkeitsarbeit. Der
Ankauf von Flächen sowie Schutz- bzw. Pflegemaßnahmen sind dagegen weni-

ger kostenintensiv. Die Haupteinnahmequelle des BUND sind die Mitgliedsbeiträge. Dies führt unweigerlich dazu, dass die mitgliederstärksten Landesverbände (in diesem Fall Bayern) eine beträchtliche Autonomie besitzen und erheblichen Einfluss auf die Bundesorganisation ausüben. Deutlich wird auch hier die Tendenz, dass lediglich zehn Prozent der Mitglieder als aktiv, die restlichen als bloße Beitragszahler gelten (Cornelsen 1991: 54).

Strukturell stellt sich der BUND folgendermaßen dar: Im Zentrum der Verbandsstruktur steht die *Bundesdelegiertenversammlung*. Sie wird proportional nach der Stärke der Landesverbände beschickt und stellt das legislative Organ des BUND dar. Sie wählt den achtköpfigen *Vorstand* und den *Beirat*. Während der Vorstand die verbandsüblichen Aufgaben wie Antragsberatung und Vertretung des Verbandes nach außen erfüllt, berät der Beirat die Gesamtorganisation wissenschaftlich. Die Unterteilung in Arbeitskreise mit unterschiedlichen Themenschwerpunkten versucht dabei das gesamte Problemspektrum des Umweltschutzes zu erfassen. Die Landesverbände haben eine analoge Struktur, wobei hier selbstredend landesspezifische Problemfelder im Vordergrund stehen. Im Gegensatz zu den meisten anderen Verbänden erfreut sich der BUND eines Mitgliederzuwachses besonders auch bei jungen Menschen. Seine sozialstrukturelle Zusammensetzung ergibt sich durch die Mitgliedschaft vor allem von Freiberuflern, Ärzten, Lehrern und Wissenschaftlern, während Industriearbeiter und Handwerksangehörige weitgehend unterrepräsentiert sind. Der stete Mitgliederzuwachs hat dazu geführt, dass der BUND bereits Mitte der achtziger Jahre ebenso viele Mitglieder hatte wie der traditionsreiche *Bund für Vogelschutz*. Darüber hinaus schlossen sich nach der Wiedervereinigung zahlreiche Umweltgruppen der DDR, etwa die *Gesellschaft für Natur und Umwelt* (GNU), dem BUND an (Kiehle 1997: 570). Seit drei Jahren organisiert der BUND so konstant mehr als 250.000 Mitglieder (www.bund.net, Stand 27.03.03).

In den letzten Jahren ist analog zur Vermarktung politischer Inhalte über gezielte Medienkampagnen und angesichts der erfolgreichen Vorbilder *Greenpeace* und *Robin Wood* auch das Engagement des BUND zusehends gestiegen, mit medienwirksamen Aktionen auf spezifische Problemfelder aufmerksam zu machen. Um den Informationsgrad, die Motivation und die Mobilisierung der eigenen Mitglieder wie der Öffentlichkeit zu erhöhen, werden Informationsstände, Pressemitteilungen, Wanderausstellungen, Seminare und Kongresse öffentlichkeitswirksam inszeniert. Über das *Bundesnaturschutzgesetz*, welches die Anhörung seiner Experten im Laufe des Gesetzgebungsverfahrens zu umweltpolitischen Themen verbürgt, hat der BUND darüber hinaus direkten Einfluss auf die Bundespolitik. Wie andere Verbände kann er seinen Einfluss vor allen Dingen durch Anhörungen und wissenschaftliche Gutachten im Laufe eines Gesetzgebungsverfahrens geltend machen. Vereinzelt wird der BUND auch bei regionalen Plänen (Straßenbau, Gewässerschutz) in die kommunalen Vorhaben einbezogen. Dabei befindet er sich in Konflikt mit anderen Organisationen, zum Beispiel den Arbeitgeberverbänden wie dem BDI. Letzterer versucht durch Stellungnahmen zur Vereinbarkeit von Ökonomie und Ökologie seinerseits, Strategien zur Durchsetzung seiner Interessen zu verfolgen (Hövelborn 1999).

5   Fazit

Wirft man einen analytisch geschärften Blick auf die einzelnen dargestellten Verbände, so wird deutlich, dass sie mit ihren mittelalterlichen Vorgängern nichts mehr gemein haben. In modernen Gesellschaften haben sich die Verbandsfunktionen ebenso wie ihre interne Struktur analog zur gesellschaftlichen Komplexität ausdifferenziert. Aus den Zünften und Ständen des Mittelalters, die neben ihren berufsständischen Möglichkeiten für den Einzelnen auch weitreichende Restriktionen beinhalteten, wurden moderne Dienstleistungsorganisationen, die sich einer strikt rationalen Strategie bedienen, um effektiv auf Politik und Gesellschaft einwirken zu können. Möglich wurde diese Entwicklung nicht zuletzt durch Demokratisierungsprozesse. Verbände wurden nicht mehr als Ausdruck anti-etatistischer Strömungen begriffen, sondern erhielten zunehmend den Status, Ausdruck legitimer gesellschaftlicher Forderungen zu sein. Ihre rechtlich abgesicherte und verfassungsmäßig verbriefte Stellung war dafür entscheidende Voraussetzung, wobei gleichzeitig die relativ vagen Bestimmungen des Vereinsrechts den Verbänden die Möglichkeit bewahrten, adäquat auf Modifikationserfordernisse zu reagieren. Insofern ist die Typologie nach Handlungssektoren auch vielmehr als ein Zwischenstadium und nicht als Endpunkt einer historischen Entwicklung zu begreifen. Deutlich wird diese Entwicklung allein schon angesichts der rapiden Veränderungen in der deutschen Verbandslandschaft. Während gegenwärtig Umweltverbände und Non-Profit-Organisationen einen bedeutenden Mitgliederzuwachs verzeichnen können, fallen besonders die Verbände des Bereichs Wirtschaft und Arbeit sowie Wohlfahrtsverbände demgegenüber zurück – eine Entwicklung, die aber sicherlich nicht unumkehrbar ist. Der Prozess des Wandels moderner Gesellschaften ist permanent und macht daher auch vor den organisierten Interessen nicht Halt. Moderne Verbände sehen sich angesichts stets schneller wandelnder gesellschaftlicher Prozesse einem erheblichen Anpassungs- und Modernisierungsdruck ausgesetzt. Dass die Verbandslandschaft vor diesem Hintergrund selbst noch vielerlei Veränderungen durchleben wird, steht außer Frage.

III Funktionen deutscher Verbände in der Praxis

Martin Sebaldt / Alexander Straßner

Das folgende Kapitel dient dem Zweck, das umfangreiche Funktionsspektrum deutscher Verbände zu analysieren. Es schließt in seiner Systematik an die allgemeinen Betrachtungen zu den Verbandsfunktionen an.[25] In einem ersten Schritt (Abschnitt 1) sollen die Interessenartikulations- und politischen Integrationsleistungen der Vereinigungen untersucht werden, die sich vor allen Dingen in *lobbyistischen Aktivitäten* niederschlagen. Hier wird im einzelnen danach gefragt, welche rechtlichen Rahmenbedingungen in Deutschland für die verbandliche Einflussnahme existieren, mit welcher personellen und sachlichen Infrastruktur die Gruppierungen ihre politische Arbeit betreiben und wie sich infolgedessen charakteristische Kontaktnetzwerke und lobbyistische Stile ausgebildet haben.

Daran schließt eine Analyse der Interessenaggregations- und -selektionsleistungen der Verbände an (Abschnitt 2), die zum einen in den Mustern und Problemen *innerverbandlicher Willensbildung* greifbar werden, aber auch im generellen verbandlichen *Organisationsgrad*. Mit anderen Worten ist hier von Interesse, in welchem Ausmaß es den Vereinigungen gelingt, die jeweilige Klientel zum Eintritt in die Organisation zu bewegen und zu einer ausgewogenen und letztlich für alle Mitglieder akzeptablen verbandlichen Positionsbestimmung zu gelangen. Dass beide Aufgaben bestenfalls annähernd zu bewältigen sind und die einzelnen Gruppierungen häufig vor ernste Zerreißproben stellen, soll insbesondere am Beispiel der Gewerkschaften verdeutlicht werden, da hierzu die substantiellsten Forschungsergebnisse vorliegen.

Der letzte Abschnitt des Kapitels dient dann der Dokumentation der *regulativen* Leistungen der Verbände auf den Feldern der Wirtschaftspolitik und der Arbeitsbeziehungen, im Gesundheitswesen sowie im Bereich der technischen Normung und der Qualitätssicherung. Hier soll verdeutlicht werden, dass die Interessengruppen über ihre traditionellen lobbyistischen Aktivitäten hinaus seit Jahrzehnten spürbar zur *Aufgabenentlastung* des Staates beigetragen haben, indem sie wichtige Materien (Gestaltung der Tarifbeziehungen, Selbstverwaltung der Gesetzlichen Krankenversicherung, Mitwirkung an der Festlegung beruflicher Bildungsstandards und an der Abnahme von Prüfungen etc.) in verschiedenen Formen gesetzlich garantierter *Selbstverwaltung* eigenverantwortlich

---

[25] Vgl. Kapitel I, Abschnitt 3.

regeln. Der Abschnitt wird aber auch zeigen, dass diese *neokorporatistische Inpflichtnahme der Verbände für Aufgaben der öffentlichen Hand*[26] bisweilen auch herber Kritik ausgesetzt ist, da bestimmte Strukturmuster und Leistungsbilanzen (z.B. *Pflichtmitgliedschaft* in den öffentlich-rechtlichen Kammern, Krise der Sozialversicherung) an Akzeptanz verlieren bzw. oft unbefriedigend ausfallen.

1 Verbände und Politik: Interessenartikulation und politische Integrationsleistung organisierter Interessen *(Martin Sebaldt)*

Der deutsche Lobbyismus hat sich in den letzten Jahrzehnten merklich verändert (von Winter 2001; Leif/ Speth 2003a). Vor allen Dingen die ständig steigende Zahl politisch aktiver Verbände hat dazu beigetragen, die *Intensität* der Interessenvertretung auf Bundesebene stetig anwachsen zu lassen. Im folgenden Abschnitt soll diesem Sachverhalt genauer auf den Grund gegangen werden. Im Einzelnen wird dabei zunächst nach den spezifischen *rechtlichen Rahmenbedingungen* (1.1) und der *infrastrukturellen Basis verbandlicher Einflussnahme* (1.2) gefragt. Sodann werden das übliche *Kontaktnetzwerk* und die *lobbyistische Methodik* der Verbände (1.3) genauer beleuchtet, wobei den Beziehungen zu Parlament und Öffentlichkeit aus noch darzulegenden Gründen gesonderte Aufmerksamkeit zuteil wird. Schließlich wird noch die Frage erörtert, inwieweit das bestehende System des Lobbyismus einer *Reform* bedarf (1.4).

1.1 Die rechtlichen Rahmenbedingungen verbandlicher Einflussnahme

Der Artikel 9 des Grundgesetzes verbrieft gesellschaftlichen Interessen ein sehr weitreichendes Recht zur Bildung von Verbänden und Koalitionen (Hesselberger 1990: 120-123).[27] Lediglich „Vereinigungen, deren Zwecke oder deren Tätigkeit den Strafgesetzen zuwiderlaufen oder die sich gegen die verfassungsmäßige Ordnung oder gegen den Gedanken der Völkerverständigung richten, sind verboten" (Abs. 2), und auch sonstige einschränkende Bestimmungen nach Absatz 3 desselben Artikels bewegen sich in engen Grenzen.

Das von den Verfassungsvätern im Lichte der totalitären Erfahrung bewusst umfassend ausgestaltete Grundrecht auf Vereinigung ist jedoch gerade mit Blick auf die *politisch motivierten* Verbandszusammenschlüsse immer wieder kritisch

---

[26] Vgl. dazu Kapitel I, Abschnitt 2.3.
[27] Vgl. auch Kapitel II, Abschnitt 2.

hinterfragt worden: Eröffnet es nicht gerade den 'mächtigen' Interessen, ökonomischen zumal, ein unkontrollierbares und auch unangemessenes Einflusspotential auf die Politik (Eschenburg 1963; de Rudder/ Sahner 1988; Schütt-Wetschky
1997: 21)? Muss es nicht Aufgabe des Gesetzgebers sein, im Geiste des Artikels
9 für eine Chancengleichheit organisierter Interessen zu sorgen (von Arnim
1977)?

1.1.1 Öffentliche Registrierung von Verbänden durch den Deutschen Bundes- tag

Gerade die siebziger Jahre sahen deshalb eine intensive und kontrovers geführte
Diskussion um ein „Verbändegesetz", welches nach dem Muster des Parteienge-
setzes die organisierten Interessen zur Offenlegung ihrer Finanzen und zur Gewährleistung innerverbandlicher Demokratie verpflichten sollte (Westphalen
1978; Scharpf 1978; Ronge 1992). Die Initiativen verliefen im Sande, zumal
schon das bestehende Vereinsrecht entsprechende Bestimmungen beinhaltet. Der
Deutsche Bundestag jedoch entschloss sich dazu, das Spektrum lobbyistisch
tätiger Organisationen wenigstens durch deren öffentliche Registrierung transparenter zu machen. Derlei Initiativen reichten schon auf das Jahr 1965 zurück, als
auf Anregung der *Interparlamentarischen Arbeitsgemeinschaft* (IPA) entsprechende interfraktionelle Anträge von CDU/CSU, SPD und FDP in den Bundestag eingebracht wurden, aber vor Ende der Wahlperiode nicht mehr zur Verabschiedung kamen (Schindler 1999: 2182).

Erst im September 1972 kam ein erneut eingebrachter Antrag zur Abstimmung; die damals beschlossenen Regelungen sind heute in der Anlage 2 der
Geschäftsordnung des Deutschen Bundestages (GOBT) verankert (Schindler
1999: 2182). Hier ist die Führung einer „öffentlichen Liste" durch den Bundestagspräsidenten festgeschrieben, „in der alle Verbände, die Interessen gegenüber
dem Bundestag oder der Bundesregierung vertreten, eingetragen werden" (Anl.
2, Abs. 1). „Eine Anhörung ihrer Vertreter findet nur statt, wenn sie sich in diese
Liste eingetragen" und dabei Angaben zu Name und Sitz des Verbandes, Zusammensetzung von Vorstand und Geschäftsführung, Interessenbereich des
Verbandes, Mitgliederzahl, Namen der Verbandsvertreter und zur Anschrift der
Geschäftsstelle am Sitz von Bundestag und Bundesrat gemacht haben (Anl. 2,
Abs. 2).

Von dieser Registrierungspflicht sind lediglich Körperschaften, Stiftungen
und Anstalten des öffentlichen Rechts sowie ihre Dachorganisationen ausge-
nommen, da sie keine Verbände im Sinne der GOBT darstellen – eine nicht
unproblematische Einschränkung, denn in der Praxis betreiben sie Interessen-

vertretung oft ähnlich wie klassische Vereinigungen. Ein *Anspruch* auf *obligatorisches* Gehör aller Verbände verbindet sich mit der Aufnahme in diese ‚Lobbyliste' freilich nicht; den Parlamentariern ist nach wie vor ein Auswahlrecht zugestanden.

Im internationalen Vergleich fällt diese Regelung gegenüber den detaillierten gesetzlichen Bestimmungen des *Lobby Restrictions Act* von 1995 für den US-Kongress, welche eine halbjährliche Berichterstattungspflicht für Lobbyisten und auch eine Offenlegung der Finanzen und der geleisteten monetären Zuwendungen beinhalten,[28] deutlich ab. Andererseits fehlen in vielen Ländern derartige Bestimmungen völlig (Liebert 1995: 343; Greenwood/ Thomas 1998). Die Regelungsdichte des Bundestages bewegt sich damit im Mittelfeld.

Die ursprüngliche Intention allerdings, lobbyistische Aktivitäten durch diese öffentliche Registrierung transparenter und auch kontrollierbarer zu machen, blieb weitgehend Illusion. Denn zum einen eignet sich die bloße dokumentarische Auflistung von Verbänden hierfür ohnehin nicht, zum anderen sind die in Deutschland zu leistenden Angaben viel zu fragmentarisch, um die Aktivitäten und das politische Machtpotential einer Gruppierung präzise erfassen zu können (Ronit/ Schneider 1998: 565). Insbesondere die in den USA obligatorischen Angaben zum Kontaktnetzwerk und zur Finanzausstattung sind hierzulande nicht erforderlich.[29] Überdies werden die Bestimmungen in der Anhörungspraxis des Bundestages immer wieder ignoriert: Verbandsvertreter werden auch ohne Registrierung ihrer Organisation zu Hearings zugezogen, wenn es den Parlamentariern sinnvoll erscheint. Von Nutzen sind die mittlerweile 31 Lobbylisten denn auch vor allen Dingen für die Wissenschaft, die an ihnen immerhin die Wandlungen der deutschen Interessengruppenlandschaft ablesen kann (Sebaldt 1997a: 75-178).

1.1.2 Verhaltensregeln verbandsangehöriger Bundestagsabgeordneter

Zeitgleich mit der Schaffung der „öffentlichen Liste über die Registrierung von Verbänden und deren Vertretern" wurden 1972 die „Verhaltensregeln für Mitglieder des Deutschen Bundestages" verabschiedet, welche die Parlamentarier unter anderem zur Angabe ihrer beruflichen Tätigkeit für Personen, Firmen, Institutionen und Vereinigungen verpflichtet (Schindler 1999: 718). In der ur-

---

[28] Im Einzelnen sind in den Berichten neben den finanziellen Aufwendungen zu deklarieren: Gegenstände der Einflussnahme, Kontaktpartner, beteiligte Lobbyisten und involvierte ausländische Interessenvertreter (vgl. Thomas 1998: 509).
[29] Allerdings wird auch – zu Recht – die Effektivität der wesentlich größeren Regulierungsdichte in den USA bezweifelt (Thomas 1998).

sprünglichen Fassung bezog sich diese Anzeigepflicht jedoch nur auf *entgeltliche* Tätigkeiten, und zudem wurde nicht zwischen Funktionen *vor* und *während* der Mitgliedschaft im Bundestag unterschieden. Mit Wirkung vom 1. Februar 1987 wurden die Verhaltensregeln entsprechend verschärft. Seither sind auch *unentgeltliche* Tätigkeiten (Vorstandsmandate etc.) zu deklarieren, und die Anzeigepflicht bezieht sich nun explizit sowohl auf Funktionen *vor* der Wahl in den Bundestag (GOBT, Anl. 1, § 1) als auch auf solche, die *während* der Abgeordnetentätigkeit wahrgenommen oder *erst im Laufe der Legislaturperiode* aufgenommen werden (Anl. 1, § 2).

Im Einzelnen betrifft dies in der heute geltenden Fassung Funktionen als „Mitglied eines Vorstands, Aufsichtsrates, Verwaltungsrates, Beirates oder sonstigen Organs einer Gesellschaft, Genossenschaft oder eines in einer anderen Rechtsform betriebenen Unternehmens" (§ 1, Nr. 2; § 2, Nr. 2). Für Tätigkeiten in Körperschaften und Anstalten des öffentlichen Rechts gilt gemäß Nr. 3 beider Paragraphen dasselbe. „Funktionen in Verbänden oder ähnlichen Organisationen" und „Tätigkeiten als Mitglied eines Vorstandes oder eines sonstigen leitenden Gremiums eines Vereins oder einer Stiftung mit nicht ausschließlich lokaler Bedeutung", die während der Parlamentsmitgliedschaft ausgeübt bzw. aufgenommen werden, sind dabei noch einmal extra deklarierungspflichtig gemacht worden (§ 2, Nr. 4, 5).

Überdies sind Vereinbarungen meldepflichtig, „wonach dem Mitglied des Bundestages während oder nach Beendigung der Mitgliedschaft bestimmte Tätigkeiten übertragen oder Vermögensvorteile zugewendet werden sollen" (§ 1, Nr. 4, § 2, Nr. 8). Schließlich sind noch „das Halten und die Aufnahme von Beteiligungen an Kapital- oder Personengesellschaften, wenn dadurch ein wesentlicher wirtschaftlicher Einfluss auf das Unternehmen begründet wird" (§ 2, Nr. 9), beim Bundestagspräsidenten anzuzeigen. Seither ist es möglich, zumindest anhand der übernommenen Verbandsämter die Interessenaffinitäten der Bundestagsabgeordneten zu durchleuchten.

1.1.3 Anhörungsoptionen der Verbände im ministeriellen Gesetzgebungs- und Verordnungsprozess

Auch die Anhörungsoptionen der Verbände im ministeriellen Gesetzgebungs- und Verordnungsprozess spielen eine nicht unwesentliche Rolle. Bisweilen sogar zur „Magna Charta des Verbandseinflusses" (Harnoß 1970: 105) hochstilisiert, schreibt der betreffende § 47 der *Gemeinsamen Geschäftsordnung der Bundesministerien* (GGO) jedoch mitnichten ein verbindliches Anhörungs*recht* betroffener Interessenvereinigungen fest, sondern lediglich eine *Option*. Die recht offene Formulierung des Paragraphen lässt daran keinen Zweifel: „Der Entwurf einer Gesetzesvorlage ist Ländern, kommunalen Spitzenverbänden und den Vertretungen der Länder beim Bund möglichst frühzeitig zuzuleiten, wenn ihre Belange berührt sind... Für eine rechtzeitige Beteiligung von Zentral- und Gesamtverbänden sowie von Fachverbänden, die auf Bundesebene bestehen, gelten die Absätze 1 und 2 entsprechend. Zeitpunkt, Umfang und Auswahl bleiben, soweit keine Sondervorschriften bestehen, dem Ermessen des federführenden Bundesministeriums überlassen" (GGO, § 47, Abs. 1, 3). Die zuständigen Beamten besitzen damit ein *Auswahlrecht* bei der Benennung der anzuhörenden Organisationen, was auch der Entstehungszusammenhang dieser Bestimmungen anzeigt: Keineswegs sollten damit die verbandlichen Einflussmöglichkeiten verbessert und verstetigt werden; vielmehr waren sie ursprünglich in erster Linie zur *Beschränkung* und *Kanalisierung* lobbyistischer Aktivitäten gedacht (Reutter 2001: 80). Im Absatz 2 des Paragraphen, der hierfür geradezu einen rechtlichen Freibrief erteilt, wird diese Intention besonders deutlich: „Das Bundeskanzleramt ist über die Beteiligung zu unterrichten. Bei Gesetzentwürfen von besonderer politischer Bedeutung muss seine Zustimmung eingeholt werden." Zudem bleibt diese Anhörungsoption auf Gesetzentwürfe beschränkt, die noch nicht von der Bundesregierung beschlossen sind (Abs. 4). Nicht bundesweit tätige Organisationen, insbesondere also die Landesverbände betroffener Bundesvereinigungen, sind durch die Formulierung des Paragraphen im Regelfall von den Anhörungen ausgeschlossen.

Für die betroffenen und insbesondere für erst neu gegründete Verbände ergibt sich aus den genannten Bestimmungen die Notwendigkeit, sich die Berücksichtigung bei Anhörungen durch kontinuierliche informelle Vor- und Nacharbeit in den zuständigen Ministerialreferaten erst erarbeiten zu müssen – keine leichte Aufgabe bei der stetig steigenden Zahl der Interessenorganisationen. Faktisch haben die Bestimmungen der GGO damit zu einem Verdrängungswettbewerb um die Teilnahme an derartigen Anhörungen geführt, obwohl in ihnen aufgrund des ritualisierten Ablaufs und der großen Zahl der Beteiligten meist wenig bewegt werden kann und sich die lobbyistische Feinarbeit daher im Rahmen informeller Kontakte zwischen Ministerialbeamten und Interessenvertretern abspielt.[30] Jedoch ist es für das Image und das öffentliche Ansehen eines Verbandes faktisch unabdingbar, zum 'erlauchten Kreis' der regelmäßig Konsultierten zu gehören: Wie bei den parlamentarischen Hearings ist Teilnehmen und Gesehenwerden primäres Ziel, nicht der illusionäre Wunsch, dort etwas bewegen zu können.

---

[30] Vgl. dazu weiter unten Abschnitt 1.3.2.

1.1.4 Mitwirkungsrechte im Rahmen von Beiräten und sonstigen Gremien

Schließlich ist noch auf die umfangreichen Mitwirkungsrechte zu verweisen, die Verbände durch Mitgliedschaften in gesetzlich oder auf dem Verordnungsweg geschaffenen Beratungs- und Aufsichtsgremien erhalten (Süllow 1982). Für Körperschaften des öffentlichen Rechts etwa werden regelmäßig Verwaltungsräte geschaffen, in denen betroffene Verbände Sitz und Stimme erhalten können. Im entsprechenden 21-köpfigen Gremium der *Bundesagentur für Arbeit* (BA) haben neben sieben Arbeitgebervertretern aus Wirtschaftsverbänden und Unternehmen ebenso viele Arbeitnehmervertreter Sitz und Stimme, die ausnahmslos von den Gewerkschaften gestellt werden. Da dieser Verwaltungsrat als „Legislativorgan" (Arbeitsamt online 2003) der BA zum Erlass der Satzung und zur Feststellung ihres Haushalts befugt ist sowie Vorstand und Verwaltung überwacht, erwächst den beteiligten Verbandsvertretern daraus ein erhebliches Einflusspotential.

Auch durch die Vielzahl *ministerieller* Beiräte sind die einschlägigen Interessenorganisationen stark präsent. So etwa sind im *Beirat für Fragen der Inneren Führung* beim Bundesminister der Verteidigung neben Vertretern aus Politik und Wissenschaft zurzeit auch der Vorsitzende des *Deutschen Bundeswehr-Verbandes*, Oberst *Bernhard Gertz*, und sogar zwei Ehrenpräsidenten des *Verbandes der Reservisten der Deutschen Bundeswehr* vertreten, um soldatische Interessen unmittelbar zur Geltung bringen zu können (Beirat Innere Führung 2002). Auch Funktionäre von Arbeitgeberverbänden und Gewerkschaften haben dort Sitz und Stimme.

Eine Sonderrolle spielen schließlich noch verschiedene Formen der „Konzertierten Aktion", die der *Koordination des Handelns* von Regierung und Verbänden dienen. Vorbild hierfür ist die durch das Stabilitätsgesetz des Jahres 1967 geschaffene, aber 1977 wieder gescheiterte *Konzertierte Aktion*, in der sich Bundesregierung, Gewerkschaften und Unternehmerverbände auf eine abgestimmte Lohn- und Preispolitik zu einigen versuchten (Weber 1981: 301-302). Im *Bündnis für Arbeit*, das vom IG-Metall-Vorsitzenden *Klaus Zwickel* im Jahr 1995 erstmals angeregt und von Bundeskanzler *Gerhard Schröder* nach dem Regierungswechsel 1998 offiziell ins Leben gerufen wurde, fand diese Idee neue Gestalt, hatte freilich geringen Erfolg (Schroeder 2001: 40-49) und ist im März 2003 gänzlich gescheitert (SZ, 05.03.03: 1). Seit 1977 besteht im Übrigen auch eine vergleichbare *Konzertierte Aktion im Gesundheitswesen*, die der Planung eines allgemeinen ordnungspolitischen Rahmens im Gesundheitswesen dient. Die dort beteiligten Verbände (Ärztevereinigungen, Kassenverbände, Pharmazeutische Industrie, Krankenhausbetreiber etc.) besitzen damit eigentlich ein exklusives Gremium zur gesundheitspolitischen Mitwirkung. Allerdings hat das

Plenum seit 1995 nicht mehr getagt, und somit fristet diese Institution heute nur noch ein Schattendasein.[31]

1.2 Die Infrastruktur politischer Verbandsarbeit

1.2.1 Die bundespolitische Präsenz der Verbände

Der politischen Einflussnahme durch Verbände ist es dienlich, wenn deren Geschäftsstellen in der Nähe des Regierungssitzes liegen: Das gesamte Kontaktnetzwerk, welches man zu politischen Institutionen aufrechtzuerhalten hat, ist auf diese Weise viel leichter zu pflegen. Folglich verwundert es nicht, dass das Gros der deutschen Verbandsgeschäftsstellen im näheren und weiteren Umfeld des Regierungssitzes anzutreffen ist (vgl. Tabelle 3).

Von den 1572 im Jahre 1994[32] in den Lobbylisten des Deutschen Bundestages registrierten Organisationen hatten nicht weniger als 822 (52,3 Prozent) ihre Hauptgeschäftsstellen im Bundesland Nordrhein-Westfalen. Mit deutlichem Abstand folgten Hessen mit 241 (15,3 Prozent), Bayern mit 131 (8,3 Prozent), Baden-Württemberg mit 99 (6,3 Prozent) und Hamburg mit 95 (6,0 Prozent). Die Zahlen der restlichen Bundesländer sind zu vernachlässigen (Sebaldt 1997a: 303). Eine *zentripetale* Orientierung deutscher Verbände ist also unverkennbar, und sie wird noch deutlicher, wenn man zusätzlich die Zahl der zu diesem Zeitpunkt unmittelbar in Bonn residierenden Organisationen betrachtet: 1994 besaßen allein 530 der in der Lobbyliste erfassten Gruppen eine Geschäftsstelle am Regierungssitz, und in überwiegendem Maße (412) waren diese Büros gleichzeitig auch die Verbandszentralen. Nur eine Minderheit von 118 Gruppen hatte die Hauptgeschäftsstelle anderswo und begnügte sich in Bonn mit einem Verbindungsbüro (Sebaldt 1997a: 307).

Die überschaubare Größe der rheinischen Mittelstadt brachte es dabei mit sich, dass Verbandsbüros und Regierungsinstitutionen gleichsam Tür an Tür zu finden waren. Tabelle 4 verschafft dazu einen Überblick:

---

[31] Vgl. dazu im einzelnen Abschnitt 3.3.2.
[32] Aktuellere Daten liegen derzeit noch nicht vor, sollen aber für spätere Auflagen eigens erhoben werden. Vgl. zum Thema jetzt auch Kirsch 2003.

Tabelle 3: Regionale Verteilung der Hauptgeschäftsstellen deutscher
Interessengruppen in den Jahren 1974, 1984 und 1994

Bundesland	Jahr (Absolutzahlen und Prozent)		
	1974	1984	1994
Baden-Württemberg	27 4,3	59 4,9	99 6,3
Bayern	29 4,6	88 7,4	131 8,3
Berlin	10 1,6	21 1,8	48 3,1
Brandenburg	-	-	1 0,1
Bremen	6 0,9	17 1,4	15 1,0
Hamburg	42 6,6	76 6,4	95 6,0
Hessen	113 17,8	195 16,4	241 15,3
Mecklenburg-Vorpommern	-	-	0 0,0
Niedersachsen	27 4,3	31 2,6	57 3,6
Nordrhein-Westfalen	366 57,6	658 55,2	822 52,3
Rheinland-Pfalz	13 2,0	31 2,6	40 2,5
Saarland	0 0,0	4 0,3	4 0,3
Sachsen	-	-	2 0,1
Sachsen-Anhalt	-	-	1 0,1
Schleswig-Holstein	2 0,3	11 0,9	15 1,0
Thüringen	-	-	0 0,0
Ausland	0 0,0	1 0,1	1 0,1
Summe abs. **Summe %**	**635** **100,0**	**1192** **100,0**	**1572** **100,1**
Quelle: Sebaldt 1997a: 303.			

Tabelle 4:   Bonner Verbandsgeschäftsstellen und ihre Entfernung zum
Regierungsviertel (Bundestag und Bundeskanzleramt) im Jahre
1994

Entfernung zu Bundestag und Kanzleramt	Absolut	Prozentanteil
1 - 500 m	16	3,0
501 - 1000 m	64	12,1
1001 - 1500 m	46	8,7
1501 - 2000 m	74	14,0
2001 - 2500 m	95	17,9
2501 - 3000 m	57	10,8
3001 - 3500 m	30	5,7
3501 - 4000 m	20	3,8
4001 - 4500 m	36	6,8
4501 - 5000 m	19	3,6
über 5000 m	62	11,7
Standort unbekannt	11	2,1
Summe	530	100,2
Quelle: Sebaldt 1997b: 29.		

Allein zwei Drittel aller in Bonn lokalisierten Gruppen waren in einem Umkreis
von weniger als 3.000 m Luftlinie um den Deutschen Bundestag und das Bundeskanzleramt zu finden. Daraus lässt sich einiges über den am deutschen Regierungssitz existierenden Lobbyistenalltag ablesen: Die Wege waren kurz, informelle Treffen mit Abgeordneten, Ministerialbeamten oder Kollegen anderer
Organisationen jederzeit zu organisieren. Zudem erleichterte die in Bonn existie-
rende politische und gesellschaftliche Infrastruktur (Behörden, Vertretungen der
Bundesländer, Botschaften, Medienbüros, Gaststätten, Kneipen etc.) derlei
Kontakte ganz erheblich. Dies diente auch dem Wunsche *beider Seiten* (Verbandsvertreter und politische Akteure), derlei Beziehungen auf Dauer zu stellen
bzw. gar zu routinisieren, um es auf lange Sicht mit berechenbaren und kompe-
tenten Gesprächspartnern zu tun zu haben. Denn empirische Untersuchungen
zeigen, dass Abgeordnete, Ministerialbeamte etc. die Kontaktversuche von Verbandsfunktionären in der Regel nicht als lästiges Lobbying abzuwehren versuchen, sondern hierfür durchweg recht empfänglich sind, weil sie von Seiten der
Interessengruppen die für Entscheidungen nötigen Fachinformationen erhalten
(Weber 1987: 213).

Allerdings vollzog sich in der Verbandstopographie seit Mitte der siebziger
Jahre insoweit eine leichte Trendwende, als der Anteil in der Nähe des Regie-

rungssitzes verorteter Hauptquartiere leicht zurückging, während insbesondere die südlichen Bundesländer Bayern und Baden-Württemberg substantielle Zuwächse verbuchten (vgl. Tabelle 3). Sowohl ein verstärktes 'Lobbying aus der Distanz', gefördert durch moderne Kommunikationstechnologien, als auch das Arbeiten mit einer kleinen Hauptstadtdependance, dürften für diese Entwicklung verantwortlich zeichnen.

Entsprechend detaillierte Daten für die neu entstandene lobbyistische Szenerie am Regierungssitz Berlin fehlen derzeit leider noch. Immerhin ist in Rechnung zu stellen, dass allein der Größenunterschied zwischen der Spree-Metropole und der Stadt am Rhein etliche Änderungen des traditionellen Musters mit sich gebracht hat (Burgmer 2001). Zwar sind Bundestag, Kanzleramt und Bundesministerien auch in Berlin durchweg auf recht engem Raum im Stadtzentrum angesiedelt, was die lobbyistische Arbeit erleichtert, und viele Verbände haben auch rechtzeitig für den Umzug geplant, Grundstücke bzw. Immobilien erworben oder sogar repräsentative Neubauten in Zentrumslage erstellt: Im *Haus der Deutschen Wirtschaft* (Breite Str. 29) haben die Spitzenverbände BDI, BDA und DIHK gemeinsam eine neue Heimstatt gefunden, und die Spitzenorganisationen des Handwerks besitzen in der Mohrenstr. 20-21 ebenfalls ein eigenes Berliner Domizil. Die neu geschaffene *Bundesvereinigung der Deutschen Handelsverbände* residiert als Dachorganisation nun auch in einem eigenen *Haus des Handels* (Am Weidendamm 1a), zusammen mit mehreren Mitgliedsverbänden (Burgmer 2001: 20).

Trotzdem hat sich in Berlin eine den Bonner Verhältnissen ähnelnde 'Raumschiffatmosphäre' bisher nicht eingestellt: Zwar sind die Geschäftsstellen der Verbände auch hier mit Masse im engeren Umfeld der Regierungsinstitutionen angesiedelt (Feldenkirchen 2003). Fehlendes rheinisches Flair und eine immer hektischer betriebene Medienarbeit (Monath 2003) haben jedoch zu einer merklichen Veränderung des *lobbyistischen Stils* hin zu mehr Direktheit und weniger Verbindlichkeit beigetragen. Verbandsfunktionäre jedenfalls klagen in persönlichen Gesprächen etwa über die kalte Pracht der neuen Landesvertretungen der Bundesländer, denen die heimelige Bierkelleratmosphäre der alten Bonner 'Länderbotschaften' fehle.[33] Systematische Untersuchungen zu diesen Sachverhalten und insbesondere zu den Auswirkungen auf die lobbyistische Praxis stehen jedoch auch hier noch aus.

Überdies erschwert die gesetzlich festgeschriebene Verteilung der Bundesministerien auf die beiden Regierungssitze Bonn und Berlin die Verbandsarbeit nicht unwesentlich. Gerade bei den Ressorts mit erstem Dienstsitz in Bonn

---

[33] So in mehreren Gesprächen auf dem 6. Deutschen Verbändekongress der *Deutschen Gesellschaft für Verbandsmanagement* (DGVM) in Berlin, 07.-08.11.2002.

(Verbraucherschutz, Ernährung, Landwirtschaft; Verteidigung; Gesundheit; Umwelt, Naturschutz und Reaktorsicherheit; Bildung und Forschung; Wirtschaftliche Zusammenarbeit und Entwicklung) ergibt sich regelmäßig das Problem, dass sich das Leitungspersonal trotzdem meist in Berlin aufhält, während die Referate in der Mehrheit noch in Bonn sitzen (Kaufmann 2003). Eine lobbyistische 'Pendeldiplomatie' zwischen Spree und Rhein ist die Folge. Allerdings ist derzeit ein schleichender Prozess der Verlagerung von Referaten und Abteilungen auch dieser Ministerien nach Berlin zu beobachten, was von der Riege der Berlinkritiker mit Missfallen beobachtet wird.

Stellt man nun noch in Rechnung, dass für nationale Verbände die Interessenvertretung bei der Europäischen Union immer mehr an Bedeutung gewinnt, resultiert daraus ein Szenario mit mindestens drei gleichzeitig zu 'beackernden' politischen Arenen, was gerade die kleinen Organisationen vor erhebliche logistische Probleme stellt: Mit einer Handvoll Mitarbeitern müssen simultan die verbliebenen Kontaktpartner in Bonn, die neuen Adressaten in Berlin und die immer wichtiger werdenden europäischen Akteure lobbyistisch bedient werden (Strauch 1993b).

1.2.2 Die sachlichen und personellen Ressourcen

Die durchschnittliche Verbandsgeschäftsstelle besteht in der Regel nur aus einer Handvoll Räumen,[34] was Tabelle 5 zu entnehmen ist. Knapp die Hälfte aller Interessengruppen hat hierfür ein bis fünf Zimmer zur Verfügung. Hinzu kommen 6 Prozent an Organisationen, die überhaupt keine eigenen Geschäftsräume besitzen, sondern deren Tätigkeit meist von der Privatwohnung oder den Diensträumen des oft ehrenamtlich agierenden einzigen Geschäftsführers aus abgewickelt wird.

Eine nicht unbeträchtliche Zahl von Organisationen hat jedoch eine wesentlich umfangreichere Infrastruktur zur Verfügung und leistet sich große Verbandszentralen mit einer Vielzahl von Räumen. Allein 10 Prozent von ihnen füllen mit über 20 ganze Wohntrakte oder Häuser; weitere 19,1 Prozent haben immerhin noch 6-10 Räume zur Verfügung. Die Disparitäten sind also groß.

---

[34] Die Daten sind Resultat einer schriftlichen Umfrage, die in der zweiten Hälfte des Jahres 1994 unter allen in der Lobbyliste verzeichneten Verbänden mittels standardisiertem Fragebogen durchgeführt wurde. Adressaten waren die jeweiligen Geschäftsführer bzw. Hauptgeschäftsführer. Die effektive Rücklaufquote betrug 43,1%. Zur Methodik der Befragung Sebaldt 1997a: 394-399.

Tabelle 5:   Hauptamtliche Mitarbeiter und Geschäftsräume deutscher Verbände
(Erhebungszeitpunkt: 1994)

Hauptamtliche Mitarbeiter		Geschäftsräume	
Anzahl	Anteil der Verbände	Anzahl	Anteil der Verbände
0	12,6 %	0	6,0 %
1-5	42,9 %	1	7,8 %
6-10	14,8 %	2	12,0 %
11-15	6,5 %	3	9,3 %
16-20	3,0 %	4	8,8 %
21-25	3,2 %	5	7,1 %
26-30	1,0 %	6-10	19,1 %
31-50	3,3 %	11-15	7,0 %
51-100	3,3 %	16-20	3,0 %
> 100	1,8 %	> 20	10,0 %
Median[35]	4,0	Median	5,0
Keine Angaben	7,6	Keine Angaben	10,0
Quelle: Sebaldt 1997a: 304-305.			

Gesellschaftsräume zur Abhaltung parlamentarischer Abende oder sonstiger
Festivitäten spielen dabei nur eine untergeordnete Rolle. Fast drei Viertel der
befragten Verbände besaßen überhaupt keinen derartigen Raum, weitere 12,1
Prozent nannten einen einzigen ihr Eigen, 3,5 Prozent besitzen zwei. Der Rest ist
zu vernachlässigen (Sebaldt 1997a: 304). Das Klischee jedenfalls, Verbandsgeschäftsstellen im Allgemeinen und Hauptstadtbüros im Besonderen bildeten
primär die Infrastruktur für gesellschaftliche Ereignisse, findet keine Bestätigung: In den Geschäftsstellen dominiert die nüchterne, zweckbezogene Verbandsarbeit. Darüber hinaus gehende Sozialkontakte mit politischen Akteuren
bilden bestenfalls ein peripheres Rahmenprogramm, stehen aber nicht im Zentrum der Verbandstätigkeit.

Die durchschnittliche Verbandsgeschäftsstelle ist mit ein bis fünf hauptamtlichen Mitarbeitern nicht eben üppig ausgestattet. Freilich ist auch hier die
Streuung der Daten groß, denn weitere 14,8 Prozent der Verbände hatten im

---

[35] Der Median ist ein Wert zur Messung der zentralen Tendenz in Datenverteilungen ähnlich dem
Mittelwert. Im Unterschied zu diesem besteht er aber aus demjenigen konkreten Wert, der alle ihrer
Größe nach aufgereihten Einzelwerte in zwei Hälften teilt (Beispiel: Einzelwerte 100, 200, 300, 700,
900, 1100, 5000; Median: 700); er besitzt gegenüber dem traditionellen Mittelwert den Vorzug,
durch extreme Datenausreißer nicht verzerrt zu werden (Mittelwert beim vorliegenden Beispiel durch
den Extremwert 5000 auf 1185 verzerrt) und damit die zentrale Tendenz (hier: Massierung der Werte
im Bereich unter 1000) von Verteilungen besser wiederzugeben.

Jahre 1994 immerhin zwischen sechs und zehn, zusätzliche 6,5 Prozent sogar 11 bis 15 hauptamtliche Mitarbeiter. Die restlichen ca. 15 Prozent beschäftigten zum selben Zeitpunkt sogar noch mehr Angestellte, wobei gut 5 Prozent sogar über 50 Personen Lohn und Brot gaben. Nebenamtliche Mitarbeiter spielen insgesamt gesehen nur eine sekundäre Rolle. Auch dies ist ein klarer Indikator für die Professionalisierung der Verbandsarbeit. Über 40 Prozent der befragten Verbände haben überhaupt keinen nebenamtlichen Mitarbeiter in ihren Reihen, das Gros der übrigen beschäftigt zwischen einem und fünf (Sebaldt 1997a: 305-306). Extrem ist die Streuung allerdings bei den ehrenamtlichen Mitarbeitern. Gerade für viele Sozialverbände ist ein dichtes Netz an lokal wirkenden und Service leistenden Ehrenamtlichen unabdingbar, für Wirtschaftsverbände gilt dies aber nur in begrenztem Maße. Zudem sind viele kleinere Vereine und Gesellschaften, die sich mangels Finanzausstattung keinen eigenen hauptamtlichen Geschäftsführer leisten können, auf die ehrenamtliche Tätigkeit eines Mitglieds angewiesen.

Häufig bilden Verbände dabei auch Arbeits- und Bürogemeinschaften, um einerseits ihre Lobbytätigkeit schon vorab koordinieren zu können, andererseits aber auch zur Einsparung von Finanzmitteln. Immer wieder kommt es vor, dass mehrere Verbände denselben Hauptgeschäftsführer besolden, der dann in der Regel mehrere spezialisierte Mitarbeiter führt, die sich den spezifischen Interessen der Einzelorganisationen widmen. Kooperation und Arbeitsteilung von Verbänden kann also sogar auf einer gemeinsamen infrastrukturellen Basis institutionalisiert werden.

1.3 Lobbyismus: der Prozess der verbandlichen Einflussnahme

1.3.1 Das Kontaktspektrum der Verbände

Welchen Stellenwert besitzen nun die einzelnen bundespolitischen Institutionen für die lobbyistische Einflussnahme? Fragt man die Verbandsfunktionäre selbst, so betonen sie durchweg die primäre Relevanz der Bundesministerien (vgl. Tabelle 6). Mit einer durchschnittlichen Bedeutung von 1,6 rangieren diese deutlich vor den übrigen lobbyistischen Adressaten, was den bundesdeutschen Gesetzgebungsgepflogenheiten Rechnung trägt: Die Masse der Entwürfe entsteht in den Referaten der jeweils federführenden Ministerien, und frühzeitig werden dort die wesentlichen Inhalte festgeschrieben (von Beyme 1997: 143-151).

Verbandsvertreter müssen deshalb gerade in dieser Frühphase erfolgreich Einfluss nehmen; spätere Korrekturen sind in der Regel nur mehr schwer durchsetzbar (Hartmann 1994: 269). Dabei werden die Bundesminister auch häufig persönlich kontaktiert. Auch ihnen ist sehr daran gelegen, in direkten Kontakt zu Interessengruppenvertretern zu kommen und nicht nur über den Dienstweg von deren Wünschen zu erfahren. Politisch geschickt ist dieses Gebaren allemal, erhält der einzelne Minister doch auf diesem Wege gleich unmittelbare Kenntnis von größeren Vorstößen der Verbände, die erfahrungsgemäß parallel dazu im Parlament lanciert werden (von Beyme 1997: 207-212). So muss er nicht erst aus seiner eigenen Fraktion von derlei Initiativen erfahren, sondern ist bereits 'präpariert'.

Tabelle 6: Politische Kontaktpartner deutscher Bundesverbände und ihre Bedeutung (Erhebungszeitpunkt: 1994)

Kontaktpartner	Durchschnittliche Bedeutung
Bundesministerien	1,6
Medien	1,8
Interessengruppen mit gleichen oder ähnlichen Interessen	1,8
Bundestagsausschüsse	2,0
Landesministerien	2,2
Bundestagsfraktionen der Regierungskoalition	2,3
Nachgeordnete Behörden	2,3
Bundesminister persönlich	2,3
Organe der EU	2,3
Bundestagsfraktionen der Opposition	2,4
Wissenschaftliche Institutionen	2,4
Landesregierungen	2,5
Sonstige internationale Organisationen	2,8
Bundesrat	3,0
Interessengruppen mit konträren Interessen	3,0
Landesparlamente	3,0
Parteizentralen der Regierungskoalition	3,1
Bundeskanzleramt	3,1
Parteizentralen der Opposition	3,1
Kommunen	3,2
Bundeskanzler persönlich	3,6
Gerichte	3,6
Bundestagsverwaltung	3,9
Skala: 1 = sehr wichtig ... 5 = unwichtig Quelle: Sebaldt 1997a: 255.	

Gleichermaßen erklärt sich auch die substantielle Bedeutung von Landesministerien bzw. nachgeordneter Behörden, welche als Planungszellen für Bundesratsinitiativen bzw. als Mitgestalter von ausführenden Verordnungen großen Einfluss besitzen. Auffällig ist aber, dass die Kontakte zu ähnlichen Organisationen einen fast ebenso bedeutsamen Stellenwert zugewiesen bekommen. Das deutet darauf hin, dass in der politischen Arbeit von Interessengruppen die Kooperation mit Nachbargruppen, das Bilden von schlagkräftigen Koalitionen, die Abstimmung und die Arbeitsteilung bei der Lobbyarbeit heutzutage eine wichtige Rolle spielen. Der eigenbrötlerisch und einzelkämpferisch agierende Verband ist offensichtlich heute nur noch die Ausnahme. In der Mediendemokratie ist darüber hinaus auch die Pflege der Kontakte zu Fernsehen, Hörfunk und Printmedien von großer Bedeutung.[36]

Der Deutsche Bundestag besitzt demgegenüber als Adressat lobbyistischer Einflussnahme nur sekundäre Bedeutung (Reutter 2001: 94). Seiner Struktur und Funktionslogik gemäß gilt dabei das Interesse der Lobbyisten den zuständigen Ausschüssen (Weßels 1987) und Arbeitsgruppen der Fraktionen, wobei die Abgeordneten der Regierungsmehrheit naturgemäß interessanter sind als diejenigen der Opposition (von Beyme 1997: 207-219; Hirner 1993). Immerhin ist das deutsche Parlament damit als Kontaktpartner immer noch bedeutsamer als die außerparlamentarischen Parteizentralen, was im übrigen auf das große politische Eigengewicht der Bundestagsfraktionen im Rahmen der Parteiorganisationen verweist: Die Masse der für die Verbandsvertreter relevanten Gesetzgebungsarbeit wird von den Fraktionen getätigt, nicht von den auf langfristige Programmarbeit konzentrierten Parteizentralen (Ismayr 2000: 95-144).

Kontinuierlichen Stellenwertverlust erlitt der Bundestag allerdings durch die fortlaufende europäische Integration, welche gerade durch die Vertragswerke von *Maastricht* und *Amsterdam* zu einer Vergemeinschaftung eines großen Teils der Politikfelder führte – wenn auch auf unterschiedlichen Kompetenzniveaus (Läufer 1999). Die zunehmende Orientierung der deutschen Verbandsfunktionäre auf die mit Initiativmonopol ausgestattete EU-Kommission ist die Folge, zumal der Status vieler Bundesgesetze sich dadurch nachhaltig verändert: Als EU-Anpassungsgesetze dienen sie lediglich der Umsetzung europäischer Richtlinien in nationales Recht, besitzen also notariellen Charakter ohne großen Gestaltungsspielraum (Ismayr 2000: 290-298). Deshalb genügt es schon lange nicht mehr, allein am deutschen Regierungssitz politische Lobbyarbeit zu betreiben. Verbände müssen gleichermaßen in Brüssel und Straßburg präsent sein, um auch dort ihre Belange vertreten zu können. Ihre Interessen können sie dort mit Hilfe europäischer Dachorganisationen zur Geltung bringen oder aber durch eine

---

[36] Vgl. dazu Abschnitt 1.3.4.

eigene Niederlassung. Zunehmend wird dort auch von der Option Gebrauch gemacht, kommerzielle Lobbyisten (Consultants, spezialisierte Rechtsanwälte etc.) mit der Wahrnehmung dieser Interessenvertretung zu betrauen (Lahusen/ Jauß 2001: 60-64).[37] Sonstige internationale Organisationen spielen als Kontaktpartner aber nur eine sekundäre Rolle, was aus deren geringeren Entscheidungskompetenzen resultiert.

Die übrigen gouvernementalen Organisationen, wie das Bundeskanzleramt und der Bundesrat, sind für die politische Arbeit von Verbänden nur punktuell relevant. Im Bundeskanzleramt zu intervenieren ist im lobbyistischen Regelfall auch wenig sinnvoll, ist es doch in erster Linie Clearing- und Koordinationsstelle (König 1989) für die Bundesministerien. Es kann aber dann Bedeutung gewinnen, wenn es darum geht, eine missliebige ministerielle Initiative auf dem Weg ins Kabinett im letzten Moment noch zu blockieren. Dies bleibt aber im politischen Alltag der große Ausnahmefall und ist erfahrungsgemäß auch den großen und prominenten Organisationen vorbehalten. Dass der Bundeskanzler persönlich auch nur punktuell, d.h. in Angelegenheiten von überragender politischer Bedeutung, Ansprechpartner von Interessengruppen ist, versteht sich dabei von selbst.

Der relativ geringe Stellenwert des Bundesrates wird dann verständlich, wenn wir zur Interpretation den wesentlich höheren Stellenwert der Landesministerien hinzunehmen. Hier gilt die Regel: Was im Bundesrat auf die Tagesordnung kommt, ist von den zuständigen Ministerien der Bundesländer meist bereits vorabgestimmt (Rudzio 2000: 318-319). Deshalb ist es für die Verbandsfunktionäre sinnvoller, über die Landesverbände ihrer Organisationen direkt an die Administrationen der Bundesländer heranzutreten. Gute Verbindungsdienste leisten hier im Übrigen auch die Vertretungen der Bundesländer in Berlin.

Kontakte zu wissenschaftlichen Institutionen werden dagegen recht häufig gepflegt: In einer Zeit, die von der Technisierung der Wirtschaft, der Verwissenschaftlichung der Politik und von einer immer komplexeren Gesetzgebungsarbeit geprägt ist, ist wissenschaftliche Expertise auch für Interessengruppen zu einer Notwendigkeit erster Ordnung geworden. Wer heute seine Anliegen politisch wirkungsvoll vertreten will, ist in hohem Maße auf stützende wissenschaftliche Gutachten angewiesen. Die parteipolitische Instrumentalisierung von Wissenschaft, sehr gut ablesbar an den geschickt inszenierten Wettkämpfen der Gutachter verschiedener Parteien im Rahmen von Ausschuss-Hearings (Ismayr 2000: 409-410), hat auch auf die Arbeit von Interessengruppen nachhaltigen Einfluss gehabt: Wer heute interessenpolitisch als seriös gelten will, braucht die Unterstützung der Wissenschaft.

---

[37] Vgl. auch Kapitel IV, Abschnitt 3.

Gerichte, Kommunen und 'gegnerische' Interessengruppen schließlich spielen als Kontaktpartner nur eine nachgeordnete Rolle. Offensichtlich ist also die vielfach beklagte 'Politisierung' der obersten Gerichte noch nicht so weit fortgeschritten, dass Interessengruppen sie zum bevorzugten Zielobjekt ihrer politischen Arbeit machen würden. Die Kommunen spielen für die Bundesorganisationen wohl aus dem Grund nur eine geringere Rolle, weil es meist Aufgabe der angeschlossenen Landesverbände ist, sich um kommunale Interessen zu kümmern.

Interessant ist allerdings, dass ein Dialog mit 'gegnerischen' Verbänden im Vorfeld politischer Entscheidungen auch nur in geringerem Maße gesucht wird. Offensichtlich scheint es den Funktionären sinnvoller, gegenüber Administration und Parlament ihre Argumente möglichst vorteilhaft zu präsentieren, als mit ihren Interessengegnern vorab zu Kompromissen zu gelangen. Von daher gewinnt auch die ausgleichende Rolle des zentralen politischen Entscheidungssystems ihre große Bedeutung: Wo die Selbstregulierung von Interessenkonflikten im vorpolitischen Raum nicht gelingt, muss es durch allgemein verbindliche Entscheidungen als Clearing-Stelle fungieren (Schwarzmeier 2001: 91-114).

1.3.2 Lobbyismus in der Praxis: Muster und Methodik

Hartnäckigen Klischees und abweichenden Ausnahmen zum Trotz ist der lobbyistische Alltag weitgehend unspektakulär und damit durchaus mit anderen beruflichen Tätigkeiten vergleichbar (von Alemann 2000b: 3-6; Hayes 1981). Nach Auskunft der Verbandsfunktionäre selbst wird das Gros der Aktivitäten immer noch über die klassischen Kommunikationsmedien Brief und Telefon abgewickelt. In einer Umfrage aus dem Jahre 1994 jedenfalls stuften sie diese Kontaktarten als mit Abstand am wichtigsten ein (vgl. Tabelle 7). Inzwischen hat auch der Austausch von E-Mails beträchtlich an Bedeutung gewonnen, der Mitte der neunziger Jahre noch eher eine Randerscheinung darstellte.

Demgegenüber sind gesellschaftliche Veranstaltungen und parlamentarische Abende – allen Unkenrufen zum Trotz – nur von zweitrangiger Bedeutung und dienen meist nur der Anbahnung von Kontakten, nicht aber der lobbyistischen Feinarbeit. Die spezifische Situationsdefinition (*small talk* statt Fachdiskurs) ließe derartiges auch gar nicht zu. Wichtiger sind da schon sonstige persönliche Kontakte, welche sich am Rande von parlamentarischen Gremiensitzungen (Arbeitsgruppen, Ausschüsse etc.) ergeben und regelmäßig die jeweils federführenden Experten aus Bundestag und Bundesministerien zusammenführen. Einzelgespräche finden darüber hinaus im Regelfall in den Büroräumen der

Abgeordneten bzw. Ministerialbeamten statt, oder aber in informellem Rahmen (Arbeitsessen etc.).

Tabelle 7: Arten der Kontaktaufnahme deutscher Interessengruppen mit politischen Akteuren und ihre Bedeutung (Erhebungszeitpunkt: 1994)

Kontaktart	Durchschnittliche Bedeutung
Korrespondenz per Brief	1,8
Telefonate	1,8
Korrespondenz per Fax	2,2
Persönliches Gespräch im Büro/ Amt des Gesprächspartners	2,3
Sonstige informelle persönliche Kontakte	2,4
Persönliches Gespräch am Rande politischer Veranstaltungen und Tagungen	2,5
Persönliches Gespräch am Rande von Gremiensitzungen	2,5
Persönliches Gespräch am Rande gesellschaftlicher Veranstaltungen	2,9
Persönliches Gespräch am Rande wissenschaftlicher Tagungen	2,9
Persönliches Gespräch in den eigenen Geschäftsräumen	3,4
Parlamentarische Abende in der eigenen Geschäftsstelle	3,9
Korrespondenz per E-Mail	4,5
Skala: 1 = sehr wichtig ... 5 = unwichtig; Quelle: Sebaldt 1997a: 348.	

Letztlich zeichnet also den erfolgreichen Lobbyisten das Vermögen aus, sich ein leistungsfähiges Kontaktnetzwerk zu den jeweils zuständigen Experten in Parlament und Verwaltung zu knüpfen und seine Einflussnahme vor allen Dingen durch sachliche Zuarbeit zu entfalten (Rudzio 2000: 93-100). Verbandliche Expertise wird im Regelfall durch schriftliche Vorlagen, Memoranden und sogar komplett ausformulierte Gesetzentwürfe zur Geltung gebracht, flankiert durch vorbereitenden und nachbereitenden persönlichen Diskurs.

Für die Kommunikation zwischen organisierten Interessen und den bundespolitischen Institutionen spielen dabei aus Sicht der Funktionäre die schon angesprochenen rechtlich institutionalisierten Kontaktformen eine nicht unwesentliche Rolle (Sebaldt 1997a: 269-282). Vor allen Dingen die von der *Gemeinsamen*

Geschäftsordnung der Bundesministerien (GGO) vorgesehene Anhörung betroffener Verbände im Referentenstadium eines Gesetzgebungsprozesses (GGO, §
47) eröffnet den Lobbyisten ein zusätzliches Podium der Einflussnahme. Die
grundsätzliche Bedeutung solcher ministerieller Hearings wird von ihnen daher
im Schnitt auch recht hoch eingestuft (vgl. Tabelle 8), wenngleich sie in der
Praxis oft nur einen begrenzten Wirkungsgrad besitzen.[38] Parlamentarische Anhörungen bzw. ministerielle Hearings zu Ausführungsverordnungen rangieren in
der Bedeutung merklich dahinter, zumal es in dieser Phase der Rechtsetzung im
Regelfall nur mehr um parlamentarische Korrekturen an bereits ausformulierten
Vorlagen bzw. die rechtliche Umsetzung verabschiedeter Gesetze geht (Ismayr
2000: 407-412).

Tabelle 8:   Die Bedeutung formalisierter und institutionalisierter Kontakte im
            Urteil der Verbandsvertreter (Erhebungszeitpunkt: 1994)[39]

Kontaktform	Durchschnittliche Bedeutung
Anhörungen der Bundesministerien zu Gesetzesvorhaben	1,5
Per Gesetz vorgeschriebene Anhörungen der Bundesministerien zum Erlass von ausführenden Rechtsverordnungen	1,9
Ausschuss-Hearings im Deutschen Bundestag	1,9
Beiräte und Kommissionen der Bundesministerien	2,2
Formen der Konzertierten Aktion	3,1
Skala: 1 = sehr wichtig ... 5 = unwichtig; Quelle: Sebaldt 1997a: 271.	

Im Einzelfall, zumal bei kontroversen Projekten bzw. bei direkt im Bundestag
lancierten Vorlagen, sind natürlich punktuelle Abweichungen von diesem Muster beobachtbar, die gerade die Bedeutung parlamentarischer Hearings exponentiell anwachsen lassen können. Darüber hinaus eröffnet auch das schon angesprochene System ministerieller Beiräte den Interessenvertretern kontinuierliche
Einflussmöglichkeiten. Anfang der neunziger Jahre existierten im Bereich der
Bundesregierung nicht weniger als 189 von ihnen, und 174 Aufsichtsgremien
(Verwaltungsräte etc.) traten noch hinzu (Rudzio 2000: 106-107).
   Zur Illustration sind in Übersicht 15 die Mitglieder des *Beirats für Fragen
der Inneren Führung* beim Bundesminister der Verteidigung zusammengestellt
(Beirat Innere Führung 2002). Dieses Gremium berät den Minister in allen Fra-

---

[38] Vgl. dazu im einzelnen Abschnitt 1.1.3.
[39] Vgl. zur faktischen Bedeutung dieser Kontaktoptionen auch Abschnitt 1.1.3.

gen, die sich bei der Konzipierung und Umsetzung zeitgemäßer militärischer Menschenführung ergeben. Dort spielen die Vertreter von Soldatenverbänden, Gewerkschaften und Arbeitgeberorganisationen zwar eine gewichtige Rolle, dominieren aber keinesfalls. Denn auch etliche Wissenschaftler sind dort präsent, wie auch Familienangehörige von Soldaten sowie Journalisten. Das mindert den Wert von Beiräten als lobbyistische Bühne nicht unwesentlich, da Verbände dort nur unter den wachsamen Augen anderer agieren können.

Übersicht 15: Die Mitglieder des 11. Beirates für Fragen der Inneren Führung beim Bundesminister der Verteidigung

Mitglied	Funktion
Klaus Abel	Stellvertretender Leiter der Abteilung Bildungs- und Jugendpolitik der Bundesvereinigung der Deutschen Arbeitgeberverbände
Prof. Dr. Ulli Arnold	Universität Stuttgart, Lehrstuhl für BWL, Investitionsgütermarketing und Beschaffungsmanagement
Klaus Beck	Leiter des Verbindungsbüros des DGB zum Europäischen Parlament
Prof. Dr. Manfred Becker	Martin-Luther-Universität Halle-Wittenberg, Lehrstuhl für BWL, insb. Organisation und Personalwirtschaft
Rolf Clement	Abteilungsleiter beim Deutschlandfunk
Elisabeth Veronika Förster-Blume	Pfarrerin
Franz-Wilhelm Frank	Direktor i.R.
Oberst Bernhard Gertz	Bundesvorsitzender des Deutschen Bundeswehr-Verbandes
Angelika Hassan Khan	Ehefrau eines Unteroffiziers
Prof. Dr. Ursula Hoffmann-Lange	Universität Bamberg, Professur für Politikwissenschaft
Paul Elmar Jöris	Verteidigungspolitischer Korrespondent beim Westdeutschen Rundfunk
Memet Kilic	Vorsitzender des Bundesausländerbeirats
Christine Kowitz	Vorsitzende des Forums für Soldatenfamilien
Josef Kraus	Präsident des Deutschen Lehrerverbandes
Thomas Krüger	Präsident der Bundeszentrale für politische Bildung
Prof. Dr. Eberhard Muszynski	Universität Potsdam, Lehrstuhl für Soziologie der Politik
Heinrich Ossenkamp	Stellv. Bundesvorsitzender des Deutschen Beamtenbundes
Prof. Dr. Reiner Pommerin	TU Dresden, Lehrstuhl für Neuere und Neueste Geschichte (1. Sprecher des Beirats)

Karl-Heinz Popp	Ehem. Leiter der Berufsschule Amberg
Paul Spiegel	Präsident des Zentralrats der Juden in Deutschland
Heinz-Alfred Steiner	Ehrenpräsident des Verbandes der Reservisten der Deutschen Bundeswehr
Prof. Dr. Armin Steinkamm	Universität der Bundeswehr München, Lehrstuhl für Öffentliches Recht unter bes. Berücksichtigung des Völkerrechts (stellv. Sprecher des Beirats)
Anita Stelter	Frau eines Offiziers (stellv. Sprecherin des Beirats)
Christian Zahn	Vereinigte Dienstleistungsgewerkschaft (ver.di), Mitglied des Bundesvorstandes
Quelle: Beirat Innere Führung 2002.	

Formen „Konzertierter Aktionen" spielten dagegen bis in die jüngste Zeit nur punktuell (Gesundheitswesen, Bündnis für Arbeit) eine Rolle – und dies mit durchaus zwiespältiger Erfolgsbilanz (Aktuelle Formen des Korporatismus 2000: 16-20).[40] Nach dem Regierungswechsel im Jahre 1998 nahm jedoch der Trend zur Schaffung neuer Konzertierungsgremien zu, was manche Beobachter schon von einer neuen „Berliner Räterepublik" (Heinze 2002) sprechen ließ.[41] Bis Oktober 2001 hatte die Bundesregierung nicht weniger als 36 von ihnen neu ins Leben gerufen, um umfassende Reformkonzepte für den jeweiligen Zuständigkeitsbereich entwickeln zu lassen. Neben dem *Bündnis für Arbeit* fanden sich hier die einflussreiche *Atomkonsensrunde*, das *Bündnis für den Film* oder der *Runde Tisch im Gesundheitswesen* (Heisele 2002: 7, 105-106).

Dass derlei Gremien die traditionellen politischen Entscheidungsmuster auf Dauer verändern und insbesondere zu einer Verringerung parlamentarischen Einflusses auf die Regierungsarbeit führen werden, ist jedoch eher unwahrscheinlich (Sebaldt 2004c). Immerhin wurden schon im November 2002 mit der unfreundlichen Reaktion der SPD-Bundestagsfraktion zu der von Bundesgesundheitsministerin *Ulla Schmidt* berufenen *Rürup-Kommission* und der Ankündigung einer eigenen Expertenrunde für die Reform der Sozialversicherung deutliche Gegenzeichen gesetzt (FAZ, 21.11.02: 11). Auch sei daran erinnert, dass eine ähnliche 'Räteeuphorie' Ende der sechziger Jahre nach einiger Zeit wieder verschwand, als sich die mangelnde Effizienz dieser Gremien zeigte.

Insgesamt betonen die meisten Verbandsfunktionäre ohnehin, dass formalisierte Kontakte jeglicher Art lediglich *flankierenden* Charakters sein könnten, welche sich nur nach präziser informeller Vorarbeit und Vorbereitung wirklich auszahlten: Selbst ministerielle Hearings besäßen vielfach lediglich notifizieren-

---

[40] Vgl. zu diesen Gremien im Einzelnen die Abschnitte 3.2.3 und 3.3.2.
[41] Vgl. dazu jetzt auch mit weiteren Beispielen Sebaldt 2004b. Einschlägig auch Siefken 2003 sowie die Fallstudien in Heisele 2002 und Müller-Russell 2002.

den Charakter, um abschließende verbandliche Stellungnahmen zu bereits ausformulierten Entwürfen abzurufen. Deshalb gilt es, den Referenten gleichsam schon im Vorfeld die Feder zu führen, um die eigene Position frühzeitig im Entwurf zu verankern (von Beyme 1997: 207-208). Die in einem vergleichsweise späten Stadium stattfindenden parlamentarischen Hearings sind daher im Regelfall zu einem hochritualisierten Schaukampf zwischen Regierungsmehrheit und Opposition verkommen, in welchem die Parteien 'ihre' Verbandsvertreter mit längst bekannten Standardstatements auf Kommando als „Zirkustiger" durch den brennenden Reifen springen lassen (Sebaldt 1997a: 375-376). Derlei Anhörungen sind für die meisten Lobbyisten daher mehr lästige und ineffektive Pflichtprogramme als substantielle Dialogforen, welchen man sich aber aus Gründen öffentlicher Selbstdarstellung und taktisch-politischer Raison meist nicht entziehen kann.[42]

Bei all diesen Kontakten ist ein informeller Verhaltenskodex unter den Verbandsfunktionären wirksam, welcher festlegt, „was läuft" und „was nicht läuft" (Strauch 1993a: 42). Etliche Praxisleitfäden vermitteln diesen Kodex frühzeitig an lobbyistische Novizen,[43] und insoweit verwundert es nicht, dass er von der Masse der deutschen Verbandsvertreter auch erfolgreich verinnerlicht wurde. *Klaus Broichhausen* hat den umfangreichsten Katalog von „Spielregeln" zusammengestellt (Broichhausen 1982: 18-27). Nicht weniger als 20 hält er für bedeutsam (vgl. Übersicht 16).

Übersicht 16: Die Spielregeln des deutschen Lobbyismus aus Praktikersicht

1. Geben und Nehmen	11. Nicht mauscheln und mauern
2. Informationslücken füllen	12. Klarheit und Offenheit
3. Informationsvorsprung schaffen	13. Selbstsicherheit und Selbstbewusstsein
4. Informationswege verkürzen	14. Sachverstand über alles
5. Immer präsent sein	15. Prägnant und präzise
6. Könner fangen früher an	16. Parteipolitische Neutralität
7. Perfekt und umsichtig	17. Öffentlich überzeugen
8. Mit Maßen fordern	18. Die richtigen Leute zusammenbringen
9. Vertrauen gewinnen	19. Unauffällig arbeiten
10. Glaubwürdigkeit	20. Sparsam mit Gefälligkeiten
Quelle: Broichhausen 1982: 18-27.	

Auch in Interviews benennen die Verbandsvertreter regelmäßig dieselben Verhaltensregeln (vgl. Tabelle 9), welche ein anschauliches Profil des 'Standard-

---

[42] Was aber von Lobbyisten in dieser Deutlichkeit nicht zugegeben wird. Vgl. dazu Tabelle 8.
[43] Vgl. dazu statt anderer Köppl 2000, Bender/ Reulecke 2003 und Merkle 2003.

Lobbyisten' vermitteln und damit dem 'Broichhausen-Ideal' recht nahe kommen: Er zeichnet sich durch Sachkompetenz und Seriosität aus und ist dabei von absoluter Diskretion. Darüber hinaus ist er von offenem Charakter und ausgeprägt kontaktfreudig, um erfolgreich politische Netzwerkarbeit betreiben zu können. Er sollte zudem in der Lage sein, sich in die Position seines Gegenübers hineinversetzen zu können, um frühzeitig ein Gefühl für das lobbyistisch Machbare zu gewinnen. Dogmatische und kompromisslose Positionsbestimmung gilt also selbst unter den Verbandsfunktionären als unschicklich, zumal dies die Gesprächsatmosphäre regelmäßig belastet.

Tabelle 9:   Verhaltensregeln im Urteil deutscher Verbandsfunktionäre
(Erhebungszeitpunkt: 1994)

Verhaltensregel	Frequenz der Nennungen *
Ausstrahlung von Kompetenz, Seriosität	13
Diskretion, Fairness	9
Kontaktfreude	6
Offenheit, Ehrlichkeit	6
Einfühlungsvermögen, Sensibilität	5
Zuhören	4
Unparteilichkeit	1
Summe	44
* Mehrfachnennungen möglich;[44] Quelle: Sebaldt 1997a: 360.	

Dem auch international stereotypen Image des Verbandsfunktionärs, der sich als „smooth-talking arm-twister" (Berry 1997: 94) seinen Weg auch unter Einsatz von Bestechungsgeldern bahnt, entspricht dieses Profil natürlich in keiner Weise. Schwarze Schafe der Profession, wie der Rüstungslobbyist *Karlheinz Schreiber*, tragen jedoch regelmäßig zu dessen Auffrischung bei. Der lobbyistische Profi weiß sich dagegen argumentativ durchzusetzen, zumal in einer ungünstigen parteipolitischen Konstellation auch ungesetzliche Methoden nicht zum Erfolg führen würden.

---

[44] Dieser Auswertung liegen 23 Leitfadeninterviews mit deutschen Verbandsfunktionären vom Herbst 1994 zugrunde. Vgl. dazu im einzelnen Sebaldt 1997a: 400-404.

1.3.3 Lobbyismus und Bundestag: Zerrbild und Wirklichkeit

Trotz dieser grundsätzlichen Strukturmuster politischer Verbandsarbeit erscheint manchem Betrachter die *interne Einflussnahme* durch verbandsangehörige Abgeordnete im Deutschen Bundestag immer noch als Königsweg des Lobbyismus (Steinberg 1989: 227-233): Unbemerkt und ungestört von den Blicken der wachsamen Medien gelänge es den parlamentarischen Lobbyisten am leichtesten, die Berücksichtigung ihrer politischen Belange zu erreichen. Ja mehr noch: Einzelne Bundestagsausschüsse (z.B. Ernährung, Landwirtschaft, Forsten; Innenausschuss) seien geradezu zu „Verbandsherzogtümern" (Eschenburg 1989: 36) interessenspezifisch gebundener Abgeordneter (Bauern, Beamte) mutiert und damit letztlich nicht mehr frei in ihrer Entscheidung. Welche Bedeutung aber hat derlei internes Lobbying wirklich?

Ein Blick auf die Statistik scheint diese Vermutung zunächst zu untermauern. Untersuchungen zur 7. bis 12. Wahlperiode des Deutschen Bundestages belegen, dass substantielle Anteile der Parlamentarier nicht nur einfache Verbandsmitgliedschaften aufzuweisen haben – was der Beruf des Abgeordneten ohnehin mit sich bringt –, sondern diese auch ehren- bzw. hauptamtliche Funktionen in Interessengruppen wahrgenommen hatten bzw. dies noch taten (Schindler 1999: 719-720). *Peter Schindlers* quantitative Übersicht zeigt, dass in allen diesen Wahlperioden mindestens zwei Fünftel der Parlamentarier solche Ämter aufzuweisen hatten, häufig aber noch mehr. In Tabelle 10 finden sich die zugehörigen Daten, die der Übersichtlichkeit halber auf die 8., 10. und 12. Wahlperiode beschränkt sind.

Ihr ist zunächst zu entnehmen, dass diese Anteile früher noch größer waren, denn zwischen 1983 und 1987 konnten 58,1 Prozent der Parlamentarier eine derartige Affinität aufweisen, in den Jahren 1976-80 immerhin noch 53,3 Prozent. Dabei ist auffallend, dass sich die 'Altparteien' CDU/CSU, SPD und FDP deutlich von den 'Neuzugängen' Bündnis 90/ Die Grünen und PDS/ LL absetzen: Während letztere in den Jahren 1990/94 Anteile von deutlich unter 10 Prozent besitzen, liegen Union und FDP jeweils bei über 40 Prozent, und auch die SPD kann zu diesem Zeitpunkt noch über 30 Prozent 'Verbandsabgeordnete' verbuchen. In den weiter zurückliegenden Wahlperioden waren diese Anteile gerade bei den Großparteien noch wesentlich höher, erreichen bei der Union punktuell sogar die 70 Prozent-Marke.

Tabelle 10: Verbandsvertreter unter den Bundestagsabgeordneten, 1976-1994

Repräsentierte Vereinigungen	Wahl-periode	Parteien (Prozentanteile verbandlich tätiger Abg.)					BT ges.
		Union	SPD	FDP	GRÜNE	PDS/LL	
Wirtschafts- und	1976/80	33,5	23,7	15,4	-	-	27,8
Arbeitsbereich	1983/87	32,2	23,3	17,1	0,0	-	26,0
insgesamt	1990/94	13,2	5,9	15,2	5,9	5,9	10,4
davon:							
Arbeitnehmer-organisationen	1976/80	13,8	21,4	0,0	-	-	16,0
	1983/87	7,5	21,3	0,0	0,0	-	11,9
	1990/94	1,6	4,2	0,0	5,9	5,9	2,4
Industrie- und	1976/80	7,1	0,9	7,5	-	-	4,4
Arbeitgeber-verbände	1983/87	5,9	0,0	5,7	0,0	-	3,3
	1990/94	4,4	0,4	5,1	0,0	0,0	2,9
Mittelständische Verbände	1976/80	12,6	1,3	7,5	-	-	7,3
	1983/87	17,3	0,5	11,4	0,0	-	9,4
	1990/94	6,3	0,8	7,6	0,0	0,0	4,2
Verbände der freien Berufe	1976/80	0,0	0,0	0,0	-	-	0,0
	1983/87	1,6	0,5	0,0	0,0	-	1,0
	1990/94	0,6	0,4	2,5	0,0	0,0	0,8
Verbraucher-verbände	1976/80	0,0	0,0	0,0	-	-	0,0
	1983/87	0,0	0,5	0,0	0,0	-	0,2
	1990/94	0,3	0,0	0,0	0,0	0,0	0,2
Vereinigungen im Sozialbereich	1976/80	12,2	6,7	5,0	-	-	9,3
	1983/87	13,3	11,9	0,0	7,1	-	11,5
	1990/94	15,4	13,0	11,4	11,8	11,8	13,9
Vereinigungen im Freizeitbereich	1976/80	1,2	1,3	5,0	-	-	1,5
	1983/87	3,6	3,5	2,9	0,0	-	3,3
	1990/94	2,8	2,1	1,3	0,0	0,0	2,3
Vereinigungen im Bereich Kultur, Wissenschaft, Religion, Politik	1976/80	15,4	8,5	5,0	-	-	11,8
	1983/87	20,8	11,4	14,3	21,4	-	16,7
	1990/94	22,0	18,4	24,1	17,7	17,7	20,7
Vereinigungen von Gebietskörper-schaften und ande-ren Körpersch. des öff. Rechts	1976/80	4,7	1,8	0,0	-	-	3,1
	1983/87	0,8	0,5	0,0	0,0	-	0,6
	1990/94	2,2	2,5	1,3	0,0	0,0	2,1
Alle Vereinigungen	**1976/80**	**67,2**	**42,0**	**30,0**	**-**	**-**	**53,5**
	1983/87	**70,6**	**50,5**	**34,3**	**28,6**	**-**	**58,1**
	1990/94	**44,8**	**31,0**	**43,0**	**8,8**	**8,8**	**39,4**
Quelle: Schindler 1999: 719-720.							

Ein differenzierender Blick auf die einzelnen Interessensektoren belegt dabei die ausgeprägte Bindung der SPD an den Arbeitnehmer-, Sozial- und Kulturbereich, wobei die Gewerkschaftsaffinität in den Jahren 1990/94 auffällig gesunken ist. Spiegelbildlich dazu finden sich unter Unionsabgeordneten und FDP-Parlamentariern wesentlich mehr Vertreter von Unternehmerverbänden unterschiedlichen Zuschnitts. Allerdings sind gewerkschaftlich tätige Parlamentarier gerade in den siebziger Jahren auch bei den Christdemokraten noch häufiger anzutreffen, und auch der Anteil von Funktionären der Sozial- und Kulturverbände ist bei diesen (wie auch bei der FDP) substantiell. Die 'jungen' Parteien haben demgegenüber fast keine Abgeordneten mit Affinitäten zu Wirtschaftsverbänden in ihren Reihen, sondern besitzen vor allen Dingen Rückbindungen an Sozial- und Kulturverbände. Darüber hinaus ist auffällig, dass sowohl Verbraucherorganisationen wie auch Verbände der freien Berufe parteiübergreifend so gut wie nicht repräsentiert sind, und auch der Anteil der Freizeitorganisationen hält sich generell deutlich in Grenzen.

Die breitflächigere Verwurzelung der Großparteien im sozialen Umfeld (von Alemann 2000a: 95-107) wird also auch durch diese Daten dokumentiert, während Bündnis 90/ Die Grünen und PDS nur partiell auf ein derartiges Wurzelwerk bauen können. Die deutsche Wiedervereinigung bildet aber für alle Parteien eine deutliche Zäsur, denn das Gros der Abgeordneten aus den neuen Bundesländern kann auf derartige 'Verbandskarrieren' naturgemäß nicht zurückblicken: Unternehmerverbände waren in der sozialistischen DDR als „reaktionäre Klassenkampforganisationen und Kommandozentralen der Bourgeoisie" (Kleines Politisches Wörterbuch 1986: 959) ohnehin nicht denkbar, Gewerkschaftsaffinität allein durch (politisch disqualifizierende) Funktionärstätigkeit beim FDGB zu erlangen, und auch Sozial- und Berufsverbände existierten nur unter der straffen Kontrolle der SED.[45] Es bleibt daher abzuwarten, ob sich dieser Abwärtstrend langfristig wieder umkehrt, wenn zunehmend auch ostdeutsche Parlamentarier Affinitäten zu einer mittlerweile auch dort bestehenden und vielfach durch „Institutionentransfer" (Lehmbruch 1991: 593) westdeutscher Strukturen geschaffenen Verbandslandschaft entwickeln.

Doch welche Wirkungsmöglichkeiten haben solche verbandsangehörigen Parlamentarier wirklich? Der Idealfall, den sich die Verbände dabei alle wünschen, sieht wohl so aus: „Wenn Sie eine bestimmte Entwicklung befürchten oder wissen, dass da was in der Regierung läuft, und Sie wollen, dass das auf den Tisch kommt: Dann brauchen Sie einen Abgeordneten, der eine Anfrage

---

[45] So etwa der 1946 gegründete *Verband der Journalisten der DDR* als Berufsorganisation aller journalistisch Tätigen oder die *Volkssolidarität* als sozialpolitische Massenorganisation. Letztere hat sich nach dem Zusammenbruch der DDR zu einer freien Wohlfahrtsorganisation mit immer noch ostdeutschem Schwerpunkt gewandelt. Vgl. auch Kapitel IV, Abschnitt 1.

stellt... Optimal ist es natürlich, wenn Sie dem Abgeordneten die Frage schreiben und dem Staatssekretär die Antwort. Dann haben Sie Ihr Geld für den Monat verdient!" (Sebaldt 1997a: 355). So formulierte es ein Funktionär der Bauindustrie und setzt damit die Maßstäbe.

Der politische Alltag gestaltet sich allerdings weniger einfach. Nicht weniger als 16 von 23 hierzu befragten Verbandsfunktionären stellten die Bedeutung verbandsangehöriger Abgeordneter für die Arbeit von Interessengruppen im Allgemeinen, aber auch ihrer eigenen Organisation, generell in Abrede (Sebaldt 1997a: 354-360). Ganz allgemein wird dabei auf die Rollenkonflikte verwiesen, denen sich ein allzu offen interessenbezogen handelnder Parlamentarier ausgesetzt sehe: Durch seine parteiinterne 'Ochsentour' bedingt, sei er als politische Existenz vor allen Dingen seiner *Partei* verpflichtet und müsse sich infolgedessen auch primär als *Partei- und Fraktionsmitglied*, erst sekundär als Vertreter partikularer Interessen verstehen. Ein allzu offen für Verbandsbelange eintretender Abgeordneter wird genau diese Grundregel verletzen und damit die fraktionsinterne Sanktionsmaschinerie in Gang setzen: Bleibt es zunächst bei mehr oder weniger freundlichen Aufforderungen, sich in erster Linie in den Dienst der Partei zu stellen, so kann dies bei mangelndem Effekt in offene fraktionsinterne Ausgrenzung münden, welche den solchermaßen Stigmatisierten im Grenzfall zur politischen Einflusslosigkeit verurteilt. Kurzum: Ein offen interessenorientiertes Agieren von Abgeordneten ist politisch unklug und zudem wenig effektiv (Patzelt 1995: 165-171). Unabhängig voneinander verweisen die Funktionäre dabei immer wieder auf dieselben prominenten warnenden Negativ-Beispiele: *Ruprecht Vondran* als Vertreter der Stahlindustrie schied nach Aussage eines Verbandsvertreters „völlig frustriert" aus dem Bundestag aus, weil er die Interessen seiner Klientel nur unzureichend vertreten konnte, und sogar *Constantin Freiherr von Heereman*, der als Präsident des *Deutschen Bauernverbandes* für die CDU von 1983-1990 im Bundestag saß, hat nach Aussage eines Funktionärs „den Bauern eher geschadet als genutzt, weil er nämlich eingebunden war" (Sebaldt 1997a: 359).

Aus den genannten Gründen entsprechen die meisten verbandlich gebundenen Parlamentarier auch den Konventionen von Partei und Fraktion. Doch nicht nur dies: Gemäß dem Grundsatz „where you stand depends on where you sit" entwickeln die meisten verbandsangehörigen Abgeordneten durch ihre permanente parlamentarische Arbeit ohnehin ein Selbstverständnis, welches eben primär *parlamentarisch* und nur mehr sekundär verbandlich geprägt ist (Patzelt 1995: 165-171). Ein Vertreter der Lebensmittelbranche etwa musste resigniert feststellen: „Ich hab' da fünf [Abgeordnete]: Die sind unheimlich freundlich! Die sind auch aktiv und lassen sich gerne einladen. Aber wenn ich dann mal nachfrage, dann geht das im Wortschwall unter. Das Wichtigere für die Lobbyarbeit sind die Kollegen, die in der Fraktion zuständig sind" (Sebaldt 1997a: 359). Der zuletzt angesprochene Sachverhalt mindert die Wirkungsmöglichkeiten eines potentiellen parlamentarischen Lobbyisten im Übrigen noch weiter: Eingebunden in die arbeitsteilige Organisation von Fraktion und Ausschuss, ist er dort häufig für die Interessenbereiche des eigenen Verbandes gar nicht zuständig. Selbst die Mitgliedschaft im richtigen Ausschuss, etwa demjenigen für Verbraucherschutz, Ernährung und Landwirtschaft, muss einem Bauernvertreter noch nicht unbedingt Wirkungsmöglichkeiten eröffnen, wenn er nicht als Berichterstatter federführend ist. Externe Verbandsvertreter wenden sich daher oft gerade *nicht* an 'ihre' Abgeordneten, sondern an die jeweils zuständigen.

Welchen Wert besitzen verbandsangehörige Abgeordnete dann überhaupt? Sind sie nicht letztlich sogar eine Hypothek für jede Interessengruppe, weil über sie zum einen wenig bewegt werden kann, sie aber zum anderen immer wieder als Zielscheibe populistischer Verbändekritik herhalten müssen? Dieses Bild wäre sicherlich ebenso verzerrend. Denn die Verbandsfunktionäre verweisen im gleichen Atemzug immer wieder auf den *Informationsvorsprung*, welchen diese Parlamentarier verschaffen könnten. Durch gute Kontakte zur Arbeitsebene der Ministerien hätten sie frühzeitig strategisch wichtige Informationen über Gesetzgebungsprojekte etc. und gäben diese auch regelmäßig an ihre Organisationen weiter. Auch durch fraktionsinterne Diskussionen seien verbandsangehörige Parlamentarier frühzeitig informiert und könnten *im Rahmen der eben skizzierten Spielregeln* dort auch Verbandsinteressen artikulieren.

1.3.4 Lobbyismus und Öffentlichkeit: eine gestörte Beziehung?

Die Tätigkeit von Interessengruppen ist gerade in Deutschland häufig Anfeindungen ausgesetzt gewesen und ist auch heute noch für viele nicht über jeden politischen Zweifel erhaben (Zimmer/ Weßels 2001: 9).[46] Verbandsfunktionäre agieren damit in einer öffentlichen Atmosphäre, die sich für sie keineswegs einfach gestaltet. Doch wie nehmen sie diese öffentliche Szenerie selbst wahr, und welches öffentliche Image attestieren sie sich demzufolge? In einer Umfrage des Jahres 1994 gaben über 600 Verbandsfunktionäre zu diesem Sachverhalt Auskunft (vgl. Tabelle 11).

Bezogen auf die Einschätzung des generellen Ansehens von Interessengruppen ist ein deutlicher 'Trend zur Mitte' festzustellen. Nicht weniger als 48 Prozent aller Befragten bewerteten das öffentliche Image von Verbänden gene-

---

[46] Aktuelle Beispiele dieser Verbandskritik sind Wagner 2003 sowie insb. Simmert 2002.

rell als nur mittelmäßig, während lediglich 12 Prozent sich zu einer sehr guten oder guten Einschätzung durchringen konnten.

Tabelle 11: Das öffentliche Ansehen deutscher Interessengruppen: Das Urteil der Verbandsfunktionäre (Erhebungszeitpunkt: 1994)

Öffentliche Einschätzung	Interessengruppen allgemein		Eigene Interessengruppe	
	Absolut	**Prozent**	**Absolut**	**Prozent**
Sehr wohlwollend (1)	18	3,0	65	10,8
Wohlwollend (2)	54	9,0	208	34,6
Mittelmäßig (3)	289	48,0	168	27,9
Eher ablehnend (4)	140	23,3	41	6,8
Sehr ablehnend (5)	9	1,5	7	1,2
Durchschnittliche Bewertung	3,1		2,4	
Keine Angaben	92	15,3	113	18,8
Quelle: Sebaldt 1997a: 206.				

Allerdings ist auch der andere Extremwert schwach besetzt: Nur 1,5 Prozent diagnostizierten ein sehr ablehnendes Klima. Allerdings wird die Note 4 immerhin von einem knappen Viertel der befragten Funktionäre vergeben. Das hieraus resultierende arithmetische Mittel von 3,1 kann folgendermaßen interpretiert werden: Zum einen wird das Image deutscher Verbände weder als besonders gut noch als besonders schlecht erachtet, mithin als 'normal'. Andererseits könnte der Wert auch ein Indikator für Unwissen und Unsicherheit der Befragten sein: Es ist bekannt, dass im Zweifel gehäuft die Mitte einer Skala gewählt wird.

Wesentlich besser erscheint den Funktionären demgegenüber im Schnitt das Image ihrer eigenen Organisation. Der Mittelwert fällt mit 2,4 wesentlich vorteilhafter aus, und allein über 45 Prozent der Funktionäre entschieden sich hier für die beiden besten Noten. Lediglich 8 Prozent sahen sich mit einem mehr oder weniger negativen eigenen Verbandsimage konfrontiert.

Der deutliche Unterschied zwischen beiden 'Einstufungstests' ist ein wichtiger Indikator für das *Selbstbewusstsein*, mit dem deutsche Verbandsfunktionäre ganz offensichtlich ausgestattet sind: Sie operieren nach eigener Ansicht in einem Kräftefeld von Interessengruppen, das von der Öffentlichkeit insgesamt nur *befriedigende* Noten erhält, aus dem aber ihr eigener Verband als Primus mit *guten* Noten heraussticht. Man arbeitet also dem Selbstverständnis nach für eine *gute* Sache im Kontext eines nur *befriedigend* funktionierenden Verbändespektrums (von Wartenberg 1993).

Welche Methoden kommen nun bei der *Öffentlichkeitsarbeit* der Interessengruppen (Bentele/ Liebert/ Vogt 2001; Kocks 2003) zum Tragen, um sich mit der politischen Umwelt adäquat zu vernetzen? Gibt es bevorzugte Taktiken, oder bedienen sich die Organisationen eher eines breitgefächerten Instrumentariums? Die entsprechenden Daten finden sich in Tabelle 12.

Tabelle 12: Methoden der Öffentlichkeitsarbeit und ihre Bedeutung (Erhebungszeitpunkt: 1994)

PR-Methode	Durchschnittliche Bedeutung
Pressemitteilungen	1,7
Eigene Publikationen	1,9
Tagungen	2,2
Telefoninterviews mit Journalisten	2,3
Sonstige Interviews mit Journalisten	2,3
Hintergrundgespräche	2,4
Vorträge	2,4
Pressekonferenzen	2,5
Öffentliche Aktionen mit befreundeten Organisationen	3,1
Werbung	3,2
Öffentliche Demonstrationen und Protestaktionen	4,0
Skala: 1 = sehr wichtig ... 5 = unwichtig;	
Quelle: Sebaldt 1997a: 321.	

Öffentlichkeitsarbeit wird von den Verbänden bevorzugt schriftlich erledigt: Pressemitteilungen und eigene Publikationen stehen mit Mittelwerten von 1,7 bzw. 1,9 in der Rangskala ganz oben (vgl. auch Weischenberg 1995: 214). Beide Methoden bergen eine Reihe von Vorzügen, auf welche Interessengruppen bei ihrer Lobbyarbeit sehr stark angewiesen sind: Schriftliche Mitteilungen erreichen zunächst – einen geschickt organisierten Verteiler vorausgesetzt – eine große Menge von Journalisten und politischen Akteuren simultan, sichern also eine ausreichende Streuung der zu vermittelnden Informationen (Lindner 2001: 33-55).

Zweitens bietet die Schriftform den Vorteil, auch komplexere Sachverhalte öffentlichkeitswirksam aufbereiten zu können, da sich im Gegensatz zur mündlichen Kommunikation genügend Raum zur Entfaltung auch längerer Argumentationsketten bietet. Gerade sehr spezifisch orientierte Fachverbände sind daher auf diese beiden Methoden der Öffentlichkeitsarbeit besonders angewiesen. Schließlich ist sie vergleichsweise ressourcenschonend – in finanzieller wie in zeitlicher Hinsicht: Eine Pressemitteilung muss nur einmal geschrieben werden, erreicht dann aber etliche Empfänger simultan. Gespräche müssen im Regelfall individuell geführt werden, sollen sie effektiv sein.

Auch Tagungen verschiedenster Art sind ein probates Mittel für die PR-Arbeit von Interessengruppen (Groschmann 2001). Sie bergen verschiedene Vorzüge: Zum einen werden sie gerne genutzt, um politische Akteure zu Vorträgen zu verpflichten und sich damit nachhaltig in Erinnerung zu rufen. Zum anderen sind sie hervorragend geeignet, die eigene politische Positionsbestimmung in unmittelbarer Kommunikation dem anwesenden politischen Entscheidungsträger zu vermitteln. Hinzu kommt der taktische Vorteil, in der Rolle des Hausherrn zu sein, den Gang der Tagung bestimmen und das Meinungsklima durch die anwesenden Mitglieder prägen zu können. Politische Akteure haben mit anderen Worten auf derlei Tagungen keinerlei Chance, die Situation zu definieren, sondern müssen sich der Regie des Verbandes fügen.

Individuellen Kontakten mit Journalisten wird im Schnitt eine etwas größere Bedeutung beigemessen als öffentlichen und meist recht formalisierten Pressekonferenzen (Lindner 2001: 100-117). Zwar sind die Unterschiede zwischen den einzelnen Mittelwerten nicht groß, doch stehen hier Telefon- und sonstige Interviews mit einem arithmetischen Mittel von 2,3 an der Spitze der Bedeutungsskala, dicht gefolgt von Hintergrundgesprächen. Auch hier liegt die Erklärung auf der Hand: Telefoninterviews sind sowohl für den Journalisten wie für den Verbandsfunktionär die bequemste Methode zur Recherche bzw. individuellen Streuung von Informationen. Beide Kommunikationspartner können den Kontakt von ihren Geschäftsräumen aus ohne große Unterbrechung ihrer sonstigen Tätigkeiten pflegen. Diese Art der Öffentlichkeitsarbeit ist für Verbandsvertreter wie Reporter zeitökonomisch und diskret zugleich: Wichtige Informationen erreichen ihr Ziel ohne Zeitverlust, ohne verzerrend wirkende Relaisstationen und ohne aktenkundig zu werden. Hintergrundgespräche werden dagegen eher punktuell geführt, um strategisch wichtige Informationen wirkungsvoll zu platzieren. In der Regel suchen sich die Funktionäre für diesen Zweck die Journalisten gezielt aus. Nur 'handverlesene' Reporter mit fachlichem Renommee kommen in den Genuss dieser Kommunikationsform.

Die übrigen Methoden der Öffentlichkeitsarbeit sind dagegen nur von untergeordneter Bedeutung. Da die PR-Arbeit von Verbänden, wiewohl auf öffentliche Wirkung angelegt, in der Regel nur spezifische *Fachöffentlichkeiten* anzusprechen hat, sind Werbung und öffentliche Demonstrationen und Aktionen meist die falschen Mittel, da sie nur sehr schwer *zielgruppenspezifisch* wirken können: Eine Demonstration legt unter Umständen den Verkehr lahm und erzeugt damit allgemeinen öffentlichen Unwillen, ohne die eigentlich adressierten politischen Experten wirklich zu bewegen. Derlei Methoden sind für das Gros der fachspezifisch agierenden Verbände viel zu grob und zudem viel zu kostenaufwendig, als dass sie in größerem Umfange Aufnahme in das Instrumentarium ihrer PR-Arbeit finden könnten (Hackenbroch 2001: 7-8).

Parallel dazu ist nach den verbandsrelevanten *Medien* zu fragen. Denn aus einer verwirrenden Vielfalt von elektronischen Medien privater und öffentlich-rechtlicher Natur, Hörfunk wie Fernsehen, und aus einem nicht weniger heterogen komponierten Printmediensystem müssen die Öffentlichkeitsarbeiter der Verbände zielgerichtet die geeigneten Organe selektieren und zielgruppenspezifisch agieren. In Tabelle 13 sind die entsprechenden Befragungsergebnisse aufgelistet.

Tabelle 13: Mediensektoren und ihre Bedeutung für die Öffentlichkeitsarbeit der Interessengruppen (Erhebungszeitpunkt: 1994)

Mediensektor	Durchschnittliche Bedeutung
Fachpresse	1,6
Überregionale Tagespresse	1,9
Regionale und lokale Tagespresse	2,3
Öffentlich-rechtlicher Hörfunk	2,6
Wochenzeitungen	2,6
Öffentlich-rechtliches Fernsehen	2,7
Wissenschaftliche Zeitschriften	2,8
Privates Fernsehen	2,9
Regionaler privater Hörfunk	2,9
Lokaler privater Hörfunk	3,2
Politische Magazine	3,2
Skala: 1 = sehr wichtig ... 5 = unwichtig; Quelle: Sebaldt 1997a: 324.	

Die Unterschiede zwischen den einzelnen Mediensektoren sind ganz erheblich. Mit Abstand ist die *Fachpresse* (Meyn 2001: 127-128) der wichtigste Adressat der PR-Arbeit der Verbände. Der Befund stützt und ergänzt die soeben entwickelte Argumentation: Wenn Verbände mehrheitlich *fachspezifische* Lobbyarbeit betreiben und sich primär diesem Zweck nützlicher Methoden der Öffentlichkeitsarbeit (Pressemitteilungen, Veröffentlichungen) bedienen, ist es nur logisch, dass die Fachpresse auch zum bevorzugten Publikationsmedium wird. Nur sie birgt genügend Raum, um über einen längeren Zeitraum kontinuierlich über fachspezifische Themen zu berichten.

Die Symbiose zwischen Verband und Publikationsorgan kann dabei sehr weit gehen. Häufig unterhalten Interessengruppen ihre eigenen Fachorgane, um selbst als Akteur im Mediensystem wirken zu können (Meyn 1982; Meyn 2001: 128). Doch auch wenn beide organisatorisch voneinander getrennt sind, funktioniert eine derartige Kooperation in der Regel recht gut, da beide Partner von ihr profitieren: Der Verband stillt den Informationsdurst des Fachmediums, und der Journalist erfüllt die Publikationswünsche der Interessengruppe.

Mit Abstand folgt auf dem zweiten Platz die überregionale Tagespresse. Sie wird dann Zielobjekt, wenn weniger fachspezifische Informationen zu vermitteln sind, die also auch über eine engere Fachöffentlichkeit hinaus Nachrichtenwert besitzen. Vergleichbar damit ist nur noch der gute Mittelwert der regionalen und lokalen Tagespresse, die mit regionalspezifischer Färbung ein ähnliches Nachrichtenwertprofil besitzt wie die großen deutschen Zeitungen. Hier macht sich wiederum die intensive Veröffentlichung von meldungsähnlich formulierten Pressemitteilungen bezahlt: Den Journalisten der Tagespresse, denen in der Regel die Fachexpertise fehlt, werden Pressemeldungen quasi druckfertig – Schlagzeilen und Untertitel inklusive – an die Hand gegeben.[47] Die Chance, via Pressemitteilung unmittelbar in die Zeitung zu gelangen, ist dabei nicht schlecht: Zu groß ist die Versuchung des Redakteurs, sie unter Anbringung marginaler Korrekturen als eigene Meldung zu veröffentlichen (Weischenberg 1995: 216-219). Wochenzeitungen, in denen in der Regel längere kommentierende Abhandlungen dominieren und kaum Meldungen publiziert werden, spielen daher eine vergleichsweise geringere Rolle. Für politische Magazine gilt dies in noch stärkerem Maße.

Bei den elektronischen Medien werden nach wie vor die öffentlich-rechtlichen bevorzugt. Dabei sind die Unterschiede zwischen Hörfunk und Fernsehen nicht sonderlich ausgeprägt. Ohne Zweifel macht das seriösere Image der öffentlich-rechtlichen Rundfunkanstalten sie für die Arbeit der Verbände auch interessanter. Dort können sie zum einen auf kompetente Gesprächspartner hoffen, zum anderen aber auch eine halbwegs faire Gesprächsführung ohne inquisitorischen Charakter erwarten. Die privaten Anbieter bieten ihnen diese Sicherheit offensichtlich nicht. Zudem lässt deren vergleichsweise unterentwickelte Programmvielfalt umfangreichere Berichterstattung über das Wirken von Verbänden, aber auch den Auftritt von Funktionären in Diskussionsrunden oft gar nicht zu. Dass dies in noch größerem Maße für regionale und lokale Rundfunksender gilt, bedarf keiner weiteren Erläuterung.

---

[47] Diese weit verbreitete Praxis wird auch in Sebaldt 1992: 136-148 – dort bezogen auf das Verhältnis zwischen Journalisten und Oppositionsabgeordneten – analysiert.

Die Nutzung des Internets als neues Instrument medialer Öffentlichkeitsarbeit muss abschließend noch gesonderte Betrachtung finden, da sie das verbandliche Medienrepertoire in den letzten Jahren erheblich modifiziert hat. Umfassende und präzise Daten sowohl über den faktischen Umfang der Internetpräsenz deutscher Interessengruppen als auch über die konkreten Nutzungsgewohnheiten fehlen zwar derzeit noch. Immerhin gibt es mittlerweile erste Plattformen, welche die ermittelbaren Netzpräsenzen deutscher Verbände systematisch zusammenfassen und somit zumindest einen groben Eindruck von der derzeitigen Nutzung dieses neuen Mediums durch Interessenorganisationen liefern. In einer Datenbank des *Deutschen Verbände Forums* waren schon im März 2001 nicht weniger als 2.769 Bundes- und Landesverbände verzeichnet, die über eine eigene Homepage verfügten.[48] Gemessen an der Gesamtzahl von über 12.000 dort erfassten bundesweiten und regionalen Vereinigungen stellten diese aber nur eine Minderheit dar. Ihr Anteil betrug – den Richtwert 12.000 als Gesamtsumme zu diesem Zeitpunkt vorausgesetzt –, rund 23 Prozent. Inzwischen dürfte diese Quote jedoch deutlich gewachsen sein.

Unter den dort verzeichneten Vereinigungen finden sich gehäuft die prominenten Spitzenorganisationen, während Kleinvereine nur unterdurchschnittlich repräsentiert sind. Einmal mehr macht sich hier die bessere Ressourcenausstattung der Großverbände bemerkbar, welche genügend Personal und auch Kompetenz zur Erstellung und Pflege eigener Websites besitzen: So sind z.B. die Landesverbände des Bundesverbandes der Deutschen Industrie alle mit einer eigenen Seite vertreten und vergrößern damit die Zahl der Internetpräsenzen des BDI auf insgesamt 17.

Jüngere Analysen zeigen dabei, dass sich das Nutzungsprofil des Internets bei den Verbänden sukzessive ändert (vgl. Übersicht 17). *Daniel Melter* unterscheidet vier verschiedene Phasen (Melter 2001: 33-37). Am Beginn der Netzpräsenz steht ein „inhaltsgetriebener Web-Auftritt", mit dem eine Organisation lediglich eine erweiterte Visitenkarte abgibt und ihr bisher nur in gedruckter Form vorliegendes Informationsmaterial nun auch in elektronischer Form zugänglich macht. Gerade in der von *Melter* so charakterisierten Boomphase des Internets zwischen 1997 und 1999 dominierten derlei Auftritte.

Inzwischen jedoch hat sich das Präsentationsprofil deutlich gewandelt und beginnt damit auch das gesamte *innerverbandliche Kommunikationsgefüge* merklich zu verändern: Phase 2 ist durch eine zielgruppenspezifische Ausdifferenzierung des Informationsangebots charakterisiert, wodurch vor allen Dingen die eigenen *Mitglieder* in den Genuss von branchenspezifischen Informationen gelangen (Melter 2001: 34). Durch den Aufbau eigener Datenbanken und Link-

---

[48] Vgl. dazu die Website des *Deutschen Verbände Forums* unter http://www.verbaende.com.

listen wird das Informationsmanagement ebenso professionalisiert wie durch das Angebot von E-Mail-Abonnements (Newsletter), und dies durchweg in Passwort-geschützten Mitgliederbereichen (Member-Domains). Auch die Vernetzung mit Nachbarorganisationen wird durch die Legung von Links systematisch vorangetrieben, was gerade für die komplexen spitzenverbandlichen Gefüge deutscher Wirtschaftsvereinigungen von großer Bedeutung ist.

Übersicht 17:   Die Internetpräsenz der Verbände: Ein idealtypisches
            Entwicklungsszenario

Entwicklungs-phase	Phase 1	Phase 2	Phase 3	Phase 4
Gesamt-charakter und Trend	Informations-getriebener Webauftritt	Differenzierung des Informationsangebots	Service- und Kommunikationsplattform	Zukunftsszenarien
Nutzungs-profil	Selbstdar-stellung „Visiten-karte"	Anpassung an zielgruppen-spezifische Bedürfnisse	Ausschussar-beit, Mitglie-dernetworking	Anbindung von Branchenportalen, Marktplätzen; E-Learning
Entwicklungs-phasen des Internets	Boom 1997-99	Ernüchterung und Aufklärung 2000 - 2001	Entfaltung 2002 - 2003	Integration 2004 -
Quelle: Melter 2001: 33; Darstellung abgewandelt.				

In der Phase 3 ist eine Weiterentwicklung von der bloßen Informationsquelle zur *Service- und Kommunikationsplattform* zu verbuchen (Melter 2001: 35-36). Angezielt ist hierbei die Nutzung der Website zur Intensivierung der Mitgliedervernetzung und der Gremienarbeit. Sowohl die Arbeit von Verbandsausschüssen als auch die Kommunikation zwischen Geschäftsführung und Ehrenämtlern lässt sich durch Einrichtung gemeinsamer Arbeitsplattformen nach dem Muster von *eCircle*[49] deutlich intensivieren, was insgesamt zu einer Verstärkung innerverbandlicher Zusammenarbeit führen soll. Damit ist aber auch absehbar, dass sich die Öffentlichkeitsarbeit von Verbänden in Zukunft pluralisieren wird, indem Verlautbarungen nicht mehr nur kanalisiert über die offiziellen Publikationsorgane laufen, sondern in vielerlei Form durch ein horizontales Netzwerk von Mitgliedern, Funktionären und sonstigen Nutzern diffundiert werden.

---

[49] *eCircle*, inzwischen in *domeus.de* integriert, ist ein Beispiel eines kommerziellen Anbieters von Internet-Arbeitsplattformen, der sich über die Schaltung von Werbebannern finanziert, den Nutzern selbst aber keine Gebühren auferlegt.

Inwieweit sich die verbandlichen Websites in der Zukunft zu integrierten 'Branchenportalen' und elektronischen Marktplätzen weiterentwickeln werden (Phase 4), in welchen der Verband seinen Mitgliedern auch Hilfestellung bei Produktvermarktung und -verkauf leistet, bleibt abzuwarten (Melter 2001: 36-37). Jedenfalls ist eine solche Entwicklung durchaus denkbar, und sie würde die Entwicklungsdynamik des verbandlichen Internetauftritts besonders unterstreichen, denn ein solches Website-Profil unterschiede sich um Welten von der ursprünglichen elektronischen Visitenkarte.

Die Zukunft wird dabei erweisen, ob das Internet nicht auch gerade den Kleinorganisationen große Chancen eröffnet, denn der Arbeits- und Kostenaufwand ist durch die passive Positionierung im Netz, ohne aktiv nach Abnehmern von Informationen suchen zu müssen, vergleichsweise gering. Die damit einhergehende Informationsflut des Internets birgt aber gerade deshalb auch Gefahren für professionelle PR-Arbeit, denn die informationellen *Selektionserfordernisse* des Rezipienten steigen bei gleich bleibender Aufnahmekapazität entsprechend an. Die klassischen Instrumente der Öffentlichkeitsarbeit werden deshalb auch künftig von großer Bedeutung bleiben, weil sie gezielter wirken als ein unspezifisch gestreutes Internetangebot und deshalb meist effektiver sind.

1.4 Bedarf der Lobbyismus einer Reform? Vorschläge und ihre Bewertung

Politische Arbeit formalisieren und damit kontrollieren zu wollen, scheint den Deutschen im Blut zu liegen. Immer wieder erheben sich Stimmen, die nach einer weitgehenden Institutionalisierung und korporatistischen Reglementierung politischer Entscheidungsprozesse verlangen. Rechtfertigen dies die einen mit dem Argument größerer Transparenz des Willensbildungsprozesses und der damit (angeblich) einhergehenden größeren politischen Chancengleichheit, so weisen andere auf die konsensstiftende Funktion korporatistischer Arrangements hin. Gerade in der Korporatismus-Debatte spielt dieses Argument bis heute eine zentrale Rolle (Zimmer/ Weßels 2001: 11-17).[50]

Insbesondere die politische Arbeit von Interessengruppen soll durch eine derartige Formalisierung 'gezügelt' und in geordnete, mithin transparente und politisch verträgliche Bahnen gelenkt werden, zumal ungesteuerter Lobbyismus gerade in Deutschland immer wieder großen Anfeindungen ausgesetzt gewesen ist. Insbesondere durch die Schaffung von umfassenden *Wirtschafts- und Sozialräten* mit politisch beratender Funktion, die als Repräsentativorgane der Interessengruppen fungieren sollten, suchte man die ungeregelte politische Arbeit von

---

[50] Vgl. dazu auch Kapitel I, Abschnitt 2.3.

Verbänden zu kanalisieren und in den institutionellen Rahmen eines Vertre-
tungsorgans einzufügen.

In Deutschland stehen verschiedene historische Vorbilder Pate, mit denen
die Forderung nach Einrichtung derartiger 'Verbandsparlamente' immer wieder
gerechtfertigt wurde. Schon 1880 war in Preußen auf Betreiben *Bismarcks* ein
Volkswirtschaftsrat eingerichtet worden, der aber bereits nach wenigen Jahren
am massiven Widerstand des Abgeordnetenhauses scheiterte (Steinberg 1972:
838). Trotz dieser negativen Erfahrungen gelang es nach dem Ersten Weltkrieg,
in Art. 165 der Weimarer Reichsverfassung erneut die Bildung eines Repräsen-
tativorgans der Verbände, des *Reichswirtschaftsrats*, festzuschreiben. Die Vorgaben des Verfassungsartikels wurden allerdings nur fragmentarisch verwirk-
licht: 1920 rief man per Verordnung lediglich einen *vorläufigen* Reichswirtschaftsrat ins Leben, der in dieser Form bis zum Ende der Weimarer Republik
existierte. Der Einfluss dieses Gremiums blieb jedoch gering, weswegen seine
Beurteilung in der Wissenschaft sehr kritisch ausfällt (Sperling 1965: 206).

Auch nach Gründung der Bundesrepublik Deutschland wurde die Forderung nach Einrichtung eines Verbändegremiums – nunmehr meist als *Bundes-
wirtschafts- und Sozialrat* (BWSR) bezeichnet – in Wissenschaft und politischer
Praxis kontrovers diskutiert. Die Meinungen blieben hier über die Jahrzehnte hin
geteilt: Während die einen in einem BWSR eine große Chance sahen, die politische Arbeit von Interessengruppen transparenter und damit vollends salonfähig
zu machen, wiesen Kritiker auf die Ineffektivität des *Wirtschafts- und Sozialrates* der EG, aber auch der deutschen Vorläufer hin und stellten zudem die These
auf, ein derartiger Rat würde letztlich die Wirkungsmöglichkeiten der mächtigen
Interessenorganisationen nur noch vergrößern, Einflussdisparitäten also auswei-
ten statt sie zu verringern.

Schon 1949 hatte die SPD-Fraktion im Deutschen Bundestag einen Gesetzentwurf „Zur Neuordnung der Wirtschaft" eingebracht und in diesem Rahmen
auch die Einrichtung eines entsprechenden Rates gefordert (BT Drucksache I/
229). Anfang der siebziger Jahre flackerte die Diskussion erneut auf, als sowohl
von Seiten der Gewerkschaften als auch aus den Reihen der Unionsfraktion im
Deutschen Bundestag die Schaffung eines BWSR angemahnt wurde (Steinberg
1972: 837-838). Das Vorhaben verlief im Sande, nicht zuletzt aufgrund der
Verweise auf die defizitäre Weimarer Vorgängerorganisation.

Auch in der Wissenschaft hat die Forderung nach einem BWSR ein geteil-
tes Echo produziert, wobei die ablehnenden Stellungnahmen eindeutig domine-
ren. Für die Kritiker steht *Klaus Stern*: „Mögen auch verfassungs*rechtliche* Bedenken gegen die Einführung eines Wirtschafts- und Sozialrats mit beratender
Funktion nicht bestehen, so ist diese Institution verfassungs*politisch* nicht zu
empfehlen. Die Erfahrungen mit dem Vorläufigen Reichswirtschaftsrat der

Weimarer Republik und die Vergleiche mit Parallelinstitutionen anderer Staaten sind nicht ermutigend" (Stern 1976: 113-114).

Demgegenüber hat sich *Jendral* in seiner Untersuchung über den mittlerweile abgeschafften *Bayerischen Senat* für die Einrichtung eines „Verbändetages" ausgesprochen. Seiner Auffassung zufolge könnte man eine derartige Institution „durchaus als eine Art Gegenstück zu den Parteien verstehen, als eine Art Gegengewicht, das das Übergewicht des 'Parteienstaats' auf der demokratischen Waage etwas vermindert. Dieser Institution wäre es wohl auch möglich, als eine Art Vermittler zwischen noch 'ungehemmten' Verbandsinteressen und den Ansprüchen des allgemeinen politisch-administrativen Bereichs zu wirken" (Jendral 1993: 278).

Eine Zwischenposition nimmt schließlich *Schröder* ein, der institutionalisierte Beteiligungsformen für Verbände insgesamt durchaus befürwortet, um „der Bevölkerung die grundsätzliche Legitimität der Verbandsbeteiligung zu verdeutlichen und die Verbände von dem Odium des Illegitimen zu befreien", einen zentralisierten BWSR für diesen Zweck aber nicht geeignet hält, sondern andere Formen der Institutionalisierung favorisiert (Schröder 1977: 505). Kurzum: In Wissenschaft wie Politik hat sich im Laufe der Jahrzehnte ein kunterbuntes Meinungsspektrum zur Frage der Institutionalisierung des Verbandseinflusses gebildet, aus dem in periodischen Abständen immer wieder eine politische Diskussion zum Thema entsteht.

Was aber halten die potentiell Betroffenen von einem solchen Gremium? In einer Umfrage wurden die Verbandsfunktionäre im Jahre 1994 um entsprechende Einschätzungen gebeten. Die zugehörigen Daten finden sich in Tabelle 14. Das Ergebnis ist eindeutig: Die Mehrheit der Verbandsfunktionäre ist an einem solchen Gremium nicht interessiert und hält die bisherigen Möglichkeiten zur Vertretung ihrer Interessen für ausreichend. So wird der generelle Nutzen eines BWSR mit einem Mittelwert von 3,8 doch recht gering veranschlagt.

Die größte Zustimmung erhält das zweite Statement, das einem BWSR die Fähigkeit zur adäquaten Interessenrepräsentation abspricht. Mit einem Mittelwert von 1,9 bildet es eine logische Einheit mit der gleichfalls gut bewerteten vierten Aussage (2,1), die eine Dominanz mächtiger Gruppen prognostiziert: Wenn große Organisationen dominieren, kann sich Interessenvielfalt nicht entwickeln. Zudem sind die Funktionäre auch von der kommunikationsfördernden Wirkung des Gremiums nicht überzeugt. Der Versuch jedenfalls, durch einen BWSR den Meinungsaustausch zwischen politischen Akteuren und Verbandsfunktionären zu formalisieren und informelle Kontakte zu verringern, wird als realitätsferne und zum Scheitern verurteilte Strategie abgetan. Die klare Zustimmung zum dritten Statement jedenfalls lässt daran keinen Zweifel aufkommen. Spiegelbildlich dazu werden die beiden letzten Statements deutlich abgelehnt.

Weder als Informationsquelle für die Bundesregierung noch als Berücksichti-
gungszwänge erzeugendes Beratungsgremium werde ein solcher Rat fungieren
können.

Tabelle 14: Der potentielle Nutzen eines Bundeswirtschafts- und Sozialrates
(BWSR) im Urteil der Verbandsfunktionäre (Erhebungszeitpunkt:
1994)

Frage/ Statement	Durchschnittliche Bewertung
Nutzen eines BWSR generell	3,8
Ein Bundeswirtschafts- und -sozialrat ist unnötig, da die derzeitigen Möglichkeiten, Interessen politisch zur Geltung zu bringen, vollauf genügen.	2,6
Ein Bundeswirtschafts- und -sozialrat kann unmöglich die Vielfalt deutscher Interessengruppen repräsentieren.	1,9
Es wäre ein Irrtum zu glauben, man könne den Meinungsaustausch zwischen Interessengruppen und Politikern formalisieren, da gerade die informellen Kontakte am effektivsten sind.	2,3
In einem Bundeswirtschafts- und Sozialrat würden große und starke Interessengruppen dominieren, kleine und schwache aber an die Wand gedrückt.	2,1
Ein Bundeswirtschafts- und -sozialrat zwänge die Bundesregierung dazu, ein größeres Spektrum an Interessen in ihre Überlegungen miteinzubeziehen.	3,6
Ein Bundeswirtschafts- und -sozialrat wäre als Institution eine unschätzbare Informationsquelle für die Bundesregierung, da sie sich auf rationelle Art und Weise einen Überblick über das Meinungs- und Positionsspektrum deutscher Interessengruppen verschaffen könnte.	3,7
Skala: 1 = sehr groß... 5 = marginal bzw. 1 = stimme voll zu ... 5 = stimme nicht zu; Quelle: Sebaldt 1997a: 284.	

Der Großteil der deutschen Verbandsvertreter sieht also in einer Institutionalisierung des Interessengruppeneinflusses im Rahmen von Wirtschafts- und Sozialräten keinen Sinn. Dieses Meinungsbild besteht unabhängig von der Größe und
der politischen Prominenz der betroffenen Verbände: Sowohl Kleinorganisationen als auch große Spitzenverbände und Gewerkschaften sind sich in der Ablehnung von derlei Reformvorschlägen mehrheitlich einig.[51] Das aber heißt, dass

---

[51] Aus Platzgründen konnten diese Daten hier nicht im Einzelnen aufgeschlüsselt werden. Vgl. dazu
Sebaldt 1997a: 282-291.

zumindest aus der Sicht deutscher Verbandsvertreter ein Szenario der „Herrschaft" eines Kartells mächtiger Großverbände, dem gegenüber die Vielzahl von Kleinverbänden ein Mauerblümchendasein fristen, ein Zerrbild der Wirklichkeit darstellt. Denn andernfalls müssten sich in der Beurteilung erhebliche *organisationsspezifische* Unterschiede ergeben. Kleine und thematisch sehr spezialisierte Interessengruppen sind durchweg mit ihren beschränkten Wirkungsmöglichkeiten zufrieden, weil ihr Wirkungs*feld* per definitionem ebenfalls begrenzt ist.

Insgesamt gesehen ist ein grundlegender Reformbedarf des deutschen Lobbyismus deshalb nicht auszumachen. Zwar steht außer Frage, dass 'schwarze Schafe' der Profession immer wieder zur öffentlichen Auffrischung des negativen Images der Interessenvertreter beitragen. Trotzdem hält sich die Masse der Lobbyisten an das gültige Regularium, wobei ein informeller professionseigener 'Moralkodex' zusätzlich kontrollierend wirkt.

2 Verbände und Klientel: Interessenaggregation und -selektion als Aufgabe *(Alexander Straßner)*

Der folgende Abschnitt dient dem Zweck, die Wahrnehmung von Interessenaggregations- und -selektionsaufgaben durch die Verbände empirisch zu untersuchen. Neben einführenden und problematisierenden Betrachtungen (Abschnitt 2.1) wird der *Organisationsgrad* als entscheidendes Kriterium für die Schlagkraft des Verbandes untersucht (Abschnitt 2.2). Im Zentrum der Betrachtungen stehen neben der Berechnung des Organisationsgrades (Abschnitt 2.2.1) ein branchenübergreifender Überblick (Abschnitt 2.2.2) und eine nähere Untersuchung anhand der deutschen Gewerkschaften (Abschnitt 2.2.3), welche durch eine problematisierende Darstellung der Ost-West-Unterschiede Ergänzung findet (Abschnitt 2.2.4). In einem weiteren Schritt wird die *verbandsinterne Willensbildung* dargestellt. Neben den gesetzlichen Vorgaben (Abschnitt 3.1) werden mehrere Beispiele aus unterschiedlichen Verbänden der Bundesrepublik dargestellt (Abschnitt 3.2). Dabei wird deutlich, dass es oftmals Abweichungen von den gesetzlichen Vorgaben gibt, die ihrerseits wiederum Rückwirkungen auf die Verbandsstruktur haben (Abschnitt 3.3) In einem abschließenden Kapitel werden die Erkenntnisse zusammengefasst (Abschnitt 4).

2.1 Aggregation und Selektion: Verbände auf der Gratwanderung

Die im Funktionskatalog dargestellten Verbandsfunktionen der Aggregation und der Selektion erweisen sich für Verbände oft als nur schwer zu leistende Aufga-

be.[52] Als Faustregel lässt sich festhalten: Je größer der Verband, desto kompli-
zierter Aggregation und Selektion der Interessen. Vor allem in Dachverbänden,
die mehrere unterschiedliche Branchenverbände in sich vereinen, birgt dies
Probleme. Bereits die Aggregation wird zur Quadratur des Kreises: Wie können
extrem heterogene Interessen gebündelt und zu einer einheitlichen Aussage nach
außen zusammen gefasst werden? Die Selektion von Interessen verschärft diese
Problematik: Welche Interessen sollen verbandsintern ausgewählt, welche nicht
berücksichtigt werden? Groß- oder Dachverbände laufen daher stets Gefahr,
wesentliche Mitgliederschichten oder einzelne Branchen nicht ausreichend zu
berücksichtigen. Diese Mitglieder können sich im Verband nicht mehr genügend
repräsentiert und zum Austritt veranlasst sehen, was zu Lasten des Organisationsgrades und damit der Schlagkraft des Gesamtverbandes geht. Zwischen der
Orientierung an nach außen vertret- und durchsetzbaren Standpunkten und
gleichzeitig organisationsverträglicher und -erhaltender Integration von Interessen vollziehen diese Verbände eine stete Gratwanderung.

Abgesehen von diesem allgemeinen Problem stellt sich die Herausforderung an Verbände folgendermaßen dar: Zum Einen bemisst sich die Bereitschaft
der Klientel zum Engagement in den Verbänden an den Angeboten der Organisation selbst, zum Anderen wird dadurch wiederum der Organisationsgrad der
Interessengruppe bestimmt. Um größtmögliche Repräsentation der vertretenen
Klientel und damit Legitimation zu erreichen, sind Interessengruppen daher
förmlich gezwungen, ihr Leistungsangebot zu erweitern und ständig zu modifi-
zieren. Dies ist vor allem vor dem Hintergrund aktueller gesellschaftlicher Prozesse bedeutsam. Alterungsprozesse und die Vergreisung der Gesellschaft, zunehmende Individualisierung des Freizeitverhaltens (Schulze 1993) und eine zu
beobachtende mangelhafte Bereitschaft zu ehrenamtlichem Engagement (Behr/
Liebig/ Rauschenbach 2001: 255-281) begrenzen das Wachstum von Verbänden
grundlegend. Ein quasi-natürlicher und stetiger Mitgliederzuwachs ist daher
nicht mehr zu erwarten und stellt Verbände zunehmend auch vor finanzielle
Probleme. Darüber hinaus zeichnet sich eine zunehmend kritische Haltung der
Verbandsmitglieder ab. Mehr und mehr werden private Dienstleistungen mit den
Funktions- und Angebotskatalogen von Verbänden verglichen. Aus diesem
Grund werden vermehrt externe, privatwirtschaftliche Unternehmen wie Consultants und Lobbyfirmen beauftragt, eigentliche Verbandsleistungen zu erbringen. Diese treten somit als Konkurrenz zu den Verbänden auf (Triesch/ Ocken-
fels 1995: 11).[53] Verbände müssen aus diesem Grund stets um die eigenen Mit-

---

[52] Vgl. auch Kapitel I, Abschnitt 3.1 und 3.2.
[53] Vgl. dazu Kapitel IV, Abschnitt 3.

glieder werben und sie zum Eintritt bzw. zum Verbleib in der Organisation motivieren.

2.2 Organisationsgrad und -bereitschaft der Klientel

In demokratisch verfassten Gesellschaften ist die Zahl der vertretenen Mitglieder entscheidend für den Einfluss und die Stellung des Verbandes. Großverbände erhalten daher weitaus mehr Gehör, wenn knappe politische Mehrheiten bestehen, da die Stimmen der Mitglieder eines Verbandes bereits Einfluss auf politische Richtungsentscheidungen und Regierungen zu nehmen in der Lage sind. Verbände erschließen damit den Parteien Wählerpotentiale, im Gegenzug können sie ihnen die Wählerschaft aber auch verschließen. Nur so erklärt sich z.B. das Gewicht, das die Heimatvertriebenenverbände nach der Gründung der Bundesrepublik besaßen und welches heute der *Bauernverband* zur Sicherung der Einflussnahme in die Waagschale werfen kann (Triesch/ Ockenfels 1995: 27).

2.2.1 Berechnungsmethoden

Von den Mitgliederzahlen eines Verbands hängen das Beitragsvolumen und damit die finanziellen Ressourcen der gesamten Organisation ab. Je mehr Mitglieder ein Verband organisiert, desto größer ist sein finanzieller Spielraum. Daneben wird die Zahl der Mitglieder einer Berufsgruppe noch anderweitig bedeutsam: Je mehr Angehörige eines Berufszweiges einem Verband angehören, desto konfliktfähiger wird der Verband: Die Drohung der Leistungsverweigerung (Streik) legt dann oft ganze Industriezweige lahm und sichert auch kleinen Verbänden (z.B. Pilotenvereinigung *Cockpit*) ein hohes Druck- und Drohpotential und somit eine gute Ausgangsbasis, zum Beispiel für Tarifverhandlungen. Entscheidend ist also das Verhältnis von den im Verband organisierten Personen im Vergleich zur Gesamtheit der in der Branche organisierbaren Personen: der *Organisationsgrad*.

Unterschieden wird dabei zwischen einem Brutto-Organisationsgrad und einem Netto-Organisationsgrad. Der Brutto-Organisationsgrad der Gewerkschaften beispielsweise kann sich durch zwei Formeln berechnen lassen (Ebbinghaus 2003: 182-183; Müller-Jentsch/ Ittermann 2000: 83-84):

Brutto Organisationsgrad I

$$\frac{\text{Zahl der Mitglieder x 100}}{\text{Zahl der abhängig Beschäftigten}}$$

Brutto-Organisationsgrad II

$$\frac{\text{Zahl der Mitglieder x 100}}{\text{Zahl der abhängigen Erwerbspersonen}}$$

Die erste Formel versucht, den Organisationsgrad zu bestimmen, indem sie die Zahl der Verbandsmitglieder mit einer Konstanten multipliziert und das Produkt daraus durch die Zahl der *insgesamt abhängig Beschäftigten* teilt. Die zweite Formel teilt das entstandene Produkt dagegen durch die Zahl der *insgesamt abhängigen Erwerbspersonen*.[54] Beide Brutto-Organisationsgrade sind jedoch unpräzise. Im Zähler enthalten sind auch die Zahlen für Rentner, Arbeitslose und Studenten. Im Nenner dagegen fehlen die Zahlen für diese Teilgruppen. Daraus ergibt sich ein überhöhter Organisationsgrad. Auch von einer anderen Warte aus ist der Brutto-Organisationsgrad problematisch: Er sagt nichts über die Qualität und Intensität der Mitgliederbindung aus. So kann es sich teilweise durchaus um rein formale Mitgliedschaften handeln, die allein aufgrund selektiver Anreize zustande gekommen ist. Diese Mitglieder lassen sich für Verbandsstrategien (Streik etc.) nur schwer mobilisieren. Über die ‚Kampfkraft' eines Verbands kann der Brutto-Organisationsgrad somit keine Auskunft geben (Müller-Jentsch 1997: 124). Präziser dagegen ist die Berechnung des Netto-Organisationsgrades:

Netto-Organisationsgrad[55]

$$\frac{\text{Zahl der betriebstätigen Mitglieder x 100}}{\text{Zahl der abhängig Beschäftigten}}$$

Der Vorteil der Berechnung des Netto-Organisationsgrads liegt in der Exaktheit der Angaben im Zähler, da er lediglich die betriebstätigen Mitglieder anführt. So

---

[54] Abhängige Erwerbspersonen = Abhängig Beschäftigte + Arbeitslose (Müller-Jentsch 1997: 123).

[55] In der Forschung wird auch hier noch einmal zwischen einem Netto-Organisationsgrad I (Betriebstätige Mitglieder x 100, geteilt durch die Zahl abhängig Beschäftigter) und II (Betriebstätige + arbeitslose Mitglieder x 100, geteilt durch die Zahl abhängiger Erwerbspersonen) unterschieden (Müller-Jentsch 1997: 123). Da im folgenden nur die Brutto-Organisationsgrade II präsentiert werden, wurde hier auf eine differenzierte Darstellung der Netto-Organisationsgrade verzichtet.

werden diejenigen Mitglieder, die nicht mehr erwerbstätig sind, aus der Berechnung des Organisationsgrades ausgeklammert (Müller-Jentsch/ Ittermann 2000: 84). Die Problematik des Nenners bleibt jedoch bestehen, die Zahlen für arbeitslose, pensionierte oder studentische Mitglieder lassen sich nur schwer ermitteln. Er lässt sich daher nur bei kleinen Verbänden relativ genau bestimmen. Insofern behilft man sich bei der Berechnung des Organisationsgrades mit dem tendenziell überhöhten Brutto-Organisationsgrad (Müller-Jentsch 1997: 124).

Zu Großverbänden wie dem DGB oder dem BDI liegen daher nur Schätzungen oder unvollständige Angaben vor. Zudem ist der Organisationsgrad der Arbeitgeber schlechter dokumentiert als derjenige der Gewerkschaften. Arbeitgeber zeigen einerseits nur wenig Bereitschaft, diese Daten der Öffentlichkeit zugänglich zu machen (Schroeder/ Silvia 2003: 245). Andererseits verfügen sie selbst nur über unzureichende Informationen bezüglich ihrer Mitgliederstärke, was besonders für die in ihren Mitgliedsfirmen beschäftigten Arbeitnehmer gilt. Die Mitgliedschaft in Arbeitgeberverbänden wird durch das Unternehmen begründet, so dass auch die Dokumentation der Mitgliedschaft auf diese Bezugsgröße fixiert ist. Darüber hinaus ist das Verbändesystem der Unternehmer in der Regel komplexer als dasjenige der Arbeitnehmer. Die funktionale Spezialisierung zwischen den Unternehmerverbänden ist dafür der Hauptgrund: Für zahlreiche Einzelbranchen existieren spezialisierte Fachverbände, während auf Seiten der Gewerkschaften die Tendenz zur Fusion (*ver.di* etc.) Großverbände hervorgebracht hat, deren Stärke in der quantitativen Zusammensetzung liegen soll. Angaben zum Organisationsgrad der Arbeitgeber sind daher stets als Schätzwerte zu verstehen (Traxler 2001: 315-317).

2.2.2 Organisationsgrade im Überblick

Generell zeichnen sich bezüglich des Organisationsgrades in der Verbandslandschaft der Bundesrepublik gravierende Unterschiede ab. Bei einigen Verbänden beträgt er über 90 Prozent, wie etwa bei den Bauern, den Ärzten oder den Handwerkern. Naturgemäß hoch, nämlich faktisch bei 100 Prozent, ist der Organisationsgrad bei öffentlich-rechtlichen Körperschaften mit Pflichtmitgliedschaft. Da diese die gesamte Klientel vertreten, haben sie in punkto Konfliktfähigkeit und Sanktionsmöglichkeiten gegenüber freien Verbänden einen dauerhaften Wettbewerbsvorteil: Drohen sie mit dem Entzug der Zustimmung ihrer Mitglieder, betrifft dies stets die gesamte Klientel! Selbst wenn Verbände nicht über die gesamte Mitgliederzahl in dieser Weise verfügen können, ist die Androhung allein bereits ein erhebliches Druckmittel. Aus dieser Warte lässt sich die exponierte Stellung der *Ärztekammern* (Groser 1992) wie auch des *Bauern-*

verbands in Bayern erklären: Erstere vermögen gegenüber der zersplitterten Landschaft der Krankenkassen in der Gesundheitspolitik leichter ihre Anliegen durchzusetzen,[56] letzterer ist in Bayern eine öffentlich-rechtliche Körperschaft mit Pflichtmitgliedschaft. Vor diesem Hintergrund vermochte er jahrelang nicht nur seinen überdurchschnittlichen Einfluss wahrzunehmen, sondern auch zeitweise eine Blockadepolitik zu betreiben (Heinze u.a. 1992; Heinze/ Voelzkow 1992: 135-137).

Besonders signifikant ist der Unterschied zwischen Arbeitgeberverbänden und Gewerkschaften. Das organisatorische Gefälle zwischen beiden bedingt die unterschiedliche Konflikt- und Handlungsfähigkeit. Arbeitgeber und Gewerkschaften haben unterschiedliche Mitgliederkategorien – auf der einen Seite Kollektivgebilde (Unternehmen), auf der anderen Seite Individuen (Arbeitnehmer). Auf Seiten der Gewerkschaften ist daher von Grund auf mit einer heterogeneren Interessenkonstellation zu rechnen, welche dem Gesamtverband die Aufgabe der Interessenaggregation nicht erleichtert (Traxler 1999: 145).[57]

Bei den Unternehmensverbänden der Industrie beträgt der Grad der Organisation derzeit zwischen 70 Prozent und 85 Prozent, wohingegen Arbeitnehmerorganisationen insgesamt rund 40 Prozent ihrer Klientel erreichen. Unter diesen sind am stärksten die Beamten repräsentiert, gefolgt von den Großunternehmen des sekundären Sektors, während die Angestellten am schwächsten organisiert sind. Auch Kriegsfolgen-, Vertriebenen- und Rentnerverbände erreichen noch hohe Werte ihres Organisationsgrades; dem gegenüber fallen die meisten anderen Sozialinteressen weit zurück. Als wenig konfliktfähige Gruppe werden etwa die Sozialhilfeempfänger quasi-anwaltlich durch Verbände vertreten, die nicht selbst aus Betroffenen bestehen (Wohlfahrtsverbände) (Schmid 1997: 631). Die mangelhafte Organisation von Arbeitslosen bedingt eine generell äußerst schwache Konfliktfähigkeit (Rudzio 2000: 82; Gallas 1994). Dieser Gesamtzusammenhang soll im folgenden genauer analysiert werden.

Der Organisationsgrad der Arbeitgeber bemisst sich nach der Zahl der Mitgliedsunternehmen im Verhältnis zur Zahl der Unternehmen im gesamten Organisationsbereich. Diese pauschale Betrachtung ist jedoch wenig aussagekräftig, da sie einen Kleinbetrieb mit einigen wenigen Mitarbeitern mit einem mehrere tausend Arbeitnehmer beschäftigenden Großbetrieb gleichsetzt. Insofern wird der Organisationsgrad von Arbeitgeberverbänden auch nach dem Anteil der Beschäftigten in den Mitgliedsunternehmen an der Gesamtheit der in einem Organisationsbereich Beschäftigten ermittelt. Im Gegensatz zu den Gewerkschaften zeigen sich die Arbeitgeberverbände sehr reserviert, was detaillierte

---

[56] Vgl. dazu Kapitel III, Abschnitt 3.
[57] Vgl. zu den Gewerkschaften im einzelnen die Abschnitte 2.2.3 und 2.2.4 weiter unten.

Auskünfte über ihren Organisationsgrad betrifft. Nach einigen wenigen Fallstudien und Expertenschätzungen kann von einem sehr hohen Organisationsgrad ausgegangen werden (Mann 1994: 41): Gerade bei den öffentlichen Arbeitgebern (kommunale Arbeitgeberverbände, Tarifgemeinschaft deutscher Länder, Bundesministerien) beträgt er annähernd 100 Prozent und erreicht in den Bereichen Industrie, Banken und Versicherungen 90 Prozent, während insgesamt der Anteil aller Beschäftigten der Privatwirtschaft in den Mitgliedsunternehmen bei 80 Prozent liegt (Westdeutschland) (Abromeit 1997b: 574). Zusammenfassend scheinen diese Schätzungen aufgrund der empirischen Schwierigkeiten jedoch überhöht zu sein (Müller-Jentsch 1997: 178).

Dennoch erfreuen sich die Arbeitgeberverbände im Vergleich zu den Gewerkschaften eines erheblichen *Organisationsvorsprungs*. Die Bereitschaft zur Organisation nimmt dabei noch zu, wenn das Arbeitskampfrisiko in der jeweiligen Branche und der Anteil der gewerkschaftlich organisierten Arbeitnehmer hoch ist und der Betrieb bereits lange existiert oder eine gewisse Größe überschreitet. Eine weitaus geringere Neigung zur Organisierung findet sich dagegen in jüngeren und exportorientierten Betrieben. Auch aus diesem Grund ist der Organisationsgrad in Ostdeutschland weitaus geringer als im Westen der Republik (Kleinfeld 1996: 690-691).

Wie die Gewerkschaften haben allerdings auch die Arbeitgeberverbände einen Rückgang der Mitgliederzahlen und des Organisationsgrades seit den neunziger Jahren zu verzeichnen. Hier sind jedoch weniger Austritte von Unternehmen als Ursache zu nennen als vielmehr mangelnde Organisationsbereitschaft bei neu gegründeten Unternehmen (Müller-Jentsch 1997: 179). Während die Austritte aus Arbeitgeberverbänden in der Regel aus Unzufriedenheit mit der Verbandsarbeit stattfinden, sind die Nicht-Eintritte von jungen Unternehmen Kennzeichen einer ,Verbandsflucht' in Westdeutschland, während in Ostdeutschland gar von einer „Verbandsabstinenz" gesprochen wird (Ettl/ Heikenroth 1996).

Kritik an Arbeitgeberverbänden seitens kleiner und mittlerer Unternehmen wird vor allen Dingen dann laut, wenn die Tarifbindung in die Diskussion eingebracht wird. Eine mittlerweile gängige Forderung von kleineren Unternehmen besteht in der Aufhebung der Tarifbindung und in der freien Entscheidung darüber, welche Lohn- und Arbeitsbedingungen in ihrem Betrieb gelten sollen. Der Nachteil bestünde aber in einer vermehrten Verletzlichkeit gegenüber starken Gewerkschaften und damit einer erheblich reduzierten Konfliktfähigkeit. Im Falle eines Streiks wäre ein einzelnes Unternehmen relativ machtlos, so dass sich die Organisation eines Betriebes in einem Arbeitgeberverband einmal mehr an der Organisation der Beschäftigten ausrichtet: Je höher der gewerkschaftliche

Organisationsgrad der Arbeitnehmer[58] in einem Betrieb, desto größer die Wahrscheinlichkeit, dass auch das Unternehmen sich in Arbeitgeberverbänden organisiert (Müller-Jentsch 1997: 181).

Jenseits der defizitären Mobilisierungsgrade im Sektor Arbeit und Soziales
ist dieses Phänomen auch in anderen Verbänden, etwa bei Umwelt- und Wohlfahrtsverbänden, zu beobachten: Während die Zahl an finanziellen Unterstützern
konstant bleibt bzw. sogar leicht ansteigt, geht der Anteil der ehrenamtlich Tätigen zurück. Nicht zuletzt Wohlfahrtsverbände wie das DRK sehen sich mit einer
stetigen Abnahme der Zahl freiwilliger Helfer konfrontiert (Rudzio 2000: 83-
84).

Somit haben auch organisierte Interessen in allen anderen Sektoren mitunter
erhebliche Repräsentationslücken. Diese liegen in einem „cross-pressure" begründet, der moderne Gesellschaften auszeichnet. Das Individuum sieht sich
zahlreichen Möglichkeiten gegenüber, seine ebenso zahlreichen Interessen zu
vertreten. Ein Verband allein kann die Vielzahl an individuellen Interessen und
Bedürfnissen nicht befriedigen. Will der Einzelne nun für eine gleichmäßige
Repräsentation aller seiner Interessen sorgen, so gerät er unweigerlich in einen
Konflikt mit den ihm zur Verfügung stehenden Ressourcen Zeit und Geld. Die
Problematik des „Trittbrettfahrens" kommt erschwerend hinzu: Die Wahr-
scheinlichkeit, ein Kollektivgut auch bei Nicht-Engagement erhalten zu können,
demobilisiert zusätzlich und lässt den Organisationsgrad weiter sinken.[59]
Daneben treten spezielle Gründe wie der Gedanke, dass bei temporär begrenzten
Interessenlagen ein Engagement deshalb nicht lohnt, weil sich der materielle
Nutzen erst zu spät einstellen könnte. Zahlreiche Menschen schließen sich einer
bestimmen Interessengruppe ohnehin nur an, um bestimmte Dienstleistungen in
Anspruch zu nehmen, während sie an der konkreten Verbandsarbeit nicht inte-
ressiert sind (Bethusy-Huc 1990: 155).

Angesichts abnehmender Bevölkerungszahlen wird dieser Trend auch in
Zukunft bestehen bleiben. Verbände werden vermehrt um Jugendliche und
Neumitglieder werben und zusätzliche Anreize schaffen müssen, um den Prozess
der personellen Auszehrung zu stoppen. Die Notwendigkeit, dem einzelnen
Mitglied aus diesem Grund Zugeständnisse zu machen, verschärft die Trittbrett-
fahrerproblematik ebenso wie die fehlende Bereitschaft zum ehrenamtlichen
Engagement: Bevor neue Mitglieder in die Organisation eintreten, werden sie
vor dem Hintergrund dieser Entwicklung abwarten, ob der Verband nicht noch
zusätzliche Anreize anbietet. Dennoch begreifen Verbände diese Entwicklung
nicht als unabwendbar. Um sich diesem Prozess dauerhaft zu entziehen, haben

---

[58] Vgl. zu den Gewerkschaften im einzelnen Abschnitt 2.2.3 weiter unten.
[59] Vgl. dazu Kapitel I, Abschnitt 2.2.

sich in der Verbändelandschaft drei Strategien heraus kristallisiert, welche die drohende Mitgliedererosion kompensieren sollen (Rudzio 2000: 84-85):

- *Institutionalisierung der Mitgliedschaft*: Um den Mitgliederschwund zu stoppen, versuchen Interessengruppen eine gesetzliche Beitrittsverpflichtung anzustreben, wie sie bei den Kammern allgemein besteht und auch bei den Ärztekammern etabliert wurde. Auf diese Weise wird beispielsweise zunehmend auch die Interessenvertretung bei Handwerkern und in den freien Berufen garantiert (Handwerkskammer). Ähnlich stellt sich auch die Situation bei studentischen Sozialinteressen dar, die in der Regel von öffentlichen Studentenschaften vertreten werden. Gegenwärtig zeichnet sich aber ein gegenläufiger Trend ab. Die institutionalisierte Mitgliedschaft mit zu erwartenden Organisationsgraden von annähernd 100 Prozent bedingen weitreichende Wettbewerbsnachteile für freie Verbände. Aus diesem Grund hat sich nachhaltige Kritik am System der Zwangsmitgliedschaft etabliert.

- *Dienstleistungsangebote*: Wie bei der Darstellung der Theorien der Neuen Politischen Ökonomie bereits angeklungen,[60] versuchen Verbände dem schleichenden Mitgliederschwund durch Offerten entgegen zu wirken, die mit dem ursprünglichen Organisationszweck oftmals nur noch wenig zu tun haben. So bieten Gewerkschaften ihren Mitgliedern neben Streik- und anderen Unterstützungsgeldern auch Rechtsschutz und Erholungsheime sowie berufliche Fortbildungsmöglichkeiten. Arbeitgeberverbände sind bemüht, ihren Mitgliedern Informationen über potentielle Absatzmärkte, Steuerrecht und neue technische Entwicklungen zukommen zu lassen. Diese Dienstleistungsangebote haben die nachhaltige Stabilisierung ‚von unten' erodierender Verbandsstrukturen zum Ziel und finden daher besonders in Verbänden Anwendung, die angesichts einer sich rapide verschlechternden Mitgliederentwicklung auf der Suche nach dringend notwendigen, kurzfristigen Alternativstrategien befinden. Ein Beispiel dafür sind die zunehmenden Angebote (Reisedienst etc.) für Gewerkschaftsmitglieder (www.dgb.de, Stand: 27.03.03). Auch Kriegsfolgeverbände bieten neben Rechtsschutz und Sterbegeldern auch kostengünstige Ausflugsfahrten und Aufenthalte in Erholungsheimen. Der ADAC bietet seinen Mitgliedern als zusätzlichen Anreiz touristische Ratschläge, aber auch technische Garantien und Beratungen.

- *Implizite Benachteiligung von Nicht-Mitgliedern*: Das Prinzip der negativen Koalitionsfreiheit verbietet es, dass ein Individuum in eine Interessengruppe gezwungen werden darf. Auch „closed-shop"- (nur Mitglieder werden ein-

---

[60] Vgl. dazu Kapitel I, Abschnitt 2.2.

gestellt) oder „union-shop"-Vereinbarungen (Mitgliedschaft wird bei Ar-
beitsaufnahme erwartet) sind mit dem Prinzip der negativen Koalitionsfreiheit unvereinbar und dürfen daher keine Anwendung finden. Nicht selten a-
ber kommt es durch besonders einflussreiche Großverbände zu überdimen-
sionalem Einfluss ihrer Mitglieder bei Einstellungsverhandlungen oder
Kreditsachen. Faktisch ergeben sich daraus für nicht im Verband organisierte Mitglieder Nachteile, weshalb ein Verbandseintritt sukzessive mehr
und mehr in Betracht gezogen wird.

Ein geringer Organisationsgrad kann sich also neben anderen Gründen auch aus
einem rudimentär ausgeprägten Interesse seitens des Individuums herleiten.
Generell aber ist der Vorwurf an die Pluralismustheorie, dass aus den unterschiedlichsten Gründen nicht alle Interessen gleichermaßen repräsentierbar,
organisierbar und damit konfliktfähig sind, am unterschiedlichen Organisationsgrad von Verbänden exemplarisch nachzuvollziehen. Gerade nicht alle Interessen sind auf gleiche Weise organisierbar. Derjenige Verband, der es schafft,
durch ein attraktives Verbandsziel und zusätzliche Anreize mobilisierend zu
wirken, erreicht in der Regel einen hohen Organisationsgrad und damit erheblichen Einfluss. Zahlreiche Verbände aber leiden darunter, ein so allgemeines
Verbandsziel zu haben, dass auch noch so attraktive zusätzliche Anreize das
Individuum nicht zum Beitritt bewegen können. Zweitens ist die implizite Benachteiligung von Nicht-Mitgliedern ein Hinweis auf die zumindest teilweise
berechtigte Kritik am System des Korporatismus. In der Tat ist die Verfestigung
einer Interessengruppenstruktur möglich, wenn der Organisationsgrad dauerhaft
hoch ist und der Verband sich durch garantierte Beteiligung in der politischen
Willensbildung etabliert hat. Diese Entwicklung zeitigt dann negative Auswirkungen auf die nicht in dieser Gruppierung Organisierten und unterminiert das
Prinzip der positiven wie negativen Koalitionsfreiheit.

2.2.3 Gewerkschaften

Beispielhaft für die Schwierigkeiten von Verbänden, Mitglieder dauerhaft an
sich zu binden und einen hohen Organisationsgrad zu erreichen, sind die Gewerkschaften. Der gewerkschaftliche Organisationsgrad gibt nur Auskunft darüber, wie weit es einer Gewerkschaft gelungen ist, ihr Mitgliederpotential auch
tatsächlich auszuschöpfen. Er sagt jedoch nichts über die Qualität der Mitgliederbindung aus. So lässt sich aus ihm nicht herauslesen, ob das Mitglied allein
wegen selektiver Anreize oder aufgrund des eigentlichen Verbandszwecks Mitglied ist (Müller-Jentsch 1997: 124). Gerade die Gewerkschaften sollen hier

verstärkt Berücksichtigung finden, da sich an ihrem Beispiel anschaulich die Problematik von Organisationsgrad und der Bereitschaft der Mitglieder zur Organisation darstellen lässt. Nicht zuletzt beruht gerade gewerkschaftliche Macht auf den Mitgliederzahlen (und damit auf dem faktischen Beitragsvolumen) und den daraus resultierenden Mobilisierungspotentialen (Müller-Jentsch 1997: 119). Seit Gründung der Bundesrepublik haben sich Mitgliederzahlen und Organisationsgrad des DGB wie folgt entwickelt:

Tabelle 15: Entwicklung der Mitgliederzahlen und des Organisationsgrades des DGB[61]

Jahr	Mitgliederzahlen in Tausend	Tendenz	Organisations- grad in Prozent	Tendenz
1950	5.450	ansteigend	35.7	sinkend
1960	6.379	stagnierend	31.1	stagnierend
1970	6.713	ansteigend	30.0	ansteigend
1980	7.883	stagnierend	31.8	sinkend
1990	7.938	stark ansteigend	29.0	stark ansteigend
1995	9.355	stark ansteigend	26.9	sinkend
1999	8.037	stark sinkend	22.6	stark sinkend
2000	7.772	sinkend	29.8	steigend
2001	7.899	stagnierend	k.A.	k.A.
2002	7.700	stagnierend	k.A.	k.A.
2003	7.363	sinkend	k.A.	k.A.
Quelle: eigene Darstellung nach Müller-Jentsch/ Ittermann 2000: 81, 85 und Ebbing- haus 2003: 180.				

Mitgliederzahlen und Organisationsgrad stehen in keinem direkt proportionalen Verhältnis zueinander. Erst wenn sich die Mitgliederzahlen überproportional zu den abhängigen Erwerbspersonen entwickeln, steigt auch der Organisationsgrad.

Für die Entwicklung von Mitgliederzahlen und Organisationsgrad können externe und interne Faktoren angeführt werden. Externe Faktoren bezeichnen außerhalb der Gewerkschaft liegende Ursachen, während interne Faktoren die Organisationspraxis und -politik der Gewerkschaften betreffen. Zu den externen Faktoren gehören langfristige Effekte wie die Verschiebung der Industriestruktur (z.B. Tendenz zur Dienstleistungsgesellschaft, Risikogesellschaft, neue Industrien etc.) eines Landes oder die dauerhafte soziostrukturelle Veränderung der Arbeitnehmerschaft (z.B. Zunahme des Frauenanteils an der Erwerbsarbeit etc.). Zu den mittelfristigen externen Faktoren zählen zyklische konjunkturelle

---

[61] Brutto-Organisationsgrad II.

Schwankungen und Veränderungen in der für die gewerkschaftliche Anerkennung relevanten Politik von Unternehmen, Staat und Regierung (Müller-Jentsch 1997: 133). Folgende, sich auf den gewerkschaftlichen Organisationsgrad auswirkende Tendenzen konnten dabei beobachtet werden (Bain/ Elsheikh 1976):

- *Bedrohungseffekt*: Ein Anstieg der Preissteigerungsrate erhöht die Organisationsbereitschaft der Arbeitnehmer, da sie ihren Lebensstandard bedroht sehen.

- *Erfolgseffekt*: Ein Anstieg der Lohnsteigerungsrate wird den Gewerkschaften als Erfolg und effektive Vertretung der Arbeitnehmerinteressen angerechnet.

- *Proportionaleffekt*: Ein geringes Niveau und ein geringer Anstieg der Arbeitslosigkeit verändern das Organisationsverhalten der Arbeitnehmer nur wenig, während hohes Arbeitslosigkeitsniveau oder ein hoher Anstieg negative Auswirkungen auf das Organisationsniveau haben.

Die internen Faktoren gewerkschaftlicher Organisationsentwicklung betreffen vornehmlich die Entwicklung von Einzelgewerkschaften. So gelingt es einzelnen, meist kleineren Organisationen immer wieder, durch besondere Werbekampagnen oder eine aggressive Interessenpolitik ihre Mitgliederzahlen sprunghaft zu erhöhen (Müller-Jentsch 1997: 135).

Vor diesem Hintergrund lässt sich die Entwicklung der Mitgliederzahlen und des gewerkschaftlichen Organisationsgrades in der Bundesrepublik interpretieren: Beide stiegen unmittelbar nach Gründung der Bundesrepublik an, da stetiges wirtschaftliches Wachstum auch eine fortwährende Lohnsteigerung zur Folge hatte. Hinzu gesellte sich die Tatsache, dass der Arbeitskräftemangel in den fünfziger Jahren den Gewerkschaften ein zusätzliches Druckmittel verlieh. Infolge der ersten wirtschaftlichen Krisen in den sechziger Jahren stagnierten sowohl Mitglieder- als auch Organisationsentwicklung. Im „Jahrzehnt der Gewerkschaften" trat eine Doppelentwicklung von steigenden Mitgliederzahlen und wachsendem Organisationsgrad auf. Diese Tendenz war zeitgleich in zahlreichen europäischen Ländern zu beobachten (Ebbinghaus 2003: 181, 196). In diesem Zeitraum hatten die Gewerkschaften Rekrutierungserfolge in allen Industriezweigen und bei allen Personengruppen zu verzeichnen. Durch die Veränderung des politischen Klimas und steigende Inflationsraten trat der Bedrohungseffekt ein, zumal die Gewerkschaften von einer kooperativen Interessenpolitik zu einer konfrontativen Vertretung ihrer Anliegen übergingen. Hinzu kamen interne administrative Rationalisierungen in den Gewerkschaften und eine zunehmende öffentliche Anerkennung der Gewerkschaftsarbeit (Müller-Jentsch 1997: 136).

Die schlechte wirtschaftliche Situation in den achtziger Jahren führte dem gegenüber zu einem neuerlichen Rückgang, wenngleich nun die langfristigen Effekte zum Tragen kamen. Die fortschreitende Entwicklung zur Dienstleistungsgesellschaft führte dazu, dass traditionell gewerkschaftlich sehr gut organisierte Sektoren (Braunkohle etc.) an wirtschaftlicher Bedeutung verloren. Die Wiedervereinigung schließlich brachte eine immense Steigerung der Mitgliederzahlen, die danach aufgrund der langfristigen Trends kontinuierlich zurückgingen, um sich bei 8 Mio. Mitgliedern einzupendeln. Mit der Wiedervereinigung begann sich auch der Organisationsgrad deutlich zu wandeln. Analog zu den Mitgliederzahlen schnellte er nach 1990 zuerst nach oben, um dann erneut der Mitgliederentwicklung und den langfristigen Hemmnissen der Organisationsfähigkeit zu folgen. Im Jahr 1999 betrug der Organisationsgrad des DGB 25,1 Prozent. Erst die Einbindung der DAG durch die Fusion mit der Dienstleistungsgewerkschaft *ver.di* ließ ihn im Jahre 2002 auf rund 28 Prozent ansteigen (www.dgb.de, Stand: 27.03.03).

Zusammenfassend ist der Rückgang der gewerkschaftlichen Organisationsfähigkeit damit vornehmlich durch drei externe Tendenzen zu erklären, nämlich durch

- die zunehmende Bedeutung des Dienstleistungssektors,
- die Erhöhung des Frauenanteils an den Beschäftigten,
- und die Individualisierung des Lebensstiles.

Dabei gibt es jedoch regional und infrastrukturell bedeutsame Unterschiede. So definiert sich der gewerkschaftliche Organisationsgrad auch durch die drei folgenden Variablen (Müller-Jentsch 1997: 128-129):

- *Größe des Betriebes*: Großbetriebe weisen einen höheren Organisationsgrad auf als Kleinbetriebe. Dies ist durch die Entpersonalisierung des Arbeitsverhältnisses zu erklären. Während sich in Kleinbetrieben Unternehmensleitung und Arbeitnehmer persönlich kennen, werden die Beschäftigten in Großbetrieben nicht als Individuen, sondern als Mitglieder von Arbeitsgruppen und –kollektiven angesehen. Die Festlegung von Arbeits- und Lohnmodalitäten erfolgt entsprechend formaler Kriterien und bürokratischer Apparate. Dadurch wird gewerkschaftliche Organisierung begünstigt, da auch die Arbeitnehmer auf kollektive Interessenvertretung einschwenken und eher zur Organisation bereit sind. Außerdem wird dadurch das Interesse der Betriebsleitung an einer komplikationslosen Zusammenarbeit mit Gewerkschaft und Betriebsrat gefördert.

■ *Standortfaktor*: Industrielle und städtische Ballungsgebiete weisen einen höheren Organisationsgrad auf als ländliche Gebiete. Abermals ist dies teilweise mit der Betriebsgröße zu erklären, da es in Ballungszentren weitaus mehr Großbetriebe gibt als in ländlichen Gebieten. Außerdem blicken die Gewerkschaften in diesen Ballungsräumen auf eine lange Tradition zurück, so dass die Arbeiter in Industrierevieren bereits in der dritten oder vierten Generation den gleichen Beruf wie ihre Väter erlernt haben und damit die Gewerkschaftsmitgliedschaft tradiert und vererbt wurde.

■ *Wirtschaftsstruktur*: Der industrielle, sekundäre Sektor weist im Vergleich zum primären (bei den Arbeitnehmern landwirtschaftlichen) und zum tertiären Dienstleistungssektor einen höheren Organisationsgrad auf. Während in der Landwirtschaft der geringe Organisationsgrad von der Isolation zahlreicher Klein- und Familienbetriebe herrührt, hängt er im Dienstleistungssektor mit dem hohen Angestelltenanteil unter den Beschäftigten zusammen. Eine Ausnahme bildet hier nur der öffentliche Dienst.

Die Gründe für die mangelnde Bereitschaft zur Einbindung in Gewerkschaftsarbeit sind vielfältig. Eigentlich liegt die Vermutung nahe, dass abhängig Beschäftigte aufgrund ihrer im Gegensatz zum Arbeitgeber schwächeren Position von sich aus bereit zur gewerkschaftlichen Organisation sind. Dies ist jedoch nicht der Fall. Einerseits können (drohende) Sanktionen des Arbeitgebers den Beschäftigten davon abhalten, Mitglied in einer Gewerkschaft zu werden. Diese Sanktionierungen finden aufgrund ihrer Illegalität aber in einer subtilen Form Anwendung, etwa in betriebsinterner Missbilligung des jeweiligen Verhaltens. Vor allen Dingen in Kleinbetrieben mit direktem persönlichen Kontakt haben diese Sanktionsmechanismen Tradition (Keller 1995: 70).

Andererseits wirkt besonders bei durch Gewerkschaften erkämpften kollektiven Gütern der Trittbrettfahrereffekt und verhindert so gewerkschaftliche Organisation und auch Mobilisierung.[62] Hinzu gesellt sich der Umstand, dass Gewerkschaften mit dem drastischen Ausbau staatlicher sozialer Sicherungssysteme ohnehin an Einfluss und Bindungskraft verloren haben (Müller-Jentsch 1997: 121). Umgekehrt bedeutet diese Herausforderung an die Gewerkschaften ihrerseits die Herausbildung von Zwangsmitteln, um die gewerkschaftliche Mitgliedschaft aufrecht zu erhalten. Obligatorische „closed-shop"-Regelungen, welche die Einstellung eines Arbeitnehmers nur dann vorsehen, wenn er gleichzeitig Mitglied in der betriebsspezifischen Gewerkschaft oder zum Eintritt bereit ist, sind in der Bundesrepublik nicht erlaubt (Blanke 2003: 144-173). Wie bei den Sanktionsmechanismen von Arbeitgebern aber ist auch hier subtiler sozialer

---

[62] Vgl. dazu auch Kapitel I, Abschnitt 2.2.

Druck möglich. Ein ohnehin in einem Betrieb vorherrschender hoher Organisationsgrad vermag einen immensen Konformitätsdruck auf den Einzelnen auszuüben. Dennoch gibt es in Gewerkschaften eine erhebliche Mitgliederfluktuation. Neben dem Eintritt in das Rentenalter oder dem Tod des Mitglieds kommt es häufig zu bewusstem Austreten aus der Organisation, so dass Gewerkschaften jährlich 10-15 Prozent ihrer Klientel verlieren. Die Gewerkschaften versuchen diesen Wanderungstendenzen durch drei Strategien entgegen zu wirken (Müller-Jentsch 1997: 122-123):

- Normative Bindung der Mitglieder an die Organisation durch Agitation und Information, Schulung, Weiterbildung und Partizipationsmöglichkeiten (über Vertrauensleute und Betriebsräte),
- materielle Unterstützungs- und Dienstleistungen für die Mitglieder (Streikunterstützung, Versicherungen, Rechtshilfe),
- Entfaltung sozialen Drucks in Betrieben, in welchen der gewerkschaftliche Organisationsgrad ohnehin hoch und damit organisationskonformes Verhalten sichergestellt ist.

Im Spannungsfeld dieser Variablen hat sich ein weitgehend einheitlicher Trend des Organisationsgrades der Gewerkschaften herausgebildet. Er hat mit Ausnahme der Jahre um die Wiedervereinigung seit den siebziger Jahren relativ konstant abgenommen und ist damit seit den neunziger Jahren im Vergleich zu den skandinavischen Ländern (54,3 Prozent in Norwegen, 81,9 Prozent in Schweden) extrem niedrig. Im Gegensatz zu den USA (13,5 Prozent) oder Frankreich (9,0 Prozent) aber befindet er sich noch immer im Durchschnitt (Ebbinghaus 2003: 196).[63] Die Ursachen für den international unterschiedlichen Organisationsgrad bestehen neben anderen Variablen auch in der unterschiedlichen staatlichen Aktivität bei der sozialen Sicherung. In Skandinavien nämlich kommt diese Rolle besonders den Gewerkschaften zu, da sich dort der Staat aus der Sicherung der Arbeitnehmerrechte weitgehend zurückgezogen hat. Den Gewerkschaften erwächst unter den Arbeitnehmern im Gegensatz zur Bundesrepublik eine zusätzliche Legitimationsfunktion (Müller-Jentsch 1997: 126). Der Organisationsgrad allein gibt Auskunft darüber, inwiefern es einer Gewerkschaft gelungen ist, ihr Mitgliederpotential auszuschöpfen. Dabei spielt nicht zuletzt eine entscheidende Rolle, ob die Mitgliedschaft allein aufgrund der zusätzlichen selektiven Anreize zustande gekommen ist und damit nur formal, das heißt ohne konkretes Engagement des Einzelnen existiert. In diesem Falle ist mit der reinen

---

[63] Es handelt sich bei den folgenden Daten jeweils um den Nettoorganisationsgrad I im Jahr 2000. Er weicht hier vom Bruttoorganisationsgrad kaum ab.

Mitgliederzahl faktisch nichts über die Schlagkraft der Organisation ausgesagt, wenngleich ihre schiere Größe ihr zusätzliches Gewicht verleiht (Müller-Jentsch 1997: 124).

Hinsichtlich der sozialstrukturellen Zusammensetzung der Mitgliedschaft ergeben sich signifikante Unterschiede. Während Arbeiter, Männer, Ältere, Facharbeiter und Inländer einen höheren gewerkschaftlichen Organisationsgrad aufweisen, sind Angestellte, Frauen, Jugendliche, ungelernte oder angelernte Arbeiter und Ausländer weniger ausgeprägt organisiert (Mielke 1997: 203). Während der ersten Gruppe Mitglieder angehören, für die zum Einen ihre Arbeitsrolle eine zentrale Bedeutung für ihr gesamtes Leben hat und die in kollektiver Vertretung eine optimale Verbesserungsfähigkeit ihrer Arbeitsbedingungen erwarten, spielt für die meisten anderen Gruppen das Arbeitsleben eine weniger dominante Rolle im gesamten Lebensentwurf. So zeigen etwa Hilfsarbeiter ein instrumentelles und rein nutzenbestimmtes Verhältnis zur Arbeit. Nicht selten sind hier aber auch gewisse Rollenkonflikte oder Zusatzrollen ausschlaggebend. So sehen sich gerade Frauen neben ihrer beruflichen Tätigkeit auch mit ihren privaten Aufgaben (Hausfrau, Kindererziehung) außerstande, den ausgeübten Beruf als Lebensmittelpunkt zu betrachten (Naumann 1992: 241-249). Auf Seiten von Jugendlichen ist die Identifikationsbereitschaft mit dem Beruf (und dem Betrieb) ebenfalls noch nicht so ausgeprägt wie es bei älteren Arbeitnehmern der Fall ist. Auch wenn in einzelnen Mitgliederschichten die Organisationsgrade noch immer hoch sind, so sind dennoch in allen sozialstrukturellen Kategorien eindeutige Abnahmetendenzen zu konstatieren.

2.2.4 Ost-West-Problematik

Die Konsequenzen aus den bisherigen Beobachtungen sind eindeutig: Frauen, Jugendliche und Angestellte lassen sich insgesamt schwerer gewerkschaftlich organisieren (Müller-Jentsch/ Ittermann 2000: 83; Ebbinghaus 2003: 191-193). Diese Mobilisierungsprobleme verschärften sich für die Gewerkschaften erneut, wenn die unterschiedlichen Verhältnisse in den alten und den neuen Bundesländern in die Betrachtung einbezogen werden. In nahezu allen Bereichen verschlechtert sich die gewerkschaftliche Organisationsmacht in Ostdeutschland weitaus drastischer als in den westlichen Landesteilen (vgl. Tabelle 16).

Für die Verbandsführung der Gewerkschaften liest sich sowohl die Entwicklung der Mitgliederzahlen als auch diejenige des Organisationsgrades besorgniserregend. Im Westen reduzierte sich die Zahl der Mitglieder seit der Wiedervereinigung um fast zwanzig Prozent, während der Organisationsgrad nur unwesentlich zurück ging.

Tabelle 16: Entwicklung von gewerkschaftlichen Mitgliederzahlen und Organisationsgrad seit 1991 im Ost-West-Vergleich[64]

Jahr	Mitglieder West in Tausend	prozentuale Veränderung	Organisationsgrad West	Mitglieder Ost in Tausend	prozentuale Veränderung	Organisationsgrad Ost
1991	7.643		29,5 %	4.158		57,6 %
1992	7.624	- 0,2	29,2 %	3.392	- 18,4	53,2 %
1993	7.384	- 3,2	28,8 %	2.907	- 14,2	47,3 %
1994	7.179	- 2,7	28,5 %	2.589	- 10,9	42,1 %
1995	6.994	- 2,5	28,0 %	2.360	- 8,8	37,9 %
1996	6.828	- 2,3	27,7 %	2.145	- 9,1	35,3 %
1997	6.645	- 2,6	27,2 %	1.979	- 7,7	33,7 %
1998	6.470	- 2,6	26,1 %	1.841	- 6,9	33,5 %
Quelle: eigene Darstellung nach Müller-Jentsch/ Ittermann 2000: 91.						

Noch weitaus dramatischer gestaltet sich die Lage in den neuen Bundesländern. Seit 1991 sind mehr als die Hälfte der Mitglieder in Ostdeutschland aus dem DGB respektive der zuständigen Branchengewerkschaft ausgetreten, während der Organisationsgrad in der gleichen Zeit von nahezu 60 Prozent auf gerade einmal ein Drittel im Jahr 1998 zurück ging (Mielke 1997: 203). Auch nach Berufs- und Personengruppen aufgeschlüsselt ergeben sich signifikante Unterschiede zwischen den alten und den neuen Bundesländern:

Tabelle 17: Organisationsgrade im DGB nach Personen- und Berufsgruppen in Prozent (Ost-West-Vergleich)[65]

Jahr	Arbeiter		Angestellte		Beamte		Männer		Frauen	
	West	*Ost*	*West*	*Ost*	*West*	*Ost*	*West*	*Ost*	*West*	*Ost*
1991	46,0	64,6	13,5	42,6	31,2	65,6	36,9	54,7	17,2	57,7
1992	45,7	63,4	13,3	42,2	31,2	55,9	36,3	50,4	17,1	55,3
1993	45,4	57,2	13,0	37,1	30,3	46,1	35,7	45,3	16,8	49,5
1994	45,2	50,4	12,7	32,5	30,2	41,0	35,5	41,0	16,5	42,7
1995	44,1	44,1	12,5	29,7	30,2	35,9	34,9	37,2	16,2	37,8
1996	42,8	39,1	12,4	28,0	26,8	28,3	34,2	34,8	15,8	34,3
1997	42,9	37,4	12,0	25,8	26,2	25,5	33,6	33,1	15,4	31,9
1998	41,4	36,5	12,0	23,8	26,1	23,8	32,7	31,4	15,1	30,0
2000	37,6		17,7		24,0		37,1		20,9	
2002	k.A.		k.A.		k.A.		35,6		19,6	
Quelle: eigene Darstellung nach Müller-Jentsch/ Ittermann 2000: 98 und Ebbinghaus 2003: 198.										

---

[64] Brutto-Organisationsgrad II. Seit 2000 wird der branchen- und personenspezifische Organisationsgrad durch den DGB selbst nicht mehr veröffentlicht.
[65] Brutto-Organisationsgrad II, außer den Angaben zum Organisationsgrad bei Männern und Frauen in den Jahren 2000 und 2002, dort Bruttoorganisationsgrad I. Ab 2000 nur gesamtdeutsche Daten.

Die Zahlen sprechen eine deutliche Sprache: Während der Rückgang des Organisationsgrades quer durch alle Berufsgruppen im Westen sich noch in einem erträglichen Rahmen bewegte, brach der Organisationsgrad im Osten Deutschlands regelrecht ein. In allen erfassten Berufsbereichen sind in den neuen Bundesländern Rückgänge von 30-40 Prozent zu verzeichnen, bei den Beamten sogar über 60 Prozent. Die genannten Zahlen bergen jedoch auch Probleme, da sie ein vereinheitlichtes Niveau des Organisationsgrades darstellen, das faktisch natürlich nicht existiert.

Tabelle 18: Jugendliche im DGB: Ost-West-Vergleich

Jahr	Jugendliche West in Tausend	Veränderung in %	Jugendliche Ost in Tausend	Veränderung in %	Jugendliche insgesamt	Veränderung in %
1970	963	-	-	-		-
1980	1.153	+ 19,7 %	-	-		-
1991	914	- 20,7 %	437	-	1351	-
1992	848	- 7,2 %	323	- 26,0 %	1161	-14,0 %
1993	740	- 12,7 %	247	- 23,5 %	987	-14,9 %
1994	630	- 14,8 %	187	- 24,2 %	817	-17,2 %
1995	521	- 17,3 %	134	- 28,3 %	655	- 19,8 %
1996	463	- 11,1 %	110	- 17,9 %	573	- 12,5 %
1997	482	+ 4,1 %	116	+ 5,4 %	598	+ 4,3 %
1998	470	- 2,4 %	101	- 12,9 %	571	- 4,5 %
1999	k.A.	k.A.	k.A.	k.A.	534	- 6,4 %
2000	k.A.	k.A.	k.A.	k.A.	518	- 2,9 %
2001	k.A.	k.A.	k.A.	k.A.	534	+ 3,0 %
2002	k.A.	k.A.	k.A.	k.A.	587	+ 10,0 %

Quelle: eigene Darstellung nach Eigenrecherche und Müller-Jentsch/ Ittermann 2000: 94.

Besonders unter Jugendlichen hat sich in den östlichen Landesteilen eine erhebliche Distanz zu den Gewerkschaften verbreitet. In der tabellarischen Zusammenschau liest sich die Mitgliederentwicklung der Jugendlichen beim DGB seit der Wiedervereinigung wie der Prozess einer kontinuierlichen Auszehrung:[66]

---

[66] Bei der vergleichenden Betrachtung dieser Daten ist bezüglich ihrer Validität Vorsicht angebracht. Einige Gewerkschaften haben (von Fall zu Fall verschieden) neben "Jugendliche" auch noch "sonstige" Mitglieder (Freiberufler, Arbeitslose, Azubis etc.) angegeben. Diese sind auch in den Gesamt-Zahlen enthalten, weshalb die Addition der Zahlen für "Jugendliche" und die anderen Kategorien nicht für jede Gewerkschaft und auch nicht für den DGB die tatsächliche Gesamt-Zahl ergibt. Außerdem ist zu berücksichtigen, dass bis Ende der neunziger Jahre je nach Satzung der Einzelgewerkschaft unter jugendlichen Mitgliedern Organisierte im Alter von 25, 26, 27, 28, mitunter sogar bis 30

Mit nur wenigen Ausnahmen, die jeweils nur eine geringe prozentuale Steigerung der Mitgliederzahlen unter Jugendlichen beinhalteten, stellt die Entwicklung eine permanente Abwärtskurve dar. Diese manifestierte sich sowohl in den alten als auch den neuen Bundesländern in zweistelligen prozentualen Abnahmeraten Mitte der neunziger Jahre. Diese Entwicklung, die nicht unerheblich mit der Zukunftsfähigkeit der Gewerkschaften verbunden ist, soll durch spezielle Imagekampagnen und Rationalisierungsmaßnahmen in der internen Gewerkschaftsstruktur wieder rückgängig gemacht werden. Darunter fällt beispielsweise auch das Bestreben der Gewerkschaften, vermehrt in Kontakt mit neuen sozialen Bewegungen (Ökologie, Frauenbewegung etc.) zu treten (Marßolek 1999: 783-791).

Jenseits der Entwicklung bei den Jugendlichen ist die Ursache für die stetige Abnahme des Organisationsgrades seit 1970 nicht von ungefähr in der Zusammensetzung der Mitglieder des DGB zu suchen: Sie entspricht noch immer der Berufsstruktur der fünfziger und sechziger Jahre. Die seither eingetretenen Veränderungen (Erhöhung des Anteils der Frauen und Angestellten an der Erwerbstätigkeit) haben in der DGB-Mitgliederstruktur noch keinen Niederschlag gefunden. So sind die Organisationsgrade bei Männern und Arbeitern noch immer und traditionell sehr hoch, was sich aus der Geschichte der Gewerkschaften als Anwalt der Industriearbeiter erklären lässt. Auch der öffentliche Dienst ist bisher ein gewerkschaftlich straff organisierter Berufszweig (Müller-Jentsch/ Ittermann 2000: 83). Insgesamt wird die Zukunftsfähigkeit der Gewerkschaften vor diesem Hintergrund eher skeptisch beurteilt. Der stattfindende sozialstrukturelle Wandel stellt den DGB augenblicklich vor organisatorische Probleme, deren Lösung einen längeren Zeitraum beanspruchen wird (Ebbinghaus 2003: 199-202).

Jahren verstanden werden. Vor diesem Hintergrund ist eine vergleichende Beurteilung mit vorhergehenden Daten vor allen Dingen für die Jahre nach 1997 schwer, weshalb sie an dieser Stelle keine Berücksichtigung mehr finden. Daneben lässt sich die Unterscheidung in Ost und West ab diesem Zeitpunkt deshalb nicht mehr trennscharf aufrechterhalten, da mit der Gründung des DGB-*Landesbezirkes Nord* diese Grenze überwunden wurde: So firmieren darunter die ehemaligen DGB-*Landesbezirke Schleswig-Holstein, Hamburg* und *Mecklenburg-Vorpommern.* Die Steigerung der Mitgliederzahlen von 2000 auf 2002 ergibt sich vor allem durch die Anhebung der Altersgrenze bei einigen Gewerkschaften. Die GEW hat das Mindestalter für die Definition "Jugendlicher" von 30 auf 35 Jahre und IG Metall von 25 auf 27 Jahre angehoben. Rechnet man diese statistischen Effekte heraus, stagniert die Mitgliederentwicklung im Jugendbereich. Sie verläuft allerdings wesentlich günstiger als Ende der 90er und bis dato auch positiver als im Gesamt-DGB. Die Stabilisierung der Mitgliederzahlen liegt vor allem an der Stärke in den traditionellen Bereichen (produzierendes Gewerbe, Großbetriebe, öffentlicher Dienst). Die abzusehende Problematik besteht darin, dass diese Bereiche in ihrer Bedeutung abnehmen werden, während innovativere (IT, Kleinbetriebe, neue Dienstleistungen) Zweige noch weitgehend unerschlossen sind.

2.3 Strukturen und Probleme innerverbandlicher Willensbildung

Innerverbandliche Willensbildung betrifft die Aggregation und die Selektion von Interessen innerhalb des Verbands. Welche interne Struktur bringt der Verband hervor, um allen repräsentierten Interessen Gelegenheit zur Artikulation und damit zur Vertretung nach außen zu geben? Welche Mechanismen der Selektion werden dabei greifbar?

2.3.1 Die Vorgaben des BGB

Die Willensbildung in Verbänden hat formalen demokratischen Richtlinien zu folgen und deren Grundsätzen zu entsprechen, wie es bereits in der Darstellung zur rechtlichen Grundlage organisierter Interessenvertretung deutlich geworden ist.[67] Gesetzlich geregelt ist allerdings nur ein allgemeiner Rahmen, die konkrete Ausgestaltung bleibt den als Vereinen gegründeten Verbänden selbst überlassen. Da nicht alle Verbände als Vereine im Sinne des *Bürgerlichen Gesetzbuches* (BGB) gegründet werden – vor allem mächtige Großverbände wie der DGB sind keine derartigen Vereine – können die folgenden Ausführungen nicht für alle Verbände als maßgeblich betrachtet werden. Darüber hinaus sind die unterschiedlichen Ausprägungen von Vereinen bedeutsam: Neben *wirtschaftlichen* Vereinen, die materielle Ziele vertreten, und *ideellen* Vereinen, welche sich zur Pflege immaterieller Güter oder Werte gründen, ist der Status der Rechtsfähigkeit von Bedeutung. So gibt es Vereine, die sich nicht im Vereinsregister registrieren lassen und allein der Zusammenkunft seiner Mitglieder dienen. Er wird als nicht rechtsfähig eingestuft und kann dem entsprechend nicht der Träger von Rechten und Pflichten sein.

Ein im Vereinsregister eingetragener Verein ist dagegen eine *juristische Person*. Wie jede natürliche Person besitzt er rechtliche Selbstständigkeit und ist *rechtsfähig*, das heißt, er kann der Träger von Rechten und Pflichten sein. Im Rechtsverkehr wird der Verein mit einer natürlichen Person auf eine Stufe gestellt und als tatsächlich vorhandenes Wesen behandelt. Als reale Verbandspersönlichkeit handelt er durch seine Organe (Burhoff 2000: 28). Da er Rechtsgeschäfte tätigen und Verbindlichkeiten eingehen kann, muss der rechtsfähige Verein als Organisation auch haften. Auf der Seite des nicht-rechtsfähigen Vereins, der keine Besitztümer erwerben kann, haftet der jeweilige Vorsitzende oder ein Vorstandsmitglied, der die Verbindlichkeit eingegangen ist, mit seinem privaten Vermögen. Ideelle Vereine aber können ihre Rechtsfähigkeit durch ihren

---

[67] Vgl. dazu Kapitel II, Abschnitt 2.

Eintrag in das Vereinsregister erlangen, dem lediglich formale Hürden vorgeschaltet sind (Zimmer 1996: 32).

Übersicht 18:   Aufbau von Vereinen laut BGB

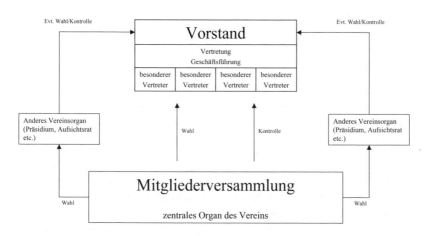

Quelle: eigene Darstellung.

Das Vereinsrecht im BGB schreibt dabei zwei grundlegende Organe in Vereinen
vor (vgl. Übersicht 18): *Mitgliederversammlung* und *Vorstand.* Diese können
durch andere Vereinsorgane (Präsidium, Beirat, Kuratorium, Aufsichtsrat etc.)
ergänzt werden (Burhoff 2000: 113-223). Die Mitgliederversammlung ist in der
Regel das oberste Organ des Vereins. In ihr artikuliert sich durch die Stimmab-
gabe der Mitglieder der Wille des Vereins. Das BGB spricht in § 32 Abs. 1 von
der „Versammlung der Mitglieder", in der Realität kann sie auch die Bezeichnungen Hauptversammlung, Generalversammlung, Vollversammlung, Ver-
bandstag etc. annehmen. Welche Rechte der Mitgliederversammlung zukommen,
lässt das Vereinsrecht bewusst unklar und schreibt sie der jeweiligen Vereinssatzung zu.

Grundsätzlich regelt die Mitgliederversammlung alle diejenigen Angelegenheiten, die satzungsgemäß nicht einem anderen Vereinsorgan zugeteilt wurden. Sofern in der Satzung nicht anders geregelt, obliegt ihr die Bestellung und
die Kontrolle des Vorstandes ebenso wie der anderen Vereinsorgane. Ebenso ist
sie zuständig, wenn es zu Streitigkeiten zwischen anderen Vereinsorganen
kommt. Gleichzeitig bleibt die Mitgliederversammlung das zentrale Vereinsorgan. So kann die Satzung die Rechte der Mitgliederversammlung zwar be-

schränken. Dies geht aber nicht so weit, dass sie gänzlich abgeschafft werden könnte. Ebenfalls kann die Satzung kein anderes Vereinsorgan mit Kompetenzen so überhäufen, dass bezüglich der Willensbildung im Verein eine Marginalisierung der Mitgliederversammlung stattfinden würde.

Der Vorstand des Vereins ist ein durch das Gesetz zwingend vorgeschriebenes Vereinsorgan, ohne das die juristische Person „Verein" nicht denkbar wäre. In § 26 Abs. 2 BGB wird die Bedeutung des Vorstands mit der Funktion eines gesetzlichen Vertreters umschrieben. Durch den Vorstand handelt der Verein und kann nach außen am Rechtsverkehr teilnehmen. In der Regel wird der Vorstand durch die Mitgliederversammlung mit absoluter Mehrheit gewählt. Er muss die Beschlüsse der Mitgliederversammlung mit der nötigen Sorgfalt ausführen, und ist – je nach Satzung unterschiedlich – an ihre Weisungen gebunden. Gleichzeitig ist er ihr gegenüber rechenschaftspflichtig. Nach § 27 Abs. 1 BGB erfolgt die Bestellung des Vorstandes durch Beschluss der Mitgliederversammlung. Diese Zuständigkeit kann jedoch in der Satzung anders geregelt werden, indem die Bestellung des Vorstandes einem anderen Organ übertragen wird. Zu den Aufgaben des Vorstands zählen die Vertretung des Vereins und die Geschäftsführung. Geschäftsführung meint jede im Dienst des Vereins stehende Tätigkeit sowohl tatsächlicher (Buch- und Kassenführung) als auch rechtsgeschäftlicher Art (Einstellung von Personal, Anmietung von Räumen, Sporthallen etc.). Die Vertretungsmacht des Vorstandes ist dem gegenüber prinzipiell unbeschränkt, kann jedoch laut BGB beschränkt werden. So kann die Geschäftsführung in der Satzung auch einem anderen Vereinsorgan übertragen werden. Dies darf aber nicht so weit gehen, dass dem Vorstand auch die zur Vertretung nach außen erforderliche Bildung seines Erklärungswillens entzogen wird. Ob der Vorstand aus einer oder mehreren Personen besteht, regelt die Vereinssatzung. Gewöhnlich aber setzt sich der Vereinsvorstand aus mehreren Personen zusammen, die Inhaber klar abgegrenzter Ämter im Verein sind (1. Vorsitzender, Stellvertreter, Kassierer, Schriftführer etc.). Mitunter sieht das Vereinsrecht als zusätzliches Vertretungsorgan des Vereins einen „besonderen Vertreter" (§ 30 BGB) vor. Dieser ist für Vertretungsorganisationen bei größeren Organisationen vorgesehen. So repräsentiert ein besonderer Vertreter in der Regel Unterorganisationen wie eine Basketballsparte in einem großen Sportverein, oder aber er leitet eigenverantwortlich eine selbstständige Vereinseinrichtung.

Über Vorstand und Mitgliederversammlung hinaus kann die Vereinssatzung auch weitere Organe vorsehen. Diese werden meist Aufsichtsrat, Präsidium oder Direktorium genannt, ihre Aufgaben werden in der Satzung niedergeschrieben. Die Satzung muss dann auch die relevanten Bestimmungen über Wahl, Bestellung, Amtsdauer und Beschlussfassung des jeweiligen Organs enthalten. Zu den Aufgaben des Sonderorgans können all diejenigen Bereiche gehören, die weder zwingend dem Vorstand noch der Mitgliederversammlung vorbehalten sind. So kann ein Aufsichtsrat den Vorstand überwachen und ihm gegenüber zu Weisungen berechtigt sein sowie in Einzelfragen oder insgesamt die Geschäfte des Vereins führen.

2.3.2 Beispiele

Die Vorstellung eines innerorganisatorisch demokratischen Vereines ist in Bezug auf die Verbände jedoch idealtypisch. Die Funktionslogik von Großverbänden, die ohnehin nicht als Verein gegründet worden sind, schließt eine alleinige Willensbildung von unten nach oben aus. Doch auch bei kleineren Verbänden haben sich unterschiedliche Interpretationen des Vereinsrechts heraus gebildet. Die juristischen Vorgaben haben in verschiedenen Vereinen daher auch unterschiedliche Ausprägungen und Gewichtungen erfahren.

Noch relativ nahe an den Richtlinien des BGB bewegt sich der *Deutsche Mieterbund e.V.* (DMB). Er ist ein Verband mit föderalistischer Struktur und setzt sich aus den 16 Landesverbänden zusammen, die rechtlich und organisatorisch eigenständig sind. Diese fassen ihrerseits die 350 örtlichen Mietervereine des Organisationsgebietes zusammen. Die innerverbandliche Willensbildung wird über ein zweistufiges Delegationssystem realisiert: Zum Einen wählen die Mitgliederversammlungen der Mietervereine Vertreter für die Verbandsversammlungen auf Landesebene. Diese bestimmen ihrerseits die 400 Delegierten für den alle zwei Jahre zusammen tretenden *Deutschen Mietertag*, der die Mitgliederversammlung auf Bundesebene darstellt. Jeder Landesverband kann einen Delegierten je 2.000 Mitglieder stellen. Der *Mietertag* entwirft die Leitlinien der Verbandspolitik, verabschiedet Programme, Anträge sowie den Haushalt des DMB und wählt den Bundesvorstand. Der zwölfköpfige Bundesvorstand fällt alle kurzfristigen politischen und organisatorischen Entscheidungen. Zwischen den Mietertagen kontrolliert ein Beirat, der sich aus Vertretern der Landesverbände zusammensetzt, als zusätzliches Vereinsorgan die laufenden Entscheidungen des Vorstandes (www.mieterbund.de, Stand: 27.03.03).

In der Regel haben sich Verbände innerorganisatorisch aber dergestalt strukturiert, dass dauerhaftes ‚Störfeuer‘ der Mitgliederebene die Handlungsfähigkeit des Gesamtverbands nicht in Mitleidenschaft zu ziehen vermag. Eine permanente Beanspruchung der Verbandssteuerung durch die Mitgliederversammlung wird daher durch die weitgehende Handlungsfreiheit des Vorstands verhindert. Dies äußert sich in der Regel in langen Zeitabständen zwischen den Sitzungsperioden der jeweiligen Mitgliederversammlung, was aber auch die faktische Beschneidung des formal wichtigsten Organs des Vereinsrechts bedeutet. Am Beispiel des BDI wird das besonders deutlich: Die Willensbildung liegt zwar formal bei der *Mitgliederversammlung*. In der Regel tagt sie aber nur alle drei Jahre und hat darüber hinaus nur eng begrenzte Rechte, etwa die Wahl eines Teils des Vorstands und des Präsidiums (Abromeit 1997b: 575). Ähnliches gilt auch für den *Deutschen Bauernverband e.V.* (DBV). Wie das Vereinsrecht es vorschlägt, ist sein formal zentrales Organ die *Mitgliederversammlung*. Sie tritt einmal im Jahr zusammen, beschließt über Grundsatzentscheidungen im agrarpolitischen Bereich und stimmt über weiterführende, grundlegende Entscheidungen des Verbands ab. Ihre Kompetenzen allerdings sind begrenzt: So steht der Mitgliederversammlung des DBV kein Wahlrecht zu. Ebenso kennt der DBV keinen Vorstand im eigentlichen Sinne. Zwar ist der DBV wie auch der DMB föderalistisch strukturiert. Geleitet wird der *Bauernverband* aber ausschließlich von einem Präsidium. Dieses setzt sich zusammen aus den Präsidenten der *Landesbauernverbände* und des *Bundes der Deutschen Landjugend im DBV e.V.*, dem Generalsekretär des Verbands wie unter Umständen aus Vorsitzenden der assoziierten Fachverbände. Das Präsidium wählt den Präsidenten des Verbands ebenso wie seine Stellvertreter. Für den Präsidenten sind allein die Richtlinien der Mitgliederversammlung für die Entscheidungsfindung maßgeblich. Er führt die laufenden Geschäfte des Verbands und wird alle drei Jahre durch das Präsidium aus seiner Mitte gewählt. Doch auch bei der Wahl des Präsidenten wird nicht nach dem Grundprinzip des „one man, one vote" verfahren. Im Gegenteil ist innerhalb des DBV ein gestaffeltes Stimmrecht entscheidend. Dieses richtet sich nach dem Jahresbeitrag des durch das Präsidiumsmitglied vertretenen Verbands. Daneben existiert im DBV ein *Verbandsrat*. Er setzt sich aus den Präsidenten der Landesverbände und dem Generalsekretär zusammen und beschließt über Organisations- und Verwaltungsfragen von grundsätzlicher Bedeutung. In den sogenannten Fachausschüssen sprechen sich darüber hinaus die Experten aller Landesverbände miteinander ab (Heinze 1997: 28-29).

Auch in den vorhergehenden Fallstudien ist bereits deutlich geworden, dass die idealdemokratische Vorstellung der Willensbildung „von unten nach oben" für Verbände eher die Ausnahme ist. Besonders das Beispiel ADAC vermag dies zu verdeutlichen: Dessen *Hauptversammlung* wird gerade nicht als legislatives oder beschlussfassendes Organ verstanden, sondern eher als Demonstrationsforum genutzt (Schmitz 1992: 135-142).[68]

Der Logik innerverbandlicher Strukturen folgend und mit Blick auf den Verbandszweck ist diese partielle Abkehr von demokratischen Grundsätzen durchaus nachvollziehbar. Die hauptamtlichen Funktionäre der Führungsebene

---

[68] Vgl. dazu Kapitel II, Abschnitt 4.3.2.

haben den unteren Segmenten der Organisation gegenüber einen beträchtlichen und für die Funktionsfähigkeit der Gesamtorganisation nicht zu vernachlässigenden Vorsprung an Information und Sachkompetenz. Darüber hinaus haben nur sie die Möglichkeit zur stetigen Kommunikation mit relevanten Ansprechpartnern in Politik und Verwaltung. Zudem ist unter den hauptamtlichen Funktionären von Verbänden ein beträchtlicher Akademisierungsgrad zu beobachten, der die Einflussmöglichkeiten von „Praktikern" zusätzlich erschwert (Triesch/ Ockenfels 1995: 58).

Die undemokratische Verdichtung von Verbandsmacht in Funktionärshänden hat den Effekt der Distanzierung von unteren Mitgliederschichten, langfristig allerdings ist sie aus Effizienzgründen realisiert worden und dient allein der Schlagkraft der Interessenvertretung nach außen. Außerdem haben hauptberufliche wie ehrenamtliche Funktionäre ein besonderes Interesse daran, ihre Position zu behalten. Für Ehrenamtliche gilt dies besonders aufgrund ihres Ansehens, den hauptamtlichen Funktionären ist schließlich daran gelegen, sich für den Verband durch Kompetenz und die speziellen und persönlichen Verbindungen unentbehrlich zu machen. Auf diese Weise rechtfertigen sie sich auch als erfolgreiche Funktionäre gegenüber den ehrenamtlichen Vorstands- und Verbandsmitgliedern und legitimieren ihre eigene Tätigkeit. In der Regel besteht in Verbänden auch ein Führungsdualismus von Ehrenamtlichen und Hauptamtlichen. Während hauptamtliche Mitarbeiter mit der Geschäftsführung betraut sind, leiten ehrenamtliche Präsidenten den Vorstand und übernehmen die Repräsentationsaufgaben nach außen. Wie bei dem formaljuristischen Aufbau von Vereinen sind jedoch auch hier graduelle Unterschiede auszumachen. So bestimmen die Mitgliederversammlungen zwar formal die Richtlinien der Verbandspolitik und kontrollieren die von ihnen ausgewählte Geschäftsführung (Triesch/ Ockenfels 1995: 55), in der Verbandspraxis zeichnet sich jedoch in der Regel ein anderes Bild ab. Für einzelne Verbandsmitglieder hat dies in der Tat manchmal zur Folge, dass sie ihr Interesse durch die Interessengruppe, der sie angehören, nicht in ausreichendem Maße vertreten sehen (Bethusy-Huc 1990: 155-156). Die Führungsebene einer Interessengruppe nur als ausführendes Organ ehrenamtlicher Freizeitfunktionäre zu betrachten, würde daher zu kurz greifen und eher zu Lasten des Verbands gehen. Insofern haben sich auch in den Umweltschutzverbänden weitreichende *Professionalisierungstendenzen* durchgesetzt. Am Beispiel des BUND wird dies deutlich:[69] Da Stellungnahmen zu umweltpolitischen Themen in den achtziger Jahren in der Regel von ehrenamtlichen und mitunter wenig sachkundigen Führungspersonen formuliert werden mussten, entstanden nicht selten zeitliche Engpässe und Überlastungen (von Alemann 1989: 141).

---

[69] Vgl. auch die Fallstudie zum BUND in Kapitel II, Abschnitt 4.6.2.

Heute würde angesichts der parallelen Existenz mehrerer Umweltschutzverbände eine derartige Verfahrensweise einen kaum behebbaren strukturellen Nachteil bedeuten.[70] Insofern haben sich auch diese Verbände an Effizienzkriterien orientiert und voll professionalisierte Führungsstrukturen hervorgebracht. Diese sichern auch ihnen einen wichtigen Platz als Träger von Umweltbelangen (Jänicke/ Kunig/ Stitzel 2000: 36).

2.3.3 Konsequenzen

Eine mitunter überdimensionale Machtkonzentration in Händen der Verbandsbürokratie ist weniger ein negatives Kennzeichen moderner Großverbände, sondern folgelogisches Ergebnis und notwendige Begleiterscheinung einer an der Handlungs- und Durchsetzungsfähigkeit eines Verbands ausgerichteten Strategie (Rudzio 2000: 93). Und dennoch leben Verbände durch das Engagement ihrer Mitglieder, die ihre Ziele verbreiten und deren Zahl für die notwendige Durchsetzungskraft sorgt.

Insofern wird für das praktische Funktionieren von Interessengruppen die begrenzte Aktivität der Mitglieder entscheidend und die Organisation selbst vor zunehmend strukturelle Probleme gestellt.[71] Um die eigenen Mitglieder zu einem Engagement zu ermutigen, sind so einerseits stets neue Anreize nötig. Andererseits müssen die Verbandsmitglieder stets das Gefühl bekommen, trotz professionalisierter Führungsebene auch weiterhin durch ausgleichende Interessenselektion und -aggregation voll repräsentiert zu sein.

Dass in Großverbänden die Mitglieder dennoch mitunter den apathischen Tendenzen folgen zeigt sich am Beispiel des DMB. Hier besuchen etwa nur drei Prozent der Mitglieder die turnusmäßigen Versammlungen, was aber nur zum Teil an der mangelnden Mobilisierbarkeit liegt, sondern an der Tatsache, dass die Hauptfunktion dieser Verbraucherorganisation sich in den Punkten Rechtsschutz und Mietberatung erschöpft, während „selective incentives" anderer Verbände hier kaum auszumachen sind (www.mieterbund.de, Stand: 27.03.03). Die mangelnde Fähigkeit, hier außerhalb der eigentlichen Verbandszielsetzung liegende Zusatzanreize bereit zu stellen, ist also entscheidend für die Grenzen der innerverbandlichen Mobilisierung beim Mieterbund. Aber auch bei den eigentlich durch ihre Aktualität und Bürgernähe sich definierenden Bürgerinitiativen ist diese Tendenz beobachtbar. Zunächst noch weitaus mehr überraschend erscheint die Tatsache, dass auch ideell-ökologisch inspirierte Interessengruppen

---

[70] Vgl. dazu auch den Überblick über das Spektrum umweltpolitischer Verbände in Kapitel II, Abschnitt 4.6.1.
[71] Vgl. dazu Kapitel I, Abschnitt 2.2.

wie der BUND nur etwa ein Zehntel aktive Mitglieder verzeichnen können (Rudzio 2000: 92). Die restlichen neunzig Prozent begnügen sich mit der regelmäßigen Zahlung der Beitragssätze und dem Bewusstsein, dadurch faktisch im Umweltschutz tätig zu sein, ohne sich konkret engagieren zu müssen. Dies ist ein Hinweis auf neue Mitgliedschaftsformen, wie sie insbesondere in Natur- und Umweltschutzverbänden zu beobachten sind. In diesen Verbänden sind mehr und mehr Mitglieder zu verzeichnen, die zwar formell dem Verband nicht beitreten, sondern nur regelmäßig und passiv durch das regelmäßige Entrichten einer Geldspende an der Verbandsarbeit teilnehmen bzw. diese unterstützen. Eindringliches Beispiel für diese Entwicklung ist die Umweltschutzorganisation *Greenpeace* (Lietzmann 2000: 270-275).

Bei den Gewerkschaften hat sich die Rekrutierungsfähigkeit seit den neunziger Jahren abgeschwächt. Der Organisationsgrad nimmt seither, wie beschrieben, stetig ab (Müller-Jentsch/ Ittermann 2000: 85). Auch bei Gewerkschaftsversammlungen zeigt sich daher stets nur rund ein Fünftel der Mitglieder, während bei Delegiertenwahlen bereits knapp die Hälfte und bei Urabstimmungen an die 90 Prozent der Organisierten teilnehmen. Mehrheitlich aber wird das Verhältnis von Vertretenen und Gewerkschaften – auch vor dem Hintergrund bereits lange beobachtbarer Tendenzen auf dem Arbeitsmarkt und damit zusammenhängendem begrenzten Handlungsspielraum der Gewerkschaften – als „desinteressierte Treue" (Rölke 1973: 150) bezeichnet. Insofern zeigt sich gerade bei Gewerkschaften ein Dilemma: Zum Einen müssen sie, da ihre Organisationsmacht letztlich auf den Mitgliedern beruht, diesen die Möglichkeit zur Partizipation an der innerverbandlichen Willensbildung bieten. Andererseits aber bedarf es auch einer gewissen Macht über die Mitglieder, da nur so einheitliche Handlungsstränge verfolgt werden können und ein Auseinanderbrechen der Gewerkschaften in Partikularinteressen zu verhindern ist. Beides ist gleichzeitig nur zu erreichen, indem die Mitglieder organisationspolitisch integriert werden. Innerverbandliche Willensbildung beruht damit bei den Gewerkschaften auf dem historisch traditionellen Prinzip der innerverbandlichen und partizipativen Demokratie (Müller-Jentsch 1997: 138).

Vor diesem Hintergrund muss es in Gewerkschaften zu Spannungsverhältnissen kommen, die besonders in den großen Industriegewerkschaften deutlich werden, da diese eine äußerst heterogene Mitgliederschaft vertreten. Diese Spannungen werden im Verhältnis zwischen Basis und Führung am deutlichsten. Während die Basis das Festhalten an demokratischem Aufbau und Willensbildung von unten nach oben unter Beibehaltung des Gleichheitspostulats und der Richtungsbestimmung der Verbandspolitik durch die Mitglieder favorisiert, tendiert die Führung zu einer Bürokratisierung der Verbandsarbeit aus Effektivitätsgründen. Faktisch ist damit ein Verbandsgefälle von oben nach unten beschrieben, da die Exekutivgremien, die von den Repräsentativgremien kontrolliert werden sollten, nun ihrerseits Kontrollmacht über letztere ausüben. So steht auch der *Gewerkschaftstag*, der satzungsgemäß über die personelle Auswahl der Führungsgremien und politische Richtungsentscheidungen der Gewerkschaft befindet, unter dem Einfluss jener Führungsspitze. Zu dieser Kompetenzanhäufung gesellt sich der Umstand der zunehmenden Oligarchisierung der Verbandsstruktur, da die gewerkschaftliche Führungsebene sich unter Ausschaltung des Delegationsprinzips aus dem hauptamtlichen Funktionärskörper rekrutiert. Ebenso wie in nahezu allen anderen Organisationen ist die Tendenz zur Oligarchisierung ein unabdingbares Rationalisierungsmerkmal. Diese Neubesetzungen in der Führungsebene der Gewerkschaften sind dabei in der Regel das Ergebnis informeller Absprachen (Müller-Jentsch 1997: 147). Empirische Studien haben diesen Trend zur Oligarchisierung bei den Gewerkschaften nachgewiesen (Niedenhoff 1993).

Bei den Arbeitgeberverbänden zeigen sich ähnliche Tendenzen. Die interne Willensbildung in diesen Interessengruppen erfolgt in der Regel ausgerichtet an der Struktur des Verbandes, die in den Einzeldarstellungen am Beispiel des BDI bereits verdeutlicht worden ist.[72] Da Arbeitgeberverbände als Führungsverbände konzipiert sind, verfolgen sie gerade nicht das demokratische Grundprinzip „one man, one vote", sondern eine nach der Betriebsgröße gestaffelte Stimmendifferenzierung. In Fachspitzenverbänden etwa ist in den repräsentativen Gremien die Stimmgewichtung nach Beitragsaufkommen bzw. Lohn- und Gehaltssumme üblich (Müller-Jentsch 1997: 183). Dadurch ist eine erhebliche Zentralisation der Willensbildung und eine Bevorzugung der Großunternehmen zu beobachten, denn diese Methode ist nicht nur in zahlreichen Verbänden verbreitet, sondern findet offene Anerkennung auch in den Satzungen der Interessengruppen. Aber nicht nur der Abstimmungsmodus befördert diese Tendenz. Darüber hinaus verfügen Großunternehmen über weitreichende finanzielle und personelle Ressourcen. Somit ist sichergestellt, dass einige wenige Großunternehmen bereits zur Bildung eines einflussreichen Verbandes in der Lage sind (Traxler 1999: 155), zum Anderen ermöglicht ihnen dies die Freistellung von Experten für die ehrenamtliche Verbandsarbeit. Diese Eliten rekrutieren sich damit im Gegensatz zu den Gewerkschaften nicht aus hauptamtlichen Funktionären, sondern aus Repräsentanten der Unternehmensvorstände. Dieser Effekt der Oligarchisierung ist mitunter einer „natürlichen Affinität" (Michels 1989: 24-26) von Führungsverbänden zugeschrieben worden, die aus funktionslogischen Gründen eine Abneigung dagegen haben, Verbandsinterna der Öffentlichkeit völlig transparent zu machen (Müller-Jentsch 1997: 184). Nicht zuletzt aus diesem Grund ist die

---

[72] Vgl. dazu Kapitel II, Abschnitt 4.1.2.

interne Funktionslogik von Arbeitgeberverbänden bis heute weitgehend unerforscht geblieben (Schroeder/ Silvia 2003: 245)

Dagegen ist in anderen Verbänden ein weiterhin hoher Organisationsgrad wie derjenige des *Deutschen Bauernverbandes* (DBV), der an die 90 Prozent aller deutschen und 100 Prozent der bayerischen Bauern zu vertreten beansprucht (Heinze/ Voelzkow 1992: 128), mitunter durch hohen exogenen Druck zu erklären. Die Agrarpolitik als ein im Rahmen der *Europäischen Union* voll vergemeinschafteter Politikbereich hat zu einer erheblichen Verdichtung und Solidarisierung unter den Organisierten geführt. Diese fürchten angesichts eines weit von der konkreten Situation entfernten Entscheidungszentrums (*Brüssel*) und einer Vielzahl an Mitkonkurrenten um Fördergelder in anderen europäischen Staaten um die adäquate Berücksichtigung ihrer Interessen. Ihre hohe Organisationsdichte hat daher auf nationaler Ebene ein enormes Druckpotential entwickelt (Heinze/ Voelzkow 1992: 141). Generell aber sind in allen Bereichen organisierter Interessen apathische Tendenzen, rückläufige Organisationsgrade und zunehmende Probleme bei der innerverbandlichen Willensbildung zu beobachten (Rudzio 2000: 83).

Dass dieser Trend zur Enthaltung und zur Nicht-Teilnahme theoretisch durchaus nachvollziehbar ist, hat der ökonomisch-rationale Ansatz bereits dargelegt.[73] Persönliches Engagement lohnt deshalb nicht, weil Andere in der Organisation dafür Sorge tragen, dass das Kollektivgut trotzdem bereitgestellt wird. Doch daneben ist auch zu beachten, dass sich ein intensives Einsetzen für die Ziele der Interessengruppe nicht nur als eine die Ressourcen Zeit und Geld beanspruchende Tätigkeit entfaltet, sondern auch Resignationsgefühle hervorrufen kann. Gegenüber den Führungsfunktionären einer Organisation muss sich der Einzelne durch seinen Mangel an Information und Sachkompetenz stets zur Zurückhaltung berufen fühlen. Noch deutlicher wird diese Tendenz in Großorganisationen wie den Gewerkschaften. Durch den Einzelnen kaum noch zu überblicken, kommt hier der Umstand hinzu, mit seinem eigenen Engagement angesichts der faktischen Größe des Verbands keine nennenswerten Veränderungen herbeiführen zu können. Der Vorsprung an Fachwissen und Kommunikation durch die Verbandselite befördert diese Tendenzen zusätzlich. Widerstand von Mitgliedern gegen die Verbandsführung ist vor diesem Hintergrund kaum zu realisieren. Das tatsächlich einzig wirkmächtige und spürbare Druckmittel, welches dem Einzelnen noch bleibt, ist daher das „voting by feet", der Austritt aus der Interessengruppe, welcher zum einen die Konfliktfähigkeit des Verbandes minimiert, zum anderen seine finanzielle Basis verringert (Rudzio 2000: 92). Doch auch Übertritte in andere Interessengruppen und die Gründung von neuen,

---

[73] Vgl. dazu Kapitel I, Abschnitt 2.2.

konkurrierenden Verbänden sind mögliche Maßnahmen des Einzelnen (Triesch/ Ockenfels 1995: 29).

Zusammenfassend lassen sich die Probleme innerverbandlicher Willensbildung daher wie folgt klassifizieren (Bethusy-Huc 1990: 156):

- Bestimmte Machtstrukturen innerhalb von Verbänden werden durch die Wahlverfahren zu den Legislativorganen begünstigt und stabilisiert.

- Die Richtlinien bestimmenden und die sie umsetzenden Strukturen des Verbandes werden nur selten und aus Gründen der Effizienz eindeutig voneinander getrennt.

- Bestimmte Personen innerhalb des Verbandes, die aufgrund persönlicher Beziehungen zu Ansprechpartnern ideale Interessenvertretung nach außen repräsentieren, häufen mitunter Ämter an, was die Tendenz der Funktionärsdominanz weiter verstärkt.

- Spitzenfunktionäre der Großverbände sind entweder wirtschaftlich relativ unabhängig und vertreten dann nicht selten unbewusst die Interessen der wirtschaftlich ebenso gut gestellten Verbandsmitglieder, oder aber es sind angestellte Funktionäre, die aufgrund des Erfolgszwangs auch gegenüber anderen Funktionären Minderheiten vernachlässigen, um nur gegenüber der Verbandsmehrheit erfolgreiche Verbandsarbeit zu leisten. Kurzfristig erfolgsorientierte Strategien können daher langfristig-solide Verbandsarbeit erschweren.

- Der Informationsfluss verläuft gerade nicht von den Mitgliederversammlungen zu den Vorständen, sondern umgekehrt, da letztere ihren Informationsvorsprung gegenüber den Mitgliedern zielgerichtet nutzen: Es findet daher bereits früh in den Vorständen eine Informationsselektion statt, um oppositionelle Strömungen zu unterbinden, die eine langfristige und kostenintensive Auseinandersetzung innerhalb des Verbandes zur Folge haben könnten.

- Aus den vorgenannten Gründen werden daher differenziertere Interessenlagen von den Funktionären nicht oder nur selten berücksichtigt.

- Die unteren Mitgliederschichten sind aufgrund ihres Informationsmangels und ihrer weniger ausgeprägten Kompetenz und Verbindungen nach außen kaum dazu in der Lage, die von den Funktionären betriebene Verbandspolitik auf ihre mittel- oder gar langfristigen Wirkungen hin zu überprüfen.

Insgesamt sind also trotz des demokratischen Postulates der innerverbandlich demokratischen Strukturierung gegenläufige Tendenzen in allen Interessengruppen zu beobachten. Zum einen lassen sich Oligarchisierungstendenzen ausmachen, die aus Gründen der effizienten Interessenvertretung unabdingbar sind, laut *Robert Michels* aber in allen Organisationen ein folgelogischer Effekt sind (Michels 1989). Daneben und als Folge der Anforderungen an Interessengruppen werden umfang- und einflussreiche bürokratische Apparate etabliert, die für das Funktionieren des Verbandes mit ihrer Sachkompetenz unbedingt vonnöten sind. Ein dritter Punkt ist die zunehmende Professionalisierung von Verbandsarbeit. Ehrenamtliche Mitglieder können nicht die notwendigen finanziellen und zeitlichen Ressourcen einbringen, die für eine moderne und effektive Verbandsarbeit nötig sind. Insofern ist die Komprimierung von Verbandsmacht auf der Führungsebene zum einen und in den Händen einiger weniger hauptamtlicher Mitarbeiter zum anderen wenig mehr als ein Ausweg aus dem Dilemma von demokratischen Prämissen und konkreter Verbandsarbeit.

2.4 Fazit

Die theoretisch festgehaltenen Aufgaben von Verbänden sind in der Praxis das Ergebnis von zum Teil heftigen Auseinandersetzungen. Die Entscheidung darüber, welches Interesse vertreten und welches ausgeklammert wird, kann dabei durchaus über die Zukunftsfähigkeit des Gesamtverbandes entscheiden. Deutlich wird, dass besonders Großverbände angesichts der Heterogenität der organisierten Interessen erhebliche Schwierigkeiten damit haben, zu einer adäquaten Vertretung aller zu berücksichtigenden Interessen zu gelangen. Diese Entwicklung ist besonders anhand der Gewerkschaften zu beobachten, die trotz zunehmender selektiver Anreize Schwierigkeiten damit haben, junge Menschen anzuwerben und zu organisieren. Auffällig ist ferner, dass Großverbände mit kurzfristigen gesellschaftlichen Modernisierungsprozessen weniger gut umgehen können als wendige und flexible Kleinverbände. Im Umkehrschluss ist ebenso beobachtbar, dass kleine Verbände nur dann von dieser Entwicklung profitieren können, sofern sie ein spezielles Interesse von öffentlichem Belang repräsentieren. Entscheidend ist jedoch stets das Maß an Organisation innerhalb des Verbands. Es bestimmt nicht nur die finanziellen Ressourcen, sondern auch die Konfliktfähigkeit und damit seine mittelfristige Überlebensfähigkeit.

Um diese Aufgaben möglichst effektiv wahrnehmen zu können, haben sich moderne Verbände in punkto Willensbildung durchaus anders strukturiert als vom Gesetzgeber vorgesehen. Die relativ unspezifischen Vorgaben des Vereinsrechts haben zu einem guten Teil auch bewusst dazu geführt, dass Verbände sich durch die Tendenzen der Professionalisierung und Oligarchisierung den modernen gesellschaftlichen Erfordernissen zu stellen vermögen. So bilden sie zum einen ein stets mehr und mehr professionelles Führungspersonal aus, welches auch in ideellen Verbänden das Ehrenamt an den Rand gedrängt hat. Zum anderen ist eine Tendenz zur Verselbständigung dieser Führungskräfte zu verzeichnen. Auch wenn in der theoretischen Literatur dieser Oligarchisierungsprozess als in allen Organisationen folgelogisch dargestellt wird, so bedeutet dies nicht selten eine Abkehr von den Grundsätzen der innerorganisatorisch-demokratischen Willensbildung. Insgesamt ist damit aber keine ‚Entdemokratisierung' der Verbände in der Bundesrepublik zu festzustellen. Im Gegenteil ist auch diese Entwicklung ein Hinweis darauf, dass sich die Verbandslandschaft im Fluss befindet und ihr Gesicht auch in dieser Hinsicht künftig ändern dürfte.

3   Verbände und sozioökonomische Selbstregulierung: Zentrale Wirkungsfelder privater ‚Interessenregierungen' (Martin Sebaldt)

Traditionell steht bei der Funktionsanalyse zeitgenössischer Verbände die Aufgabe der Interessen*vermittlung* im Vordergrund: Vereinigungen werden primär als Organisationen verstanden, die zunächst der Bündelung partikularer Einzelmeinungen und ihrer Verdichtung zu einer gesamtverbandlichen Position dienen, um diese sodann im Wege lobbyistischer Einflussnahme in den staatlich gesteuerten politischen Entscheidungsprozess einzuspeisen. In der Tat machen diese Aufgaben einen wesentlichen Teil verbandlichen Wirkens aus (Sebaldt 1997a).

Und doch bliebe eine wichtige Funktion organisierter Interessen ausgeblendet, beließe man es bei der Analyse dieser Sachverhalte. Denn insbesondere die neokorporatistisch inspirierte Forschung hat in den letzten Jahrzehnten zunehmend auf Aufgaben *sozioökonomischer Selbstregulierung* aufmerksam gemacht, die Verbände zusätzlich noch übernehmen und damit zu einer spürbaren *Aufgabenentlastung* des Staates beitragen (von Alemann 1981; Heinze 1981; Czada 1994; Streeck 1999).[74] Diesem Sachverhalt soll im folgenden Abschnitt auf den Grund gegangen werden, wobei die Felder der Wirtschaftspolitik und der Arbeitsbeziehungen, des Gesundheitswesens und der technischen Normung und Qualitätssicherung im Mittelpunkt des Interesses stehen, da hier die verbandlichen Regulativfunktionen besonders ausgeprägt sind.

---

[74] Vgl. dazu die Beispiele in den folgenden Abschnitten 3.2 bis 3.4. Die traditionellen Grundlinien der juristischen Diskussion um die (verbandliche) Selbstverwaltung und ihre historische Entwicklung beleuchtet Hendler 1984.

3.1 Verbände als 'Interessenregierungen': die Perspektive der Wissenschaft

Das Prinzip ist eigentlich nicht neu, denn schon in vordemokratischen Gemeinwesen war dieses Muster sozialer Selbstorganisation weit verbreitet: In der ständisch geprägten Ordnung des *Ancien Régime* gehörte die Organisation von Berufsständen in Zünften, die eine rigide Normierung ihrer Handwerke vornahmen, zu den konstitutiven Elementen des Wirtschaftslebens (Ullmann 1988: 13-22; Hardtwig 1997). Zugangsbedingungen zum Meisterstatus (Lehre, Wanderjahre als Geselle, tadelloser Leumund etc.) wurden dabei ebenso festgeschrieben wie Produktstandards (Größe und Rezeptur von Backwaren etc.) und die Lebensbedingungen der Standesangehörigen (Heiratsrecht nur für Meister etc.). Auch die autonome Regelung sonstiger Standesangelegenheiten, etwa durch Ehrengerichte des Adels für Verfehlungen eigener Standesangehöriger, war für die vordemokratische Ständeordnung charakteristisch (Ullmann 1988: 19).

Mit dem Zerfall der alten Ständegesellschaft, der Entwicklung des industriellen Kapitalismus und der Evolution pluralistischer Demokratien geriet dieses Ordnungsmodell immer mehr in Vergessenheit – auch in den Reihen der Wissenschaft: Im Zuge der Entfaltung des modernen Wohlfahrtsstaates gewann die *staatszentrierte* Perspektive in der Verbändeforschung die Oberhand, insoweit der öffentlichen Hand nunmehr alle wesentlichen Aufgaben sozialer und politischer Regulierung zugeschrieben wurden. Verbände wurden nun in erster Linie als *lobbyistische Petenten* interpretiert, welche mit anderen Vereinigungen um Einfluss auf staatliche Entscheidungen konkurrierten, dem Staat damit aber die Aufgabe des Interessenausgleichs zwischen den einzelnen Organisationen und damit den Letztentscheid überließen. Dieses Modell der Staat-Verbände-Beziehungen impliziert also ein *hierarchisches Staat-Verbände-Verhältnis*, in welchem die öffentliche Hand als Dompteur und Schiedsrichter zugleich *über* den Partikularinteressen steht und deren Belange in einem Gesamtkompromiss zu berücksichtigen sucht (Fraenkel 1979: 45).

Seit Mitte der siebziger Jahre wuchs jedoch die Erkenntnis, dass diese Perspektive allein dem Wirken der Verbände nicht gerecht werden konnte. Insbesondere *Philippe Schmitter, Gerhard Lehmbruch* und *Wolfgang Streeck* begannen darauf hinzuweisen, dass die Funktion sozialer Selbstregulierung durch Verbände keineswegs obsolet geworden war, sondern in neuem Gewande fortexistierte (Streeck/ Schmitter 1985b; Lehmbruch 1983). Kammerorganisationen übten hoheitliche Funktionen aus, indem sie als öffentlich-rechtliche Körperschaften in etlichen europäischen Ländern im Auftrag des Staates die Ausbildungsstandards ihres Berufsstandes definierten, Prüfungen abnahmen und die Approbation neuer Mitglieder durchführten – und dies als Monopolorganisationen, in welchen alle Berufsangehörigen zwangsweise Mitglied zu sein hatten (Triesch/ Ockenfels 1995: 137-144).

Aber nicht nur bei den Kammern, die aufgrund ihres öffentlich-rechtlichen Status vielfach nicht als Verbände angesehen werden, war dieses Muster erkennbar: Die in Deutschland verfassungsrechtlich verbriefte Tarifautonomie übertrug Gewerkschaften und Arbeitgeberverbänden die Aufgabe, im Wege von Tarifverhandlungen zu allgemein verbindlichen Arbeitsverträgen zu gelangen, und dies unter Ausschluss staatlichen Mitwirkens (Adamy/ Steffen 1985: 215-245). Darüber hinaus aber war intendiert, die solchermaßen privilegierten wirtschaftlichen Dachorganisationen von Kapital und Arbeit mit dem Staat in einen dauerhaften Dreiparteien-Diskurs (Tripartismus) zusammenzubinden (Armingeon 1994) und diesen nach Möglichkeit in dauerhaften Gremien (Konzertierte Aktion, Bündnis für Arbeit etc.) zu *institutionalisieren* (Schroeder 2001: 29-31). Das konnte aber nur gelingen, wenn diese Spitzenorganisationen unter ihrer Klientel auch allgemeine Akzeptanz fanden. Auch im Gesundheitswesen und im Aufgabenbereich technischer Normung fanden sich derlei Muster (Wiesenthal 1981; Voelzkow 1996).

Daraus schlossen neokorporatistisch orientierte Verbandsforscher auf die Existenz von „Privatregierungen", in welchen die betroffenen Interessengruppen zwar unter Beteiligung und Aufsicht der öffentlichen Hand, aber doch maßgeblich in Eigenregie die jeweiligen normativen Standards festlegten (Streeck/ Schmitter 1985a; Voelzkow/ Hilbert/ Heinze 1987). Dem Staat fiel hier nur mehr eine Aufsichtsfunktion zu, nicht aber die inhaltliche Federführung. Mehrere Gründe werden für diese Entwicklung ins Feld geführt: Zum einen dient dieses Modell der *Aufgabenentlastung des Staates* (Kirberger 1978), auf welche er im Zeitalter exponentiell angewachsener Funktionen der öffentlichen Hand dringend angewiesen ist, um handlungsfähig zu bleiben: Aufgaben werden so weit wie möglich an gesellschaftliche Akteure delegiert, um den eigenen bürokratischen Apparat überschau- und steuerbar zu halten (Streeck/ Schmitter 1985b: 144, 149).

Zum zweiten interpretiert die Neokorporatismusforschung dies als wirkungsvollen Versuch zur Selbstregulierung wirtschaftlichen *Marktgeschehens*, indem insbesondere die Wirtschaftsverbände die Wettbewerbsstandards mitdefinieren sollen: Einem rohen ökonomischen Sozialdarwinismus und einer schrankenlosen *Laissez-faire*-Mentalität soll durch die Verpflichtung von Unternehmern und Arbeitnehmern auf die Einhaltung bestimmter ethischer Mindeststandards im Umgang miteinander vorgebeugt werden, um den Markt sozialverträglich zu organisieren (Streeck/ Schmitter 1985b: 150-151).[75]

---

[75] Vgl. dazu auch Abschnitt 3.2.

Und schließlich wird auf die *gemeinschaftsstiftende* Funktion solcher Interessenregierungen verwiesen, indem sie der zunehmenden Atomisierung moderner Gesellschaften durch die Definition kollektivfördernder sozialer Normen und Standards entgegenwirken können. Man attestiert ihnen gleichsam die Aufgabe, aufgrund des Renommees der zugehörigen Organisationen als 'soziales Gewissen' fungieren und identitätsstiftend auf die jeweilige Klientel einwirken zu können (Streeck/ Schmitter 1985b: 151).[76]

In diesen neokorporatistischen Arrangements verändert sich als Folge auch das Muster der *Staat-Verbände-Beziehungen* entscheidend: Nicht mehr schiedsrichterlich über den Einzelinteressen steht hier die öffentliche Hand, sondern als *Verhandlungspartner* neben bzw. mitten unter ihnen: Das impliziert einen *partnerschaftlichen Dialog* zwischen dem Staat und den beteiligten Verbänden zum Zwecke der Schaffung und Anwendung allgemein verbindlicher Normen (Scharpf 1993b: 36-40; Nollert 1992). Das setzt aber bindend voraus, dass sich in der jeweiligen Interessenlandschaft eine überschaubare Zahl allgemein akzeptierter Spitzenorganisationen gebildet hat, die dort stellvertretend für alle Klienten sprechen können. In Übersicht 19 sollen die kategorialen Unterschiede pluralistischer und neokorporatistischer Muster der Staat-Verbände-Beziehungen noch einmal vergleichend veranschaulicht werden:

Übersicht 19: Pluralistische und neokorporatistische Muster der Staat-Verbände-Beziehungen im idealtypischen Vergleich

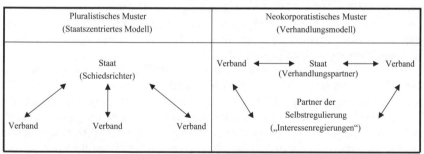

Quelle: eigene Darstellung.

Im Weiteren soll nun an den Beispielen der Wirtschaftspolitik und der Arbeits- und Tarifbeziehungen, der Selbstregulierung im Gesundheitswesen sowie der technischen Normung und Qualitätssicherung erläutert werden, in welchem

---

[76] Vgl. dazu auch Kapitel I, Abschnitt 2.3.

Ausmaß sich derlei 'Interessenregierungen' in Deutschland etablieren konnten und für das deutsche Verbändewesen prägenden Charakter entfalteten.

3.2 Selbstregulierung im Felde der Wirtschaftspolitik und der Arbeitsbeziehungen

Die Inanspruchnahme organisierter Interessen für regulative Aufgaben im Felde der Wirtschaft kann in Deutschland auf eine lange Tradition zurückblicken: Schon die *Reichszunftordnung* des Heiligen Römischen Reiches von 1731 diente dem Zweck, die Selbstregulierung der Handwerke auf eine einheitliche gesetzliche Grundlage zu stellen (Treue 1980: 46, 179).[77] Freilich war sie aber auch als Instrument gegen die zunftexterne Organisation von Handwerksgesellen konzipiert und stellte zudem Arbeitskämpfe und Streiks unter Strafe. Auch im *preußischen allgemeinen Landrecht* von 1794 und in der *preußischen Gewerbeordnung* von 1845 fanden sich ähnliche Bestimmungen. Unbeschränkte Koalitionsfreiheit existierte also noch nicht (Adamy/ Steffen 1985: 215).

Der Trend zu ihrer konsequenten Verwirklichung war jedoch unaufhaltsam: Die *Gewerbeordnung für den Norddeutschen Bund* von 1869 hob die bisher geltenden Koalitionsverbote für Fabrikarbeiter und Handwerksgesellen auf und legalisierte somit die sich nun gehäuft bildenden Gewerkschaften. Landarbeiter und Hausbedienstete blieben von diesem Recht allerdings noch ausgeschlossen (Adamy/ Steffen 1985: 215). Und obwohl die Gewerkschaftsverbote des Sozialistengesetzes von 1878 temporär noch einmal einen Rückschritt bedeuteten, war spätestens nach dessen Aufhebung im Jahre 1890 die Erringung voller Koalitionsfreiheit nur mehr eine Frage der Zeit.

Schon 1906 waren auf dem Gebiet des Deutschen Reiches rund 3.000 bis 4.000 Tarifverträge zwischen Arbeitgeber- und Arbeitnehmervereinigungen in Kraft, 1913 bereits über 13.000 (Adamy/ Steffen 1985: 216)! Denn auch die Unternehmerschaft, die sich ebenfalls verbandlich formiert und in der *Hauptstelle der deutschen Arbeitgeberverbände* eine mächtige Spitzenorganisation geschaffen hatte, war nunmehr vom Nutzen *tarifvertraglicher Beziehungen* mit der gewerkschaftlich organisierten Arbeiterschaft überzeugt, stellten diese doch die Beziehungen zwischen Kapital und Arbeit auf eine kalkulierbare Grundlage und halfen spontane Streiks und Arbeiterunruhen zu verhindern (Schönhoven 1987: 85-93).

Erst in der Weimarer Republik jedoch erlangte die unbeschränkte Koalitionsfreiheit auch Verfassungsrang. Artikel 159 garantierte die „Vereinigungsfrei-

---

[77] Vgl. zur historischen Entwicklung des deutschen Verbändewesens auch Kapitel II, Abschnitt 1.

heit zur Wahrung und Förderung der Arbeits- und Wirtschaftsbedingungen" für „jedermann und für alle Berufe" und erklärte alle „Abreden und Maßnahmen" zu deren Einschränkung für „rechtswidrig". Trotz der Zäsur, welche das Dritte Reich zwischen 1933 und 1945 diesbezüglich bedeutete, hatte die Weimarer Reichsverfassung damit Vorbildfunktion für das Grundgesetz, in dem diese Garantie 1949 erneuert wurde (Löw 1995: 153-162).

3.2.1 Tarifautonomie: Selbstregulierung der Arbeitsbeziehungen

Der Text von Art. 9 Abs. 3 GG, der die Koalitionsfreiheit festschreibt, ist über weite Strecken mit dem entsprechenden Weimarer Artikel identisch. Das Bundesverfassungsgericht hat dieses Recht in einem Urteil weiter konkretisiert und gleichzeitig seine Grenzen abgesteckt: „Es muss die Koalition als satzungsmäßige Aufgabe die Wahrnehmung der Interessen ihrer Mitglieder gerade in ihrer Eigenschaft als Arbeitgeber oder Arbeitnehmer übernehmen; sie muss frei gebildet, gegnerfrei, unabhängig und auf überbetrieblicher Grundlage organisiert sein; schließlich muss sie das geltende Tarifrecht als für sich verbindlich anerkennen" (zit. nach Adamy/ Steffen 1985: 218). Im Rahmen dieser allgemeinen Vorgaben kommen den Koalitionen also ein Bestandsschutz und eine grundsätzliche Betätigungsgarantie zu (Keller 1997; Plänkers 1990).

Im Prinzip der *Tarifautonomie* findet diese Koalitionsfreiheit ihre wichtigste Konkretisierung: Arbeitnehmer- und Arbeitgebervertretungen sind ihm gemäß befugt, ohne staatliche Beteiligung branchenspezifische Tarifverträge abzuschließen (Müller-Jentsch 1997: 202-205; Traxler 1988). Das *Tarifvertragsgesetz* konkretisiert dieses Recht noch weiter: Auf Arbeitnehmerseite steht es nur den offiziell anerkannten *Gewerkschaften* zu, als Verhandlungs- und Vertragspartner zu fungieren; auf Unternehmerseite sind es entweder entsprechende *Arbeitgeberverbände* oder *Einzelunternehmer*, mit denen gegebenenfalls firmenspezifische *Haustarifverträge* abgeschlossen werden.

Branchenweit ausgehandelte Tarifverträge verpflichten alle *Mitglieder* der beteiligten Gewerkschaften und Arbeitgeberverbände zu ihrer Übernahme. Das Tarifvertragsgesetz eröffnet aber die Möglichkeit einer *Allgemeinverbindlichkeitserklärung* von Tarifverträgen für die gesamte Branche durch den Bundesarbeitsminister. Dies kann allerdings nur auf Antrag mindestens einer Tarifvertragspartei erfolgen, muss im öffentlichen Interesse liegen, und zudem müssen mindestens 50 Prozent der Arbeitnehmer der betroffenen Branche gewerkschaftlich organisiert sein (Adamy/ Steffen 1985: 222).

Im Regelfall wird der Vertrag in einem bestimmten *Tarifbezirk mit Pilotfunktion* (Himmelmann 2000: 589) ausgehandelt und sodann von den übrigen

Tarifbezirken übernommen. In der Metallbranche ist dies traditionell der *Tarifbezirk Baden-Württemberg* der IG *Metall*. Nach der Wiedervereinigung erfuhr dieses Muster allerdings einschneidende Änderungen, da das Tarifniveau in den neuen Bundesländern aufgrund der dortigen wirtschaftlichen Strukturprobleme generell niedriger angesetzt wurde. Das führte in den Gewerkschaften zu erheblichen internen Spannungen, da die ostdeutschen Arbeitnehmer dies nicht widerspruchslos akzeptieren wollten. Immerhin hatte sich die Situation bis zum Ende der neunziger Jahre schon merklich entspannt: Zu Beginn des Jahres 1999 lag das ostdeutsche Tarifniveau durchschnittlich schon bei 90,8 Prozent des westdeutschen – allerdings mit erheblichen branchenspezifischen Unterschieden (Artus 2001: 175-176, 183). Die in Tarifverträgen im Einzelnen festzulegenden Normen sind Übersicht 20 zu entnehmen.

Von den beschriebenen Ausnahmen abgesehen impliziert das Tarifvertragssystem also, dass nicht gewerkschaftlich organisierte Arbeitnehmer bzw. einem Arbeitgeberverband angeschlossene Unternehmer diesem Anerkennungszwang nicht unterliegen. Denn das zugrunde liegende Prinzip der Koalitionsfreiheit umfasst natürlich auch das Recht, den verbandlichen Vertragsparteien nicht beizutreten (negative Koalitionsfreiheit) und damit auch nicht an deren Tarifabschlüsse gebunden zu sein (Weber 1981: 189).

Für Arbeitgeber ist dies dann interessant, wenn sie durch Abschluss eines unternehmensspezifischen *Haustarifvertrages* bessere Konditionen glauben auszuhandeln zu können, was inzwischen zu einer merklichen „Erosion des Flächentarifvertrages in Ost und West" (Artus 2001) geführt hat. Empirische Untersuchungen zur Metallindustrie haben aber schon vor Jahren gezeigt, dass die Konditionen dieser Haustarifverträge am Ende oft nur wenig von denen der branchenweiten *Flächentarifverträge* abweichen (Langer 1994). Oft rentieren sich also die Entscheidungskosten nicht, die für einen Einzelunternehmer mit der Aushandlung des firmenspezifischen Vertrages verbunden sind. Das hat die Ausbreitung dieses Vertragstyps bisher in Grenzen gehalten.

Arbeitnehmer auf der anderen Seite scheuen oft den Beitritt zu einer Gewerkschaft, da sie sich keinen messbaren Nutzen von einer Mitgliedschaft erwarten. Der seit Jahrzehnten ständig sinkende gewerkschaftliche Organisationsgrad ist der wichtigste messbare Indikator für die wachsende Koalitionsmüdigkeit der abhängig Beschäftigten.[78] Dies resultiert nicht zuletzt aus der Tatsache, dass Unternehmer die grundsätzlich nur für Gewerkschaftsangehörige gültigen Tarifverträge regelmäßig für alle ihre Betriebsangehörigen anwenden. Das fördert natürlich Trittbrettfahrerphänomene, da Nichtgewerkschaftsmitglieder auch

---

[78] Vgl. dazu Abschnitt 2.2.3.

ohne eigene Aufwendungen (Mitgliedsbeiträge, Streikorganisation etc.) in den Genuss der Tarifbestimmungen kommen können.[79]

Übersicht 20: Rechtsnormen des Tarifvertrages[80]

Inhaltsnormen	Abschluss-/ Beendigungs- normen	Betriebliche Fragen	Betriebs- verfassungs- rechtliche Fragen
z.B.: • Art und Höhe der Entloh- nung • Sonderzu- wendungen • Urlaub • Arbeitszeit • Kündigungs- voraussetzun- gen/ -fristen	z.B.: • Regelungen über das Zu- standekommen neuer Arbeits- verhältnisse, wie etwa: Er- stattung von Vorstellungs- kosten, Probe- zeiten • Bestimmungen über das Ende von Arbeits- verhältnissen, wie etwa: Freizeitgewäh- rung zur Stel- lensuche	z.B.: • Arbeitsschutz • Betriebliche Erholungsein- richtungen • Fragen der Ordnung im Betrieb, wie etwa Rauch- verbote, Tor- kontrollen, Betriebsbußen	z.B.: • Erweiterung von Beteili- gungsrechten des Betriebs- rats
Inhalts-, Abschluss- und Beendigungs- normen gelten nur für *tarifgebundene* Arbeitsverhältnisse.		Normen über betriebliche und betriebsver- fassungsrechtliche Fragen gelten für *alle Arbeitnehmer*, deren *Arbeitgeber tarifge- bunden* ist.	
Quelle: Adamy/ Steffen 1985: 223.			

---

[79] Vgl. zur entsprechenden Theoriediskussion auch Kapitel I, Abschnitt 2.2.
[80] Genau genommen existiert kein einheitlicher Tarifvertragstypus. Nach ihren *Regelungsgegenstän- den* werden *Vergütungstarifverträge* (Festlegung von Löhnen und Gehältern), *Rahmentarifverträge* (u.a. Festlegung der Lohn- und Gehaltsgruppen), *Manteltarifverträge* (Definition allgemeiner Ar- beitsbedingungen) und *Sonstige Tarifverträge* (u.a. Festlegung vermögenswirksamer Leistungen und beruflicher Bildungsmaßnahmen) unterschieden. Auch hinsichtlich des *räumlichen* Geltungsbereichs (u.a. Firmentarifvertrag, regionaler bzw. bundesweit gültiger Verbandstarifvertrag), der *fachlichen* Reichweite (branchenspezifisch oder -übergreifend) und des *persönlichen* Geltungsbereichs (für alle Arbeitnehmer oder für spezifische Arbeitnehmergruppen, wie Arbeiter, Angestellte, Auszubildende) gibt es unterschiedliche Vertragstypen. Vgl. dazu im einzelnen Müller-Jentsch 1997: 225-226.

Last but not least impliziert das Prinzip der Tarifautonomie das Gebot *staatlicher Nichteinmischung*: Zwar setzt die öffentliche Hand durch Erlass entsprechender Gesetze den nötigen rechtlichen Rahmen (Betriebsverfassungsgesetz, Tarifvertragsgesetz etc.) für die Gestaltung der Arbeitsbeziehungen, ist aber an den Verhandlungen selbst nicht beteiligt (Weber 1981: 189). Lediglich bei festgefahrenen Tarifverhandlungen werden im Rahmen von Schlichtungsverfahren (Müller-Jentsch 1997: 208-209) regelmäßig die Vermittlerdienste angesehener *elder statesmen*, wie etwa *Georg Leber* oder *Heiner Geißler*, in Anspruch genommen. Diese handeln aber nicht im Auftrag des Staates, und ihre Lösungsmodelle haben lediglich Vorschlagscharakter.

3.2.2 Gewerbliche Selbstregulierung im Auftrag des Staates: das System der Kammern

Die zweite wichtige Säule verbandlicher Selbstregulierung bildet in Deutschland heute das System der Kammern (Triesch/ Ockenfels 1995: 137-144; Adam 1979). Zwar nehmen diese als Körperschaften des öffentlichen Rechts gegenüber den privatrechtlich begründeten Verbänden, die zumeist eingetragene Vereine sind, eine Sonderstellung ein und werden infolgedessen vielfach dem Verbändespektrum gar nicht zugezählt. Da sie aber in *organisationssoziologischer* Hinsicht vielfache Parallelen zu den Privatvereinigungen aufweisen, müssen sie an dieser Stelle in die Betrachtung miteinbezogen werden.

Auch sie wurzeln bereits im frühen 19. Jahrhundert. Mit der Auflösung aller überkommenen Standesvertretungen, Zünfte, Gilden und Innungen durch die *Loi Le Chapelier* im Jahre 1791 versuchten die geistigen Führer der Französischen Revolution jegliche Basis der Organisation partikularer Interessen zu beseitigen. Das sollte die Schaffung einer einheitlichen nationalen Identität und die Findung der jeweiligen „volonté générale" erleichtern (Schulin 1989: 92; Ullmann 1988: 22). Interessenorganisationen hatten nunmehr das Stigma des Vormodernen, Antinationalen. Doch schon *Napoleon* musste erkennen, dass die ersatzlose Auflösung der alten Standesvertretungen immense Probleme schuf, da die öffentliche Hand nunmehr deren Expertise nicht mehr nutzen und auch ihre traditionellen regulativen Funktionen nicht mehr in Anspruch nehmen konnte. Als Ersatz wurden daher zwischen 1802 und 1804 im französischen Kaiserreich, welches damals auch das gesamte linksrheinische Gebiet umfasste, 22 Handelskammern (*Chambres de commerce*) und 154 Gewerbekammern (*Chambres consultatives de manufactures, fabriques, arts et métiers*) geschaffen (Ullmann 1988: 22-23). Um ihren instrumentellen Charakter für den Staat zu verdeutlichen, bekamen sie den Status *öffentlich-rechtlicher* Körperschaften.

Als nach 1815 die linksrheinischen Gebiete an Preußen fielen, übernahm der *Hohenzollern*-Staat auch das dortige Kammerwesen. Das hatte zur Konsequenz, dass in seinen Provinzen nunmehr unterschiedliche Formen beruflicher Standesvertretungen existierten. Denn im übrigen Territorium existierten diese nach wie vor in Form traditioneller kaufmännischer Korporationen, die ihre Wurzeln im Zünftewesen des alten Reiches hatten. Erst im Jahre 1848 wurde diese Organisationsvielfalt durch das *Handelskammergesetz* preußenweit vereinheitlicht (Ullmann 1988: 23). Ab der zweiten Hälfte des 19. Jahrhunderts wurde das preußische Kammersystem auch von vielen anderen deutschen Staaten übernommen, doch selbst nach der Reichsgründung im Jahre 1871 erfolgte keine reichseinheitliche Regelung. Die Weimarer Republik übernahm diese Kammerorganisation nach 1918 mit nur geringfügigen Änderungen (Hendler 1984: 149-154).

Mit der Schaffung der Bundesrepublik Deutschland wurde auch das Kammersystem, das durch den Nationalsozialismus pervertiert worden war (Hendler 1984: 174-187), in seiner alten Form wieder belebt. Als öffentlich-rechtliche Körperschaften besitzen sie auch heute noch einen Sonderstatus und nehmen faktisch eine halbamtliche Zwitterstellung ein, indem sie sowohl hoheitliche Funktionen im Auftrag des Staates und unter dessen Rechtsaufsicht wahrnehmen als auch als Interessenvertretung ihrer Mitglieder gegenüber der öffentlichen Hand fungieren (Triesch/ Ockenfels 1995: 137-140). Der quasi-behördliche Status der Kammern kommt auch darin zum Ausdruck, dass nur jeweils eine einzige für ein bestimmtes Gebiet zuständig ist (Gebietsmonopol), meist von der Größe eines Regierungsbezirks. Darüber hinaus besteht für *alle Angehörigen eines Berufsstandes Pflichtmitgliedschaft*, da die hoheitlichen Akte der Kammer nur so auch für alle verbindlich gemacht werden können (Triesch/ Ockenfels 1995: 138-139). Unbeschadet dessen steht den Mitgliedern das Recht zur *Selbstverwaltung* zu: Sie wählen in regelmäßigen Abständen Vorstände und Präsidenten, welche die Kammern selbstständig leiten und dabei nur der staatlichen Rechtsaufsicht unterstehen. Insoweit ist der Zügel staatlicher Kontrolle im Alltag nur wenig spürbar.

Allerdings wird gerade das Prinzip zwangsweiser Kammerzugehörigkeit immer mehr infrage gestellt: Es mehren sich die Stimmen, die darin eine fundamentale Verletzung des Prinzips der negativen Koalitionsfreiheit erblicken (Kluth 1997). Erst im Dezember 2001 bekräftigte das Bundesverfassungsgericht durch einen Kammerbeschluss jedoch erneut die Verfassungskonformität der Pflichtmitgliedschaft, da diese dem Grundsatz der persönlichen Entfaltungsfreiheit gemäß Art. 2 Abs. 1 GG nicht widerspräche: Solange ein Zwangsverband legitime öffentliche Aufgaben zu erfüllen habe, sei dieses Organisationsprinzip nicht zu beanstanden (Beschluss vom 07.12.01, Az: 1 BvR 1806/98). Das wird die Kritiker nicht zum Verstummen bringen, zumal es zum deutschen öffentlich-rechtlichen Kammersystem in etlichen EU-Mitgliedstaaten kein Pendant gibt.[81] Bei fortschreitender Integration und weiterer europäischer Rechtsharmonisierung wird dieses Organisationsprinzip deshalb langfristig zur Disposition stehen.

Allerdings existiert keine einheitliche Kammerorganisation für alle Berufe, sondern es haben sich etliche spezialisierte Körperschaften entwickelt: Rechtsanwälte, Notare, Architekten und Steuerberater verfügen ebenso über eigene Kammern wie Ärzte, Zahnärzte, Tierärzte und Apotheker. Auch das Handwerk besitzt derartige Organisationen, ebenso wie Industrie und Handel sowie die Landwirtschaft, wobei es hier etliche Unterschiede zwischen den Bundesländern gibt (Triesch/ Ockenfels 1995: 140-144). So wurde etwa in Bayern keine eigene Landwirtschaftskammer eingerichtet, sondern der *Bayerische Bauernverband* nimmt hier diese Funktion als öffentlich-rechtliche Körperschaft wahr. In den Bundesländern Bremen und Saarland existieren zudem als Besonderheit sogenannte Arbeitskammern, in denen alle abhängig Beschäftigten Pflichtmitglieder sind.

Die Einzelkammern haben sich jeweils in einer Dachorganisation zusammengeschlossen, die allerdings 'nur' privatrechtlichen Status und damit selbst keine hoheitlichen Befugnisse besitzt. So etwa sind die derzeit 82 deutschen Industrie- und Handelskammern im *Deutschen Industrie- und Handelskammertag* (DIHK) zusammengeschlossen, der damit ihre bundespolitische Interessenvertretung darstellt (Jäkel/ Junge 1978). Die einzelnen Handwerkskammern sind in enger Kooperation mit dem *Zentralverband des Deutschen Handwerks* (ZDH) durch den *Deutschen Handwerkskammertag* (DHKT) repräsentiert, und *Bundesrechtsanwaltskammer* und *Bundesärztekammer* sprechen jeweils für die Einzelkammern ihrer Berufsstände (Triesch/ Ockenfels 1995: 140-144).

Unbeschadet der berufsspezifischen Unterschiede nehmen die Kammern über weite Strecken dieselben Funktionen wahr. Übersicht 21 listet diese auf, wobei die Zweigliederung in Interessenvertretung und hoheitliche Aufgabenwahrnehmung den schon angesprochenen Hybridcharakter der Kammern illustrieren soll:

---

[81] Nur in acht der 15 EU-Mitgliedstaaten vor der Erweiterungsrunde des Jahres 2004 (Deutschland, Frankreich, Griechenland, Italien, Luxemburg, Niederlande, Österreich und Spanien) gibt es öffentlich-rechtliche Kammern. In den übrigen Ländern besitzen sie lediglich privatrechtlichen Status ohne Pflichtmitgliedschaft.

Übersicht 21: Die Funktionen der deutschen Kammern

Interessenvertretung (Kammer als Interessenverband)	Wahrnehmung hoheitlicher Aufgaben (Kammer als Behörde)
▪ Interessenausgleich zwischen den Mitgliedern; Formulierung eines einheitlichen Standesinteresses ▪ Interessenvertretung des eigenen Bezirks gegenüber dem Staat und innerhalb der eigenen Dachorganisation ▪ Positionierung und Vertretung eigener gewerblicher Interessen gegenüber anderen Verbänden (Unternehmerverbände, Gewerkschaften, Sozial- und Umweltverbände, Bürgerinitiativen etc.)	▪ Erstattung von Fachgutachten für staatliche Behörden ▪ Definition beruflicher Bildungsstandards ▪ Organisation und Abnahme von Prüfungen ▪ Ausstellung von Zeugnissen ▪ Approbationen und Berufszulassungen bzw. deren Entzug ▪ Standesrechtliche Entscheidungen durch Schieds- und Ehrengerichte
Quelle: eigene Zusammenstellung.	

Dabei stehen die hoheitlichen Aufgaben durchweg im Mittelpunkt öffentlicher Wahrnehmung, da ihre Wirkung konkret fassbar ist: Jeder Rechtsanwalt, der eine eigene Kanzlei eröffnen möchte, muss zuerst von der Kammer seines Gebiets die hierfür nötige Approbation erhalten. Und jeder deutsche Handwerker, der einen eigenen Betrieb eröffnen wollte, musste bis vor kurzem *obligatorisch* den Meisterbrief erwerben, was nur durch Ablegung der entsprechenden Prüfung vor der zuständigen Kammer möglich ist. Da dieses Erfordernis aber nicht für *EU-Ausländer in Deutschland* gilt, stand dieses Prinzip schon länger in der Kritik, da es deutsche Handwerker im Wettbewerb benachteiligt. Inzwischen ist daher der Meisterbriefzwang für etliche Handwerke abgeschafft worden.

Das grundsätzlich noch fortgeltende Prüfungsrecht impliziert, dass die Kammern an der Festlegung der Prüfungsinhalte und der Prüfungsformen maßgeblich beteiligt sind (Triesch/ Ockenfels 1995: 137-143). Auch jeder Arzt, der sich niederlassen und eine eigene Praxis betreiben möchte, benötigt das Plazet seiner Kammer, musste allerdings in der Vergangenheit damit rechnen, in ärztlich 'überversorgten' Gebieten (insb. Süddeutschland) aufgrund verhängter Zulassungssperren auch eine Ablehnung seines Gesuchs zu erhalten.

Wer als Angehöriger eines freien Berufs straffällig geworden ist oder ansonsten gegen die Interessen des eigenen Standes gehandelt hat, muss über die straf- und zivilrechtliche Ahndung durch die ordentliche Gerichtsbarkeit hinaus mit dem Entzug der Approbation bzw. der Berufszulassung durch die zuständige

Berufskammer rechnen, die durch kammereigene Ehrengerichte ausgesprochen wird (Hendler 1984: 250-252). Gerade dies verschafft den Kammern ein nicht unwesentliches Disziplinierungspotential gegenüber den eigenen Berufsangehörigen. Schiedsgerichte dienen darüber hinaus noch der standesinternen Schlichtung von Streitigkeiten.

Parallel dazu agieren die Kammern als klassische *Interessenorganisationen* (Weber 1981: 113-115): Für ihre Region werden regelmäßig staatliche und zunehmend auch europäische Fördermittel beantragt bzw. eingeworben, und gegenüber konkurrierenden Interessenorganisationen werden die eigenen gewerblichen Belange in Stellung gebracht. Grundsätzliches Konfliktpotential mit anderen Verbänden birgt dabei schon ihre privilegierte Organisationsform: Durch das System der Pflichtmitgliedschaft sind die Kammern in der beneidenswerten Situation, sich um Mitgliederwerbung nicht kümmern zu müssen, welche für die freien Verbände im Zuge wachsender Organisationsmüdigkeit ihrer Klientelen immer mehr zum Problem wird (Müller-Jentsch 1997: 176-181). Damit geht bei den 'Freien' regelmäßig steigende finanzielle Mittelknappheit einher, welche die eigenen Handlungsspielräume einengt. Auch dieses Problem stellt sich den Kammern folglich nicht, zumal sie ihre Monopolsituation regelmäßig zur Festlegung üppiger Mitgliedsbeiträge nutzen. Es bleibt daher nicht aus, dass das Kammerwesen auch aus diesem Grunde von den übrigen Verbänden infrage gestellt wird.

Nicht ganz zu Unrecht erblickt man in ihm eine Verzerrung lobbyistischer Chancengleichheit. Denn in der Praxis spielt der 'Kammerlobbyismus' eine große Rolle: Gerade die Handwerkskammern und ihre Spitzenorganisation sind dabei zu wesentlichen Stützpfeilern *mittelständischer* Interessenvertretung geworden (Triesch/ Ockenfels 1995: 141). Gegenüber den Gewerkschaften machen die Handwerkskammern regelmäßig dann Front, wenn die Arbeitnehmervertretungen Versuche zur Ausdehnung betrieblicher Mitbestimmung in Kleinunternehmen anstellen (Perner 1983). Auf regionaler Ebene kommen Industrie- und Handelskammern regelmäßig in Konflikt mit Umwelt- und Bürgerinitiativen, wenn es etwa um die Ausweisung neuer Gewerbegebiete und die Verbesserung der Verkehrsinfrastruktur geht, die von den Kammern regelmäßig befürwortet, von den Gegnern aber abgelehnt werden (Kottmann 1999).

3.2.3   „Konzertierte Aktion" und „Bündnis für Arbeit": der Staat als Verhand-
        lungspartner organisierter Interessen

Auch in anderer Form versuchte sich der deutsche Staat die Selbstregulierungs-
kapazitäten organisierter Interessen zunutze zu machen. Als während der Großen

Koalition von 1966 bis 1969 die *ökonomische Globalsteuerung* zum Leitprinzip der Wirtschaftspolitik avancierte, sollten auch die maßgeblichen wirtschaftlichen Spitzenverbände in Form einer „Konzertierten Aktion" in deren Planung und Umsetzung einbezogen werden (Schlecht 1968; Abromeit 1993: 166-171). Das *Gesetz zur Förderung der Stabilität und des Wachstums der Wirtschaft* vom 08.06.1967 (Stabilitätsgesetz) verpflichtete zunächst Bund und Länder im Allgemeinen, bei ihrer Wirtschafts- und Finanzpolitik das Ziel gesamtwirtschaftlichen Gleichgewichts zu verfolgen. Im Einzelnen war im Rahmen der existierenden marktwirtschaftlichen Ordnung auf die Gewährleistung der Preisstabilität, einer möglichst niedrigen Arbeitslosenquote, stetigen und angemessenen Wirtschaftswachstums sowie eines außenwirtschaftlichen Gleichgewichts („Magisches Viereck") zu achten (Schroeder 2001: 32). Der Bundesregierung wurde dabei die regelmäßige Vorlage eines *Jahreswirtschaftsberichts* zur Pflicht gemacht sowie die Durchführung einer *mittelfristigen Finanzplanung*.

Das Stabilitätsgesetz sah dann auch die Einrichtung einer *Konzertierten Aktion* vor, in welcher die Bundesregierung mit den deutschen Spitzenverbänden die einzuschlagende wirtschaftspolitische Strategie regelmäßig abzusprechen hatte. Dahinter stand der Wunsch des Gesetzgebers, die einzelnen Verbände zur Durchsetzung ihrer Maßnahmen in den jeweiligen Wirtschaftsbranchen oder zumindest als kommunikativen Transmissionsriemen zu nutzen, um für die eigene Wirtschaftspolitik zu werben (Möller 1969).

Die *Konzertierte Aktion* war als Beirat konzipiert, der beim Bundesminister für Wirtschaft angesiedelt war und in regelmäßigen Abständen tagte. Neben den Vertretern der Bundesregierung, der Bundesbank sowie des *Sachverständigenrates für die Begutachtung der gesamtwirtschaftlichen Entwicklung* umfasste sie zunächst nur den engsten Kreis wirtschaftlicher Spitzenverbände, wie den *Bundesverband der Deutschen Industrie* (BDI), die *Bundesvereinigung der Deutschen Arbeitgeberverbände* (BDA), den *Deutschen Industrie- und Handelstag* (DIHT), den *Deutschen Gewerkschaftsbund* (DGB) und die *Deutsche Angestelltengewerkschaft* (DAG) (Weber 1981: 301). Im Laufe der Zeit konnten jedoch noch etliche weitere Spitzenverbände ihre regelmäßige Einladung durchsetzen, was das Gremium immer mehr aufblähte: Der *Bundesverband des Deutschen Groß- und Außenhandels* und der *Zentralverband des Deutschen Handwerks* traten nun ebenso hinzu wie die *Hauptgemeinschaft des Deutschen Einzelhandels*, der *Deutsche Bauernverband*, der *Deutsche Sparkassen- und Giroverband*, der *Deutsche Beamtenbund*, der *Bundesverband Deutscher Banken* oder die *Arbeitsgemeinschaft der Verbraucherverbände* (Weber 1981: 301).

Im Einzelnen dienten diese Zusammenkünfte aus Sicht der Bundesregierung dem Zweck, auf die repräsentierten Tarifvertragsparteien mäßigend einzuwirken und sie bei ihren Lohnabschlüssen auf die Einhaltung der Ziele des magischen Vierecks zu verpflichten. Beschlusskompetenzen besaß die *Konzertierte Aktion* freilich nicht; Wirtschaftsminister *Karl Schiller* setzte als Architekt des Systems vor allem auf die Einsichts- und Dialogfähigkeit der eingebundenen organisierten Interessen (Weber 1981: 302). Diese Hoffnung erfüllte sich jedoch nicht, zumal das Gremium zuletzt ca. 100 Teilnehmer umfasste und damit faktisch handlungsunfähig wurde, was insbesondere von den in die Minderheit geratenen Gewerkschaftsvertretern mehr und mehr kritisiert wurde.

Entscheidend für das schließliche Scheitern der *Konzertierten Aktion* wurden jedoch die unüberbrückbaren Gegensätze zwischen den Tarifparteien. Den Auslöser bildete letztlich die Klage der Arbeitgeberverbände gegen das *Mitbestimmungsgesetz* vor dem Bundesverfassungsgericht im Jahre 1977, welche die Gewerkschaften als Kampfansage der organisierten Unternehmerschaft und damit als Aufkündigung der Dialogbereitschaft werteten (Müller-Jentsch 1997: 313). Sie zogen sich daher im selben Jahr demonstrativ aus dem Gremium zurück. Zwar machten die Arbeitnehmervertreter im Jahre 1980 noch einmal ein Angebot zur Erneuerung der *Konzertierten Aktion*, allerdings nur unter der Bedingung reduzierter Teilnehmerzahl. Doch gelang die Revitalisierung nicht, und somit zerstob die Hoffnung der Bundesregierung, dieses Gremium zu einem wirkungsvollen Instrument tarif- und wirtschaftspolitischer Selbstdisziplinierung von Kapital und Arbeit zu entwickeln, vollends (Weber 1981: 302). Der rigide Sparkurs der sozialliberalen Koalition seit Mitte der siebziger Jahre, der zu einer zunehmenden Entfremdung zwischen SPD und Gewerkschaften geführt hatte, tat ein Übriges.

Obwohl die klassische *Konzertierte Aktion* als Gremium nunmehr endgültig gescheitert war, behielt die Idee systematischer wirtschaftspolitischer Koordination zwischen Staat und Spitzenverbänden ihre Attraktivität, zumal sie zu einer Verstetigung der industriellen Beziehungen durchaus einen positiven Beitrag geleistet hatte (Schroeder 2001: 40). Die aus der deutschen Wiedervereinigung resultierenden wirtschaftlichen Probleme verstärkten gerade von Seiten der Gewerkschaften die Versuche zu neuerlicher gesamtwirtschaftlicher Konzertierung, hatten sie doch mit erheblichen Organisationsproblemen in Ostdeutschland zu kämpfen, die aus der Misere der dortigen Betriebe und den damit einhergehenden hohen Arbeitslosenraten herrührten.

Und so war es nicht verwunderlich, dass die ersten Impulse zur Schaffung einer neuen *Konzertierten Aktion* aus den Reihen der Arbeitnehmerorganisationen kamen. Im Oktober 1995 schlug der Vorsitzende der IG *Metall*, *Klaus Zwickel*, erstmals vor, ein *Bündnis für Arbeit* aus Gewerkschaften, Unternehmerverbänden und der öffentlichen Hand einzurichten, um die bestehenden wirtschaftspolitischen Probleme gemeinsam zu bewältigen (Vorstand der IG Metall 1995). Der Vorschlag fand alsbald beträchtliche positive Resonanz in der deutschen

Öffentlichkeit und führte auch zu ersten Vorsondierungen zwischen den Gewerkschaften einerseits und Arbeitgebern und christlich-liberaler Regierung andererseits. Doch schlief der Dialog bald wieder ein, zumal insbesondere der wirtschaftspolitische Deregulierungskurs der FDP sich mit diesen Konzertierungsplänen nur schwer vereinbaren ließ (Schroeder 2001: 42-43).

Infolgedessen ergriff die SPD die Chance, sich dieses Projekt zu Eigen zu machen. Im Bundestagswahlkampf 1998 warb *Gerhard Schröder* mit dem Versprechen, das *Bündnis für Arbeit* zu einem zentralen Projekt seiner Regierung zu machen. So kam es, dass es auch in der Koalitionsvereinbarung von SPD und Bündnis 90/ Die Grünen explizit zum Ziel erhoben wurde: „Zur Bekämpfung der Arbeitslosigkeit wird die neue Bundesregierung alle gesellschaftlichen Kräfte mobilisieren. Wir wollen ein Bündnis für Arbeit und Ausbildung. Gemeinsam mit Gewerkschaften und Unternehmen werden wir konkrete Maßnahmen vereinbaren, um die Arbeitslosigkeit abzubauen und allen Jugendlichen einen Ausbildungsplatz zu sichern. Zu diesem Bündnis für Arbeit haben alle Beteiligten in fairem Geben und Nehmen ihren Beitrag zu leisten" (Koalitionsvereinbarung 1998: I.2). Schon im Dezember 1998 bildete sich das Gremium, das mit vollem Namen nun *Bündnis für Arbeit, Ausbildung und Wettbewerbsfähigkeit* hieß, und präsentierte der Öffentlichkeit nicht weniger als zwölf konkrete wirtschaftspolitische Ziele, die vom Ehrgeiz des Projekts zeugten. In Übersicht 22 sind diese tabellarisch zusammengefasst und auf die jeweils zugrunde liegende Leitmotivation bezogen.

Im Unterschied zur klassischen *Konzertierten Aktion* umfasste das *Bündnis für Arbeit* jedoch nicht nur ein einzelnes Gremium, sondern wurde institutionalisiert und zu einem Geflecht von Arbeits- und Expertenrunden ausdifferenziert (Lehmbruch 2000). Vierteljährliche Spitzengespräche zwischen dem Kanzler, den Präsidenten von BDI, BDA, DIHK und ZDH sowie dem DGB-Chef und fünf weiteren Gewerkschaftsvorsitzenden sollten in kleiner Runde der Absteckung der generellen politischen Leitlinien dienen (Schroeder 2001: 44-45, 52). Auf nachgeordneter Ebene waren nicht weniger als neun Arbeitsgruppen sowie eine ganze Reihe sogenannter Fach- und Themendialoge institutionalisiert, in welchen die jeweiligen Fachexperten tagten. Eine Steuerungsgruppe sowie eine Benchmarking-Gruppe dienten der Koordination dieser Foren.

Eine differenzierte Evaluation der Leistungen des *Bündnisses für Arbeit* ist schwierig. Auf der Habenseite stehen etliche Konsense und Vereinbarungen zwischen Unternehmerverbänden und Gewerkschaften zur konkreten Verwirklichung der gesetzten Ziele. So sagten die Arbeitgeber in der 3. Gesprächsrunde am 07.07.1999 die Ausweisung von mehr Ausbildungsplätzen definitiv zu, und auch tarifliche Maßnahmen zum Abbau von Mehrarbeit, zur Förderung der Altersteilzeit und der Alterssicherung wurden dort beschlossen (Schroeder 2001:

48). Im Januar des folgenden Jahres verständigte man sich auf eine Tarifrunde, die das Produktivitätswachstum als Orientierungsrahmen nehmen und zudem längerfristige Tarifverträge erbringen sollte.

Übersicht 22: Die wirtschaftspolitischen Ziele des „Bündnisses für Arbeit"

Maßnahmen	Sozial-staats-reform	Wettbe-werbsstär-kung	Arbeits-markt-politik
Strukturelle Reform der Sozialversicherung/ Senkung der Lohnnebenkosten	X		
Beschäftigungsfördernde Arbeitsverteilung und flexible Arbeitszeiten			X
Unternehmenssteuerreform		X	
Verbesserung der Innovations- und Wettbewerbsfähigkeit der Unternehmen		X	
Rentenübergang verbessern			X
Beschäftigungsaufbauende Tarifpolitik			X
Kreditvergabe an kleine und mittlere Unternehmen verbessern		X	
Vermögensbildung und Gewinnbeteiligung der Arbeitnehmer verbessern	X		
Fach- und Themendialoge für Beschäftigung, Innovation und Wettbewerbsfähigkeit		X	X
Bedingungen für Unternehmensgründungen verbessern		X	
Perspektiven für gering qualifizierte Arbeitnehmer verbessern	X		X
Neue Initiativen im Kampf gegen Jugend- und Langzeitarbeitslosigkeit			X
Quelle: Schroeder 2001: 47.			

Doch hielt diese positive Grundstimmung nicht lange an. Schon im selben Jahr wuchs der Unmut unter den Gewerkschaftsmitgliedern, die sich bei den entsprechenden Tarifrunden übervorteilt sahen. Sie setzten ihre Führungen in der Folge zunehmend unter Druck, und die IG *Medien* und die HBV sahen sich deshalb in der Folge genötigt, dem *Bündnis für Arbeit* fortan fernzubleiben (Schroeder 2001: 48). Auch ansonsten verschlechterte sich das Dialogklima zwischen Arbeitgebern und Gewerkschaften, verstärkt auch durch die seit 2000 durchschlagende ökonomische Rezession, welche die einzelnen Tarifverhandlungen zunehmend belastete. Faktisch lag das *Bündnis für Arbeit* seit dem Jahr 2001 auf

Eis. Neue Absprachen zwischen den beteiligten Spitzenverbänden waren nicht mehr zu erzielen, und ein endgültiges Scheitern wurde von vielen Beobachtern prognostiziert. Im November und Dezember des Jahres 2002 waren jedoch Aktivitäten von Arbeitgeberpräsident *Dieter Hundt* und DGB-Chef *Michael Sommer* zu seiner Wiederbelebung zu vermelden (Jacobi 2002a), gefördert auch durch entsprechende Initiativen der Bundesregierung (Jacobi 2002b). Bereits einen Monat später zeigte sich der einstige Initiator, *Klaus Zwickel*, diesbezüglich allerdings recht pessimistisch (SZ, 27.01.03: 21). Das 'Aus' kam jedoch mit dem Scheitern der Verhandlungen zu seiner Revitalisierung im Bundeskanzleramt Anfang März 2003 (SZ, 05.03.03: 1).

3.3 Selbstregulierung im Gesundheitswesen

Neben dem 'klassischen' Feld der wirtschafts- und arbeitsmarktpolitischen Selbstregulierung hat sich auch im deutschen Gesundheitswesen ein System außerstaatlicher Kooperation und Selbstverwaltung der relevanten Verbände entwickelt. Dreh- und Angelpunkt ist die *Gesetzliche Krankenversicherung* (GKV), die nach dem Prinzip der Selbstverwaltung organisiert ist. Dies impliziert, „dass die Krankenkassen und ihre Verbände sowie die Verbände der Ärzte und Zahnärzte, der Apotheker, der Krankenhausträger und der Pharmaindustrie ihre Aufgaben im Rahmen staatlicher Vorgaben und unter staatlicher Kontrolle autonom und in Eigenverantwortung erledigen können" (Bandelow 1998: 22).

Dieses Selbstverwaltungsprinzip ist keineswegs nur für das Gesundheitswesen spezifisch, sondern kennzeichnet auch die anderen Elemente der Sozialversicherung (Rentenversicherung, Unfallversicherung, Arbeitslosenversicherung, Pflegeversicherung). Auch dort wirken die jeweiligen Statusgruppen maßgeblich an der Selbstverwaltung des jeweiligen Versicherungszweigs mit (Ziegelmayer 2001: 72). Aus Platzgründen ist eine Darstellung aller Sozialversicherungssparten hier nicht möglich; die für das Gesundheitswesen herausgearbeiteten Strukturmuster und -probleme sind jedoch in vielerlei Hinsicht auch für die übrigen Versicherungsbereiche typisch.

3.3.1 Die Mitwirkung der Verbände an der Selbstverwaltung in der Gesetzlichen Krankenversicherung

Das deutsche Sozialversicherungssystem geht auf *Otto von Bismarck* zurück. In den achtziger Jahren des 19. Jahrhunderts sah der deutsche Reichskanzler in einer offensiven Sozialpolitik das beste Mittel, um die sich formierende Arbeiterschaft von der immer stärker werdenden SPD und ihren sozialistischen Idealen abzuziehen und zu einem loyalen Träger des monarchischen Obrigkeitsstaates umzuformen (Ziegelmayer 2001: 64). Im Jahre 1883 wurde der Startschuss mit der Einführung der *Gesetzlichen Arbeiterkrankenversicherung* gegeben. Sie verschaffte den abhängig Beschäftigten, die zu jener Zeit durch defizitäre Hygiene und oft miserable Sicherheitsvorkehrungen am Arbeitsplatz permanent von Verletzungen, Invalidität und auch Tod bedroht waren, eine finanzielle Absicherung im Krankheitsfall, die auch den Familienangehörigen zugute kam.

In rascher Folge gesellten sich nun weitere Elemente hinzu: Schon ein Jahr später kam die gesetzliche *Unfallversicherung* hinzu, die ein notwendiges Komplementärelement der Krankenversicherung darstellte. Das galt auch für die 1889 aus der Taufe gehobene *Invalidenversicherung*. Im selben Jahr schuf man nun auch die *Rentenversicherung für Arbeiter*, die 1911 durch eine entsprechende Versicherung für Angestellte ergänzt wurde. Die erst 1927 entstandene *Arbeitslosenversicherung* komplettierte schließlich die klassische Sozialversicherungsarchitektur, die lediglich durch die *Pflegeversicherung* von 1995 noch etwas ausgeweitet wurde (Ziegelmayer 2001: 64-65; Sebaldt 2000).

Im Rahmen der Selbstverwaltung der GKV spielen Verbände verschiedenen Typs eine wichtige Rolle. Zum einen sind hier die verschiedenen *Kassenorganisationen* zu nennen, die als Dachverbände der angeschlossenen Einzelkassen dienen, von denen im Jahre 1996 in ganz Deutschland weit über 600 existierten (vgl. Übersicht 23).

Übersicht 23:   Gesetzliche Krankenkassen und ihre Dachverbände (Stand: 1996)

Kassentyp	Dachverband
532 Betriebskrankenkassen	Bundesverband der Betriebskrankenkassen
53 Innungskrankenkassen	Bundesverband der Innungskrankenkassen
20 Landwirtschaftliche Krankenkassen	Bundesverband der Landwirtschaftlichen Krankenkassen
20 Allgemeine Ortskrankenkassen	AOK-Bundesverband
15 Ersatzkassen	Verband der Angestellten-Krankenkassen/ Arbeiter-Ersatzkassen-Verband
1 Seekrankenkasse	--
1 Bundesknappschaft	--
Quelle: Bandelow 1998: 30, 128.	

Sie dienen dem Zweck, die Interessen der einzelnen Mitgliedskassen zu bündeln und aufeinander abzustimmen, was gerade nach der Wiedervereinigung schwieriger denn je ist, da insbesondere die ostdeutschen Kassen unter chronischer Mittelknappheit leiden und immer wieder kassenübergreifende Solidarmaßnahmen erforderlich sind. Der *AOK-Bundesverband* steht hier vor einem besonderen Problem, sind doch seine Mitgliedskassen zur Aufnahme von allen Antragstellern gesetzlich verpflichtet, die bei keiner anderen Kasse akzeptiert wurden. Insoweit ist ihr Versichertenspektrum durchweg das leistungsschwächste und zugleich auch kostenintensivste – ein Strukturdefizit, das durch den gesetzlich vorgeschriebenen *Risikostrukturausgleich* (Transferzahlungen von Kassen mit günstiger Versichertenpopulation an strukturschwache Kassen) jedoch in Grenzen gehalten werden soll (Bandelow 1998: 31).

Dabei werden sowohl die ehrenamtlichen Verwaltungsräte (seit der Reform von 1996) der Einzelkassen selbst als auch der Landes- und Bundesebene der jeweiligen Kassenverbände im Verhältnis 1:1 von den Versicherten bzw. den Arbeitgebern bestimmt, wobei dies nur in wenigen Fällen durch formalisierte „Sozialwahlen" erfolgt. Meist werden die Versichertenvertreter durch gewerkschaftliche Sammellisten bestimmt – ein Nominierungsmodus, für den sich der Euphemismus „Friedenswahl" eingebürgert hat. Den Verwaltungsräten unterstehen hauptamtliche Vorstände, welche als Geschäftsführungen fungieren. Zu den wichtigsten Funktionen der Selbstverwaltung gehören hier regelmäßig die Festlegung der Beitragssätze und die Ausweisung sonstiger freiwilliger Mehrleistungen (Bandelow 1998: 22-26).

Aus dem Pluralismus der Kassen hat sich eine verbandliche Vielfalt unter den Spitzenorganisationen entwickelt (Bandelow 1998: 30-31), die den Kassen bis heute gesundheitspolitische Wettbewerbsnachteile beschert: Nirgendwo können sie mit einer Stimme sprechen, da es den verschiedenen Kassenverbänden aufgrund der Konkurrenz ihrer Mitglieder regelmäßig nicht gelingt, sich professionell zu konzertieren. Wie später noch zu zeigen sein wird, sind sie diesbezüglich gerade gegenüber der organisierten Ärzteschaft deutlich im Nachteil.

Die Verbände der Leistungsanbieter (Kassenärzte, Apotheker, Krankenhäuser etc.) und der Pharmazeutischen Industrie sind demgegenüber trotz ihrer jeweiligen internen Heterogenität wesentlich besser formiert (Henninger 1986; Groser 1992; Webber 1992; Bandelow 1998: 87-91). So sind alle zugelassenen Kassenärzte und Kassenzahnärzte obligatorisch Mitglied in einer einheitlichen *Kassenärztlichen* bzw. *Kassenzahnärztlichen Vereinigung* auf Landesebene, die als Körperschaft des öffentlichen Rechts wie die Kammern über ein Gebietsmonopol verfügt (Bandelow 1998: 81). Die einzelnen Landesvereinigungen wiederum sind in der *Kassenärztlichen Bundesvereinigung* bzw. in der *Kassenzahn-*

ärztlichen Bundesvereinigung zusammengeschlossen, die ebenfalls diesen Rechtsstatus besitzen. Auch Apotheker und die Pharmaindustrie verfügen über allgemeine Spitzenorganisationen, allerdings ohne öffentlich-rechtlichen Status. Daraus resultiert eine strukturelle Schieflage bei den Honorarverhandlungen zwischen Kassenorganisationen und Leistungsanbietern zur Festlegung der Vergütungssätze für erbrachte medizinische Dienstleistungen (Neumann/ Schaper 1983: 96-97; Behaghel 1994). Während es insbesondere den *Kassenärztlichen Vereinigungen* trotz ihrer internen Heterogenität (unterschiedliche Facharztgruppen etc.) bisher regelmäßig gelungen ist, mit einem einheitlichen und von der Masse der Ärzteschaft akzeptierten Standpunkt aufzutreten und Erhöhungen der Leistungssätze durchzusetzen, konnten die verschiedenen *Kassenverbände* dies regelmäßig nicht bewerkstelligen – neben etlichen anderen auch ein struktureller Grund für ständig steigende Kassenaufwendungen, die auch durch wiederholte gesetzliche Kostendämpfungsmaßnahmen nicht erfolgreich begrenzt werden konnten (Bandelow 1998: 41-66). Das von der Bundesregierung im Dezember 2002 im Eilverfahren durchgesetzte *Beitragssicherungsgesetz* zur Eindämmung der Ausgabenexplosion ist dabei nur ein weiteres Beispiel in einer langen Reihe ähnlicher Versuche (Das Parlament, 23.12.02).

Trotz dieser aktuellen Probleme, die aber in erster Linie aus den exponentiell gewachsenen Kosten moderner Behandlungsmethoden selbst resultieren und damit den Ärzten selbst nicht angelastet werden können, hat sich das Prinzip verbandlicher Selbstverwaltung in der GKV in den letzten Jahrzehnten durchaus bewährt, weswegen es in der aktuellen Reformdebatte auch nicht zur Disposition steht.

3.3.2 Die Konzertierte Aktion im Gesundheitswesen als korporatistisches Verhandlungsgremium

Sowohl aus der Tradition verbandlicher Mitwirkung an der Selbstverwaltung der *Gesetzlichen Krankenversicherung* als auch aus dem Modell der *Konzertierten Aktion* der Großen Koalition erwuchs in den siebziger Jahren die Idee, ein umfassendes korporatistisches Lenkungsgremium nun auch für das Gesundheitswesen zu schaffen, in dem Staat und Verbände an einem Tisch über die gesundheitspolitischen Leitlinien Einigkeit finden sollten und konnten (Lehmbruch 1988).

Auf maßgebliches Betreiben der Leistungsanbieter (Ärzte, Apotheker, Krankenhäuser) und der CDU/CSU-Bundestagsfraktion wurde daher im Jahre 1977 durch das *Krankenversicherungs-Kostendämpfungsgesetz* die *Konzertierte Aktion für das Gesundheitswesen* (KAiG) geschaffen (Bandelow 1998: 125), die

231 Verbände und sozioökonomische Selbstregulierung

in enger Anlehnung an ihr wirtschaftspolitisches Vorbild einer gesundheitspolitischen Globalsteuerung dienen sollte. Wie die wirtschaftspolitische *Konzertierte Aktion* verfügt die KAiG über keinerlei verbindliche Beschlusskompetenzen. Ihre Funktion ist laut Gesetz beratender Natur. Gemäß den Vorgaben der §§ 141 und 142 des Fünften Sozialgesetzbuches (SGB V) dient sie der Projektierung eines allgemeinen ordnungspolitischen Rahmens für das Gesundheitswesen, kann damit aber weder die gesundheitspolitische Gesetzgebung zwingend beeinflussen noch auf die verbandlichen Träger der GKV effektiv einwirken (Bandelow 1998: 125). Bis Mitte der neunziger Jahre trat sie zweimal pro Jahr zusammen, um ihre Empfehlungen zu beschließen. Traditionell diente die Frühjahrstagung der Erarbeitung von Vorschlägen für die Anpassung der Budgetierung (Arzneimittel, ambulante und stationäre Pflege- und Behandlungssätze), während sich die Herbstsitzung zumeist grundsätzlichen Strukturreformfragen widmete (Bandelow 1998: 125). Beraten wurde das Gremium durch einen eigenen *Sachverständigenrat*, der erstmals 1985 berufen wurde.

Ob den Vorschlägen der KAiG in der Praxis dann auch gefolgt wurde, hing sowohl von der Kooperationsbereitschaft der involvierten Interessenvertretungen ab als auch von der Dialogbereitschaft der Politik. Dies war umso schwieriger zu bewerkstelligen, als schon die sehr heterogene und zudem selektive Zusammensetzung des KAiG-Gremiums die Findung allgemein akzeptierter Beschlüsse wesentlich erschwerte: Gemäß den Vorgaben der *Geschäftsordnung* der KAiG sind nicht weniger als 75 Verbandsvertreter unterschiedlichster Herkunft Mitglied. In Übersicht 24 sind sie aufgelistet.

Neben etlichen Spitzenverbänden der gesetzlichen Krankenkassen, der privaten Krankenversicherungen sowie der Ärzte findet sich hier ein buntes Spektrum von Arbeitgeberverbänden und Gewerkschaften, Berufsverbänden, gebietskörperschaftlichen Interessenvertretungen, Pharmaunternehmen und Betroffenenverbänden. Auch die zuständigen Landesminister bzw. Senatoren sind Mitglied. Geplant und geleitet wurden die Aktivitäten bis Mitte der neunziger Jahre von selbst nicht stimmberechtigten Vertretern verschiedener Bundesministerien, wobei dem Gesundheitsressort die Federführung zufiel. Schließlich war noch der Sachverständigenrat für die KAiG ohne Stimmrecht beratend beteiligt.

Trotz dieses großen Umfangs war die KAiG jedoch immer noch sehr unausgewogen zusammengesetzt, was ihre öffentliche Akzeptanz und ihren Wirkungsgrad von Anfang an recht bescheiden ausfallen ließen. Denn zum einen waren die Betroffenen selbst (Patienten, Behinderte) nur äußerst schwach vertreten – gleichsam eine Erblast der Geschichte, da Mitte der siebziger Jahre noch kein umfangreiches Spektrum an Betroffenenverbänden existierte (Sebaldt 1997a: 162-167).

Übersicht 24: Mitglieder der Konzertierten Aktion im Gesundheitswesen

Organisationen	Zahl der Vertreter
AOK-Bundesverband	3
Bundesverband der Betriebskrankenkassen	2
Bundesverband der Innungskrankenkassen	2
Bundesverband der Landwirtschaftlichen Krankenkassen	2
Bundesknappschaft	2
Verband der Angestellten-Krankenkassen/ Arbeiter-Ersatzkassen-Verband	3
Verband der Privaten Krankenversicherung	2
Kassenärztliche Bundesvereinigung	3
Kassenzahnärztliche Bundesvereinigung	2
Bundesärztekammer	5
Bundeszahnärztekammer	1
Deutsche Krankenhausgesellschaft	3
Bundesvereinigung Deutscher Apothekerverbände	3
Bundesverband der Pharmazeutischen Industrie	1
Verband Forschender Arzneimittelhersteller	1
Bundesfachverband der Arzneimittelhersteller	1
Verband Aktiver Pharmaunternehmer	1
Deutscher Gewerkschaftsbund	4
Deutsche Angestellten-Gewerkschaft	1
Deutscher Beamtenbund	1
Bundesvereinigung der Deutschen Arbeitgeberverbände	6
Deutscher Städtetag	1
Deutscher Landkreistag	1
Städte- und Gemeindebund	1
Zuständige Minister und Senatoren der Länder	16
Behindertenverbände	1
Verbände der Freien Wohlfahrtspflege	1
Verbände der Gesundheitshandwerker	1
Verbände der Heilmittelerbringer	1
Verbände des Kur- und Bäderwesens	1
Verbände der Pflegeberufe	1
Verbraucherverbände	1
Gesamtzahl stimmberechtigter Mitglieder	75
Quelle: Bandelow 1998: 128.	

Aber auch die übrigen Verbandsspektren waren keineswegs gleich gut positioniert. Seit jeher wurde die Zersplitterung der Kassenorganisationen als Strukturproblem benannt, die sich im Regelfall nicht gegen die vergleichsweise gut formierte Ärzteschaft durchsetzen konnten (Rauskolb 1976). Insbesondere die *Kassenärztliche Bundesvereinigung* und die *Bundesärztekammer* (Hartmann 1985: 259-260) spielten hier eine dominierende Rolle und haben in der Vergangenheit regelmäßig Beschlüsse zulasten niedergelassener Ärzte, insbesondere zur Kappung ärztlicher Honorare, verhindern können. Denn regelmäßig konnten sich die verschiedenen Kassenverbände, deren Mitgliedsorganisationen ja in intensiver Konkurrenz um Versicherte stehen, nicht auf eine gemeinsame Gegenposition einigen.

Inzwischen existiert die KAiG jedoch nur noch auf dem Papier: Die letzte Plenarsitzung fand am 14.09.1995 statt,[82] und seither ist lediglich ihr *Sachverständigenrat* noch aktiv. Gemäß ministeriellem Erlass hat er jährliche Gutachten zur Entwicklung des Gesundheitswesens zu erstellen sowie Sondergutachten nach Bedarf (Sachverständigenrat 2003). Er setzt sich aus sieben einschlägig ausgewiesenen Wissenschaftlern zusammen[83] und wird durch eine Geschäftsstelle im Bundesministerium für Gesundheit und Soziale Sicherung in seiner Arbeit unterstützt.

Von größerer Bedeutung scheint jedoch auch dieses Gremium nicht mehr zu sein: Die Schaffung eines eigenen *Runden Tisches für das Gesundheitswesen* (Heisele 2002: 105) durch die rot-grüne Bundesregierung reflektiert die mittlerweile grundsätzlich kritische Einstellung der Politik gegenüber der KAiG und ihrem *Sachverständigenrat*, denn diese Funktion sollte die KAiG ja von jeher wahrnehmen. Überdies wurde im November 2002 noch eine eigene *Sachverständigenkommission zur Reform der gesamten Sozialversicherung* unter Leitung *Bert Rürups* geschaffen, um auch für die *Gesetzliche Krankenversicherung* die nötigen Reformeckpunkte vorzuschlagen (SPD 2003). Im April 2003 legte die von heftigen internen Zerwürfnissen gekennzeichnete Kommission ihre Ergebnisse vor; der Widerstand der organisierten Ärzteschaft, aber auch anderer Leistungsanbieter (Apotheker, Krankenhäuser etc.), die unter der dort projektierten Ausgabenbegrenzung besonders leiden würden, war aber bereits vorprogrammiert. Die als gesundheitspolitisches Globalsteuerungsinstrument entwor-

---

[82] Telefonische Auskunft von Frau Anke Siebertz, Bundesministerium für Gesundheit und soziale Sicherung, 20.03.03.

[83] Es sind dies die Universitätsprofessoren *Eberhard Wille* (Universität Mannheim, Lehrstuhl für Volkswirtschaftslehre; Vorsitzender), *Peter C. Scriba* (Klinikum der LMU München; stellv. Vorsitzender), *Gisela C. Fischer* (Medizinische Hochschule Hannover), *Adelheid Kuhlmey* (FU Berlin, Fachbereich Humanmedizin), *Karl W. Lauterbach* (Universität zu Köln, Institut für Gesundheitsökonomie und klinische Epidemiologie), *Rolf Rosenbrock* (Wissenschaftszentrum für Sozialforschung Berlin) und *Wilhelm Schwartz* (Medizinische Hochschule Hannover) (Stand: 21.03.03).

fene und zum Interessenausgleich zwischen den Statusgruppen eingerichtete KAiG spielt in diesem Konfliktszenario indessen keine Rolle mehr.

3.4 Technische Normung und Qualitätssicherung

Ein drittes wichtiges Feld, in welchem sich verbandliche Selbstregulierung schon relativ frühzeitig zu entwickeln begann, ist der Aufgabenbereich der *technischen Normung und Qualitätssicherung* (Voelzkow 1996). Auch hier korrespondierten die verbandlichen Interessen an einer weitgehend autonomen Festlegung der sie betreffenden administrativen Normen frühzeitig mit dem Bedürfnis des Staates nach Entlastung von derlei Aufgaben, die ansonsten von der öffentlichen Verwaltung durch Erlass entsprechender Vorschriften autoritativ geregelt hätten werden müssen.[84]

Unhinterfragt blieb das Modell verbandlicher Selbstregulierung auch an dieser Stelle nicht, erhoben sich doch alsbald viele Stimmen, die es als Einladung für Wirtschaftsverbände zum Erlass einseitig industriefreundlicher Techniknormen werteten, ohne die Interessen von Arbeitnehmern, Verbrauchern und der Umwelt adäquat zu berücksichtigen (Fuchs 1982: 237; Köhne 1987: 528; Hanning 1976: 171). Wie im Folgenden zu zeigen sein wird, trugen Verbände und öffentliche Hand dieser Kritik insoweit Rechnung, als in den zuständigen Organisationen eigene Gremien geschaffen wurden, welche der Repräsentation und der Mitwirkung dieser bisher unberücksichtigt gebliebenen Interessen dienen.

Erste Aktivitäten industrieller Großunternehmen, wie *Siemens, Loewe, Borsig* oder AEG, zur eigenverantwortlichen technischen Regelsetzung datieren in Deutschland bereits aus der Mitte des 19. Jahrhunderts (Voelzkow 1996: 92). Und auch Traditionsverbände, wie der *Verein Deutscher Ingenieure* (VDI), der *Verein Deutscher Cement-Fabrikanten* oder der *Verein Deutscher Elektrotechniker* (VDE) begannen frühzeitig mit der technischen Regelsetzung für die eigenen Mitgliedsunternehmen. Im Laufe der Zeit übernahmen immer mehr Branchenverbände derlei Aufgaben; Mitte der neunziger Jahre belief sich die Zahl privatrechtlicher Organisationen mit Normungsaufgaben auf rund 150 (Voelzkow 1996: 92).

Der weitergehende Versuch, die technische Normung in einer einzigen Organisation branchenübergreifend zu zentralisieren, misslang jedoch aufgrund von Interessendivergenzen zunächst. Erst im Jahre 1917 gelang kriegsbedingt

---

[84] Vgl. zu diesem Thema auch die komparative Studie von Czada zur „kerntechnischen Sicherheitsregulierung" (Czada 1995).

mit der Schaffung des *Normenausschusses der Deutschen Industrie* erstmals die Schaffung einer derartigen Institution, die aus dem spezifischer gefassten *Normalienausschuss für den allgemeinen Maschinenbau beim VDI* hervorgegangen war. Sie wurde zur unmittelbaren Vorgängerin des *Deutschen Instituts für Normung e.V.* (DIN), das diese Funktion in Deutschland bis heute wahrnimmt (Voelzkow 1996: 96).

Darüber hinaus entfaltete sich parallel zum verbandlichen Normierungssystem auch ein Spektrum wirtschaftlicher *Gütegemeinschaften*, in welchen die *freiwillige Bindung* der Mitglieder an selbst gesetzte Qualitätsstandards im Mittelpunkt steht. Durch die Schaffung entsprechender *Gütezeichen* und die öffentliche Zertifizierung der Mitgliedsbetriebe werden dabei die nötigen ökonomischen Anreize geschaffen, denn diese zertifizierten Unternehmen besitzen auf dem Markt unbestreitbar Wettbewerbsvorteile (Gruber 1986). Insoweit reicht das Feld verbandlicher Selbstregulierung im Bereich technischer Normung weit über den engeren Bereich der Normungsorganisationen hinaus und umfasst auch alle diejenigen Organisationen, welche der Eigenkontrolle von Wirtschaftsbranchen und der dauerhaften Durchsetzung normativer Qualitätsstandards dienen.

3.4.1 Selbstregulierung durch Normung: die Funktion des Deutschen Instituts für Normung e.V. (DIN)

Das *Deutsche Institut für Normung e.V.* (DIN) wurde bereits im Jahre 1926 unter dem Namen *Deutscher Normenausschuss* (DNA) gegründet und stand damit in unmittelbarer Tradition des *Normenausschusses der Deutschen Industrie* der Weltkriegszeit (Wölker 1991). Nach dem Ende des Zweiten Weltkriegs durfte der DNA aufgrund eines alliierten Kontrollratsbeschlusses seine Arbeit in allen vier Besatzungszonen schon bald wieder aufnehmen. In der DDR fand diese Tradition 1961 ihr Ende, als die dortigen Geschäftsstellen nach dem Mauerbau von den Behörden geschlossen wurden. 1975 erhielt die Organisation durch eine Satzungsänderung ihren heutigen Namen, und seit Juli 1990 ist das DIN auch wieder für Ostdeutschland zuständig, was durch die Schaffung einer „Normenunion" zwischen der DDR und dem DIN schon zwei Monate vor der offiziellen Wiedervereinigung möglich wurde (Voelzkow 1996: 96).

Satzungsgemäß dient das Institut gemäß § 1 Abs. (2) dem Zweck, „durch Gemeinschaftsarbeit der interessierten Kreise, zum Nutzen der Allgemeinheit Deutsche Normen oder andere Arbeitsergebnisse, die der Rationalisierung, der Qualitätssicherung, dem Umweltschutz, der Sicherheit und der Verständigung in Wirtschaft, Technik, Wissenschaft, Verwaltung und Öffentlichkeit dienen" (DIN 2003), zu formulieren, öffentlich zu machen und ihre Anwendung zu fördern.

Diese recht allgemeine Beschreibung impliziert aber auch, dass diese Normen nicht zwingend verbindlich, sondern auf freiwillige Umsetzung in den Unternehmen angewiesen sind.[85]

Diese konsensuelle Basis kommt auch im Normierungs*verfahren* des DIN zum Ausdruck, das in einer eigenen 'Norm der Normierung' (DIN 820) festgelegt ist: „Der Inhalt einer Norm soll im Wege gegenseitiger Verständigung mit dem Bemühen festgelegt werden, eine gemeinsame Auffassung zu erreichen" (DIN 820, Teil 4, Nr. 6). Formelle Abstimmungen unter den DIN-Mitgliedern über einen Normenentwurf finden daher nicht statt. Mehrheitsentscheide sind gemäß DIN 820 zwar nicht völlig ausgeschlossen; allerdings dürfen Normen generell „nicht zu einem wirtschaftlichen Sondervorteil einzelner" (DIN 820, Teil 1, Abschnitt 2) führen, was die Anwendung des Mehrheitsprinzips im Regelfall ausschließt. Aufgrund des Empfehlungscharakters der Normen wäre ein derartiges Verfahren auch grundsätzlich nicht sinnvoll.

Schon die bloße Zahl der DIN-Normen verweist darauf, dass sie mittlerweile alle Bereiche des wirtschaftlichen Lebens erfasst haben (vgl. Tabelle 19). Bereits im Jahre 1980 existierten weit über 18.000, zehn Jahre später bereits knapp 21.000, um bis zum Jahre 2000 auf über 25.000 anzuwachsen. Pro Jahr werden mittlerweile weit über 2.000 Normen neu veröffentlicht.

Von der Größe der Kugelschreiberminen über das Format von Schreibpapier und Briefumschlägen bis zum Durchmesser von Schrauben und Muttern unterliegen alle Bereiche der Standardisierung, an welcher die gewerbliche Wirtschaft ein elementares Interesse hat. Aber auch komplexere Normierungsgegenstände gibt es, wie etwa das *Computer Integrated Manufacturing* (CIM), für das eigene DIN-Schnittstellennormierungen zur Standardisierung der Modulkoppelung vorgenommen wurden (Voelzkow 1996: 149-183).

83 *Normenausschüsse* mit wiederum mehr als 4.000 zugeordneten *Arbeitsauschüssen* erledigen die mühselige Einzelarbeit. Sowohl Unternehmen als auch juristische Personen, insbesondere Verbände, können dem DIN beitreten, aber auch Behörden und Körperschaften des öffentlichen Rechts. Seine Rechtsform als eingetragener Verein impliziert die Existenz der üblichen Vereinsgremien (Mitgliederversammlung, Präsidium etc.). In einem eigenen Vertrag mit der Bundesregierung 1975, welcher das DIN auch als nationale Normungsorganisation offiziell anerkennt (Voelzkow 1996: 95), wird Bundesbeamten jederzeitiger privilegierter Zugang zu DIN-Gremien gewährt, was den Kontakt zum Staat verstetigen soll. In ihm wurde auch die Schaffung zusätzlicher Gremien vereinbart, die der besseren Repräsentation 'schwacher Interessen' dienen sollen

---

[85] Unbeschadet dessen sind die Unternehmen natürlich zur Einhaltung *gesetzlich festgelegter* Produktions-, Qualitäts- und Sicherheitsstandards *verpflichtet*.

(*Verbraucherrat, Koordinierungsstelle Umweltschutz, Kommission Arbeitsschutz und Normung*). „Interessierte Kreise" mit weit über 40.000 ehrenamtlichen Mitarbeitern unterstützen dabei seit Jahrzehnten die Tätigkeit der hauptamtlichen (Voelzkow 1996: 98-99).

Tabelle 19: Das Deutsche Institut für Normung (DIN) im Spiegel der Statistik

Bereich	Jahr		
	1980	1990	2000
DIN-Normen-Bestand	18.739	20.988	25.560
davon neu erschienen	1.655	1.425	2.432
Normenausschüsse	121	107	83
Arbeitsausschüsse	3.865	3.960	4.099
Hauptamtliche Mitarbeiter	796	902	702
Quelle: 1980 und 1990: Voelzkow 1996: 98; 2000: DIN 2003.			

Bis heute jedoch findet derlei Normung nicht nur unter dem Dach des DIN statt. Traditionsbedingt erfüllte auch noch eine Vielzahl von Wirtschaftsverbänden diese Funktion. Der *Arbeitskreis Normung des Verbandes der Chemischen Industrie e.V.* (VCI) kann hierfür als Beispiel dienen (Graßmuck/ Heller 1986); allerdings finden derlei Aktivitäten im Regelfall in enger Kooperation mit den entsprechenden Arbeitsausschüssen des DIN statt, sodass ein einigermaßen kohärentes Vorgehen der gesamten Branche sichergestellt ist.

Zudem ist durch die fortschreitende europäische Integration und das sukzessive Anwachsen vergleichbarer europäischer Normen eine enge Kooperation mit den Normungsorganisationen der EU erforderlich. Das DIN ist sowohl im *Europäischen Komitee für Normung* (CEN) als auch im *Europäischen Komitee für elektrotechnische Normung* (CENELEC) Mitglied und somit eng in die europäische Normierungsarbeit eingebunden (Schulz 1984).

3.4.2 Selbstregulierung durch Sicherung von Qualitätsstandards: das System der Gütegemeinschaften

Parallel zu diesem Normungssystem sind im Laufe des 20. Jahrhunderts noch etliche Dutzend *Gütegemeinschaften* entstanden, die durch die Vergabe gesetzlich geschützter Warenzeichen zur Sicherung der Produktions- und Qualitätsstandards unter ihren Mitgliedsunternehmen beitragen wollen. Das System wurzelt im *Reichs-Ausschuss für Lieferbedingungen* (RAL), der 1925 mit dem Ziel gegründet wurde, den Warenverkehr zu rationalisieren und hierfür einheitliche Normen aufzustellen (RAL 2002). Aus diesem Ausschuss entwickelte sich der *RAL Deutsches Institut für Gütesicherung und Kennzeichnung e.V.*, das heute als Dachorganisation für alle deutschen branchenspezifischen Gütegemeinschaften fungiert und deren Arbeit koordiniert.

Mehrere Kernaufgaben kommen dem RAL heute zu: Erstens besitzt er die alleinige Kompetenz zur Schaffung von Gütezeichen und ihrer Zuteilung an die spezialisierten *Gütegemeinschaften* (RAL 2002). Die ordnungsgemäße Verwendung dieser Warenzeichen durch die Gemeinschaften wird permanent überwacht. Eine Sonderrolle spielt dabei der 1978 geschaffene *Blaue Engel*, den der RAL direkt vergibt und der bisher über 12.000-mal an einzelne umweltverträgliche Produkte verliehen worden ist. Zudem normiert die Organisation seit den zwanziger Jahren das Farbenspektrum und hat inzwischen ein weltweit anerkanntes System von nicht weniger als 1.898 normierten Einzelfarbstufen entwickelt (RAL 2002).

Die Feinarbeit der Gütesicherung findet jedoch in den Mitgliedsorganisationen des RAL statt. Mittlerweile existieren weit über 100 zum Teil hochspezialisierte *Gütegemeinschaften*, von denen einige Beispiele in Übersicht 25 aufgelistet sind. Auch hier gilt das Prinzip der Selbstverpflichtung: Kein Unternehmen kann zur Einhaltung der mit dem jeweiligen Gütezeichen verbundenen Qualitätsstandards gezwungen werden.[86] Wohl aber ist die *Mitgliedschaft in einer Gütegemeinschaft* von deren Befolgung abhängig. Denn jedes Mitgliedsunternehmen, das sich trotz Zuteilung des Warenzeichens nicht an die selbst auferlegten Standards hält, riskiert den Ausschluss aus der Organisation und den Entzug des Zeichens. Die damit drohende Schädigung der Wettbewerbsfähigkeit ist im Regelfall Grund genug, sich an die verbandlichen Gütestandards zu halten. An zwei Beispielen sei die Arbeit dieser Spezialverbände näher illustriert.

Die 1991 gegründete *Gütegemeinschaft Tapete e.V.* umfasst ca. 60 Tapetenhersteller, von denen allein 40 im Ausland residieren, viele davon in Japan (Gütegemeinschaft Tapete 2002). Ihr zentrales Ziel ist die Produktion umwelt- und gesundheitsgerechter Wandverkleidungen. Neben der Einhaltung allgemeinverbindlicher europäischer Produktionsnormen macht der Verband den Mitgliedern weitere Auflagen: u.a. müssen Formaldehyd- und Schwermetallanteile auf das produktionstechnische Minimum reduziert sein, und Fluor-Chlor-Kohlenwasserstoffe (FCKW) und schwermetallhaltige Farbpigmente sind generell verboten. Diese Auflagen werden durch neutrale Prüfstellen regelmäßig auf ihre wissenschaftliche Stichhaltigkeit überprüft; Gleiches gilt für die Überwa-

---

[86] Auch hier gilt natürlich parallel die *Verpflichtung* zur Einhaltung *gesetzlich festgelegter* Gütestandards.

chung der Produktionsstandards der Mitgliedsfirmen. Nach Aussage des Verbandes ist mittlerweile „das Gütezeichen Tapete ... weltweit als Qualitäts-Symbol für Tapeten anerkannt" (Gütegemeinschaft Tapete 2002).

Übersicht 25: Deutsche Gütegemeinschaften (ausgewählte Beispiele)

RAL Deutsches Institut für Gütesicherung und Kennzeichnung e.V. (Dachorganisation der deutschen Gütegemeinschaften)
▪ Altgerber-Verband e.V.
▪ Deutsche Landwirtschafts-Gesellschaft e.V.
▪ Gütegemeinschaft für Blitzschutzanlagen e.V.
▪ Gütegemeinschaft Buskomfort e.V.
▪ Gütegemeinschaft Geschweißte Thermoplastbehälter e.V.
▪ Gütegemeinschaft Holzschutz e.V.
▪ Gütegemeinschaft Kupferrohr e.V.
▪ Gütegemeinschaft Matratzen e.V.
▪ Gütegemeinschaft Paletten e.V.
▪ Gütegemeinschaft Saunabau e.V.
▪ Gütegemeinschaft Sporthallenböden e.V.
▪ Gütegemeinschaft Tankschutz e.V.
▪ Gütegemeinschaft Tapete e.V.
▪ Gütegemeinschaft Wellpappe e.V.
▪ Güteschutz Kalksandstein e.V.
▪ Reinheitszeichen-Verband Zink-Druckguß e.V.
Quelle: eigene Zusammenstellung.

Die *Gütegemeinschaft für Blitzschutzanlagen e.V.* wurde ebenfalls 1991 aus der Taufe gehoben. 26 hochspezialisierte Mitgliedsfirmen haben sich hier zusammengeschlossen, um die Qualitätsstandards für Blitzableiter festzulegen (Gütegemeinschaft für Blitzschutzanlagen 2002). Zentrale Forderungen sind dabei die Verwendung korrosionsbeständiger Materialien und die Optimierung der Ableitewege, um sowohl unnötige Reparaturkosten vermeiden zu helfen als auch die Gefahr des Eindringens von Teil-Blitzströmen in das Innere von Gebäuden. Alle Qualitätsanforderungen sind in einem Pflichtenheft zusammengestellt, dessen Einhaltung durch halbjährliche Prüfungen überwacht wird. Diese erfolgen durch zugelassene Sachverständige, wobei die zu prüfenden Anlagen nach dem Zufallsprinzip ausgewählt werden. „Bei gravierenden Mängeln erfolgt der Entzug des Gütezeichens und der Ausschluss aus der Gütegemeinschaft... Der Verbraucher wird vor 'schwarzen Schafen' geschützt" (Gütegemeinschaft für Blitzschutzanlagen 2002), wie der Verband seinen Daseinszweck selbst treffend umschreibt.

3.5   Fazit

Abschließend ist festzuhalten, dass die Ordnungsfunktionen deutscher Verbände auf den Feldern der Wirtschaftspolitik und der Arbeitsbeziehungen, des Gesundheitswesens und der technischen Normung und Qualitätssicherung in den letzten Jahrzehnten zu einer substantiellen Entlastung des Staates geführt und die Fähigkeit der deutschen Zivilgesellschaft zur *eigenverantwortlichen Selbstregulierung* deutlich unter Beweis gestellt haben: Die verbandlich getragene Tarifautonomie ist bis heute ein erfolgreiches Ordnungsprinzip der Arbeitsbeziehungen, und die Definition von Qualitäts- und Sicherheitsstandards deutscher Produkte wäre ohne die permanente Mitarbeit, ja Federführung der Verbände nicht zu leisten. Die öffentlich-rechtlichen Kammern konnten bis heute sicherstellen, dass berufliche Standards nicht nur einheitlich definiert werden, sondern sich im internationalen Vergleich auch auf einem hohen Niveau bewegen. Im Gesundheitswesen hat sich das Prinzip der Selbstverwaltung der Sozialversicherung im Grunde bewährt, wenngleich die Konsenssuche unter den verschiedenen Statusgruppen (Ärzte, Kassen, Krankenhausbetreiber, Pharmaindustrie etc.) in Zeiten chronischer Mittelknappheit deutlich schwieriger geworden ist.

Das verweist auch auf die Probleme bzw. Fehlschläge derartiger Regulierungsmechanismen, die in Deutschland ebenfalls zu verbuchen sind. Verschiedene ehrgeizige Konzertierungsaktionen zwischen Staat und Verbänden sind sowohl im Felde der Wirtschaftspolitik als auch im Gesundheitswesen gescheitert, da die zugehörigen Großgremien viel zu heterogen und auch zu selektiv zusammengesetzt waren, als dass sie effektiv hätten arbeiten können. Die wirtschafts- und gesundheitspolitische Zusammenarbeit der Verbände hat dies negativ beeinflusst: Der Ton zwischen Unternehmerverbänden und Gewerkschaften ist nicht zuletzt aufgrund des Scheiterns des *Bündnisses für Arbeit* merklich rauer geworden, und auch der Misserfolg der *Konzertierten Aktion im Gesundheitswesen* schlug sich trotz neu geschaffener Ersatzgremien in einer Verschärfung der zwischenverbandlichen Auseinandersetzungen nieder. Auch das Verhältnis zwischen Interessengruppen und dem Staat wurde dadurch distanzierter, was etwa am deutlich ruppigeren Ton zwischen Gesundheitspolitikern einerseits und Ärzte- und Kassenvertretern andererseits gut abzulesen ist.

Auch die Tarifbeziehungen haben unter der Insuffizienz wirtschaftspolitischer Konzertierungsaktionen gelitten. Die zunehmende Flucht der Unternehmen aus den verbandlichen Flächentarifverträgen signalisiert nicht nur grundsätzliche Kritik an der gewerkschaftlichen Tarifpolitik, sondern auch an der Verhandlungsstrategie der eigenen Arbeitgeberverbände. Doch hat sich auch gezeigt, dass die unternehmerischen Versuche zur Vereinbarung günstigerer Haustarifverträge häufig scheiterten, was die Flucht aus den Arbeitgeberverbänden bis

heute in Grenzen gehalten hat. Ein Ende der traditionellen, verbandlich getrage-
nen Tarifbeziehungen droht daher derzeit nicht.

Schließlich wird auch die Pflichtmitgliedschaft in den Kammern zunehmend in Frage gestellt, da sie nach Meinung der Kritiker einen unzulässigen
Wettbewerbsvorteil gegenüber den freien Verbänden darstelle und zudem im
europäischen Vergleich nicht überall Standard sei. Der Fortgang der europäischen Integration und die damit zu erwartende Rechtsharmonisierung im Kammerwesen werden künftig erweisen, ob das öffentlich-rechtliche Kammersystem
deutscher Prägung eine Zukunft hat.

IV Wandel und aktuelle Entwicklungstrends der Interessenorganisation in Deutschland

Martin Sebaldt

Das deutsche Verbändesystem hat sich in den letzten Jahrzehnten merklich gewandelt. Vor allen Dingen auf gesamtgesellschaftliche Modernisierungsprozesse war es zurückzuführen, dass die Zahl der Vereinigungen stetig wuchs und dass sich die Organisationsfähigkeit von Interessen kontinuierlich verbesserte (Sebaldt 1997a). Damit lag Deutschland in einem internationalen Trend, denn auch in anderen westlichen Demokratien ließen sich derlei Wandlungsprozesse nachweisen (Sebaldt 2001b).

Unbeschadet dessen sind nun noch drei Entwicklungen zu analysieren, die Deutschland in mehr oder weniger großem Ausmaße spezifisch betrafen bzw. noch betreffen und die Muster der Interessenorganisation im letzten Jahrzehnt merklich veränderten. Genuin deutsch war dabei zum einen die aus der Wiedervereinigung resultierende Notwendigkeit, nun auch in Ostdeutschland ein pluralistisches Verbändesystem zu etablieren und gleichzeitig das Spektrum totalitärer DDR-Massenorganisationen 'abzuwickeln' (Niedermayer 1997; Padgett 2000). Simultan entstand bzw. verstärkte sich für das Gros der deutschen Verbände die Notwendigkeit einer unmittelbaren Präsenz bei den Organen der Europäischen Union, welche seit Beginn der neunziger Jahre einen boomartigen Kompetenzzuwachs erlebte (Wessels 2003). Und nicht zuletzt beginnen sich, amerikanischen Vorbildern folgend, die Muster der Interessenvertretung zu verändern, insoweit *kommerziell* arbeitende Lobbyisten zunehmend neben die klassischen Verbandsfunktionäre treten und Interessenvertretung auf vertraglich-kommerzieller Basis praktizieren (Burgmer 2001). Die Komplexität der lobbyistischen Szenerie wächst damit noch weiter an. Diese Trends gilt es im Folgenden genauer zu analysieren.

1 Verbände und Wiedervereinigung

Wende und Wiedervereinigung trafen auch die westdeutschen Verbände unvorbereitet (Lehmbruch 1990). Kaum jemand rechnete mit einem Kollaps des DDR-Regimes und der daraus resultierenden Notwendigkeit, demokratische Strukturen auch im Osten Deutschlands aufbauen zu müssen (Jesse 1992: 111). Insoweit verwundert es nicht, dass die Einigung des Landes auf verbandlicher Ebene reichlich improvisatorisch und keineswegs reibungslos ablief, zumal viele DDR-Altorganisationen den Versuch machten, in demokratisierter Form auch im wiedervereinigten Deutschland weiterzuarbeiten (Wielgohs/ Wiesenthal 1995). Das stieß regelmäßig auf den entschiedenen Widerstand der entsprechenden westdeutschen Verbände und gab Anlass zu vielerlei Konflikten (Wiesenthal 1995b: 19-30). Dieser Prozess soll im Folgenden genauer unter die Lupe genommen werden.

1.1 Die Ausgangslage: organisierte Interessen in der DDR

Ohne Zweifel waren die Ausgangsbedingungen für die verbandliche Wiedervereinigung alles andere als günstig: Im totalitären System der DDR hatte sich pluralistische Verbandsvielfalt naturgemäß nicht entwickeln können. Unternehmerverbände waren als spezifisch kapitalistische Organisationsformen schon per Verfassung verboten (Art. 14, Abs. 1). Gleichwohl wäre es falsch, die DDR als verbandliche *tabula rasa* zu charakterisieren, denn verschiedene andere Organisationstypen existierten sehr wohl, wenn auch unter nichtdemokratischen Vorzeichen (Stephan 2002).

Zunächst galt dies für den unternehmerischen Bereich selbst, denn auch im 'real existierenden Sozialismus' der DDR gab ein kleines Spektrum privat geführter, meist handwerklicher Kleinbetriebe. Diese waren in *Industrie- und Handelskammern*, ab 1983 dann in sogenannten *Handels- und Gewerbekammern* organisiert, welche bis zur Wende bestanden (Kleinfeld 1999: 771). 1990 wurden sie noch zu DDR-Zeiten in *Industrie- und Handelskammern* westdeutschen Zuschnitts umgewandelt und traten nach der Wiedervereinigung alsbald dem *Deutschen Industrie- und Handelstag* (DIHT) bei.

Zweitens traf es auf die Arbeitnehmervertretungen zu. Hier besaß der *Freie Deutsche Gewerkschaftsbund* (FDGB) mit insgesamt 16 angeschlossenen Industriegewerkschaften (IG) als Massenorganisation durch Verfassung und Arbeitsgesetzbuch das Vertretungsmonopol für alle Arbeiter und Angestellten (Zimmermann 1985). Nur auf den ersten Blick ähnelte die Struktur dabei dem westdeutschen Pendant DGB, da der FDGB keineswegs nur einen schwachen Dachverband darstellte, sondern faktisch eine Einheitsorganisation, in welche die einzelnen IG als Fachabteilungen integriert waren. Mit einem eigenen Mandatskontingent von 61 Abgeordneten in der DDR-Volkskammer war der FDGB auch im zentralen politischen Entscheidungssystem unmittelbar präsent, freilich immer unter der straffen Regie der SED (Thomas 1999: 181).

Auch in der berufspolitischen Sphäre existierten eigenständige Organisationen. So etwa diente die 1946 gegründete *Kammer der Technik* (KDT) als Massenorganisation der Ingenieure, nachdem der traditionsreiche *Verein Deutscher Ingenieure* (VDI) in der neu gegründeten DDR seine Tätigkeit einstellen musste und nunmehr lediglich auf Westdeutschland beschränkt blieb (Eichener/ Voelzkow 1992: 250). Auch der 1951 entstandene *Verband der Komponisten und Musikschaffenden der DDR*, die 1949 aus der Taufe gehobene *Vereinigung Demokratischer Juristen Deutschlands* (VDJD) oder der 1967 gebildete *Verband der Film- und Fernsehschaffenden der DDR* fielen in diese berufsverbandliche Kategorie.

Gleiches galt für den Bereich der Wohlfahrt, in welchem neben den überkommenen und weiter geduldeten kirchlichen Vereinigungen *Caritas* und *Diakonie* auch spezifisch realsozialistische Massenorganisationen entstanden. Hierzu zählte die weiter unten noch genauer darzustellende *Volkssolidarität*, die sich durch eine Fülle wohlfahrtlicher Aktivitäten auch in der Bevölkerung Ansehen erwerben konnte (Springer 1999).

Darüber hinaus existierten auch die Kirchenorganisationen fort (Mertens 1992). Weder von den *Evangelischen Landeskirchen* noch seitens der *Katholischen Kirche* war die Teilung Deutschlands je offiziell akzeptiert worden, was in den Namen der faktisch auf Westdeutschland beschränkten Organisationen – katholische *Deutsche Bischofskonferenz* und *Evangelische Kirche in Deutschland* (EKD) – zum Ausdruck kam. Trotzdem kam es in der DDR alsbald zu spezifisch ostdeutschen Formationen: Die katholische *Berliner Bischofskonferenz* repräsentierte sechs Jurisdiktionsbezirke mit jeweils einem Bischof an der Spitze und zusätzlichen Weihbischöfen (Henkys/ Jauch 1985: 717). Zwei dieser Bezirke hatten auch offiziell den Status eines Bistums (*Berlin, Meißen*), wobei der Berliner Bischof aufgrund seiner Zuständigkeit auch für Westberlin *ex officio* auch Mitglied der *Deutschen Bischofskonferenz* war – eine bemerkenswerte Anomalie in der ansonsten strikt geteilten Verbandslandschaft. Die acht selbstständigen ostdeutschen evangelischen Landeskirchen waren seit 1969 im *Bund der Evangelischen Kirchen in der Deutschen Demokratischen Republik* (*Kirchenbund*) zusammengeschlossen (Maser 1999: 490).

Die *Freie Deutsche Jugend* (FDJ) diente als SED-Massenorganisation der zentralen Steuerung der DDR-Jugendarbeit, wobei sie in Anlehnung an die Mutterpartei auf einer Fülle örtlicher *Grundorganisationen* (GO) fußte, die sukzessive zu Kreis- und Bezirksorganisationen zusammengefasst wurden (Schroeder 1998: 418-420). In ihrer Arbeit kooperierte sie eng mit der vor- und paramilitärischen Ausbildungszwecken dienenden *Gesellschaft für Sport und Technik* (GST) und mit dem *Deutschen Turn- und Sportbund der DDR* (DTSB).

Und nicht zuletzt existierte auch in der DDR eine Fülle von Kultur-, Wissenschafts- und Freizeitvereinigungen, wie etwa der *Kulturbund der DDR* (KB), der als Massenorganisation ebenfalls eigene Abgeordnete in die Volkskammer entsandte (Thomas 1999: 181), die 1958 in Leipzig gegründete *Historikergesellschaft der DDR* oder der 1954 in Ost-Berlin aus der Taufe gehobene *Deutsche Anglerverband*. Dabei zeigen die Beispiele schon, dass je nach Organisation die Politisierung bzw. der Zugriff vonseiten der SED sehr stark (im Falle des KB) oder schwächer (Freizeitvereinigungen) ausfiel, sich die individuellen Freiräume in den Verbänden mithin jeweils größer oder kleiner gestalteten.

1.2 Zwischen „Institutionentransfer" und verbandlicher Neugründung: Formen verbandlichen Organisationsaufbaus in Ostdeutschland

Diese komplexe verbandliche Erbmasse verdeutlicht schon auf den ersten Blick, dass die Wiedervereinigung auf Ebene der Interessengruppen wohl nicht nach einheitlichem Muster vonstatten gegangen sein konnte (Lehmbruch 1994; Priller 1997; Lehmbruch 1998; Czada/ Lehmbruch 1998). Denn die DDR-Altorganisationen besaßen je nach dem Grad ihrer Systemnähe bzw. ihrer Distanz zum totalitären SED-Apparat nach 1990 geringere bzw. größere Chancen auf Akzeptanz und Fortexistenz. Lässt man die Entwicklung seit der Wende Revue passieren, fallen insgesamt acht Formen verbandlicher Evolution ins Auge. Sie sind in Übersicht 26 zusammengefasst.

Schon bald nach der Wende wurde von westdeutschen Beobachtern der Szenerie der Terminus „Institutionentransfer" (Lehmbruch 1991: 593) geprägt, um den umfangreichen Prozess der Ausdehnung westdeutscher Strukturen auf Ostdeutschland zu charakterisieren.[87] Das galt sowohl für das staatliche Gefüge (Verfassungen, Staatsorgane, Rechts- und Verwaltungsordnung) als auch für den vorstaatlichen Raum (Parteien, Verbände, Medien). Es ist daher nicht überraschend, dass die Masse der heute in Ostdeutschland existierenden (Regional)Verbände Resultat eines derartigen Institutionentransfers sind. Insbesondere die westdeutschen Unternehmer- und Arbeitgeberverbände standen aus den schon angesprochenen Gründen vor einer organisatorischen *tabula rasa*. Trotz etlicher ostdeutscher Versuche zur Gründung eigenständiger Organisationen konnten sie sich schnell in den neuen Bundesländern etablieren und gleichsam auf dem Reißbrett eigene ostdeutsche Landesverbände schaffen (Typ 1) (Ettl 1995: 36-37).

---

[87] Eine ausführliche Diskussion der Institutionentransfer-Hypothese findet sich jetzt in Sebaldt 2004c. Kritisch Seibel 1998.

Übersicht 26:   Verbände und Wiedervereinigung: Formen organisatorischer
                   Evolution

Typus	Beispiele
1. Ausweitung westdeutscher Organisationen auf Ostdeutschland; kompletter Neuaufbau ostdeutscher Regionalgliederungen	Unternehmer- und Arbeitgeberverbände: BDI, BDA
2. Ausweitung westdeutscher Organisationen auf Ostdeutschland; Übernahme von Mitgliedern und Infrastruktur vergleichbarer Altorganisationen	Gewerkschaften: DGB und FDGB, IG Metall und IG Metall (Ost)
3. Fusion westdeutscher Verbände mit DDR-Altorganisationen (i.d.R. in Form des Beitritts der ostdeutschen Organisation)	Religionsgemeinschaften: Evangelische Kirche in Deutschland (EKD) und Kirchenbund; Deutsche Bischofskonferenz und Berliner Bischofskonferenz
4. Fusion westdeutscher Verbände mit ostdeutschen nachwendlichen Neugründungen	NAV-Virchow-Bund (Fusion zwischen NAV und dem 1990 gegründeten ostdeutschen Rudolf-Virchow-Bund e.V.)
5. Ausweitung von DDR-Altorganisationen auf das gesamte Bundesgebiet	Volkssolidarität (heute: Volkssolidarität Bundesverband e.V.); Deutscher Anglerverband e.V.
6. Erfolgreiche ostdeutsche Neugründungen nach der Wende mit bundesweitem Aktionsradius	Grüne Liga
7. Ersatzlose Abwicklung von DDR-Altorganisationen	Freie Deutsche Jugend (FDJ), Gesellschaft für Deutsch-Sowjetische Freundschaft (DSF)
8. Gescheiterte ostdeutsche Neugründungen nach der Wende	Unternehmerverband der DDR; Unternehmensforum der DDR
Quelle: eigene Darstellung.	

Etwas anders gestaltete sich der Sachverhalt bei Ausweitungsprozessen, in deren
Verlauf Mitglieder und Infrastruktur vergleichbarer DDR-Altorganisationen zu
übernehmen waren, was insbesondere auf die Gewerkschaften, aber auch auf die
Parteien zutraf (Typ 2). Zwar war die Rechtsnachfolge westdeutscher Organisationen durch den Vereinigungsvertrag verbindlich geregelt; faktisch bedeutete es
jedoch große Anstrengungen und Probleme, ost- und westdeutsche Strukturen zu
verkoppeln und insbesondere die Interessen der jeweiligen Mitglieder und der
Funktionäre miteinander zu vereinbaren (Padgett 2000: 43-46).

Bisweilen waren auch Fusionen zwischen West und Ost 'auf gleicher Augenhöhe' zu beobachten, wobei es wiederum einen Unterschied machte, ob Vereinigungen aus Vorwendezeiten involviert waren (Typ 3) oder junge Neugründungen aus der Zeit nach 1989 (Typ 4). Diese Formen organisatorischer Evolution waren vor allen Dingen bei Berufsverbänden, karitativen oder kirchlichen Vereinigungen zu beobachten (Padgett 2000: 46-50; Backhaus-Maul 1992; Mertens 1992).

In Ausnahmefällen gelangen DDR-Altorganisationen sogar die autonome und dauerhafte Fortexistenz und die bundesweite Ausdehnung ihres Wirkungsbereichs (Typ 5). Möglich war dies nur dann, wenn das Tätigkeitsfeld der Vereinigung hinreichend ideologiefern und die Handlungspraxis vor 1989 nicht derart kompromittierend war, dass der Kollaps vorprogrammiert gewesen wäre. Kein Wunder, dass die Beispiele hier äußerst dünn gesät sind (Kleinfeld 1999: 769). Sehr viel häufiger drohte ostdeutschen Vereinigungen dagegen die ersatzlose Abwicklung (Typ 7), sofern nicht ein Rechtsnachfolger zur Übernahme bereit stand (vgl. Typ 2). Sie lösten sich entweder völlig auf oder existierten lediglich mit einem kleinen Organisationsstab fort, welchem die Nachlassverwaltung des Vermögens und der Immobilien oblag bzw. immer noch obliegt (Kleinfeld 1999: 765). Schließlich gelang es auch ostdeutschen Neugründungen aus der Zeit nach 1989 mitunter, einen bundesweiten Wirkungsradius zu erlangen (Typ 6).

Welche quantitativen Anteile diese Typen am gesamten verbandlichen Transformationsprozess jeweils beanspruchen können, ist bis dato nicht präzise ermittelt; die bisher vorliegende Forschungsliteratur setzt sich im Wesentlichen aus einer Fülle von Fallstudien zusammen, die allerdings zusammengenommen schon ein recht farbiges Panorama der Szenerie eröffnen (vgl. insb. Eichener u.a. 1992; Wiesenthal 1995a; Padgett 2000). Im Folgenden sollen die einzelnen Typen anhand markanter Beispiel genauer erläutert werden.

Die Ausdehnung westdeutscher Unternehmer- und Arbeitgeberverbände auf Ostdeutschland erfolgte sehr rasch (Heinze/ Schmid/ Voelzkow 1997). Schon im Februar 1990 hatten BDI und BDA mit der *Zentralvereinigung der Westberliner Arbeitgeberverbände* eine *Verbindungsstelle DDR* geschaffen, um die Expansion systematisch vorzubereiten (Ettl 1995: 37). Dabei gingen die Initiativen keineswegs nur von den Verbänden selbst aus; vielmehr zeigten sich sowohl die Repräsentanten der Regierungen *Modrow* und *de Maizière* als auch die in Ostdeutschland nun aktiven freien Unternehmer an einer baldigen Bildung von Interessenvertretungen sehr interessiert (Ettl 1995: 37).

Verbandsintern aber war eindeutiges Ziel, „das Entstehen von eigenständigen Spitzenorganisationen in der DDR zu verhindern und vielmehr auf einen Beitritt der DDR-Verbände/ Unternehmen zu den westdeutschen Spitzenorganisationen hinzuwirken" (BDA, zit. nach Ettl 1995: 39). In der Tat gab es nach der

Wende auch bei ostdeutschen Unternehmern den Versuch zur Gründung eigener Vereinigungen; größerer Erfolg beschieden war ihnen jedoch nicht (Typ 8) (Henneberger 1994: 128-129).

Und so wurden etwa bei den Metall-Arbeitgebern unter Federführung von *Gesamtmetall* und westdeutschen Regionalverbänden bis zum Mai 1990 fünf ostdeutsche Vereinigungen geschaffen, die sich an den Grenzen der eben geschaffenen neuen Bundesländer orientierten. Massive personelle und finanzielle Unterstützung der westlichen Partnerorganisationen halfen diesen Prozess des Institutionentransfers deutlich zu beschleunigen. Im September 1990 traten vier von ihnen (Sachsen, Thüringen, Sachsen-Anhalt, Mecklenburg-Vorpommern) dann dem Spitzenverband *Gesamtmetall* formell bei, Berlin-Brandenburg fusionierte zum selben Zeitpunkt mit dem entsprechenden Westberliner Verband (Ettl 1995: 39-40). Nach diesem Muster wurden durchweg auch die übrigen ostdeutschen Unternehmer- und Arbeitgebervereinigungen gebildet.

Wie bereits angemerkt, erfolgte im gewerkschaftlichen Sektor meist eine Übernahme von Mitgliedern und Infrastruktur der DDR-Altorganisationen durch die westdeutschen Pendants, ohne eine formelle Fusion zu vollziehen (Fichter/ Reister 1996). Zum einen lag dies an der deutlichen Diskreditierung der DDR-Gewerkschaften durch ihre Nähe zum SED-Regime, welche eine Vereinigung auf gleicher Augenhöhe unmöglich machte, zumal interne Reform- und Demokratisierungsprozesse nur schleppend vorankamen. Zum anderen vollzog sich der Prozess der staatlichen Wiedervereinigung mit derartiger Schnelligkeit, dass eine geordnete, langfristig geplante Fusion auch aus zeitlichen Gründen nicht mehr als sinnvoll erachtet wurde. Ursprüngliche Planungen der IG *Metall* (West) etwa, sich mit der ostdeutschen 'Schwesterorganisation' nach einer Erstphase lockerer Konföderation erst später voll zusammenzuschließen, waren deshalb bald obsolet (Schmid/ Tiemann 1992: 137).

Folglich wechselte die bundesdeutsche IG *Metall* Strategie und Gangart: Auf einem außerordentlichen Gewerkschaftstag Anfang November 1990 in Bonn wurde die Ausweitung des Organisationsbereichs auf die neuen Bundesländer und die Aufnahmemöglichkeit für Mitglieder alter DDR-Gewerkschaften zum 1. Januar 1991 satzungsrechtlich verankert (Schmid/ Tiemann 1992: 137). Schon einen Monat vorher hatte die ostdeutsche IG *Metall* auf einer Zentraldelegiertenkonferenz ihre Auflösung zum 31. Dezember 1990 beschlossen und ihren Mitgliedern den Beitritt zur westdeutschen Partnerorganisation empfohlen. Unter erheblichem personellen und finanziellen Mittelaufwand erfolgte sodann eine Modernisierung der ostdeutschen Organisationsgebiete, die allerdings mit Ausnahme Sachsens aufgeteilt und verschiedenen westdeutschen Bezirken zugeschlagen wurden (Schmid/ Tiemann 1992: 138). Alte DDR-Spitzenfunktionäre wurden dabei von der IG *Metall* nicht übernommen: Die 1. Bevollmächtigten der

35 ostdeutschen Verwaltungsstellen, denen die Leitung der Administration oblag, wurden in dieser Zeit ausnahmslos von Westdeutschen gestellt.

Bei den Religionsgemeinschaften konnte vielfach eine Fusion zwischen den schon seit Gründung der DDR existierenden ostdeutschen Organisationen und ihren westdeutschen Pendants beobachtet werden, freilich stets unter Federführung letzterer. Bei der katholischen Kirche etwa stand von Anfang an außer Frage, dass die ostdeutschen Jurisdiktionsbezirke und Bistümer in der *Deutschen Bischofskonferenz* aufgehen würden. Und so ging es auf der Frühjahrstagung der Konferenz des Jahres 1992 im Wesentlichen nur noch um die Anpassung der Bistumsgrenzen an die neuen Gegebenheiten bzw. an die Ausgründung neuer Kirchenprovinzen. Dass dies erst mehr als zwei Jahre nach der Wende in Angriff genommen wurde, zeugte allerdings von internen Konflikten bzw. den ostdeutschen Beharrungskräften (Mertens 1992: 455). Unter anderem wurde *Görlitz* im Rahmen dieses Reorganisationsprozesses von einer Apostolischen Administratur in den Rang eines Bistums erhoben. Zusammen mit der *Diözese Dresden-Meißen* und dem zum *Erzbistum* erhobenen *Berlin* bildete es nun eine eigene Kirchenprovinz. Auch *Erfurt-Meiningen* erhielt nunmehr Bistumsrang (Mertens 1992: 456).

Der NAV-Virchowbund, Verband der niedergelassenen Ärzte Deutschlands e.V., repräsentiert den vierten Typus.[88] Sein westdeutscher Teil entstand schon 1949 unter dem Namen Verband der niedergelassenen Nicht-Kassenärzte Deutschlands (NKV) (NAV-Virchowbund 2003). Der ursprüngliche Name verdeutlichte, dass es dem Verband zunächst vor allen Dingen um die freie Zulassung niedergelassener Ärzte zur Kassentätigkeit ging, die erst mit einer Verfassungsklage und dem 1960 ergangenen diesbezüglichen Urteil des Bundesverfassungsgerichts erstritten werden konnte. Seither entwickelte sich der NAV zur dominierenden westdeutschen Organisation niedergelassener Ärzte.

Infolgedessen war es nicht verwunderlich, dass er nach der Wende alsbald Anstalten machte, sich auch auf die neuen Bundesländer auszudehnen. Indessen war das Terrain bereits durch den im Februar 1990 gegründeten *Rudolf-Virchow-Bund* besetzt, der mit drei Landesverbänden in Sachsen-Anhalt, Berlin/ Brandenburg und Mecklenburg-Vorpommern rasch in fast allen neuen Bundesländern Flagge zeigte (Erdmann 1992: 335). Organisations- und Strategieprobleme sowie zunehmender Mitgliederschwund – wie bei allen neu entstandenen ostdeutschen Ärzteverbänden (Erdmann 1992: 350-351) – führten schließlich jedoch zur Einsicht, neben dem mächtigen NAV auf Dauer nicht bestehen zu können. Im März 1991 wurde schließlich die Fusion beider Organisationen vollzogen, die nun auch im neuen Namen *NAV-Virchow-Bund* zum Ausdruck kam.

---

[88] NAV steht dabei für Niedergelassene-Ärzte-Verband.

Die *Volkssolidarität* kann als eines der wenigen Beispiele für den gelungenen Versuch der Behauptung und bundesweiten Ausdehnung einer DDR-Altorganisation (Springer 1999) gelten, wobei der heutige *Volkssolidarität Bundesverband e.V.* de facto immer noch seinen Tätigkeitsschwerpunkt in den neuen Bundesländern hat. Aus einer sächsischen Regionalbewegung hervorgegangen, hatte sie sich schon 1946 als *Zentralausschuss der Volkssolidarität* ostzonenweit etabliert, um die unmittelbaren Kriegsfolgen für Kinder, Alte, Kranke, Vertriebene und Heimkehrer lindern zu helfen (Volkssolidarität 2003). Nach Bewältigung der unmittelbaren Kriegsfolgen konzentrierte sie sich zunehmend auf die Altenbetreuung und entwickelte sich so zu einem der wichtigsten Wohlfahrtsverbände der DDR.[89] Eine Fülle von Ortsgruppen wurde hierfür gebildet – eine Infrastruktur, die auch die Wende überleben sollte.

1990 verabschiedete eine außerordentliche Delegiertenkonferenz eine neue Satzung, die den *Demokratischen Zentralismus*[90] als Organisationsprinzip tilgte und den Standards des neuen Vereinsrechts Rechnung trug. Im selben Jahr bereits gelang es ihr, als Mitglied in den *Paritätischen Wohlfahrtsverband* aufgenommen zu werden, trotz vielfältiger Anfeindungen vonseiten anderer Verbände. Ein erheblicher Mitgliederschwund von über 2 Mio. vor der Wende auf rund 430.000 derzeit konnte jedoch nicht verhindert werden (Volkssolidarität 2003). Inzwischen scheint dieser Abwärtstrend gestoppt (Angerhausen 2003). Im Jahre 2001 umfasste sie über 2.200 lokale Interessengemeinschaften, mit Masse in Ostdeutschland. Gleiches gilt für die knapp 1.000 Betreuungs-, Beratungs- und Wohneinrichtungen sowie die über 500 Begegnungsstätten, welche die *Volksolidarität* unterhält (Volkssolidarität 2003).

Für etliche prominente DDR-Massenorganisationen, wie die *Freie Deutsche Jugend* (FDJ) oder die *Gesellschaft für Deutsch-Sowjetische Freundschaft* (DSF), blieb dieser Weg verwehrt, da sie im Unterschied zur *Volkssolidarität* als SED-Instrumente völlig diskreditiert waren und zudem keine vergleichbare westliche Organisation zu finden war, welche in die Rechtsnachfolge eintreten konnte oder wollte (Kleinfeld 1999: 767). Für die DSF fiel mit dem Zusammenbruch der Sowjetunion 1991 überdies der konkrete Daseinszweck ersatzlos weg. Von FDJ und DSF existierten nach der Wiedervereinigung lediglich kleine Nachlassverwaltungen fort.

---

[89] Vgl. zur Entwicklung der Wohlfahrtsverbände nach der Wende im einzelnen Olk/ Pabst 1996.

[90] Der *Demokratische Zentralismus* war „das Organisations- und Leitungsprinzip der marxistisch-leninistischen Partei und des sozialistischen Staates" (Kleines Politisches Wörterbuch 1986: 171). Dem ideologischen Selbstverständnis zufolge verband er „einen straffen Zentralismus mit breiter innerparteilicher Demokratie" (Kleines Politisches Wörterbuch 1986: 172), reduzierte sich in der Praxis jedoch auf die rigide zentralistische Steuerung von oben. Auch bei den DDR-Verbänden war er satzungsmäßig verankert.

Erfolgreiche ostdeutsche Neugründungen nach der Wende mit bundeswei-
tem Aktionsradius schließlich hatten mit derlei Erblasten naturgemäß nicht zu
kämpfen, was ihre Position aber nicht wesentlich erleichterte. Denn sie standen
alsbald im Verdrängungswettbewerb mit vergleichbaren etablierten Westorgani-
sationen, welche regelmäßig Anstalten machten, die neuen Konkurrenten wieder
vom Markt zu vertreiben. Dieses Schicksal ereilte etwa die wenigen nach 1989
in Ostdeutschland autonom gebildeten Unternehmerverbände (Kleinfeld 1999:
771), ansonsten fügten sie sich häufig in eine Fusion mit dem großen westlichen
Bruder (Typ 4). Nur wenigen neu gegründeten ostdeutschen Organisationen
gelang am Ende die eigenständige Etablierung als Bundesorganisation. Die aus
der DDR-Bürgerbewegung hervorgegangene *Grüne Liga* kann als derartiges
Beispiel gelten, die sich neben den westdeutschen Umweltorganisationen BUND
und NABU wohl deshalb behaupten konnte, weil sie gerade in Ostdeutschland
auf ein stabiles Sympathisantenfeld setzen konnte (Kleinfeld 1999: 770). Politischer Anspruch und verbandliche Praxis fallen hier jedoch deutlich auseinander:
In Westdeutschland wird die *Grüne Liga* wohl auch aufgrund der Prominenz
anderer Umweltorganisationen kaum wahrgenommen.

1.3 Größe und Komplexität gesamtdeutscher Verbände: neue Herausforderungen an die Verbandsarbeit

Die somit vollzogene verbandliche Wiedervereinigung stellt die nunmehr
deutschlandweit operierenden Interessengruppen bis heute vor große Herausforderungen (Löbler/ Schmid/ Tiemann 1992; Schmid/ Löbler/ Tiemann 1994;
Schmid/ Voelzkow 1996). Zum einen ist die gewachsene Komplexität der Organisationen in Rechnung zu stellen, welche innerverbandliche Willensbildung und
Entscheidungsfindung schwieriger denn je macht: Oft sind nun 16 Landesverbände von der jeweiligen Bundesorganisation unter einem Dach zu halten gegenüber durchschnittlich 11 in der Bundesrepublik vor der Wende.[91] Auch für
die Arbeit in den Gremien (Vorstand, Ausschüsse, Mitgliederversammlungen
etc.) bedeutete dies regelmäßig Erschwernisse, da deren Größe entsprechend
wuchs und Handlungs- und Entscheidungsfähigkeit entsprechend beeinträchtig-
ten (Padgett 2000: 73-97).

Neben den nach wie vor bestehenden politisch-kulturellen und mentalitäts-
mäßigen Unterschieden zwischen Ost und West (Glaab/ Korte 1999) sind Wirtschaftsverbände darüber hinaus vom bis heute existierenden Lohn- und Tarifge-
fälle zwischen den Landesteilen geprägt: Zwar beliefen sich die Arbeitnehmer-

---

[91] Vgl. zum Aspekt innerverbandlicher Willensbildung auch Kapitel III, Abschnitt 2.2.

bezüge in Ostdeutschland schon zu Beginn des Jahres 1999 auf durchschnittlich 90,8 Prozent der westdeutschen Löhne. Die Verlangsamung der Tarifangleichungen in den letzten Jahren führte jedoch insbesondere in den Gewerkschaften zu erheblichen internen Irritationen (Artus 2001: 175-176, 183). Denn den einzelnen Mitgliedern ist nach mehr als einem Jahrzehnt deutscher Einheit nicht mehr vermittelbar, dass ostdeutsche Tarifbezirke mit schlechteren Lohnabschlüssen vorlieb nehmen müssen als westdeutsche, zumal die geleistete Arbeit dieselbe ist. Durchschnittlich stärkere Lohnanstiege im Osten, welche das Absolutniveau der Bezüge dort in den letzten Jahren schon näher an dasjenige des Westens herangeführt haben, konnten diese Unzufriedenheit in der Vergangenheit nur unzureichend abpuffern (Artus 2001: 183-184).

Umgekehrt gibt es in Arbeitgeberverbänden immer wieder Irritationen dann, wenn insbesondere ostdeutsche Gliederungen Abschlüsse als viel zu hoch erachten (Schneider/ Käppner 2003), zumal sie durch Abwanderung von Arbeitskräften in die alten Bundesländer um ihre eigene Wettbewerbsfähigkeit fürchten müssen. So produzierte der Tarifabschluss im öffentlichen Dienst im Januar 2003 erhebliche Konflikte unter den öffentlichen Arbeitgebern. Gerade die ostdeutschen Länder und Kommunen kritisierten die Vereinbarung als zu hoch (Schneider/ Käppner 2003), und etliche Arbeitgeber begannen offen über einen Austritt aus der *Tarifgemeinschaft im Öffentlichen Dienst* nachzudenken. Das Bundesland Berlin hatte ihn bereits am 07.01.2003 vor Abschluss des Tarifvertrags vollzogen.[92]

Auch innerhalb der ostdeutschen Landesverbände schafft die Tarifpolitik erhebliche Probleme. Unternehmer in den neuen Bundesländern traten in der Vergangenheit gehäuft aus ihren Arbeitgebervereinigungen aus bzw. wurden von vornherein nicht Mitglied, um der Tarifbindung durch den Verband zu entgehen und eigene, günstigere Haustarifverträge aushandeln zu können (Henneberger 1994: 139). Zunehmend bieten Arbeitgeberverbände – und dies nicht nur in Ostdeutschland – deshalb sogenannte OT-Mitgliedschaften an (OT = ohne Tarifbindung), die einem Mitgliedsunternehmen Eintritt bzw. Verbleiben in der Organisation ermöglichen, ohne an den verbandlichen Tarifvertrag gebunden zu sein (Müller-Jentsch 1997: 180-181). Von Branche zu Branche variiert der Organisationsgrad allerdings erheblich.

Diese Strukturkonflikte werden die deutsche Verbandslandschaft noch für längere Zeit prägen, und die Reformoptionen sind durchaus unterschiedlich: Entweder bestehen sie in der langfristigen Abschaffung eigenständiger Landesverbände und der Schaffung eines deutschlandweiten Einheitsverbandes, um die Schlagkraft der Bundesorganisation zu stärken. Oder aber die Rolle der Bundes-

---

[92] Inzwischen ist Berlin jedoch wieder in die Tarifgemeinschaft zurückgekehrt.

verbände würde auf die Funktion von schwachen Dachverbänden reduziert, denen nach dem Muster des DGB eher koordinierende als integrativ führende Funktion zukäme. Weitere Entwicklungen bleiben hier einstweilen abzuwarten.

2 Deutschland und EU: die Europäisierung verbandlicher Arbeit

Längst schon ist organisierte Interessenvertretung nicht mehr auf den nationalen Rahmen beschränkt und beschränkbar. Die seit den fünfziger Jahren des letzten Jahrhunderts fortschreitende europäische Integration hat ein supranationales politisches System entstehen lassen, das die relevante politische Entscheidungsebene für bestimmte Interessenspektren (Landwirtschaft, Ernährungsindustrie, Handel etc.) schon bald von Bonn nach Brüssel verschob (Thiel 1997: 184-191). Und spätestens seit den Integrationsschüben, die von der *Einheitlichen Europäischen Akte* 1986 und den Verträgen von *Maastricht* 1992 und *Amsterdam* 1997 ausgingen[93] und die meisten übrigen Politikfelder – wenn auch in unterschiedlichem Ausmaß – vergemeinschafteten, war klar, dass der klassische Bonner Lobbyismus bald der Vergangenheit angehören würde (Platzer 2002: 409). Im Folgenden gilt es deshalb die *Europäisierung* verbandlicher Arbeit, die auch bei deutschen Interessenorganisationen Einzug gehalten hat (Eichener/ Voelzkow 1994), genauer zu analysieren.

2.1 Interessenvertretung im Mehrebenensystem der EU: Rahmenbedingungen und Probleme

Seit der *Vertrag von Maastricht* 1993 in Kraft trat, besitzt die Europäische Union zumindest auf den ersten Blick eine übersichtliche Architektur. Es hat sich eingebürgert, sie sowohl sprachlich als auch bildlich auf drei Säulen gegründet zu sehen, die durch ihre Inhalte und durch ihre Entscheidungsverfahren voneinander geschieden sind: Während sich in der ersten Säule die traditionellen europäischen Gemeinschaften (*Europäische Gemeinschaft für Kohle und Stahl* (EGKS),[94] *Europäische Atomgemeinschaft* (EURATOM) und *Europäische Ge-*

---

[93] Die genannten Jahreszahlen beziehen sich jeweils auf den Zeitpunkt der offiziellen *Vertragsunterzeichnung.*
[94] Mit dem Auslaufen des auf 50 Jahre befristeten EGKS-Vertrags im Jahre 2002 löste sich diese Gemeinschaft formell auf. Ihr rechtlicher Besitzstand wurde von der EG übernommen.

meinschaft (EG)[95]) und die ihnen zugeordneten Gemeinschaftspolitiken wiederfinden,[96] sind den Säulen II und III die Felder der Gemeinsamen Außen- und Sicherheitspolitik (GASP) bzw. der Zusammenarbeit in der Innen- und Justizpolitik zugeordnet (Wessels 2003: 781-783).

Aus der Sicht organisierter Interessen ist dabei zentral, dass sich die Entscheidungslogiken der Säulen – und damit der Modus der lobbyistischen Einflussnahme – kategorial unterscheiden: Während in Säule I der Modus der *Gemeinschaftspolitik* zur Anwendung kommt, der den europäischen Organen zentrale Mitwirkungsbefugnisse bei der Rechtsetzung verleiht (Kommission: Initiativmonopol; Parlament: unterschiedliche Mitwirkungsrechte; Rat: Beschlussrecht), sind die Säulen II und III *intergouvernementalen* Charakters (vgl. Übersicht 27): In ihnen kommen Beschlüsse nach wie vor nur auf der Basis multilateraler Verhandlungen der einzelnen Regierungen zustande (Fritzler/ Unser 1998: 29-30). Die Gemeinschaftsorgane sind zwar auch hier eingebunden, besitzen aber im Wesentlichen nur beratende Funktion und können Einfluss bestenfalls durch inhaltliche Anregungen, nicht aber durch effektive Mitentscheidungsrechte zur Geltung bringen.

Je nach Säulenzugehörigkeit 'seines' Politikfeldes bedeutet dies für den einzelnen Lobbyisten also zunächst, die jeweilige Entscheidungslogik zu erkennen und bei der Schwerpunktsetzung seiner Arbeit zu berücksichtigen: Grundsätzlich sind also für innen-, justiz-, außen- und sicherheitspolitisch motivierte Interessengruppen nach wie vor die nationalen Regierungen die entscheidenden Anlaufstellen, da diese Politikfelder im Schwerpunkt noch zu den intergouvernementalen Säulen II und III zählen. Bei den übrigen, der ersten Säule zugehörigen Politikfeldern besitzen die Gemeinschaftsorgane (insb. Kommission, Rat, Europäisches Parlament) jedoch vertraglich verbriefte Mitentscheidungsrechte, welche eine intensive lobbyistische Tätigkeit direkt in Brüssel unabdingbar machen.

Zu bedenken ist dabei, dass es künftig zu Verschiebungen von Gegenstandsbereichen zwischen den Säulen kommen wird, die auch in den vergangenen Jahren erfolgten und durchweg zu einem *Ausbau des vergemeinschafteten Bereichs* führten: So wurden durch den im Jahre 1999 in Kraft getretenen *Vertrag von Amsterdam* weite Teile der III. Säule (Zusammenarbeit in Zivilsachen, Asylrecht) in die Säule I verlagert, und auch bislang eigenständige Verträge (Schengener Abkommen) fanden nun hier Aufnahme. Die Bedeutung der Brüsseler Organe für die Innen- und Justizpolitik vergrößerte sich damit schlagartig

---

[95] Völkerrechtlich sind diese Gemeinschaften bis heute getrennt. Durch die Fusion ihrer Organe im Jahre 1967 und durch allgemeinen Sprachgebrauch hat es sich jedoch eingebürgert, sie in ihrer Gesamtheit als *Europäische Gemeinschaft* zu bezeichnen.

[96] Vor dem Vertrag von *Maastricht* führte die EG den Namen *Europäische Wirtschaftsgemeinschaft* (EWG).

(Müller-Brandeck-Bocquet 1997: 22-23; Wessels 2003: 782-783). Derlei Veränderungen der Vertragsarchitektur, und insbesondere der weitere Ausbau der Säule I zu Lasten der beiden anderen, sind auch in der Zukunft zu erwarten, und die jeweiligen Interessenvertretungen müssen die damit einhergehende Änderung der Entscheidungslogik durch eine Verstärkung ihrer europäischen Präsenz rechtzeitig berücksichtigen.

Übersicht 27:   Die Vertragsarchitektur der EU seit Maastricht

Europäische Union		
Säule I:	**Säule II:**	**Säule III:**
Europäische Gemeinschaft(en)	**Gemeinsame Außen- und Sicherheitspolitik**	**Zusammenarbeit in der Innen- und Justizpolitik**
Entscheidungsmodus: **Gemeinschaftspolitik**	**Entscheidungsmodus:** **Regierungs- zusammenarbeit**	**Entscheidungsmodus:** **Regierungs- zusammenarbeit**
Quelle: eigene Darstellung.		

Doch auch das Feld der Gemeinschaftspolitiken, die der Säule I zugeordnet sind, gestaltet sich keineswegs einheitlich, da der jeweilige *Vergemeinschaftungsgrad* eines Politikfeldes erheblich variieren kann (Thiel 1997: 184-191). Nur wenige Bereiche, wie die Agrar-, die Verkehrs- oder die Wettbewerbspolitik, sind voll vergemeinschaftet in dem Sinne, dass der gesetzliche Rahmen grundsätzlich auf EU-Ebene geschaffen wird. Übersicht 28 erschließt diesen Sachverhalt für den Geltungsbereich des EG-Vertrags und die in ihm aufgelisteten Gemeinschaftspolitiken.

Insoweit ist etwa für Interessenvertreter der Landwirtschaft die 'Gefechtslage' klar: Rechtsetzung erfolgt in ihrem Bereich im Wesentlichen in Brüssel, und die Verlagerung des lobbyistischen Schwerpunkts dorthin ist die logische Konsequenz. Für den Großteil der übrigen Politikfelder besitzt die Gemeinschaft jedoch nur eine *ergänzende Zuständigkeit*, welche ihr seit dem *Maastrichter Vertrag* Kompetenzen gemäß dem *Subsidiaritätsprinzip* verschafft. Nach Art. 5 des EG-Vertrags wird die Gemeinschaft hier nur tätig, „sofern und soweit die Ziele der in Betracht gezogenen Maßnahmen auf Ebene der Mitgliedstaaten nicht ausreichend erreicht werden können und daher wegen ihres Umfangs oder ihrer Wirkungen besser auf Gemeinschaftsebene erreicht werden können. Die Maßnahmen der Gemeinschaft gehen nicht über das für die Erreichung der Ziele dieses Vertrages erforderliche Maß hinaus" (Läufer 1999: 58).

Übersicht 28: Das Feld der Gemeinschaftspolitiken gemäß EG-Vertrag[97]

Gemeinschaftspolitik	
I.	Freier Warenverkehr (voll vergemeinschaftet)
II.	Landwirtschaft (voll vergemeinschaftet)
III.	Freizügigkeit, freier Dienstleistungs- und Kapitalverkehr (ergänzende Zuständigkeit)
IV.	Visa, Asyl, Einwanderung, freier Personenverkehr (ergänzende Zuständigkeit)
V.	Verkehr (voll vergemeinschaftet)
VI.	Wettbewerb (voll vergem.), Steuerfragen, Angleich. von Rechtsvorschriften (ergänzende Zuständigkeit)
VII.	Wirtschafts- (ergänzende Zuständigkeit) und Währungspolitik (voll vergemeinschaftet)
VIII.	Beschäftigung (ergänzende Zuständigkeit)
IX.	Gemeinsame Handelspolitik (voll vergemeinschaftet)
X.	Zusammenarbeit im Zollwesen (voll vergemeinschaftet)
XI.	Sozialpolitik, allgemeine und berufliche Bildung und Jugend (ergänzende Zuständigkeit)
XII.	Kultur (ergänzende Zuständigkeit)
XIII.	Gesundheitswesen (ergänzende Zuständigkeit)
XIV.	Verbraucherschutz (ergänzende Zuständigkeit)
XV.	Transeuropäische Netze (ergänzende Zuständigkeit)
XVI.	Industrie (ergänzende Zuständigkeit)
XVII.	Wirtschaftlicher und sozialer Zusammenhalt (ergänzende Zuständigkeit)
XVIII.	Forschung und technologische Entwicklung (ergänzende Zuständigkeit)
XIX.	Umwelt (ergänzende Zuständigkeit)
XX.	Entwicklungszusammenarbeit (ergänzende Zuständigkeit)
XXI.	Wirtschaftliche, finanzielle und technische Zus.arbeit mit Drittländern (ergänzende Zuständigkeit)
Quellen: EG-Vertrag vom 7. Februar 1992 in der Fassung vom 2. Oktober 1997; Vertrag von Nizza zur Änderung des Vertrags über die Europäische Union, der Verträge zur Gründung der Europäischen Gemeinschaften sowie einiger damit zusammenhängender Rechtsakte vom 26. Februar 2001; die Nummerierung entspricht den jeweiligen Titelnummern des Vertrags.	

---

[97] Die jüngsten Entwicklungen der EU-Rechtsordnung (Konventsverfassung) konnten hier nicht mehr berücksichtigt werden, zumal bei Abschluss des Manuskripts noch nicht absehbar war, ob der Verfassungsentwurf in allen 25 Mitgliedstaaten ratifiziert werden würde.

Die in dieser Vertragspassage formulierte *Notwendigkeits-* und *Besser-Klausel*, die durch ein Protokoll zum *Amsterdamer Vertrag* noch einmal präzisiert und bekräftigt wurde,[98] schuf eine zumindest juristisch klare Rechtslage, die jedoch in der Praxis große Entscheidungsspielräume eröffnet. Denn letztlich hängt es von den jeweiligen *inhaltlichen Maßstäben* ab, ob eine *Notwendigkeit* für eine europäische Regelung diagnostiziert wird und ob man sich von dieser auch einen *besseren* Wirkungsgrad als von einer vergleichbaren nationalen Regelung verspricht. Für bestimmte Felder, wie die Kultur-, die Gesundheits- oder die Verbraucherpolitik, sind die gemeinschaftlichen Gestaltungskompetenzen durch Beschränkung ihrer Maßnahmen auf „Förderung" oder „Beitrag" *expressis verbis* noch einmal deutlich eingeschränkt (Thiel 1997: 185).

Schließlich ist in Rechnung zu stellen, dass mit der Generalklausel des Art. 308 EG-Vertrag bestehende Tätigkeitsbeschränkungen der EU jederzeit umgangen werden können. Dort heißt es: „Erscheint ein Tätigwerden der Gemeinschaft erforderlich, um im Rahmen des Gemeinsamen Marktes eines ihrer Ziele zu verwirklichen, und sind in diesem Vertrag die hierfür erforderlichen Befugnisse nicht vorgesehen, so erlässt der Rat einstimmig auf Vorschlag der Kommission und nach Anhörung des Europäischen Parlaments die geeigneten Vorschriften" (Vertrag über die Europäische Union 2001: 396) – eine immer wieder genutzte Hintertür, die im Übrigen auch eine Umgehung parlamentarischer Vetos ermöglicht (Laufer/ Münch 1997: 231-232).

Aus alldem ergibt sich für die Masse der europäischen Lobbyisten der unangenehme Sachverhalt, zwar grundsätzlich mit einer Regelungskompetenz der Gemeinschaft konfrontiert zu sein, aber erst im konkreten Falle abschätzen zu können, ob die jeweilige Auslegung bzw. Respektierung des Subsidiaritätsgrundsatzes zu einem Tätigwerden der EU führt oder aber die einzelnen nationalen Regierungen weiterhin eigenständig Recht setzen. Eine derart ergebnisoffene Entscheidungssituation ist folglich die zentrale Ursache für die Entwicklung *lobbyistischer Mehrebenensysteme*, denn sowohl auf europäischem wie auf nationalem bzw. subnationalem Level müssen Interessenvertreter je nach Entwicklung der politischen Lage dazu befähigt sein, Einfluss auszuüben und darüber hinaus die Arbeit zwischen den verschiedenen Ebenen professionell zu konzertieren (Grande 2000: 20-21).

Aber nicht nur diese inhaltliche Dimension ist grundsätzlich in Rechnung zu stellen, sondern auch die sich durch die *Entfaltung* und *Ausdifferenzierung politischer Mehrebenensysteme* (Supranationale Organisationen – Nationalstaaten – subnationale Entscheidungsebenen) *verändernden politischen Entschei-*

---

[98] Protokoll über die Anwendung der Grundsätze der Subsidiarität und der Verhältnismäßigkeit (30. Protokoll zum Vertrag zur Gründung der Europäischen Gemeinschaft); Text in Läufer 1999: 299-303.

dungsmuster (Grande 2000: 13-15). Einer effizienzmaximierenden Logik folgend müsste dies in der Weise geschehen, dass politische Kompetenzen ausschließlich und eindeutig einer einzigen Ebene zugeordnet werden, um auch dem Außenstehenden die Zuständigkeitsverteilung und den jeweils adäquaten lobbyistischen Adressaten zu offenbaren. Nichts wäre jedoch falscher, als mit einer derartigen, an Geschäftsverteilungsplänen nationaler Behörden orientierten Attitüde an die Erschließung der Handlungslogik politischer Mehrebenensysteme nach dem Muster der Europäischen Union heranzugehen: Wie bereits angesprochen, sind derlei Zuständigkeiten hier nämlich nur im Ausnahmefall klar zugewiesen. Für Interessengruppen, die in solchen Mehrebenensystemen operieren, hat dies generell zur Konsequenz, sich auf *strukturell bedingten Kompetenzwirrwarr* einstellen zu müssen und selbst zum lobbyistischen Mehrebenensystem zu mutieren, das simultan und koordiniert auf den verschiedenen Entscheidungsebenen operiert und dabei situationsbezogen die Schwerpunkte setzt und verlagert (Greenwood 1997; Pfeifer 1995: 74-77).

Dieses Erfordernis wird noch deutlicher, wenn man sich die mit der Schaffung solcher Mehrebenensysteme einhergehenden *Entscheidungsprobleme* vor Augen hält: Generell verführt es politische Institutionen dazu, lästige oder sensible Materien auf andere Ebenen abzuschieben, um selbst nicht für eine Entscheidung verantwortlich gemacht werden zu können. Gerade bei den Tätigkeitsfeldern der EU mit *ergänzender Zuständigkeit* ist dies ein probates und gängiges Mittel. Dieses „cuckoo game" (Wassenberg 1982) gleicht dem klassischen Verwaltungsgrundsatz „dafür bin ich nicht zuständig", nunmehr aber in der aktiven Politik.

Gleiches ist bei der Übernahme politischer Verantwortung für entstandene Fehlleistungen zu beobachten, was bereits Konsequenz des ersten Entscheidungsproblems ist: Denn wenn es keine eindeutige Kompetenzzuweisung gibt, ist auch die eindeutige Zuweisung der politischen Verantwortung strittig, und „blame avoidance" (Grande 2000: 19) die Regelstrategie. Schlagendes Beispiel hierfür ist die BSE-Kontroverse: Während Verbraucherschutzministerin *Renate Künast* in Deutschland immer wieder lauthals auf Versäumnisse der EU verwies, die schon längst eine Richtlinie zum endgültigen Verbot von Tiermehlbeimengungen in Viehfutter hätte verabschieden müssen, wehrte sich der zuständige Agrarkommissar *Fischler* mit dem Argument, eine derartige Initiative sei in den letzten Jahren in erster Linie am *deutschen* Widerstand gescheitert (Bergius 2002).

Aus unklarer Gemengelage bei der Kompetenzverteilung kann also ein „Paradox der Schwäche" (Grande 1996) resultieren, welches gerade den um Kompetenzen rangelnden politischen Institutionen wieder Autonomie gegenüber lobbyistischen Adressaten verschafft: Mit dem Hinweis auf verfahrene Entscheidungssituationen, unklare Zuständigkeitsverteilungen, Rücksichtserfordernisse gegenüber einzelnen Mitgliedsstaaten oder anderen Gemeinschaftsorganen steht jederzeit ein Totschlagsargument zur Verfügung, um eigene Untätigkeit rechtfertigen und die Chancenlosigkeit einer Initiative trotz besten eigenen Willens und Strebens belegen zu können. Im nächsten Abschnitt soll nun gezeigt werden, dass diese Rahmenbedingungen die Entwicklung des Systems organisierter Interessen und die konkrete Ausformung des lobbyistischen Gewerbes entscheidend beeinflusst haben.

2.2 Eurolobbyismus: zur politischen Arbeit deutscher und paneuropäischer Verbände in Brüssel und Straßburg

Organisierte Interessenvertretung bei der EU folgt bestimmten Mustern, die durch die Kompetenzverteilung der Gemeinschaftsorgane vorbestimmt sind (van Schendelen 2002; Greenwood 2003).[99] Im vergemeinschafteten Bereich der Säule I ist jedes von ihnen mit gewichtigen Mitgestaltungsrechten ausgestattet, die zunächst eine breite Streuung der lobbyistischen Aktivitäten unabdingbar machen (vgl. Übersicht 29): Die *Europäische Kommission* besitzt das vertraglich verbriefte *exklusive Initiativrecht* für die europäische 'Gesetzgebung', indem nur sie allein zur Vorlage von Verordnungs- und Richtlinienentwürfen befugt ist (Buholzer 1998: 140); das Parlament verfügt je nach Gemeinschaftspolitik über mehr oder minder große *Beteiligungsrechte*, welche gerade im letzten Jahrzehnt erheblich an Gewicht gewonnen haben (Sebaldt 2002b: 24-29); der Rat besitzt das exklusive *Beschlussrecht*, indem nur durch sein zustimmendes Votum ein Rechtsetzungsverfahren zu einem erfolgreichen Abschluss gebracht werden kann (Buholzer 1998: 137).

Jedoch variiert die faktische Bedeutung der einzelnen Organe in diesem komplexen Entscheidungsgang, und auch organintern existieren bestimmte Geschäftsverteilungsmuster, was beides zur Vorprägung eines idealtypischen europäischen Lobbyparcours geführt hat: Im Regelfall ist die mit dem Initiativrecht ausgestattete Kommission auch erster und wichtigster Anlaufpunkt der Interessenvertreter, da in ihrer Verwaltung die jeweiligen Referentenentwürfe entstehen, welche die Grundlage der späteren Kommissionsvorlagen bilden (Mazey/ Richardson 1994).

---

[99] Die fragmentarischen Versuche der EU und insbesondere der Kommission zur Schaffung eines „offenen und strukturierten Dialogs" mit den Verbänden, um den Eurolobbyismus transparenter zu gestalten, werden an dieser Stelle aus Platzgründen nicht genauer beleuchtet. Vgl. dazu Sebaldt 2002b: 62-64.

Übersicht 29: Strukturmuster und Entscheidungsebenen der EU

Kommission (Initiativrecht)	Parlament (Beteiligungsrechte)	Rat (Beschlussrecht)
Kommissar		Minister
Kabinett		Ständ. Vertreter
Generaldirektion	Ausschuss	Generaldirektion
Direktion	(Unterausschuss)[100]	Direktion
Abteilung		Abteilung
Referent	Berichterstatter	Referent
Quelle: eigene Darstellung.		

Darin durchaus mit nationalen Ministerialbürokratien vergleichbar, werden in den Abteilungen der einzelnen Generaldirektionen von den jeweils federführenden Beamten die Vorlagen erstellt, und wie im nationalen Rahmen ist dieses Arbeitsstadium auch hier für den Lobbyisten das weitaus wichtigste: Hier sind Inhalte und Personen noch am leichtesten zu beeinflussen, da Konzepte und individuelle Meinungen erst noch reifen müssen (Pfeifer 1995: 78-83). Das impliziert ein profundes Wissen über die Geschäftsverteilungspläne der Kommission und die zu beachtenden Zuständigkeiten: Jeweils nur wenige Referenten einer bestimmten Generaldirektion sind für eine Materie zuständig, und sie gilt es projektbezogen zu finden. Die Mitarbeit in Ausschüssen, die von der Kommission in großer Zahl zur formellen Einbindung von Interessenvertretern in den Entscheidungsprozess gebildet wurden (Pfeifer 1995: 79-80), kann hier flankierend wirken, aber nicht den unmittelbaren Arbeitskontakt zum Referenten ersetzen. Entsprechend gilt dies auch für den Leiter der betreffenden Abteilung, den Leiter der Direktion und für den Generaldirektor der gesamten Generaldirektion.

Zudem kann es gerade bei politisch gewichtigeren Projekten von Bedeutung sein, den jeweils zuständigen Kommissar bzw. das inhaltlich federführende Mitglied seines Kabinetts zu kontaktieren, da hier eine Vorentscheidung über das Schicksal von Anregungen aus der betroffenen Generaldirektion fällt: Hier wird darüber befunden, ob eine Initiative zur Beschlussvorlage für das Kollegium der Kommissare ausgearbeitet wird oder nicht (Forax 1999: 37).

Auch das *Europäische Parlament* ist durch hochgradig arbeitsteilige Strukturen gekennzeichnet, und hier ist die frühzeitige Kontaktierung der jeweils zuständigen Ausschussberichterstatter bzw. der Fraktionsexperten der Schlüssel

---

[100] Unterausschüsse werden im EP nur von Fall zu Fall eingerichtet. Vgl. dazu Corbett/ Jacobs/ Shackleton, 2000: 124.

zum Erfolg (Lahusen/ Jauß 2001: 46). Schließlich darf der bürokratische Unterbau des Rates nicht vergessen werden, bereitet er doch die Beschlussvorlagen für die jeweiligen Fachministerrunden vor: Unter Federführung des *Ausschusses der Ständigen Vertreter* (COREPER)[101] der Mitgliedstaaten, die aufgrund ihrer permanenten Präsenz in Brüssel ebenfalls relevante Anlaufpunkte für Lobbyisten sind, werden die von der Kommission entworfenen und vom Parlament gegebenenfalls abgeänderten Vorlagen in den dortigen Generaldirektionen für die abschließende Beschlussfassung vorbereitet (Buholzer 1998: 178-180). In dieser späten Phase sind inhaltliche Änderungen jedoch kaum mehr durchsetzbar; eher schon kann hier ein Versuch lohnen, die Absegnung fertiger Vorlagen zu verhindern oder zumindest zu verzögern.

Der als Repräsentationsgremium organisierter Interessen geschaffene *Wirtschafts- und Sozialausschuss* ist indessen nur von sekundärer Bedeutung, was am Fehlen effektiver Kompetenzen ebenso liegt wie an seiner problematischen Zusammensetzung: Von den 229 Mitgliedern entfallen 24 auf Deutschland, welche je etwa zu einem Drittel von Unternehmern, Arbeitnehmervertretern und Repräsentanten sonstiger Interessen gestellt werden (Lahusen/ Jauß 2001: 47). Bei rund 4.000 bis 5.000 deutschen Verbänden[102] ist Repräsentativität so natürlich nicht herstellbar.

Ist eine Verordnung oder eine Richtlinie einmal beschlossen, ist die Arbeit eines Interessenvertreters jedoch längst noch nicht abgeschlossen, denn die Einflussnahme auf die administrativen Durchführungsbestimmungen der Kommission eröffnet immer noch die Chance inhaltlicher oder prozessualer Modifikationen: Das mit der Kommissionsbürokratie eng vernetzte System der *Regelungsausschüsse* (Töller 2002), besetzt mit europäischen und nationalen Fachbeamten bzw. -vertretern, hat hierüber zu befinden, und einmal mehr machen sich für den Interessenvertreter hier gute Kontakte zur Fachbeamtenschaft bezahlt. Da in diesem Stadium auch die nationalen Referenten ins Spiel kommen, ist dabei die lobbyistische Konzertierung der verschiedenen politischen Entscheidungsebenen von besonderer Bedeutung.

Diese Gesamtcharakterisierung des lobbyistischen Parcours bei der EU findet ihre Bestätigung auch in Umfragen unter den Verbandsfunktionären selbst. Tabelle 20 ist zu entnehmen, dass die Einflussnahme auf die Arbeitsebenen der Kommission (Generaldirektionen, Ausschüsse) auch in ihrer Selbstsicht unbedingte Priorität besitzt: Bei einer Antwortskala von sehr wichtig (1) bis unwichtig (5) ergaben sich Mittelwerte von 2,1 bzw. 2,5 – und dies bei einer Befragung

---

[101] Die offizielle Abkürzung steht für *Comité des Représentants Permanents*.
[102] Die Schätzungen variieren seit Jahrzehnten. Schon 1981 veranschlagte *Jürgen Weber* 5.000 Verbände auf Bundesebene (Weber 1981: 91), während *Werner Reutter* zwanzig Jahre später 'nur' mindestens 4.000 schätzt (Reutter 2001: 83).

nationaler Interessenvertreter, welche das EU-Lobbying ja nur neben ihren Aktivitäten auf mitgliedstaatlicher Ebene betreiben.[103] Für Vertreter *europäischer* Dachverbände ist die durchschnittliche Bedeutung daher noch höher anzusetzen. Das Europäische Parlament rangiert im Urteil der Funktionäre gleich dahinter, überraschenderweise auf demselben Niveau wie der Wirtschafts- und Sozialausschuss (Mittelwert: 2,7), was dessen faktische Bedeutung allerdings überbewertet. Die Ratsbürokratie sowie der Europäische Gerichtshof spielen dagegen auch in den Umfragedaten nur eine sekundäre Rolle, ebenso die Kabinette der Kommission, die nur punktuell und nur bei politisch bedeutsamen Projekten direkt 'bearbeitet' werden müssen.

Tabelle 20: EU-Kontaktpartner deutscher Interessengruppen und ihre Bedeutung im Urteil der Verbandsfunktionäre

Kontaktpartner	Zahl der Nennungen	Durchschnittliche Bedeutung
Generaldirektionen der Kommission	404	2,1
Ausschüsse der Kommission	398	2,5
Europäisches Parlament	396	2,7
Wirtschafts- und Sozialausschuss	367	2,7
Kabinette der Kommission	324	3,0
Ausschuss der ständigen Vertreter des Rats	283	3,5
Europäischer Gerichtshof	270	3,6
Generalsekretariat des Rats	282	3,7
Skala: 1 = sehr wichtig ... 5 = unwichtig; Quelle: Eigene Umfrage unter den in der Lobbyliste des Deutschen Bundestages registrierten Interessengruppen im Jahre 1994. Vgl. zur Erhebungsmethodik Sebaldt 1997a: 394-399.		

Der komplexe und mehrere EU-Organe zu intensiver Kooperation 'verurteilende' Entscheidungsprozess hat in der Praxis zur Entwicklung *organübergreifender Netzwerke* der jeweils zuständigen Fachvertreter (Kommissions- und Ratsbeamte, Europaabgeordnete etc.) geführt, in welche die betroffenen Interessenvertreter integriert sein müssen, um einen angemessenen lobbyistischen Wirkungsgrad zu erzielen: Regelmäßig erfolgt ein intensiver Gedankenaustausch zwischen den federführenden Kommissionsbeamten, zuständigen parlamentarischen Berichter-

---

[103] Die schriftliche Befragung wurde im Jahre 1994 unter den in der Lobbyliste des Deutschen Bundestages registrierten Verbänden durchgeführt. Vgl. zur Erhebungsmethodik Sebaldt 1997a: 394-399.

stattern und mit der Materie befassten Ratsbeamten und Referenten der nationalen Ministerien (Lahusen/ Jauß 2001: 88-90). Eine dauerhafte Einbindung in dieses Willensbildungs- und Entscheidungsgefüge ist für die Lobbyisten daher der Schlüssel zum Erfolg.

Gleichwohl existieren gewichtige politikfeldspezifische Unterschiede, welche diese grundsätzliche Entscheidungslogik innerhalb der Säule I in erheblichem Maße verändern können. Von zentraler Bedeutung sind in diesem Zusammenhang die *unterschiedlichen parlamentarischen Mitwirkungsrechte*, die selbst für erfahrene Verbandsvertreter schwer zu durchschauen sind. Es fehlt an dieser Stelle der Raum, den Sachverhalt ausführlich zu behandeln.[104] Grundsätzlich aber sei angemerkt, dass sich diese Kompetenzen von der bloßen Unterrichtung der Abgeordneten über eine Entscheidung des Rates *im Nachhinein* über die vorherige unverbindliche Anhörung bis hin zu effektiven Mitentscheidungsrechten erstrecken; letztere räumen dem *Europäischen Parlament* im europäischen Rechtsetzungsprozess ein *absolutes Vetorecht* ein (Sebaldt 2002b: 24-29).

Die daraus resultierenden politisch-prozessualen Konsequenzen sind klar: Je nach Politikfeld ist die parlamentarische Bühne für europäische Interessenvertreter von mehr oder minder großer Relevanz: Spielt das *Europäische Parlament* im voll vergemeinschafteten Agrarsektor, der immer noch den Löwenanteil des Etats der EU beansprucht, durch seine bloßen Anhörungsrechte für die Interessenvertreter *formal gesehen* immer noch eine sekundäre Rolle, so ergibt sich im kultur-, gesundheits- und verbraucherpolitischen Bereich ein ganz anderes Bild, insoweit hier effektive parlamentarische Mitentscheidungsrechte verankert sind (Sebaldt 2002b: 24-29). Das zeigt auch, dass die Parlamentsrechte meist im inversen Verhältnis zur europapolitischen Bedeutung des jeweiligen Politikfeldes stehen: Je bedeutender und je größer der Vergemeinschaftungsgrad, desto geringer die formellen parlamentarischen Rechte, und umgekehrt.

Und doch wäre eine derartige, an den formalen Kompetenzen orientierte Betrachtungsweise auch für den Lobbyisten fatal, denn verschiedene Faktoren führen dazu, dass die zunächst klar erscheinenden Kompetenztrennlinien wieder verschwimmen. Denn zum einen ist in Rechnung zu stellen, dass dem Parlament durch sein schon seit den siebziger Jahren bestehendes Haushaltsbeschlussrecht und die Kompetenz zur Veränderung der *nichtobligatorischen* Haushaltstitel ein genereller Einfluss auf jegliche fachpolitische Entscheidungen eröffnet wird (Tsebelis 1994), insoweit heute die meisten Verordnungs- und Richtlinienvorlagen nicht mehr kostenneutral sind, sondern die Veränderung der entsprechenden Haushaltstitel erforderlich machen.

---

[104] Vgl. dazu näher Sebaldt 2002b: 24-29.

Zum anderen ist auch von den Interessenvertretern zu berücksichtigen, dass die intensive innerfraktionelle Kooperation zwischen den Parlamentariern der verschiedenen Ausschüsse die Entwicklung von *Koppelgeschäften* befördert, die Kommission und Rat die Berücksichtigung parlamentarischer Änderungswünsche auch in Politikbereichen abnötigen, für welche dies vertraglich gar nicht vorgesehen ist (Sebaldt 2002b: 31-32). In biblischer Diktion: „Gebet uns Einfluss auf agrarpolitische Entscheidungen, und wir werden unseren Widerstand gegen Eure umwelt- und gesundheitspolitischen Vorlagen überdenken."

Schließlich ist zu beachten, dass sich die Abgeordneten durch häufig langjährige Mitgliedschaft im Parlament und dabei erworbene sachpolitische Kompetenz auch bei vielen Lobbyisten großen Respekt erworben haben (Buholzer 1998: 185-187), was regelmäßig zu einem Gedankenaustausch 'auf dem kleinen Dienstweg' führt. Auch deshalb ist das politische Gewicht gerade 'alter' parlamentarischer 'Hasen' oft wesentlich größer als zunächst erwartet.

Die Lektüre der Vertragstexte und das Wissen um die *formalen* Kompetenzen des Europäischen Parlaments bedeuten daher für den erfahrenen Interessenvertreter bestenfalls die halbe Miete: Das Wissen um das durch Haushaltsrechte und Koppelgeschäfte resultierende *faktische* parlamentarische Gewicht ist mindestens genauso wichtig, um am Ende zu einer realistischen und angemessenen Einschätzung des Stellenwerts parlamentarischen Lobbyings zu gelangen.

2.3 Die Folgen für die deutsche Verbandspräsenz bei der EU

In zunehmendem Maße beginnt die verbandliche Organisationslandschaft auf europäischer Ebene den jeweiligen nationalen Verbandsgefügen zu ähneln und deren grundsätzliche Strukturprobleme nun auch in Brüssel zu duplizieren: Hier finden sich sowohl europäische *Spitzenorganisationen* nach dem Muster der *Union der Industrie- und Arbeitgeberverbände Europas* (UNICE) oder des *Europäischen Gewerkschaftsbundes* (EGB) als auch hochspezialisierte Fachvereinigungen, wie die *Föderation der Europäischen Schneidwaren-, Besteck-, Tafelgeräte- und Küchengeschirrindustrie* (FEC). Erstere sind damit ein europäisches Äquivalent für den *Bundesverband der Deutschen Industrie* (BDI) und die *Bundesvereinigung der Deutschen Arbeitgeberverbände* (BDA) bzw. für den *Deutschen Gewerkschaftsbund* (DGB), zweitere die europäischen Dachorganisationen für die nationalen Fachverbände. Da viele europäische Verbände jedoch auch *Direktmitgliedschaften* nationaler Unternehmen bzw. Personen zulassen, sind sie keine reinen Dachverbände deutschen Musters, welche durchweg nur andere *Vereinigungen* als Mitglieder haben.

Aus dieser lobbyistischen Organisationsvielfalt erwachsen unterschiedliche Optionen und Wege der Interessenvertretung, welche auch *simultan* genutzt werden – „multi voice"-Lobbying (Lahusen/ Jauß 2001: 81) – und das System des Eurolobbyismus derart komplex werden lassen, dass es selbst für den professionellen Analytiker kaum mehr zu überblicken ist (vgl. Übersicht 30).

Zum einen ist es jeder nationalen Fachorganisation selbst möglich, Lobbying 'auf eigene Rechnung' zu betreiben, also die Interessen etwa der Briefumschlagfabrikanten separat über eine *eigene europäische Repräsentanz* bzw. ein eigenes Firmenbüro zur Geltung zu bringen oder dafür einen kommerziellen Lobbyisten zu verpflichten – die Amerikaner sprechen hier gerne von „guns for hire" (Sebaldt 2001b: 72). Zum anderen steht die Möglichkeit zu Gebote, hierfür den eigenen *nationalen Spitzenverband* zu nutzen, so man als Fachverband zu seinen Mitgliedern zählt. Der BDI beispielsweise kann sich dann wiederum der UNICE als europäisches Sprachrohr bedienen – muss dies aber nicht, denn selbstverständlich ist auch er mit einer eigenen Vertretung in Brüssel präsent.[105]

Übersicht 30:   „Multi voice"-Lobbying: Optionen der Interessenvertretung bei der Europäischen Union

Typ der Interessenvertretung	Beispiel
Europäischer Spitzenverband	Union der Industrie- und Arbeitgeberverbände Europas (UNICE)
Europäischer Fach- bzw. Mitgliederverband	Föderation der Europäischen Schneidwaren-, Besteck-, Tafelgeräte- und Küchengeschirrindustrie (FEC)
Europäische Repräsentanz nationaler Spitzenverbände	Vertretung des Bundesverbandes der Deutschen Industrie (BDI) bei der EU
Europäische Repräsentanz nationaler Fach- bzw. Mitgliederverbände	Geschäftsstelle Brüssel des Bundesverbandes der Deutschen Spirituosenindustrie und -Importeure e.V.
Firmenbüros	DaimlerChrysler
Public Affairs-Agenturen (kommerzielle Lobbyisten)	PricewaterhouseCoopers
Quelle: eigene Zusammenstellung.	

---

[105] Diese wurde bereits im Jahre 1958 eröffnet und liegt zentral in der Rue du Commerce 31. Etliche BDI-Mitgliedsverbände, wie der *Hauptverband der Deutschen Bauindustrie*, der *Verband der Chemischen Industrie* (VCI) oder der *Verband der Automobilindustrie*, residieren im gleichen Gebäude, und auch die Geschäftsstelle der BDA ist dort eingerichtet (vgl. die Website der BDI-Vertretung unter http://www.bdi-online.de/international/region8.html). Diese Konzentration erleichtert die Konzertierung lobbyistischer Aktivitäten natürlich ungemein.

Zwar legen die Gemeinschaftsorgane Wert darauf, formell nur mit *europäischen* Verbänden zu kommunizieren; jedoch ist es ein offenes Geheimnis, dass sich eine nationale Organisation im Bedarfsfall den 'Hut' ihres europäischen Verbandes 'aufsetzt', um diese formale Hürde zu überwinden.[106] Zudem ist in Rechnung zu stellen, dass die heterogenen europäischen Dachverbände, die im übrigen oft nicht nur die nationalen Vereinigungen der fünfzehn Mitgliedstaaten umfassen, sondern auch EU-externe Verbände aus dem restlichen Europa, vielfach nur schwache Spitzenorganisationen mit geringem Wirkungs- und Bündelungsgrad darstellen.[107] Dies hat ebenso die systematische Ausweitung des Lobbyings nationaler Verbände bei der EU zur Folge gehabt – oft auch in Konkurrenz zur eigenen europäischen Dachorganisation.

Gleiches gilt für die nationalen *Fach-* bzw. einfachen *Mitgliedsverbände*. So sind etwa die Organisationen der deutschen Ernährungsindustrie schon längst mit eigenen Büros in Brüssel präsent und können dasselbe lobbyistische Muster nun auch auf fachspezifischer Ebene praktizieren.[108] Und natürlich sind diese Praktiken nicht nur auf das Spektrum ökonomischer Verbände beschränkt, sondern werden von Sozial-, Kultur-, Umwelt- und politischen Vereinigungen gleichermaßen angewendet.

Differenzierend wirken dabei allerdings die doch recht unterschiedlichen nationalen Gefüge der einzelnen Verbandsspektren: Nur wo eine *korporatistische Formierung*[109] verbandlicher Spektren in halbwegs repräsentativen Dachverbänden stattfindet (Beispiel BDI), kann sich für eine nachgeordnete Fachorganisation überhaupt die Wahl zwischen dem eigenen Aktivwerden bzw. der Instrumentalisierung einer nationalen Spitzenorganisation stellen.[110] In ausgeprägt *pluralistischen* Verbandslandschaften, wie z.B. bei der Vielzahl an Umweltvereinigungen ohne integrierenden Dachverband, fehlt diese Alternative.[111]

---

[106] So äußerte ein Funktionär eines deutschen Verbraucherverbandes mir gegenüber ganz unverblümt: „Also bei der Kommission ist es ja so: Wir haben ja als [nationaler Verband] nicht Zutritt zur Kommission. Die Kommission sagt ganz knallhart: 'Wir reden nur mit europäischen Organisationen.' Dann setzen wir uns halt den Hut vom europäischen Verband auf und sagen: 'So, und jetzt machen wir das!' Natürlich nur in Abstimmung mit denen. Und wenn die es besser können, dann machen die das natürlich. Aber das machen andere Verbände auch." Die Passage stammt aus einem der Interviews, die ich im Jahre 1994 mit deutschen Verbandsfunktionären zu ihrer politischen Arbeit führte. Vgl. zur Methodik dieser Interviews Sebaldt 1997a: 400-404.
[107] Vgl. die Beispiele bei Eising 2001: 459-472.
[108] So etwa unterhält der *Bundesverband der Deutschen Spirituosen-Industrie und -Importeure e.V.* seit 1998 ein eigenes Büro in der Rue de la Loi 81a.
[109] Vgl. zur Logik des Korporatismus Kapitel I, Abschnitt 2.3.
[110] Vgl. zum dachverbandlichen Organisationsgefüge deutscher Wirtschaftsverbände von Alemann 1989: 74-90 und Kapitel II, Abschnitt 4.1 der vorliegenden Einführung.
[111] Vgl. zum heterogenen umweltverbandlichen Spektrum Deutschlands Sebaldt 1997a: 129-132 und Kapitel II, Abschnitt 4.6 der vorliegenden Einführung.

Schließlich führen auch die unterschiedlichen Mitgliedertypen zu Modifikationen, insoweit natürlich nur Mitglieds*unternehmen* in *Wirtschaftsverbänden* auf die Option einer parallel zum Verband eingerichteten eigenen Firmenrepräsentanz setzen können, während Einzelpersonen dies aus finanziellen Gründen durchweg unmöglich ist. Fraglos ist dies ein systematischer Wettbewerbsvorteil ökonomischer Interessenvertretung bei der EU.

3　Interessenvertretung im neuen Stil: zur Entwicklung des kommerziellen Lobbyings

Eine in Deutschland bisher nur ansatzweise untersuchte Form organisierter Interessenvertretung ist das kommerzielle Lobbying, das durch professionelle Consultants, Unternehmensberatungen und spezialisierte Rechtsanwaltskanzleien im Auftrage Dritter durchgeführt wird (Köppl 2000: 120-122). Im engeren Sinne geht es damit über den Gegenstandsbereich dieser Einführung hinaus, insoweit nicht mehr das Handeln von *Verbänden* im Mittelpunkt des Erkenntnisinteresses steht. Gleiches gilt auch für das von Unternehmen unmittelbar und an den Verbänden vorbei betriebene *Firmenlobbying*, das in der Regel durch eine eigene Unternehmensrepräsentanz am Regierungssitz erfolgt.

　　Da aber auch Interessengruppen, neben Einzelpersonen, Unternehmen und Akteuren der öffentlichen Hand, zunehmend die Dienste von *Public Affairs Lobbyists* nutzen und politische Interessenvertretung durch *Outsourcing* auch an kommerzielle Agenturen delegieren (Koppelmann 1996), soll im folgenden auch ein Überblick über diesen Boomsektor des Lobbyings gegeben werden.

3.1　Das generelle Profil kommerziellen Lobbyings

Bei der Gesamtcharakterisierung des kommerziellen Lobbyings ist zunächst darauf hinzuweisen, dass es schon generell markante Unterschiede gegenüber dem klassischen Verbandslobbying aufweist. Denn neben das traditionelle *politische Lobbying*, welches in der Beeinflussung von Gesetzgebung und sonstiger staatlicher Verfügungen besteht und zum Tätigkeitsschwerpunkt der Verbände zählt, tritt hier noch das *kommerziell* motivierte *Projektlobbying*, in welchem für den vertretenen Klienten Fördermittel bzw. Arbeitsaufträge von Seiten der öffentlichen Hand akquiriert werden sollen (Plaschka 1998: 85).

　　Letzteres spielt gerade bei der EU eine bedeutende Rolle, stehen ihr doch mit einem umfangreichen System von Fonds zur Strukturförderung Mittel zur Verfügung, um in den einzelnen Regionen Projekte verschiedenster Art zu fördern (Seidel 2002). Komplementär dazu lohnt es sich durch das Wachstum der europäischen Bürokratie immer mehr, diese auch als *Konsumenten* zu betrachten und sich durch Vertreter um die Vergabe von Aufträgen zu bemühen, die von der Beschaffung von Büromaterial über die Ausstattung mit Instrumenten der Telekommunikation bis hin zur Erstellung von Neubauten reichen können. All dies kann noch Aufgaben der Rechtsberatung und der Prozessvertretung einschließen, wenn es um Streitsachen, etwa um Schadensersatzforderungen oder um Einsprüche gegen Verwaltungsentscheide der EU-Kommission geht.

Kurzum: Beim Projektlobbying geht es um die Vertretung meist *kommerzieller* Interessen *einzelner Akteure*, welches im Rahmen von Verbänden naturgemäß nicht getätigt werden kann, bedeutete es doch die privilegierte Behandlung eines Mitglieds gegenüber anderen. Gerade in Wirtschaftsverbänden entstünde damit eine Wettbewerbsverzerrung, die dem Prinzip der Gleichbehandlung aller Mitglieder und des Nichteingriffs in das Marktgeschehen eklatant widerspräche. Einen Überblick über das komplexe Gesamtspektrum dieser Dienstleistungen verschafft Übersicht 31, in welcher auch unterschiedliche Intensitäten der Tätigkeit greifbar werden.

Am unteren Ende der Intensitätsskala rangieren dabei jene Dienstleistungen, welche zunächst in der bloßen *Informationsbeschaffung* liegen, ohne eine aktive lobbyistische Tätigkeit. Dieses *Monitoring* besteht dann etwa in der kontinuierlichen Dokumentation ausgewiesener Fördermittel bzw. ausgeschriebener öffentlicher Aufträge, um sie an betroffene Klienten weitermelden zu können (Lahusen/ Jauß 2001: 91). Auch die Beobachtung der Rechtsentwicklung durch Verabschiedung neuer Verordnungen und Richtlinien fällt hierunter. Flankiert wird dies durch Erstellung entsprechender Studien und die rechtliche Beratung der Kundschaft.

Übersicht 31:   Dienstleistungsspektrum kommerzieller Lobbyisten

Informationsbezogene Dienste	Kommunikations- und organisationsentwickelnde Dienste	Strategische Dispositionsdienste
▪ Monitoring/ Infomation Gathering	▪ Intelligence Gathering	▪ Strategic Advice
▪ Funding Identification	▪ Communications Service	▪ Procurement Management
▪ Political Intelligence	▪ Training Seminars	▪ Legal Defence
▪ Policy Audits		
▪ Research Studies		
▪ Legal Advice		
Quelle: Plaschka 1998: 90; die englischen Originalbezeichnungen wurden beibehalten, da sie in der Praxis weit verbreitet sind.		

Dienste zur Organisationsentwicklung und Förderung der Kommunikation gehen bereits einen Schritt weiter: Hier steht die *Kontaktanbahnung* zwischen den eigenen Klienten und den zuständigen Stellen der öffentlichen Hand im Mittelpunkt. Interessierte Unternehmer etwa werden mit den Beamten der federführenden Abteilung der zuständigen Generaldirektion der EU-Kommission in Kontakt gebracht, damit sie das Leistungsprofil ihres Unternehmens unmittelbar präsentieren können. Dies muss sowohl durch die Sammlung strategischer Informationen (*Intelligence Gathering*) als auch – idealerweise – durch vorherige Schulung der Klienten für den entscheidenden Auftritt systematisch vorbereitet werden.

Am weitesten reichen *Strategische Dispositionsdienste*, in welchen der kommerzielle Lobbyist *eigenständig* tätig wird und insbesondere die Einwerbung von Projektaufträgen (Procurement Management) im Auftrage des Klienten weitgehend autonom betreibt. Auch die schon angesprochene Vertretung in Rechtssachen fällt unter diese Kategorie.

Insgesamt impliziert dies beim kommerziellen Lobbying eine völlig anders geartete Beziehung zwischen Interessenvertretern und Vertretenen: Während der klassische Verbandslobbyist oft jahrzehntelang für dieselbe Vereinigung tätig ist, nur für sie arbeitet und damit regelmäßig auch die Interessen seiner Klientel verinnerlicht, kommt kommerzielles Lobbying durchweg auf *punktueller und vertraglicher Basis* zustande (Berry 1997: 109): Für bestimmte, klar definierte und oft auch zeitlich befristete Zwecke wird ein Consultant oder Rechtsanwalt zur Interessenvertretung engagiert; nach Ende des Vertragsverhältnisses geht jeder seiner Wege. Daraus resultiert von vornherein ein wesentlich distanzierteres und geschäftsmäßigeres Verhältnis zwischen lobbyistischen Auftragnehmern und Klienten, zumal die kommerziellen Interessenvertreter durchweg verschiedenste Auftraggeber *simultan* zu vertreten haben (Berry 1997: 109-113). Es ist mit anderen Worten ein *Lobbying à la carte*, in dem Profil, Intensität und Dauer des Auftrags vorab klar definiert sind und einen kalkulierbaren Zeithorizont schaffen. Im dauerhaft währenden Verbandsbetrieb gelten diese Einschränkungen nicht.

Schließlich ist zu berücksichtigen, dass Consultants und Rechtsanwälte nur im Ausnahmefall *ausschließlich* kommerziellen Lobbyismus betreiben, sondern daneben klassischen unternehmerberaterischen bzw. anwaltlichen Tätigkeiten nachgehen, wobei dies Synergieeffekte und Überschneidungen zwischen den verschiedenen Wirkungsfeldern nicht ausschließt (Plaschka 1998: 86-89). Im Einzelfall kann es daher fraglich sein, ob man eine Rechtsanwaltskanzlei oder eine Unternehmensberatung in diesem Sinne noch als *Public Affairs Agentur* charakterisieren kann, gerade wenn das Aufkommen lobbyistischer Aktivitäten an der Gesamttätigkeit eher gering ist.

3.2 Die Vorbilder USA und EU

Die *guns for hire*, wie kommerziell arbeitende Lobbyisten in den Vereinigten Staaten gerne salopp tituliert werden (Sebaldt 2001b: 72), haben dort auch ihren entwicklungsgeschichtlichen Ursprung. In den pluralistisch fragmentierten und auch territorial sehr weiträumigen USA hat es Tradition, sich nicht nur durch Verbandsfunktionäre vertreten zu lassen, sondern auch durch Consultancies und *Law Firms* (Forkel/ Schwarzmeier 2000; Berry 1997: 109-113). Insbesondere in *Washington, D.C.* hat sich deshalb in den letzten Jahrzehnten eine komplexe Szenerie kommerziell arbeitender Lobbyisten gebildet, die von der Wissenschaft bis dato bestenfalls ansatzweise umrissen ist – mit erheblich variierenden Einschätzungen.

In einer jüngeren Publikation etwa schätzt *H. R. Mahood* die Zahl der Washingtoner Lobbyisten auf rund 19.000, wobei er auf deren unterschiedliche Verortung verweist: „They are employed by approximately 4.000 private corporations, trade associations, labor unions, and other interests as well as by law firms, public relations firms, and consulting institutions. These numbers are constantly changing as new players enter the game, temporarily drop out, and combine or recombine with other associations" (Mahood 2000: 49). Gemessen an der Pauschalität dieser Aussage verwundert es nicht, dass andere Untersuchungen zu ganz anderen Zahlen gelangen. *Jeffrey Berry* diagnostiziert einen Anstieg der Washingtoner Juristenpopulation von 11.000 auf rund 63.000 im Zeitraum von 1972 bis 1994, welchen er in der ihm eigenen Nonchalance auf ein Anwachsen organisierter Interessenvertretung zurückführt: „Washington law is lobbying law" (Berry 1997: 24). Und *Loomis* und *Cigler* gelangen gar zu einer Gesamtzahl von 91.000 (Loomis/ Cigler 1998: 11).

Unbeschadet dieser kontroversen Einschätzungen ist man sich jedoch über die grundsätzliche große Relevanz dieser kommerziellen Interessenvertreter im Wesentlichen einig. Ein Kenner der Szenerie, *Jeffrey H. Birnbaum*, identifizierte im Jahre 1998 die zehn einflussreichsten *lobbying firms* in Washington (Birnbaum 1998, zit. nach Mahood 2000: 52-53). Sie sind in Übersicht 32 aufgelistet.

Auch in der EU spielen kommerzielle Lobbyisten mittlerweile eine bedeutende Rolle, gerade wenn man deren Zahlen zur Szenerie verbandlicher Interessenvertretungen in Beziehung setzt. Insgesamt hat man mindestens 1.500 *paneuropäische* Interessenorganisationen zu veranschlagen (vgl. Tabelle 21),[112] wobei die Europäische Kommission selbst diese Zahlen noch für weit untertrieben hält; bereits im Jahre 1992 schätzte sie das Gesamtspektrum auf nicht weniger als 3.000 Vereinigungen mit rund 10.000 Lobbyisten (Plaschka 1998: 38), hier

[112] Diese Schätzung findet sich bei Platzer 2002: 410.

allerdings unter Einrechnung der Repräsentanzen *nationaler* Verbände, die neben ihren europäischen Dachorganisationen häufig auch selbst in Brüssel bzw. Straßburg präsent sind. Die Mutmaßungen variieren also erheblich.

Übersicht 32:   Die zehn einflussreichsten *lobbying firms* in Washington, D.C.

1.	Verner Liipfert Bernhard McPherson & Hand
2.	Barbour Griffith & Rogers
3.	Akin Gump Strauss Hauer & Feld
4.	Patton Boggs
5.	Timmons & Co.
6.	Duberstein Group
7.	O'Brien Calio
8.	Baker Donelson Bearman & Caldwell
9.	Dutko Group
10.	Williams & Jensen
Quelle: Birnbaum 1998, zit. nach Mahood 2000: 52-53.	

Tabelle 21: Das Gesamtspektrum paneuropäischer Interessenorganisationen: Quantifizierender Überblick (Schätzungen)

Organisationstyp	Zahl
Gesamt	ca. 1500
davon:	
Büros multinationaler Konzerne	ca. 200
Public-Affairs-Agenturen (Kommerzielle Lobbyisten: Consultants, Rechtsanwälte)	ca. 400
Paneuropäische Verbände	ca. 900
davon: 1995 bei der Kommission registriert	631
Quellen: Platzer 2002, 409-410; Europäische Kommission 1996; Plaschka 1998: 75.	

Legt man einmal die Schätzung von 1.500 paneuropäischen Organisationen zugrunde, lässt sich unter Rückgriff auf verschiedene Quellen eine grobe Gesamtcharakterisierung der aktuellen lobbyistischen Szenerie vornehmen, die auch die *verschiedenen Typen* von Interessenvertretungen und damit die Relevanz kommerzieller Lobbyisten erschließt. Grundsätzlich ist davon auszugehen, dass über ein Drittel der Akteure *nichtverbandlicher* Natur ist: Allein rund 200

Brüsseler Büros multinationaler Konzerne sind in Rechnung zu stellen, welche die Interessen ihrer Unternehmen direkt und oft auch in offener Konkurrenz zu den jeweiligen Branchenverbänden vertreten (Platzer 2002: 409).

Hinzu kommen schließlich rund 400 Public-Affairs-Agenturen, die sowohl in der Form von Consultancies als auch von spezialisierten Rechtsanwaltskanzleien anzutreffen sind (Plaschka 1998: 75). Gerade sie erlebten in den frühen neunziger Jahren eine wahre Gründungswelle, unmittelbar durch die *Maastrichter* Verhandlungen angeregt. In diesem Akteurspektrum finden sich keineswegs nur Kleinunternehmen, sondern mit den *European Public Policy Advisers, Hill & Knowlton* oder *PricewaterhouseCoopers* wahre Giganten im kommerziellen Lobbyismus (Lahusen/ Jauß 2001: 140-142), deren Aktivitäten sich nicht nur auf Europa beschränken, sondern globalen Charakters sind. *PricewaterhouseCoopers* als größter Akteur verfügte zu Beginn des Jahrzehnts über nicht weniger als 140.000 Bedienstete in über 150 Ländern (Lahusen/ Jauß 2001: 141); der größte Teil der Consultancies besteht allerdings nur aus einer Handvoll von Mitarbeitern.

Sie werden nicht nur von Unternehmern und sonstigen Einzelinteressenten in Anspruch genommen, sondern häufig auch von kleineren nationalen Verbänden, welche sich eine eigene Brüsseler Repräsentanz aus finanziellen Gründen nicht leisten können bzw. dies nicht müssen, da sie nur punktuell und zeitlich beschränkt Einfluss auszuüben haben – etwa zur Gewinnung von Fördermitteln vonseiten der EU-Kommission (Plaschka 1998: 38-39). Auch dieser finanzielle Aspekt kann also der Anreiz dafür sein, sich nicht selbst in das lobbyistische Getümmel zu werfen, sondern dies einem kommerziell arbeitenden Profi zu übertragen. Die restlichen Organisationen sind Verbände unterschiedlichsten Zuschnitts, wobei die Schätzung von 900 Vereinigungen auch darauf verweist, dass das Spektrum paneuropäischer Verbände in den unregelmäßig erscheinenden offiziellen Interessengruppenverzeichnissen der Kommission nicht vollständig erfasst ist, da die Eintragung dort auf *freiwilliger Basis* erfolgt.

3.3 Entwicklungsperspektiven in Deutschland

Die Szenerie des kommerziellen Lobbyismus in der neuen Bundeshauptstadt Berlin ist demgegenüber bis heute nicht wissenschaftlich untersucht, was wohl auf sein gegenwärtig noch geringes Gewicht zurückgeführt werden kann. Zwar gab es auch schon zu Bonner Zeiten entsprechende Beispiele, wie den ehemaligen CDU-Bundestagsabgeordneten *Dietrich „Didi" Rollmann*, welcher mit einer eigenen Agentur bis heute kommerziell lobbyistisch aktiv ist; spezifisch deutsche Lobbyfirmen von der Größenordnung der weiter oben angeführten amerikanischen Beispiele fehlen jedoch bis heute. Lediglich die etablierten großen Unternehmensberatungen, wie *Roland Berger* oder *McKinsey*, gleichen ihnen strukturell, ohne allerdings die Interessenvertretung zum Schwerpunkt ihrer Aktivitäten gemacht zu haben (Nicolai 2000).

Immerhin aber gibt es erste Anzeichen, dass gerade der Umzug der Bundesregierung an die Spree die Entfaltung einer kommerziellen lobbyistischen Szenerie deutlich zu beflügeln scheint. In einer Umfrage der Public-Affairs-Agentur *PLATO Kommunikation* aus dem Jahr 2001, an der sich 88 der 150 umsatzstärksten deutschen Unternehmen beteiligten, wird deren gestiegene Bedeutung greifbar (Verbändereport 2001): Allein 76 Prozent der Unternehmen gaben an, Interessenvertretung „offener" und „projektbezogener" zu gestalten, und sogar 78 Prozent wussten von einer gestiegenen Bedeutung direkter Kontakte ohne Einschaltung der eigenen Branchenverbände zu berichten, sicherlich auch unter Zuhilfenahme der „guns for hire". Im September 2002 waren im Branchenverzeichnis *Gelbe Seiten* der Deutschen Telekom im Stadtgebiet Berlin allein schon 691 Unternehmensberatungen aufgelistet.[113] Selbst wenn man dabei in Rechnung stellt, dass viele der dort verzeichneten Unternehmen wohl nur 'Ein-Mann-Betriebe' darstellen oder aber nur am Rande politische Interessenvertretung praktizieren, dürfte auch diese Liste die deutlich angewachsene Relevanz kommerziellen Lobbyings belegen.

Angemerkt sei allerdings, dass der Bedeutungsverlust verbandlichen Lobbyings auch in Berlin nicht alleine auf das Wirken dieser Consultants zurückzuführen ist: Wie in Brüssel ist es auch hier auf die Intensivierung unternehmerischen Lobbyings zurückführbar, das durch ein eigenes Firmenbüro direkt getätigt wird. Großunternehmen, wie die Deutsche Bank, BMW oder Siemens, sind selbstverständlich in Berlin mit eigenen Repräsentanzen ansässig und brauchen sich im Zweifelsfall weder auf die Dienste kommerzieller noch verbandlicher Lobbyisten zu verlassen. Für viele kleine und mittlere Unternehmen jedoch stellen Consultants auch in Berlin eine wichtige Anlaufstelle dar, um wie bei der EU firmenspezifische Interessen unmittelbar vertreten zu lassen.[114]

4   Fazit

Alle drei beschriebenen aktuellen Entwicklungstrends haben in der Summe zu einer *deutlichen Ausdifferenzierung der deutschen Verbändelandschaft* geführt. Die Wiedervereinigung des Landes brachte nicht nur viele spezifisch ostdeut-

---

[113] Gelbe Seiten Berlin, online-Ausgabe, Branche: Unternehmensberatung, 25.09.02.
[114] Präzise Daten hierzu fehlen bislang; eine umfassende Untersuchung dieser neuen lobbyistischen Szenerie ist daher eine wissenschaftliche Notwendigkeit ersten Ranges.

sche Gruppierungen auf den Plan, die das Tableau organisierter Interessen merklich veränderten. Sie trug auch nachhaltig zum Wachstum bestehender Verbandsorganisationen auf Bundesebene bei, indem die in den neuen Bundesländern etablierten Landesverbände nun in die entsprechenden Bundesvereinigungen zu integrieren waren. Regelmäßig führte dies intern zu größeren Abstimmungsproblemen und generell höheren Entscheidungskosten.

Auch die fortschreitende europäische Integration hat diesen Trend zur organisatorischen Ausdifferenzierung befördert, indem sie die deutschen Verbände zunehmend zu einem *multi-voice-lobbying* auf mehreren politischen Ebenen gleichzeitig nötigt: Häufig ist politische Einflussnahme simultan bei der EU und auf nationaler Ebene erforderlich, um den gewünschten Erfolg zu erzielen, und hierfür stehen den deutschen Organisationen sowohl eigene Lobbybüros in Brüssel bzw. Berlin als auch nationale und europäische Dachorganisationen als Vermittlungsagenturen zur Verfügung. Je nach Sachlage kann und muss ein deutscher Verband nun den richtigen Einflusskanal suchen.

Der Boom des kommerziellen Lobbyings steht mit der Europäisierung der Politik in engstem Zusammenhang: Gerade in Brüssel hat sich diese vergleichsweise junge Form der Interessenvertretung im letzten Jahrzehnt stark entfaltet, und auch von nationalen Verbänden werden die Dienste lobbyistischer Consultants verstärkt genutzt. Immer mehr wirkt dies auch auf die nationale Ebene in Deutschland zurück, wo dieser bislang wenig bedeutende Strang der Interessenvertretung nun auch an Bedeutung gewinnt (Kahler/ Lianos 2003). Gerade der Umzug von Regierung und Parlament nach Berlin hat diese Entwicklung befördert und die dortige lobbyistische Szenerie komplexer werden lassen als je zuvor.

V. Die Modernisierung demokratischer Verbändesysteme: Entwicklungslinien in Deutschland und der übrigen westlichen Welt

Martin Sebaldt

Im Abschlusskapitel soll nun zusammenfassend danach gefragt werden, welchen allgemeinen Entwicklungslinien die Interessenorganisation in Deutschland folgt und inwieweit sich Parallelen zur verbandlichen Evolution in der übrigen westlichen Welt (Kleinfeld/ Luthardt 1993; Reutter/ Rütters 2001) ausmachen lassen.

In einem ersten Schritt wird der *Wandel der systemischen Rahmenbedingungen* analysiert, dem westliche Verbandssysteme im Allgemeinen und das deutsche im Besonderen ausgesetzt sind (Zimmer/ Priller 2004). Soziale, kulturelle, ökonomische, politische, technologische und ökologische *Modernisierungsprozesse* haben die westlichen Industrienationen in den letzten Jahrzehnten deutlich verändert und das *Spektrum der Interessen* merklich gewandelt. Entsprechende Änderungen im *Verbändesystem* waren die Folge, um diese neuen bzw. gewandelten Interessen adäquat vertreten zu können (Streeck 1987).

Simultan dazu ist auch ein substantieller Wandel der *Organisations- und Mobilisierungsmuster* von Interessen zu beobachten. Zwar dominieren nach wie vor die klassischen Mitgliedsverbände mit hierarchischem Aufbau, doch die Zahl alternativer Organisationsformen wuchs beständig. Das gilt für *unternehmensähnlich* organisierte Vereinigungen ohne formelle Mitglieder ebenso wie für *advokatorische* Gruppierungen, die Interessen *stellvertretend* für andere zu Geltung bringen. Auch die *Finanzierung* von Verbänden hat sich in den letzten Jahrzehnten spürbar geändert, insoweit Staat und private Mäzene zunehmend Fördermittel bereitstellen, um gerade den monetär benachteiligten Teilen der Gesellschaft die Formierung von Interessenvertretungen zu erleichtern.

All dies hat zu einer deutlichen *Expansion* und *Pluralisierung* westlicher Verbandssysteme geführt. Gleichzeitig ist die *Organisationsfähigkeit* von Interessen merklich angewachsen, was zwar nicht zu einer pluralistischen Chancengleichheit aller Verbände geführt, die traditionellen Wettbewerbsverzerrungen jedoch verringert hat. Damit wuchs allerdings auch die Arbeitslast des Staates konstant an, der immer mehr organisierte Interessen bei seiner Entscheidungsfindung zu berücksichtigen hat.

1 Verbände und Umwelt: Der Wandel der systemischen Rahmenbedingungen

Wolfgang Zapf hat Modernisierung ganz allgemein als „Steigerung der gesamtgesellschaftlichen Anpassungs- und Steuerungskapazität" (Zapf 1979: 23) definiert. Mit dieser pauschalen Begriffsprägung will er zum Ausdruck bringen, dass derlei Anpassungsprozesse vielgestaltig sind und in jeder Gesellschaft simultan an verschiedensten Stellen wirken. Sie betreffen die individuelle Sozialisation ebenso wie die Entwicklung sozialer Gruppen, kulturelle und wissenschaftliche Innovationen ebenso wie Umbauprozesse im System der Wirtschaft. Und schließlich machen sie auch vor dem Gefüge des politischen Systems nicht halt und beeinflussen zudem die Konstitution der gesellschaftlichen Umwelt nachhaltig. Kurzum: Die von *Zapf* thematisierten Modernisierungsprozesse setzen zeitgenössische Gesellschaften unter permanenten Zwang, ihre Struktur und ihre Handlungskapazitäten den neuen Erfordernissen anzupassen.

Doch was verbirgt sich konkret hinter dieser allgemeinen Charakterisierung? *Zapf* selbst hat in einem ersten Zugriff eine präzisierende Beschreibung dieser verschiedenen Modernisierungsdimensionen versucht und die jeweils in Rechnung zu stellenden Wandlungsprozesse begrifflich präzisiert. Eine Zusammenstellung in Anlehnung an seine Systematik (Zapf 1979: 23) findet sich in Übersicht 33. Sie vermittelt einen Gesamtüberblick über die unterschiedlichen gesellschaftlichen Modernisierungsprozesse, wobei die einzelnen Phänomene je nach Einzelgesellschaft und ihrem historischen Reifegrad von unterschiedlicher Ausprägung sind. Sie seien an dieser Stelle zunächst global beschrieben, während sie im nächsten Abschnitt unter Rückgriff auf entsprechende vertiefende Theorien genauer erörtert werden sollen.

Übersicht 33: Dimensionen der Modernisierung

Bereich	Wandlungsprozesse
Individuum	Empathiesteigerung, Individualisierung, wachsende Leistungsmotivation
Gesellschaft	Bevölkerungswachstum, Urbanisierung, Kommunikationssteigerung
Kultur	Säkularisierung, Rationalisierung, Bildungsexpansion, Wissenschaftsentwicklung
Wirtschaft	Kapitalakkumulation, technischer Fortschritt, Massenkonsum
Politik	Staatenbildung, Nationenbildung, Partizipation, Umverteilung
Umwelt	Globalisierung (von Problemen)
Quelle: eigene Darstellung in Anlehnung an Zapf 1979: 23.	

Auf der Ebene des *Individuums* werden Reifungsprozesse postuliert, welche zum einen auf eine Steigerung der Leistungsmotivation hinauslaufen, zum anderen aber auch auf eine generell gewachsene 'Gesellschaftsfähigkeit', indem man im Wege gesteigerter *Empathie* sich besser auf Rollenerwartungen anderer einstellen kann (Reimann/ Mühlfeld 1981).

Dies ist natürlich nur auf dem Hintergrund gleichzeitig ablaufender *sozialer* und *kultureller Modernisierungsprozesse* zu verstehen, welche auf die Entwicklung der Individuen nachhaltigen Einfluss haben – und umgekehrt. Denn durch beschleunigtes Bevölkerungswachstum und Prozesse der Urbanisierung ist regelmäßig die Bildung zusammengeballter sozialer Großgruppen vorprogrammiert, welche nur auf der Basis komplexer sozialer Regulierungsmechanismen (Rollenverteilung, Arbeitsteilung, geregelter Konfliktaustrag) Bestand haben können (Hahn 1985). Die intensiver wahrgenommene Konkurrenzsituation erhöht deshalb die individuelle Leistungsmotivation, und auch die Notwendigkeit, sich in den anderen hineinversetzen zu müssen, steigt entsprechend.

Kulturelle Modernisierungsprozesse stehen damit in engstem Zusammenhang: Die generell gesteigerte Kommunikationsintensität führt auch zu einem exponentiell anwachsenden Wissenstransfer (Willke 1996), wiederum einhergehend mit einer Hebung des gesamtgesellschaftlichen Bildungsstandes. Alte Wahrheiten werden im Verlaufe dieses Prozesses regelmäßig hinterfragt, und Säkularisierungsprozesse sind die Folge. Die Wissenschaft erhält als 'ideologiefreier' und rational durchdringbarer Kulturträger gegenüber traditionalen Legitimationssystemen, wie Religion oder Konvention, ein immer stärkeres Gewicht (Münch 1984: 200-260).

Im *ökonomischen Sektor* schlagen sich diese Modernisierungsprozesse in der Entwicklung zu einer kapitalintensiveren Produktionsweise nieder, weil die wissenschaftlich erarbeiteten technischen Innovationen eine zunehmende Automatisierung der Produktion zulassen, damit aber wiederum Bedarf für noch besser qualifiziertes Bedienungspersonal schaffen (Schumann 1991). Simultan ist aber auch ein überproportionales Anwachsen wirtschaftlicher *Dienstleistungen* zu diagnostizieren, welche auf die Befriedigung immer spezifischerer Wünsche der individualistischeren Kundschaft abzielen (Immerfall 1994: 114-118). Die Entwicklung eines Systems des Massenkonsums, in welchem der produktorientierte *Verbraucher* auch eine sozial fassbare Gruppenkategorie darstellt, ist die Folge.

Im *Bereich des Politischen* ging dies zunächst mit der Herausbildung des modernen Staates und der Nation einher – räumlich und ideologisch von einer Größenordnung, welche den sozialen, ökonomischen und kulturellen Modernisierungsprozessen genügend Entfaltungsmöglichkeiten bot (Creveld 1999). Heute sind in modernen westlichen Demokratien vor allen Dingen gesteigerte politische Partizipationswünsche der Bevölkerung zu verbuchen, welche regelmäßig mit der Forderung nach *Umverteilung* verbunden sind – sei es in der Form von Machtumverteilung weg von traditionellen politischen Eliten hin zur politischen Basis, sei es in der Form der Stärkung politischer Partizipationsrechte von sozialen Randgruppen (von Beyme 2000).

Schließlich wirken auch die globalen Transformationsprozesse nachhaltig auf das Modernisierungsgeschehen einer Gesellschaft ein. *Globalisierung* führt also mit anderen Worten zum Erfordernis, die im nationalen Rahmen schon intensiv miteinander vernetzten sozialen Subsysteme gleichermaßen in das globale Gefüge zu integrieren (Ausbau transnationaler Unternehmen, Bildung international wirkender *Non-Governmental Organizations* (NGO), Förderung politischer Integration, international koordinierter Umweltschutz) und die Individuen gleichermaßen durch eine internationalistisch geprägte Sozialisation auf diese neuen Herausforderungen vorzubereiten (Höffe 1999).

Was in den Befunden von *Wolfgang Zapf* jeweils nur summarisch auf den Punkt gebracht wurde, fand in verschiedensten makrosoziologischen Teiltheorien detailliertere Ausarbeitung. Im Folgenden soll es deshalb darum gehen, die zentralen Aussagen thematisch einschlägiger Theorien jeweils gebündelt zu präsentieren, um sie für den Zweck dieser Einführung nutzbar zu machen. Natürlich kann an dieser Stelle nicht enzyklopädische Vollständigkeit erreicht werden, und auch die sich um die jeweiligen Ansätze rankenden Kontroversen werden nur dort gestreift, wo es für die Fragestellung von Belang ist. Auswahl finden also Theorien, welche für die vorliegende Einführung von besonderer Relevanz sind und schlüssig erklären können, wie durch den Wandel der systemischen Rahmenbedingungen auch Veränderungen des Verbändespektrums bewirkt werden.

1.1 Sozialer Wandel

Ulrich Beck hat in seiner nachhaltig rezipierten Studie zur Entwicklung der „Risikogesellschaft" (Beck 1986) schlüssig dargelegt, welchen individuellen und sozialen Modernisierungsprozessen industrielle Gesellschaften unterliegen. Insoweit sollen die beiden von *Zapf* begrifflich getrennten Aspekte, die ohnehin in engstem Zusammenhang stehen, an dieser Stelle zusammen behandelt werden.

Kernthese *Becks* ist, dass individuelle und gesellschaftliche Entwicklung zunehmend im Wege „reflexiver Modernisierung" (Beck 1986: 14) erfolge, der Mensch heute also bereits von den ökologischen und sozialen Folgen seines eigenen Wirkens beeinflusst und primär damit beschäftigt sei, die daraus resultierenden *Risiken* für seine eigene Existenz zu neutralisieren. Grob zusammengefasst unterscheidet er dabei zwischen *externen* Risiken, die eine Gesellschaft von außen her bedrohen, und *internen*, die aus ihr selbst erwachsen. An dieser Stelle seien zunächst seine Thesen zu den internen Risiken skizziert, weil sie die Prozesse individueller und sozialer Modernisierung thematisieren. *Beck* zählt zu diesen sinngemäß: Individualisierung, ökonomische Unsicherheit und Entsolidarisierung (Beck 1986: 121-248).

Moderne Gesellschaften sind von einer zunehmenden *Individualisierung* gekennzeichnet. Birgt diese Entwicklung auch unbestreitbare Vorzüge, wie z.b. erweiterte Möglichkeiten der Selbstverwirklichung, Steigerung des individuellen Wohlbefindens etc., so sind die Gefahren, die aus ihr resultieren, ebenso manifest: Primärgruppen, welche die Gesellschaft letztlich konstituieren, laufen Gefahr, ihre Bindungskraft zu verlieren und damit als soziales Fundament wegzubrechen (Halfmann 1996: 165-177). Der Verbund der Familie gerät in Gefahr, da er mit *zwei* erwerbstätigen Elternteilen, die oft räumlich mobil sein müssen, vielfach nicht mehr vereinbar ist. Die traditionelle und aus funktionalen Gründen durchaus Sinn machende Arbeitsteilung zwischen Haushalt und Beruf beginnt sich aufzulösen. Gefördert wird dies auch durch die (notwendige) Emanzipation der Frau, die nicht zuletzt darin besteht, diese oft als diskriminierend empfundene traditionelle Funktionszuweisung zugunsten einer *gemeinschaftlichen* Wahrnehmung aller Aufgaben durch beide Partner aufzugeben (Opielka 1990).

Das birgt Sprengstoff für die Ehe und erklärt letztlich auch ein gutes Stück weit die anwachsenden Scheidungsraten. Viele *Individuen* ziehen es deshalb mittlerweile schon vor, den problematisch gewordenen Ehe- und Familienverbund ganz zu vermeiden und als Alleinerziehende sich zwar den Kinderwunsch zu erfüllen, aber nicht das Risiko einer problembeladenen und von Scheidung bedrohten Ehe einzugehen.

In Zeiten knapper werdender und immer anspruchsvollerer Arbeitsplätze wird auch das *ökonomische* Bedrohungspotential der Gesellschaft zusehends größer – sowohl auf der *Perzeptions-* wie auf der *Operations*ebene: Die oftmals manifeste Gefahr, den Arbeitsplatz zu verlieren, produziert bei den Betroffenen auch eine entsprechende Bedrohungsangst (Famulla 1990). Die Auswirkungen sind für den sozialen Frieden schädlich: Unzufriedene Ehepartner gefährden mit ihren Problemen auf Dauer den sozialen Zusammenhalt der Familie; wachsende Konkurrenz zwischen Arbeitskollegen, die gleichermaßen um ihre Arbeit fürchten, vergiftet das Betriebsklima. Nicht zuletzt darauf ist das Anwachsen des *mobbing* (Kolodej 1999), des Psychoterrors am Arbeitsplatz, zurückzuführen.

Die *Entsolidarisierung* der Gesellschaft, die Auflösung existierender Klassen-, Schichten- und Milieuverbünde also, ist letztlich Konsequenz aus den beschriebenen Sachverhalten: Wo individuelle Selbstverwirklichung dominiert und soziale Primärgruppen sich aufzulösen beginnen, können sekundäre Großgruppen davon nicht unberührt bleiben. 'Arbeitersolidarität' etwa kann in einer Zeit, in der soziale Sicherung längst nicht mehr Aufgabe der selbstorganisierten Arbeiterschaft ist, sondern öffentliche Angelegenheit, keine Bindungswirkung mehr haben (Berger 1986; Schulze 1993). Für den Korpsgeist traditioneller Verwaltungseliten gilt Ähnliches, nachdem die Idee des gemeinwohlorientierten Staates und der ihn tragenden *dienenden* Elite zunehmend in Misskredit geraten ist. Die ökonomische Konkurrenzsituation tut ein Übriges: Wo der Andere in erster Linie als Konkurrent um knappe Arbeitsplätze angesehen wird, gerät Gruppensolidarität in Gefahr.

Dies hat folgende Konsequenzen: Die geschilderten Risiken, die oftmals gar nicht als *Risiko*, sondern als *Chance* perzipiert werden (Individualisierung!), produzieren neue Interessen – und damit auch Interessen*gruppen* –, die sich deren Vermeidung bzw. deren Förderung zum Ziel gesetzt haben (Schorr 1979: 548).[115] Verbände alleinerziehender Mütter und Väter entstehen dort, wo ein nicht unbeträchtliches Potential Alleinerziehender bereits vorhanden ist. Frauenverbände schießen dort wie Pilze aus dem Boden, wo die (legitime) Forderung nach Gleichberechtigung weite Teile der Gesellschaft bereits erfasst hat.

In engem Zusammenhang mit der Individualisierungsthese wird auch immer wieder die Einschätzung formuliert, moderne Gesellschaften entwickelten sich zunehmend zu „Freizeitgesellschaften" (Immerfall 1994: 123-125; Vester 1988). Verwiesen wird dabei auf die in den letzten Jahrzehnten rapide gesunkene Wochenarbeitszeit und das hieraus erwachsene Erfordernis, die so entstandene freie Zeit sinnvoll zu nutzen. Kommerzielle Freizeitangebote haben in der Folge ein exponentielles Wachstum erlebt, und auch die Zahl der anbietenden Dienstleister ist stark angewachsen. Die „Freizeitgesellschaft" kann also letztlich als besonders boomender Sektor der noch zu beschreibenden Dienstleistungsgesellschaft verstanden werden: Freizeitangebote sind in erster Linie spezielle *Dienstleistungs*angebote. Der sekundäre Wirtschaftssektor profitiert von dieser Entwicklung jedoch ebenfalls, indem die Freizeit*industrie* die passenden Produkte für die Befriedigung der entsprechenden Bedürfnisse bereitstellt und damit ebenfalls einen Wachstumsschub erfährt.

Wenn aber das freizeitorientierte Interessenspektrum in modernen Gesellschaften überdurchschnittliche Zuwachsraten verzeichnet, hat auch dies Auswirkungen auf das zugehörige System *organisierter* Interessen:[116] Das Spektrum der Freizeitvereinigungen wächst überproportional an, und hier wiederum jenes Teilspektrum, in welchem sich die Fans *individualistischer* Freizeitaktivitäten (Sammeln von Gegenständen, Liebhaberei etc.) formieren. Und auch die Organi-

---

[115] Vgl. auch Kapitel II, Abschnitt 4.2.
[116] Vgl. dazu Kapitel II, Abschnitt 4.3.

sationen von *Dienstleistern* der Freizeitbranche entstehen nunmehr überdurchschnittlich häufig. Freilich ist dabei in Rechnung zu stellen, dass nur ein Teil dieses Interessenspektrums auch in *verbandlicher* Form organisierbar ist, wo nämlich die Interessenlage die Beeinflussung politischer Entscheidungen erforderlich macht. Viele organisierte Freizeitaktivitäten werden sich auch in Zukunft im vorpolitischen Raum vollziehen und nicht in Form *verbandlicher* Organisationen greifbar werden.

1.2 Kultureller Wandel

Kulturelle Modernisierungsprozesse sind in entwickelten Gesellschaften in dreierlei Hinsicht fassbar: Zum Ersten im exponentiellen Anwachsen der *Produktion von Wissen*, zum Zweiten in den vergleichbar gestiegenen technischen Möglichkeiten des *Wissenstransfers* und der *Kommunikation*, und zum Dritten in einer damit einhergehenden *Säkularisierung* des gesamtgesellschaftlichen Wertehaushalts. Mit den Schlagworten „Wissensgesellschaft" (Wingens 1998), und „Informationsgesellschaft" (Tauss/ Kollbeck/ Mönikes 1996) versucht man diese komplexen und in enger Verbindung zueinander stehenden Trends terminologisch auf den Punkt zu bringen.

Für die Entwicklung zu einer Wissensgesellschaft macht *Walter Bühl* die „evolutionäre Dynamik der Wissenschaft" (Bühl 1984: 295) verantwortlich, welche er aus einer Vielzahl konkurrierender und gleichzeitig arbeitsteilig ablaufender Forschungsprogramme erwachsen sieht: Jedes dieser Programme durchläuft – idealtypisch gesehen – ein Pionier-, Aufbau-, Systematisierungs- und schließlich Senilitätsstadium (Bühl 1984: 308-310): Auf die Formulierung einer zündenden Idee (Pionierstadium) folgt der Aufbau einer wissenschaftlichen Infrastruktur zu ihrer theoretischen Ausdifferenzierung und ihrer empirischen Untermauerung. Zunehmende externe Kritik durch Vertreter konkurrierender Ideen fördern immunisierende Abschottungstendenzen und 'Schulenbildungen', welche die ursprüngliche *Ideen*konkurrenz nunmehr in eine *wissenschaftsorganisatorische* überführen. Der Kampf solch konkurrierender Ideen bzw. Forschungsorganisationen um das wissenschaftliche Dasein, von *Bühl* nicht zu Unrecht mit den evolutionstheoretischen Begriffen *Mutation* (Entstehen konkurrierender Ideen) und *Selektion* (Ausscheiden von Unwahrheiten) charakterisiert (Bühl 1984: 301-304), ist folglich der entscheidende Beweggrund dieser wissenschaftlichen Entwicklungsdynamik und führt letztlich auch zu einer *Beschleunigung* des Prozesses, weil die immer weiter gehende wissenschaftliche Arbeitsteilung immer mehr Raum für Konkurrenz schafft.

Gleichermaßen mobilisierend wirken auch hier die gewachsenen *technischen* Möglichkeiten zur Informationsübermittlung und zur Kommunikation. „Informationsgesellschaft" impliziert, dass Zeit- und Ressourcenaufwand für Wissenstransfer stark abgesunken sind und zudem die Wahrscheinlichkeit für das Auffinden bereits bestehender Wissensbestände deutlich zugenommen hat (Schultheiß 1996). Der bequeme elektronische Zugriff auf Bibliographien und Bibliothekskataloge weltweit verschafft Wissen oft in Minutenfrist, wo früher mehrere Tage aufwändiger Recherche in gedruckten Werken nötig war, und dies oft unter Rückgriff auf wissenschaftliche Hilfsapparate. Elektronische Recherchen sind dagegen vom Einzelnen bequem zu tätigen, und die Chancen für den solitär arbeitenden Wissenschaftler, auch Großprojekte ohne großen Arbeitsstab bewältigen zu können, sind damit erheblich gewachsen. Auch dies führt zu einer Beschleunigung der Kumulation von Wissen.

Abseits des Wissenschaftsfeldes kommen die neuen Möglichkeiten der Kommunikation im übrigen auch dem gewachsenen Individualismus entgegen, insoweit man per Internet oder Handy jederzeit Kontakte knüpfen bzw. beenden kann, wenn der individuelle Wunsch danach besteht. Kommunikation ist daher nicht mehr dem Ordnungsregime von sozialen Gruppensituationen unterworfen – etwa durch die nur punktuell gegebenen Kommunikationsmöglichkeiten auf Vereinsabenden – sondern ist für jedes Individuum frei steuerbar.

All dies hat den schon länger diagnostizierten gesellschaftlichen *Säkularisierungsprozessen* (Kerber 1986) noch zusätzlich Anschub verschafft: Denn im Zuge der exponentiellen Produktion und Verbreitung von Wissen wächst auch dessen *Widersprüchlichkeit*: Traditionelle Wahrheiten werden mehr denn je zur Disposition gestellt, weil die konkurrierende Fundamentalkritik jederzeit zur Hand ist. Vor allen Dingen die etablierten Religionsgemeinschaften haben hierunter zu leiden, die naturgemäß für sich ein normatives Deutungsmonopol beanspruchen müssen, welches aber im Lichte dieser Entwicklung zunehmend fragwürdig wird (Neuhold 1992). Dabei darf Säkularisierung nicht vorschnell mit generellem Werteverlust gleichgesetzt werden; vielmehr verbirgt sich dahinter eine nachhaltige *Pluralisierung* der Wertelandschaft, welche den Individuen die Suche einer Kulturgemeinschaft gleichsam *à la carte* ermöglicht.[117]

Summa summarum ist deshalb im Spektrum *kultureller Vereinigungen* ein starkes Anwachsen gerade im Bereich der Wissenschaftsverbände zu verbuchen, denn die von *Bühl* postulierten Evolutionsprozesse schlagen sich auch in einer entsprechenden Entfaltung der Verbandslandschaft nieder.[118] Gleiches gilt für

---

[117] Für den Zusammenhalt moderner Gesellschaften ist dies eine große Herausforderung, wie *Joachim Detjen* richtig betont: „Den modernen Interessen- und Wertpluralismus mit der apriorischen Gemeinwohlnorm zu verknüpfen, stellt das entscheidende Strukturproblem dar" (Detjen 1988: 227).
[118] Vgl. dazu Kapitel II, Abschnitt 4.4.

Organisationen, welche Ausdruck der 'Informationsgesellschaft' sind – sei es, dass sie sich den Chancen widmen („free flow of information"), sei es, dass sie auf gesellschaftsschädliche Gefahren (z.B. Internetkriminalität) verweisen. Im Bereich der Religions- und Wertegemeinschaften gestaltet sich die Entwicklung uneinheitlicher: Einer Stagnation im Bereich der traditionellen Organisationen steht ein Entwicklungsschub neuer Vereinigungen gegenüber, welche das nach wie vor bestehende gesamtgesellschaftliche normative Orientierungsbedürfnis in neureligiösen und alternativ-philanthropischen Formen zu befriedigen suchen (Minhoff/ Lösch 1994).

1.3 Ökonomischer Wandel

Moderne Gesellschaften werden als *Dienstleistungs*gesellschaften charakterisiert. Denn in den Industrienationen hat sich das anteilige Verhältnis zwischen den Tätigkeitsfeldern Rohstoffgewinnung, Produktion und Dienstleistung zunehmend zugunsten des letzteren verändert (Albach 1989; Immerfall 1994: 114-118). Schon *Jean Fourastié* hat diesem Sachverhalt mit seiner Drei-Sektoren-Hypothese Rechnung getragen (Fourastié 1954): Der *primäre Wirtschaftssektor*, in dem sich Land- und Forstwirtschaft, Bergbau und extraktive Industrien (Rohstoffgewinnung) sammeln,[119] und der *sekundäre*, der die Gesamtheit des *produzierenden* Gewerbes und der Industrie umfasst, werden zunehmend durch den stark anwachsenden *tertiären Sektor*, der jegliche Form wirtschaftlicher Dienstleistung beinhaltet, zurückgedrängt. Bei *Jean Gottmann* findet sich eine Ausdifferenzierung in vier Sektoren. Unter Bezugnahme auf die „White-Collar-Revolution" (Gottmann 1973: 565-630), das Vordringen der nicht-handwerklichen Dienstleistungsberufe also, unterscheidet er „Farm Workers", „Non Farm Manual Workers", „Service Workers" (*handwerkliche* Dienstleistungsberufe) und „White Collar Workers" (nicht-handwerkliche Dienstleistungsberufe) (Gottmann 1973: 569).

Von *Daniel Bell* ist diese Systematik aufgegriffen und nochmals verfeinert worden (Bell 1989). Er spaltet den tertiären Sektor noch weiter auf und bildet aus ihm den (neuen) tertiären Sektor, der die Bereiche Verkehr und Erholung umfasst, den quartären Sektor, in dem sich Banken und Versicherungen wiederfinden, sowie den quintären, der die Felder Gesundheit, Ausbildung, Forschung

---

[119] Über die Zuordnung des Bergbaus und der sonstigen Rohstoffgewinnung besteht in der Wissenschaft keine Einigkeit. Mehrheitlich werden sie dem sekundären Sektor zugeschlagen (Geißler 1992: 116). In meiner Systematik erfolgt eine Zuordnung zum *primären* Sektor, da die angesprochenen Bereiche lediglich als unterschiedliche Erscheinungsformen von Rohstoffgewinnung (Extraktion) anzusehen sind.

und Regierung beinhaltet. Er trägt damit der Tatsache Rechung, dass sich hinter dem Oberbegriff 'Dienstleistung' Unterschiedliches verbergen kann. Er macht aber auch deutlich, dass der Begriff der Dienstleistung letztlich nicht auf den wirtschaftlichen Bereich beschränkt werden kann, sondern dass diese Leistungsform im sozialen (Gesundheit) wie auch im politischen (Regierung) geradezu dominiert. Mit anderen Worten: Geht man über den Wirtschaftssektor moderner Gesellschaften hinaus und betrachtet *alle* Sektoren (Wirtschaft, Politik, Soziales, Kultur), so wird die Dominanz dienstleistender Tätigkeiten noch wesentlich größer. In folgender, vereinfacht und leicht verändert wiedergegebener Übersicht *Bells* kommt dieser Sachverhalt anschaulich zum Ausdruck:

Übersicht 34:   Gesellschaftsformation und dominierende Wirtschaftssektoren/ Berufe

	Vorindustrielle Gesellschaft	Industrielle Gesellschaft	Postindustrielle Gesellschaft	
Dominierender wirtschaftlicher Sektor	Primär (Extraktive Industrien) Landwirtschaft Bergbau Fischerei Waldwirtschaft	Sekundär (Güterproduktion) Verarbeitung Fertigproduktion	Tertiär (Dienstleistungen) Verkehr Erholung	Quartär (Dienstleistungen) Banken, Versicherungen
			Quintär (Dienstleistungen) Gesundheit, Ausbildung, Forschung, Regierung	
Wichtigste Berufsgruppen	Bauer Bergmann Fischer Ungelernter Arbeiter	Angelernter Arbeiter Ingenieur	Technische und akademische Berufe Wissenschaftler	

Quelle: Bell 1989: 117.

Auch diese Form der Modernisierung hat unmittelbare Auswirkungen auf das Verbändesystem: Eine Gesellschaft, in der Dienstleistungen dominieren, produziert auch eine Dominanz der *Dienstleistungsinteressen* (Scharpf 1986). Wo aber Dienstleistungsinteressen dominieren, werden sie auch im Spektrum *organisierter* Interessen den Löwenanteil ausmachen.[120] Dabei ist allerdings der Tatsache

---

[120] Vgl. auch Kapitel II, Abschnitt 4.1.

Rechnung zu tragen, dass moderne Dienstleistungen vielfach Tätigkeiten umfassen, die nicht erst in modernen Gesellschaften notwendig, sondern schon früher erbracht wurden, allerdings im Rahmen des Solidarverbundes primärer Sozialgruppen: Die Fürsorge für Alte, Kranke und Behinderte etwa, die früher vor allen Dingen durch die Großfamilien selbst geleistet wurde, ist heute zu einer wichtigen Aufgabe der *öffentlichen Hand* geworden (André 1993). *Dienstleistungsgesellschaft* kann folglich immer nur eine Gesellschaft meinen, in der *gesamt*gesellschaftlich *organisierte* Dienstleistungen den ökonomischen, politischen, sozialen und kulturellen Austausch dominieren.

1.4 Politischer Wandel

Politische Modernisierungsprozesse kommen in modernen westlichen Gesellschaften, deren Staats- und Nationenbildungsprozess im wesentlichen abgeschlossen ist, vor allen Dingen im *gewandelten politischen Partizipationsverhalten* der Bevölkerung und im *Infragestellen traditioneller Elitenherrschaft* zum Ausdruck. Die Politische-Kultur-Forschung hat deutlich gemacht, dass sich die westlichen Gesellschaften im Laufe des letzten Jahrhunderts Schritt für Schritt von Untertanenkulturen hin zu „civic cultures" (Almond/ Verba 1963; Almond 1980) gewandelt haben, welche durch eine aktive Teilnahme der Bürger am politischen Geschehen gekennzeichnet sind. Gerade den USA wird dabei durch die früh erfolgte Demokratisierung eine Pionierrolle zugewiesen, und die klassische Studie von *Almond* und *Verba* von 1963 belegte den damaligen politisch-kulturellen Entwicklungsvorsprung der Vereinigten Staaten (Almond/ Verba 1963).

Inzwischen haben sich derlei Unterschiede zwischen den westlichen Demokratien wesentlich verringert, und die *partizipative Revolution* im Sinne von *Almond* und *Verba* ist überall nachweisbar (Inglehart 1998). So hat *Ronald Inglehart* im Kern überzeugend nachgewiesen, dass entsprechende „postmaterialistische", auf mehr bürgerliches Engagement abzielende Einstellungen zunehmend neben die traditionellen „materialistischen", auch ohne politisches Engagement zu befriedigenden Interessen treten. Politischer Wertehaushalt und individuelles Selbstverständnis der Bürger haben dadurch merkliche Veränderungen erfahren.[121] *Inglehart* bietet für diese Befunde ein komplexes Erklärungsmuster an. Zunächst geht er von folgenden Basishypothesen aus:

---

[121] Vgl. dazu schon Inglehart 1977 und Inglehart 1989. Zur Problematik des Zusammenhanges zwischen politischer Kultur und Formierung organisierter Interessen schon frühzeitig: Castles 1967.

„1. Die Mangelhypothese. Die Prioritäten eines Menschen reflektieren sein sozio-
ökonomisches Umfeld: Den größten subjektiven Wert mißt man den Dingen zu, die
relativ knapp sind.
2. Die Sozialisationshypothese. Wertprioritäten ergeben sich nicht unmittelbar aus
dem sozio-ökonomischen Umfeld. Vielmehr kommt es zu einer erheblichen Zeitver-
schiebung, denn die grundlegenden Wertvorstellungen eines Menschen spiegeln
weithin die Bedingungen wider, die in seiner Jugendzeit vorherrschend waren"
(Inglehart 1989: 92).

Er geht also davon aus, dass spezifische sozioökonomische Rahmenbedingungen, die in der entscheidenden Sozialisationsphase Heranwachsender existierten,
für die Prägung des Wertehaushalts von entscheidender Bedeutung sind: Wer in
seiner Jugend mit einer ökonomischen Mangelsituation konfrontiert war, wird
Zeit seines Lebens – und auch weitgehend unabhängig von den späteren Le-
bensumständen – zu einer materialistischen, auf die Sicherung des Unterhalts
abzielenden Orientierung neigen. Wer dagegen im Wohlstand aufgewachsen ist
und diesen gleichsam als selbstverständlich erachtet, setzt den Akzent von vornherein im 'Postmateriellen', strebt darüber hinaus also nach der *individuellen
Selbstverwirklichung*.

Übersicht 35: Materialismus und Postmaterialismus und deren Dimensionen
und Indikatoren

Wertorientierung	Dimensionen	Indikatoren
Postmaterialismus	Ästhetisch, intellektuell	▪ Schöne Städte/ Natur ▪ Ideen zählen ▪ Redefreiheit
	Zugehörigkeit und Achtung	▪ Weniger unpersönliche Gesellschaft ▪ Mehr Mitspracherecht am Arbeitsplatz, in der Gemeinde ▪ Mehr Mitspracherecht bei Regierungsentscheidungen
Materialismus	Physische Sicherheit	▪ Starke Verteidigungskräfte ▪ Kampf gegen Verbrechen ▪ Aufrechterhaltung der Ordnung
	Wirtschaftliche Sicherheit	▪ Stabile Wirtschaft ▪ Wirtschaftswachstum ▪ Kampf gegen steigende Preise
Quelle: Inglehart 1989: 173.		

Materialistische Einstellungen sind nach *Inglehart* im einzelnen vor allem durch das Streben nach physischer Sicherheit (starke Verteidigungskräfte, Kampf gegen Verbrechen, Aufrechterhaltung der Ordnung) und wirtschaftlichem Wohlstand (stabile Wirtschaft, Wirtschaftswachstum, Kampf gegen steigende Preise) gekennzeichnet, während postmaterialistische Orientierungen ästhetisch-intellektuelle Bedürfnisse (schöne Städte/ Natur, Vorrang der Ideen, Redefreiheit) und soziale Partizipation und Achtung (weniger unpersönliche Gesellschaft, mehr Mitspracherecht am Arbeitsplatz und in der Gemeinde, mehr Mitspracherecht bei Regierungsentscheidungen) in den Mittelpunkt rücken. Übersicht 35 veranschaulicht den Gesamtzusammenhang.

Bis heute herrscht in der Forscherzunft allerdings Streit über die Validität der Messungen *Ingleharts* und über die Stichhaltigkeit seiner Folgerungen. *Helmut Klages* nämlich weist schlüssig nach, dass *Ingleharts* Ansatz in dieser Form zu undifferenziert ist und der Komplexität und Mehrdimensionalität der Wertwandelprozesse nicht voll gerecht wird (Klages 1992: 15-28). Zu unterscheiden sei, so *Klages*, zwischen einer *ökonomischen* Dimension (materialistische vs. nicht-materialistische Orientierungen) und einer *nicht-ökonomischen* Dimension (autoritäre vs. libertäre Orientierungen) des Wertewandels. Beide Dimensionen seien jedoch in *Ingleharts* Item-Liste unzulässigerweise vermischt. Erst nach deren Trennung sei man „zur Erklärung der von Ingleharts eigenem Ansatz her unerklärbaren Tatsache in der Lage, daß Menschen mit libertären Werten, die insoweit gesehen 'Postmaterialisten' sind, 'materialistische' Arbeitseinstellungen und Lebensstandardansprüche, wie auch eine höhere Unzufriedenheit im Hinblick auf Wohlstandsthemen und solche Themen zur Schau stellen können, die die soziale Sicherheit betreffen. Elemente 'materialistischer' und 'postmaterialistischer' Wertorientierungen erweisen sich, mit anderen Worten, als miteinander kombinierbar – eine Feststellung, die im Hinblick auf den Inglehart'schen Typus der Wertewandeltheorie naturgemäß geradezu verheerende Rückwirkungen haben muß" (Klages 1992: 22).

Sowohl aus *Ingleharts* wie aus *Klages'* Ansatz lässt sich jedoch die Hypothese ableiten, dass insgesamt gesehen die *postmaterialistisch* bedingte politische Partizipationsbereitschaft der Bevölkerung und ihre Kritik an der Herrschaft traditioneller Eliten deutlich zugenommen haben. Forderungen nach mehr Bürgernähe des Staates einerseits und größeren Freiräumen für das Praktizieren direkter Demokratie andererseits stehen damit in engstem Zusammenhang. Im Umkehrschluss ist aber auch eine langfristige *Rematerialisierung* denkbar, wenn sich die in den letzten Jahrzehnten gar nicht mehr so sicher erweisende materielle Existenz (steigende Arbeitslosigkeit, Wachstum von Zeitarbeitsplätzen, intensiviertes innerbetriebliches *mobbing* etc.) auch in einer materialistischeren Prägung nachwachsender Bürgergenerationen niederschlagen sollte. Die Nachwuchsprobleme der 'postmaterialistischen' Grünen in Deutschland (Gibowski 2000: 24), aber auch die von *Robert Putnam* in den USA diagnostizierten intergenerationellen Unterschiede (Putnam 2000: 247-276), wo die heutige junge *Generation X* deutlich weniger postmaterialistisch zu sein scheint als die heute vierzig- bis fünfzigjährigen *Baby Boomers*, deuten auf derlei Entwicklungen hin.[122]

Auch auf die *Interessenlagen* und die *Organisationsformen* der einzelnen Verbände hatten diese Transformationsprozesse Auswirkungen. Denn materialistische Wertorientierungen im Sinne von Klages werden in erster Linie durch ökonomische Vereinigungen, nicht-materialistische durch nicht-ökonomische repräsentiert. Und libertäre Werthaltungen, die dem Individualismus Bahn zu brechen suchen, produzieren in erster Linie locker organisierte und wenig hierarchische Interessengruppen, autoritäre dagegen zentralistische Großorganisationen mit einer starken Führerkaste.

1.5 Ökologischer Wandel [123]

Schließlich bewirkt auch die Umwelt zeitgenössischer Gesellschaften nachhaltige Modernisierungsschübe, insoweit sie *Anpassungserfordernisse* und *externe Risiken* produzieren, welche sich systemintern unmittelbar auswirken und dort auch bewältigt werden müssen. „Demokratien im Zeitalter der Globalisierung" (Höffe 1999) sind dabei mit etlichen Problemen konfrontiert, welche von ihrer Natur her *grenzüberschreitenden* Charakters und deshalb nur im Wege internationaler Konzertierung zu lösen sind. Der globale Umweltschutz zählt dazu ebenso wie die Schaffung eines weltweit effektiven Systems der Friedenssicherung, um militärische Konflikte jeglicher Art, die heute aufgrund der waffentechnologischen Revolution immer die Gefahr flächenbrandartiger Ausweitung in sich tragen, im Keim zu ersticken.

Ulrich Beck hat auch hier präzise auf den Punkt gebracht, wie derlei externe Risikoszenarien einen nachhaltigen *ökologischen Modernisierungsdruck* auf die gegenwärtigen Gesellschaften ausüben und insoweit auch dadurch das Gefüge organisierter Interessen merklich verändern (Beck 1986: 25-66). Denn der Bestand moderner Gesellschaften ist durch diese externen Risiken ernsthaft gefährdet. Umweltverschmutzung oder sogar -vernichtung bedrohen oder beseitigen

---

[122] In Deutschland beginnt sich für diese materialistischer gesinnte Nachwuchsgeneration die Bezeichnung „Generation Golf" (Illies 2000) einzubürgern. Vgl. zu diesem Rematerialisierungstrend auch Noelle-Neumann/ Petersen 2001, Hradil 2002, Deutsche Shell 2002.

[123] „Ökologisch" hier im umfassenden, jeglichen Aspekt der Systemumwelt einer Gesellschaft betreffenden Sinne.

die Lebensgrundlagen der Gesellschaft, und gerade im Lichte postmaterialistischer Orientierung,[124] welche auf die ökologische Lebensqualität ohnehin starken Wert legt, wird ein entsprechendes Problembewusstsein noch zusätzlich geschärft.

Hinzu tritt nach *Beck*, dass die internationale ökonomische Ungleichheit immer mehr auch als *Bedrohung* empfunden wird, insoweit unterentwickelte oder minderprivilegierte Länder dieser Erde zunehmend (legitime) Forderungen nach materieller und machtmäßiger Umverteilung artikulieren und damit die von den westlichen Industrienationen dominierte Weltordnung zur Disposition stellen. Auch hier trägt postmaterielle Gesinnung, welche dem Gedanken der Völkerfreundschaft und des politischen und sozialen Egalitarismus große Bedeutung beimisst, zur intensivierten Problemperzeption maßgeblich bei.

Die potentiell nach wie vor bestehende Gefahr eines globalen Krieges zwischen den Großmächten schließlich, zumal mit atomaren, biologischen und chemischen Waffen, tritt noch hinzu und macht die existentielle Bedrohung der Menschheit und damit auch der entwickelten Gesellschaften erst richtig manifest. Der Bedeutungszuwachs alter und neuer „Schurkenstaaten"[125], welche sich im Wege der Proliferation in den Besitz solcher Massenvernichtungswaffen gesetzt haben oder dieses zumindest versuchen, stellt dabei eine aktualisierende Fortschreibung dieses Risikoszenarios dar und macht es noch weniger steuerbar als zu den vergleichsweise 'geordneten' Verhältnissen des Kalten Krieges mit zwei klar identifizierbaren Blöcken und auf wenige Großmächte beschränkter Verfügungsgewalt über ABC-Waffen (von Staden 1985; Münkler 2003).

Derlei ökologische Modernisierungserfordernisse schlagen sich folglich ebenfalls einer entsprechenden Umgestaltung des Systems organisierter Interessen nieder.[126] Überproportional häufig entstanden in den letzten Jahrzehnten Gruppierungen, welche der Bewältigung der neuen globalen Herausforderungen und der Neutralisierung externer Risiken dienen: Umweltverbände zur Bekämpfung von Gefahren für die Biosphäre, Vereinigungen zur Förderung der internationalen Völkerverständigung und der Kooperation mit der Dritten Welt sowie Friedensinitiativen zur Beseitigung der strukturellen globalen Kriegsgefahren.

---

[124] Vgl. dazu Abschnitt 1.4 weiter oben.

[125] Engl. „Rogue State": Begriff zur Kennzeichnung von gewaltbereiten Staaten (Irak, Nordkorea u.a.), welche sich in den Besitz von Massenvernichtungswaffen bringen wollen. Vgl. Buchbender 2000: 316.

[126] Vgl. auch Kapitel II, Abschnitt 4.6.

2 Verbände und Interessen: Der Wandel der Organisations- und Mobilisierungsmuster

Westliche Verbandslandschaften im Allgemeinen und das deutsche Interessengruppenspektrum im Besonderen unterlagen also in den letzten Jahrzehnten deutlichen Wandlungsprozessen, die zu einem wesentlichen Teil auf verschiedene Formen *systemischer Modernisierung* zurückgeführt werden können. Doch reicht dies nicht aus, um alle vorgefundenen Veränderungen erschöpfend zu erklären. Im folgenden Abschnitt soll gezeigt werden, dass auch ein simultaner Wandel der *Organisations- und Mobilisierungsmuster* von Interessen in Rechnung zu stellen ist, der insgesamt zu einer Steigerung gesamtgesellschaftlichen Organisations*potentials* geführt hat.

Übersicht 36:   Der Wandel der Verbandslandschaften: das Ursachengefüge

Wandel der systemischen Rahmenbedingungen			
Ökologischer Wandel:			
▪ Systematische Erschließung und Gefährdung der Umwelt			
	Wandel der Organisations- und Mobilisierungsmuster		
Ökonomischer Wandel:	*„Politische Unternehmer"* schaffen Verbände im Alleingang.	Stärkung *advokatorischer Interessenvertretung* durch philantropische Eliten.	**Politischer Wandel:**
▪ Dienstleistungsgesellschaft ▪ Ökonomische Globalisierung	Intensivierung der Mitgliederwerbung durch *selektive Anreize.*	Boom von *Non-Membership-* Vereinigungen.	▪ Trend zur *Civil Society* Ausbau des Wohlfahtsstaats
	Selbstfinanzierung von Verbänden durch eigene Unternehmen	*Finanzielle Förderung* von Verbänden durch Staat und Gesellschaft	▪ Politische Globalisierung
Sozialer und kultureller Wandel:			
▪ Individualisierung; Alterung; soziale und ethnische Fragmentierung der Gesellschaft ▪ Säkularisierung; Bildungs- und Wissenschaftsboom			

Quelle: eigene Darstellung.

Übersicht 36 dient in einem ersten Schritt dem Zweck, hierzu eine kognitive Landkarte bereitzustellen. Diese verweist auch auf die Tatsache, dass nur die Zusammenschau der gerade dargestellten systemischen Rahmenbedingungen und der veränderten verbandlichen Organisations- und Mobilisierungsmuster die vorgefundenen Umschichtungen der Verbandslandschaften zufriedenstellend erklären kann.

Im Überblick wird deutlich, dass der Wandel der Organisations- und Mobilisierungsmuster auf drei Ebenen gleichzeitig Wirkung zeigt. Erstens schlägt er sich in einer veränderten Komposition verbandlicher *Eliten* nieder: Sowohl von geradezu missionarischem politischen Sendungsbewusstsein geleitete *politische Unternehmer* (Salisbury 1969),[127] die einen Verband als politisches Kampfinstrument gleichsam im Alleingang aus dem Boden stampfen, betreten in den letzten Jahrzehnten in zunehmendem Maße die öffentliche Bühne als auch *philanthropisch motivierte* Eliten, die sich die *advokatorische* Interessenvertretung für benachteiligte, zur Selbstorganisation oft unfähige Klientele (Behinderte, Patienten, aber auch Flora und Fauna) besonders zu Aufgabe gemacht haben (von Winter/ Willems 2000: 24-26).

Hinzu treten geänderte Beziehungsmuster zwischen Verbandsorganisationen und der eigenen (potentiellen) *Klientel*: Zum einen ist eine stetig *steigende Serviceintensität* verbandlicher Vereinigungen zu verbuchen, die in der verstärkten Einwerbung bzw. Bindung von Mitgliedern durch individuell wirkende *selektive Anreize* (Rechtsberatung, billige Kreditkarten, Versicherungsvergünstigungen etc.) zum Ausdruck kommt (Olson 1992: 49-50).[128] Zum anderen setzen gerade 'neue' Verbände verstärkt nicht auf das klassische Vollmitglied, sondern auf ein umfangreiches Spektrum von *Fördermitgliedern*, die der Organisation meist nur durch regelmäßige Spendenzahlungen verbunden bzw. verpflichtet sind (Lietzmann 2000: 270-275). Gerade diejenigen Bevölkerungskreise, die eine formelle Verbandsmitgliedschaft scheuen, sind durch diese lockerere Form von Mitgliedschaft häufig doch zur Mitarbeit zu bewegen.

Und schließlich sind Veränderungen der *finanziellen Basis* von Interessengruppen zu diagnostizieren, die ebenfalls zur Stärkung verbandlicher Organisation beitrugen. Einerseits verstärkte sich der Trend zur *Selbstfinanzierung* der Verbandsorganisationen durch eigene Unternehmen, um weniger vom schwankenden und langfristig schwer kalkulierbaren Aufkommen an Mitgliedsbeiträgen abhängig zu sein. Parallel dazu war in den letzten Jahrzehnten eine verstärkte *Alimentierung* von Verbänden durch die öffentliche Hand, aber auch durch private Akteure zu beobachten, die gerade für viele Non-Profit-Vereinigungen erst eine langfristig gesicherte finanzielle Arbeitsbasis schuf (Imig 1996: 36). Im Folgenden soll dieses Ursachengefüge genauer unter die Lupe genommen werden.

---

[127] Vgl. auch Kapitel I, Abschnitt 2.2.
[128] Vgl. auch Kapitel I, Abschnitt 2.2.

2.1 Die wachsende Rolle „politischer Unternehmer"

Das Konzept des *politischen Unternehmers* ist durch *Richard E. Wagner* und insbesondere *Robert Salisbury* in die verbandstheoretische Diskussion eingeführt worden (Wagner 1966; Salisbury 1969).[129] In seiner „exchange theory of interest groups" postulierte *Salisbury* Ende der sechziger Jahre ein Organisationsszenario, in welchem ein *Austauschverhältnis* zwischen einer hochmotivierten verbandlichen Führungsfigur und seiner Klientel besteht: Als Gegenleistung für die Übernahme der Organisationsarbeit durch den Unternehmer ist die Klientel bereit, ihm bei der Leitung des Verbandes freie Hand zu lassen, sofern das zentrale Organisationsziel dabei nicht aus dem Blick gerät.

Diese Art von Austauschverhältnis gab es im Rahmen verbandlicher Organisation schon immer, doch erhielt sie in den letzten Jahrzehnten eine neue Note, indem die Reduzierung politischen Unternehmertums auf letztlich *eine* dominierende Führungsfigur in klassischen Verbänden nur selten vorkommt: Zwar sind auch hier gewichtige Vorsitzende nach dem Muster des vormaligen BDI-Präsidenten *Fritz Berg* oder des amerikanischen Gewerkschaftsführers *Samuel Gompers* häufig; regelmäßig waren und sind sie jedoch in ein Gefüge von Vorstandsgremien eingebunden, das durch etliche andere Verbandsgranden kontrollierend auf den Spitzenrepräsentanten einwirkt.

Die 'neuen' politischen Unternehmer vermeiden dies häufig durch den einfachen Umstand, dass sie keine klassische *Mitglieds*organisation aufbauen, in welcher derlei Kontrollgremien vereinsrechtlich unabdingbar sind, sondern Non-Membership-Vereinigungen, die man treffend auch als *Mobilisierungsagenturen* charakterisiert hat (Lietzmann 2000: 273): Nunmehr schafft sich der singuläre politische Unternehmer eine kleine professionelle Stabsorganisation *unternehmerischen* Zuschnitts, die nach dem Muster einer Werbeagentur Spendenmittel akquiriert und sodann nach Belieben für eigene Zwecke verwendet. Effektive 'innerverbandliche' Kontrolle des Unternehmers kann hier natürlich nicht mehr stattfinden, da weder die Gremien noch dazu befugte formelle Mitglieder existieren. Darin liegt auch der große Reiz des Modells: die unmittelbare Rechenschaftspflicht des Unternehmers existiert nicht mehr, nur seine faktische Erfolgsbilanz und das davon beeinflusste Spendenaufkommen bilden ein dürftiges Äquivalent.

An verschiedenen Beispielen sei die wachsende Bedeutung politischen Unternehmertums genauer illustriert: Zu Beginn der siebziger Jahre war in den USA der ehemalige Sozialstaatssekretär *John Gardner*, der unter Präsident *Johnson* maßgeblich am wohlfahrtsstaatlichen *great society*-Projekt mitgewirkt

---

[129] Vgl. auch Kapitel I, Abschnitt 2.2.

hatte, zunehmend frustriert über die Bürgerferne amerikanischer Politik und insbesondere das unter *Nixon* fortdauernde Vietnam-Engagement (Mundo 1992: 202-203). Unter dem Leitmotto „Everybody's organized but the people" schuf er deshalb 1970 eine derartige Mobilisierungsagentur, die schon bald zum Flaggschiff der *public interest group*-Szenerie der USA werden sollte: *Common Cause*, so der Name der Gruppe, wandte sich offen gegen den Vietnamkrieg und konnte mit dieser populären Forderung bald ein hohes Spendenaufkommen vorweisen (Rothenberg 1992). Und auch nach Ende der Kämpfe im Jahre 1975 setzte sie ihre Tätigkeit mit großem Erfolg fort, da sie unter der Devise „Good Government" gegen alle staatlichen Übel (Korruption, Mittelverschwendung etc.) publikumswirksam zu Felde zog.

Gardner selbst hatte dabei von Anfang an keine klassische Mitgliedsorganisation im Sinn, um seinen persönlichen 'Feldzug' möglichst ungestört von innerverbandlicher Kontrolle durchführen zu können. Spendende 'Fördermitglieder' ohne effektive Mitwirkungs- und Kontrollrechte schienen ihm für diese Zwecke völlig ausreichend, und er setzte dies auch gegen Bedenken enger Mitarbeiter durch (Mundo 1992: 204-211). Bis heute ist *John Gardner* daher die Personifikation von *Common Cause* und nicht lediglich der oberste Repräsentant.

Etwa zeitgleich mit *Gardner* trug *Ralph Nader* in den USA zu einem Entwicklungsboom der Verbraucherorganisationen bei, indem er als politischer Unternehmer eine Fülle von Vereinigungen gründete. Schon bald haftete ihm der Mythos des 'Verbraucherpapstes' an (Celsi 1991), und bis heute speist sich daraus sein Image der Unbestechlichkeit und Seriosität, das ihm sogar die Präsidentschaftskandidatur für die US-Grünen bei den Wahlen des Jahres 2000 einbrachte.

Dieses Organisationsmodell machte nun weiter Schule, und dies nicht zuletzt durch die Postmaterialisierung der gesamten politischen Kultur, in welcher derlei bilderstürmerische und sendungsbewusste Führungsfiguren gehäuft auf der politischen Szenerie erschienen und nach einem organisatorischen Instrument suchten, um ihre Ideen zu verwirklichen. Und es kam damit vor allem der Mobilisierung der *Non-Profit-Interessen* zugute, und dies nicht nur in den USA, sondern auch in Europa. Ein klassischer deutscher politischer Unternehmer ist etwa *Rupert Neudeck*, dessen Karriere ebenfalls engstens mit dem Vietnamkonflikt verknüpft ist: 1979 gründete er mit wenigen Mitstreitern das *Komitee Cap Anamur* zur Rettung schiffbrüchiger Flüchtlinge vor den Küsten des kommunistischen südostasiatischen Landes. Aber schon bald weitete sich der Fokus seiner Arbeit, und heute ist die Organisation in allen wichtigen Krisenherden (Afghanistan, Kosovo etc.) präsent, um Notleidenden und Flüchtlingen unmittelbar zu helfen. Bis heute *personifiziert Neudeck* die Organisation, auch wenn er die Leitung im Dezember 2002 an *Elias Bierdel* abgegeben hat.[130]

Die exemplarischen Illustrationen sollen aber auch darauf verweisen, dass das gesamte Ausmaß dieses politischen Unternehmertums bis heute nicht präzise und umfassend untersucht ist. Hier steht auch die deutsche Verbandsforschung noch vor großen Herausforderungen.

2.2 Die Stärkung advokatorischer Interessenvertretung

Auch die Intensivierung *advokatorischer Interessenvertretung* hat in den letzten Jahrzehnten mobilisierende Wirkungen entfaltet. In der US-amerikanischen Forschung spricht man bisweilen sogar überschwänglich von einer „advocacy explosion", die insbesondere im Bereich der Non-Profit-Gruppierungen festzustellen sei (Berry 1997: 17-43). Hintergrund ist die Wahrnehmung, dass in der Tat die *stellvertretende* Interessenvertretung für andere, die kein Potential zur Selbstorganisation besitzen, in den letzten Jahrzehnten angewachsen ist. Zwar gab es sie im Rahmen traditioneller Wohlfahrtsorganisationen und philanthropisch-religiöser Vereinigungen auch früher schon, wovon gerade Deutschland die entsprechenden, vergleichsweise betagten Verbandssektoren zeugen.[131]

Einen Boom erlebte dieser Typus der Interessenvertretung gleichwohl erst nach dem Zweiten Weltkrieg, da sich sowohl die Tätigkeitsfelder zu diversifizieren begannen als auch in den überkommenen Wirkungsbereichen die advokatorische Intensität erhöhte: Hier liegt ein wesentlicher Grund für den weiter oben diagnostizierten Entwicklungsboom von Behindertenorganisationen, aber auch von Umweltschutz-, Naturschutz- und Tierschutzvereinigungen.[132] Denn die Fähigkeit zu *autonomer Selbstorganisation* der Interessen konnte sich in diesen Bereichen natürlich nicht erhöht haben: Weder die Umwelt noch die belebte Natur können jemals für sich selbst sprechen, und auch Behinderte bedürfen hierzu vielfach der Hilfestellung anderer. Mit Abstrichen gilt dies auch für Patienteninteressen oder Belange der Dritten Welt.

Die beobachtete Intensivierung und Diversifizierung advokatorischen Engagements ist kein Zufallsprodukt der Geschichte, sondern Resultat der schon analysierten gesamtgesellschaftlichen Modernisierung: Sowohl die „participatory revolution" als auch das Vordringen postmaterialistischer Werte führten zu einer generellen Intensivierung politischen Engagements insbesondere des Bildungsbürgertums, und das Bewusstsein, auch für die 'Sprachlosen' in der Gesell-

---

[130] Vgl. dazu im Einzelnen die Internetseiten der Organisation unter http://www.cap-anamur.org.
[131] Vgl. dazu Kapitel II, Abschnitt 4.2.
[132] Vgl. dazu Kapitel II, Abschnitt 4.2 und 4.6.

schaft etwas tun zu müssen, entfaltete sich mit dem generellen Wachstum sozialer Empathie (Wuthnow 1996).

Natürlich impliziert das bis heute einen starken „upper class accent" advokatorischer Interessenvertretung, den *Elmer Schattschneider* schon zu Beginn den sechziger Jahre dem gesamten „chorus" amerikanischer Verbände attestierte (Schattschneider 1960: 35). Denn dort trägt das liberale und zumeist weiße Bildungsbürgertum dieses Verbandsspektrum bis heute maßgeblich, und dies sowohl in organisatorischer als auch in finanzieller Hinsicht. Es trägt damit aber auch entscheidend zu innergesellschaftlicher Konfliktbewältigung bei, indem soziale Schieflagen gemildert und der Wettbewerb der Interessen etwas ausgewogener gestaltet werden.

2.3 Die Verstärkung selektiver Anreize für Mitglieder

Aber nicht nur die Verbandseliten reflektieren den Wandel, sondern auch die einfachen Mitglieder. Im gesamtgesellschaftlichen Individualisierungstrend lag dabei die abnehmende affektive, loyale Bindung einer Klientel an 'ihren' Verband und ein wachsendes Kosten-Nutzen-Denken: War früher die lebenslange Mitgliedschaft in der eigenen Branchengewerkschaft gleichsam Pflicht, so wird die Entscheidung zum Beitritt heute überwiegend rational erwogen (Müller-Jentsch 1997: 119-123). In Zeiten tariflicher Flexibilisierung wird ein Beitritt nur bei Vorliegen klarer Vorteile vollzogen.

Aber schon *Mancur Olson* diagnostizierte in seiner „Logik des kollektiven Handelns" Mitte der sechziger Jahre verbandliche Gegenstrategien, um die damit drohende Mitgliedererosion aufzuhalten: Eine Fülle „selektiver Anreize" – individueller Gratifikationen für das Einzelmitglied also – entstand alsbald, um sowohl zum Beitritt zu animieren als auch die bereits in der Organisation befindlichen Individuen bei der Stange zu halten (Olson 1992: 49-50, 130-164).[133] Zu traditionellen, meist gewerkschaftlichen und berufsständischen Leistungen, wie kostenlose Rechtsberatung und juristische Vertretung in arbeitsgerichtlichen Verfahren, traten nun immer mehr *interessenunspezifische* Angebote: Vergünstigte Kreditkarten für Verbandsmitglieder sind heutzutage ebenso im Angebot wie verbilligte Hoteltarife oder Sonderkonditionen für Versicherungen. Preiswerte Pauschalreisen sind über Verbände mittlerweile auch buchbar, verbilligte Literatur, neue Medien und günstige Telefontarife sind ebenso im Sortiment.

Mit all diesen Mitteln konnten die Verbände drohender Mitgliedererosion zwar gegensteuern, sie aber auch nicht überall verhindern. Denn trotzdem sank

---

[133] Vgl. auch Kapitel I, Abschnitt 2.2.

der gewerkschaftliche Organisationsgrad in den westlichen Industrienationen über die Jahrzehnte fast durchweg kontinuierlich ab: in den USA im Bereich der Privatwirtschaft von 31,5 Prozent im Jahre 1950 auf 16,1 Prozent im Jahre 1991 (Wasser 1998: 301), in Deutschland im Rahmen der DGB-Gewerkschaften von 38,0 Prozent im Jahre 1951 auf 27,9 Prozent im Jahre 1994 (Müller-Jentsch 1997: 132).[134] Jüngste Einschätzungen deuten überdies darauf hin, dass inzwischen eine Übersättigung des 'Anreizmarktes' eingetreten ist: Wo fast jeder Verband heute derlei Angebote im Sortiment hat, ist der individuelle Nutzenzuwachs oft nur noch marginal: Denn die Bürger sind durchweg Mitglied in etlichen Organisationen gleichzeitig, können aber etwa die angebotenen Versicherungsvergünstigungen nur von einer einzigen in Anspruch nehmen. Auch jüngste Klagen deutscher Verbandsfunktionäre, die Magazine ihrer Geschäftsstellen seien voll von nicht abgerufenen Werbeartikeln und Informationsbroschüren, deuten auf die sinkende Relevanz selektiver Anreize hin.[135]

Insgesamt aber wird retrospektiv festzustellen sein, dass die Fülle selektiver Anreize insoweit zum Gesamttrend sozialer Mobilisierung beigetragen hat, als sie die gegenläufige Entwicklung mitgliedschaftlicher Erosion, die sich in der Gesamtbilanz auf der Sollseite befindet, quantitativ in Grenzen hielt. Umfassende Untersuchungen hierzu fehlen jedoch bislang und bilden ein Forschungsdesiderat erster Güte.

2.4 Der Boom von Non-Membership-Vereinigungen

Eng in Zusammenhang mit den eben beschriebenen Problemen der Mitgliederbindung steht auch der Boom von Non-Membership-Vereinigungen, der seinen Ausgang von der Entwicklung der modernen *public interest group*-Szenerie in den Vereinigten Staaten seit Mitte der sechziger Jahre nahm (Brinkmann 1984) und bis heute ungebrochen ist. Wie weiter oben schon angesprochen, entsprachen sie zum einen dem Kalkül 'politischer Unternehmer' in besonderem Maße, da sich in solchen Vereinigungen die Aufwendungen für innerverbandliche Willensbildung auf ein Minimum reduzieren ließen: Wo nur wenige *formelle* Mitglieder existierten, sondern die Masse der Klientel sich aus 'fördernden' Spendern rekrutierte, war die Formulierung und Umsetzung einer verbandlichen Strategie mit wesentlich geringeren Entscheidungskosten möglich.

Diese neue Form der 'Mitgliederbindung' traf aber auch auf Seiten der Interessenten den Zahn der Zeit: Denn die schon thematisierten Individualisierungs-

---

[134] Vgl. auch Kapitel III, Abschnitt 2.1.

[135] So das Ergebnis mehrerer explorativer Interviews, die ich im August 2002 zu diesem Thema mit deutschen Verbandsfunktionären führte.

prozesse führten generell zu einer geringeren Bereitschaft, verbandlichen Organisationen formell beizutreten. Was lag also näher, als der jeweiligen Klientel diese Hürde zu ersparen und sie trotzdem durch alternative Verfahren zur permanenten Unterstützung einer Vereinigung zu motivieren? Diese Überlegung führte zur Schaffung des regelmäßig spendenden *Fördermitglieds*, das seine Mitgliedschaft durch jährliche Überweisung eines bestimmten Spendenbetrags per Bankverbindung erneuert und für den ausgewiesenen Zeitraum automatisch die angebotenen Verbandsdienstleistungen (Zeitschrift, Informationsmaterial etc.) erhalten kann. Bei Nichterneuerung ist die Mitgliedschaft ebenso unbürokratisch schnell beendet.[136]

Gerade Umweltorganisationen nutzen diese Art der Mitgliedermobilisierung mit großem Erfolg. *Greenpeace Deutschland* etwa ist zwar auch ein eingetragener Verein mit formellen, stimmberechtigten Mitgliedern gemäß den Bestimmungen des deutschen Vereinsrechts. Der amerikanischen Mutterorganisation folgend legte man jedoch von Anfang an Bedacht darauf, deren Zahl möglichst gering zu halten, um Beweglichkeit und Schlagkraft der Verbandsführung nicht einzuengen. Ihnen stehen aber nicht weniger als 517.000 Fördermitglieder gegenüber,[137] die regelmäßig spenden und punktuell auch für Solidaritätsaktionen mobilisiert werden, ansonsten aber das Verbandsgeschehen nicht entscheidend mitprägen und auch keine satzungsrechtlich verankerten Mitwirkungsrechte genießen.

In den USA hat dieses Prinzip neben der schon angesprochenen *public interest group Common Cause* der *World Wide Fund for Nature* (WWF) perfektioniert, der schon von seiner Rechtsform her keine klassische Mitgliedsorganisation ist: Formal als Stiftung zur Förderung von Umwelt- und Naturschutz konzipiert, hat er sich *de facto* zu einer der einflussreichsten international operierenden NGOs gemausert und verfügt allein in den Vereinigten Staaten über einen jährlichen Etat von rund 60 Mio. US-Dollar.[138] Derlei *operative Stiftungen* sind also auch zum Spektrum der hier thematisierten Non-Membership-Vereinigungen zu zählen, da sie zwar formal keine Verbände sind, organisationssoziologisch betrachtet aber sehr wohl.

---

[136] Eine umfassende Untersuchung dieser Form von 'Mitgliederbindung' steht noch aus.

[137] Die Daten entstammen der Lobbyliste 2003 des Deutschen Bundestages: 267.

[138] Im Jahre 1999 belief sich der WWF-Etat auf exakt diese Summe. Vgl. dazu Sheets/ Peters 1999, Bd. 1, Part 1: 445.

2.5 Die Selbstfinanzierung von Verbänden durch Eigenunternehmen

Schließlich hat auch der merklich gewachsene finanzielle Spielraum von Vereinigungen in den letzten Jahrzehnten zu einer gestiegenen Effektivität verbandlicher Interessenorganisation beigetragen. Zum einen wird dies greifbar im wachsenden *Selbstfinanzierungsgrad* verbandlicher Organisationen, der sich aus folgender Problemstellung ergibt: Viele Gruppierungen verfügen zum einen über zu wenige Mitglieder bzw. über ein zu geringes Beitragsaufkommen, als dass sie die Gehälter ihrer Funktionäre bzw. die Unterhaltskosten für die Infrastruktur damit bestreiten könnten. Zudem bilden die Mitgliedsbeiträge einen langfristig schwer kalkulierbaren Bilanzposten; innerverbandliche Auseinandersetzungen können ebenso kurzfristig zu einer Austrittswelle führen wie Schwankungen in der Themenkonjunktur, wovon gerade Verbände mit dominierender Fördermitgliedschaft besonders betroffen sind.[139]

Dies hat nicht zuletzt in Deutschland einen Trend zur Gründung verbandseigener Unternehmen beflügelt: Gehäuft entstanden nun sogenannte *Service-GmbHs*, die eine Fülle kommerzieller Dienstleistungen im Angebot haben, personell eng mit dem zugehörigen Verband verknüpft sind und diesen auch bei seiner praktischen Arbeit unterstützen. Das zeigt aber auch, dass die schematische Zuordnung von Verbänden zum sogenannten „Dritten Sektor" (Anheier/ Priller/ Zimmer 2000), der neben dem Staat und dem Markt das gesamte Spektrum nichtkommerziell arbeitender Organisationen umfasst, an dieser Stelle problematisch zu werden beginnt: Organisationssoziologisch gesehen umfassen Verbände häufig sowohl einen Profit- als auch einen Non-Profit-Sektor, was sie sowohl zum Markt- als auch zum „Dritten Sektor" gehören lässt.[140]

Ein Beispiel soll dieses bislang unzureichend analysierte Phänomen genauer illustrieren: Die 1996 gegründete *Deutsche Gesellschaft für Verbandsmanagement* (DGVM) versteht sich als „Verband für Verbände": In ihr sind andere Vereinigungen Mitglied, deren Funktionäre durch ein umfassendes Veranstaltungs- und Seminarangebot Weiterbildungschancen in Fragen des Verbandsmanagements erhalten sollen.[141] Die Masse dieser Tagungen wird jedoch von der *businessForum GmbH* der DGVM durchgeführt, deren Geschäftsführer zugleich derjenige der DGVM ist. Die erwirtschafteten Beträge dienen dabei nicht nur der Finanzierung des Geschäftsführers selbst, sondern auch dem Unterhalt der Ge-

---

[139] Vgl. zu entsprechenden Problemen von *Common Cause* nach Ende der Nixon-Ära 1974 und des Vietnamkrieges 1975 Miller 1983: 115.

[140] Vgl. auch Kapitel I, Abschnitt 2.6.

[141] Vgl. dazu im Einzelnen die Website der Vereinigung unter http://www.verbaende.com und http://www.dgvm.de.

schäftsstelle, die gleichzeitig auch der organisatorischen Unterstützung der DGVM dient, welche am selben Ort residiert.

Die Selbstfinanzierung von Verbänden kann in der Folge eine bemerkenswerte Eigendynamik entwickeln: Denn je mehr sich eine Verbandsorganisation selbst zu tragen beginnt und je mehr die Funktionäre ihre Saläre selbst erwirtschaften, um so weniger sind sie vom Vertrauen und der finanziellen Alimentierung seitens der Mitglieder abhängig. Das begünstigt innerverbandliche Oligarchisierungsprozesse und die Unabhängigkeit der Funktionäre, die sich oftmals weniger als Treuhänder von Mitgliedsinteressen verstehen und mehr als Unternehmer in eigener Sache. Trotzdem ist per Saldo festzustellen, dass der wachsende Selbstfinanzierungsgrad von Verbandsorganisationen letztlich auch zu einem Mobilisierungsschub für Interessen beigetragen hat, da so die Chancen zu effektiver verbandlicher Formierung deutlich stiegen.

2.6 Die finanzielle Förderung von Verbänden durch Staat und Gesellschaft

Doch nicht nur dies führte zu einem wachsenden Handlungsspielraum der Verbände. Auch der systematische Ausbau finanzieller Förderung von Interessenorganisationen durch Staat und Privatakteure trug maßgeblich dazu bei. In den USA etwa existiert schon seit Jahrzehnten ein umfangreiches System privater Stiftungen, die sich vor allen Dingen diesem Ziel verschrieben haben. 'Flaggschiff' dieser Landschaft ist die 1936 gegründete *Ford Foundation*, die in ihrer Satzung die Förderung von Verbänden als Stiftungszweck besonders betont.[142] Allein im Jahre 2002 kamen dort nicht weniger als 870 Vereinigungen in den Genuss finanzieller Unterstützung, wobei „Asset Building and Community Development", „Education, Media, Arts and Culture" und „Peace and Social Justice" die Förderschwerpunkte bilden.[143]

Doch auch die öffentliche Hand baute dort die finanzielle Förderung von Verbänden systematisch aus, und dies durchaus im eigenen Interesse: Im Zuge der Entfaltung des modernen Wohlfahrtsstaates unter Präsident *Johnson* begann der Bund ein umfangreiches Spektrum neuer staatlicher Finanzzuweisungen (grants) aufzulegen, das nicht nur den Einzelstaaten und den kommunalen Gebietskörperschaften zugute kommen sollte, sondern auch privaten Vereinigungen (Welz 1998: 96-99). Durch diese Direktfinanzierung versprach man sich nicht nur eine Erhöhung des Wirkungsgrads der Sozialpolitik, sondern auch einen

---

[142] Vgl. dazu das auf der Homepage der *Ford Foundation* zu findende „Mission Statement" unter http://www.fordfound.org/about/mission.cfm. (Stand: 04.07.02).
[143] Eigene Auszählung auf Basis der „Grants Database" der *Ford Foundation*, die sich auf der Website der Organisation ebenfalls findet (Stand: 04.07.02).

staatsentlastenden Effekt: Denn der politische Dialog war mit *verbandlich for-mierten* Problemgruppen leichter zu führen, und überdies konnten derart finan-ziell gestärkte Vereinigungen auch zur Übernahme administrativer Funktionen (Betrieb von Behinderteneinrichtungen, Obdachlosenasylen, Fortbildungsein-richtungen; Aufgabenwahrnehmung im Bereich Umwelt- und Naturschutz etc.) herangezogen werden.

Einer Umfrage des amerikanischen Verbändeforschers *Jack Walker* im Jah-re 1980 zufolge kamen zu diesem Zeitpunkt nicht weniger als 60 Prozent aller amerikanischen Verbände in den Genuss derlei öffentlicher bzw. privater Förde-rung, und bei den separat ausgewerteten *citizen groups* gaben sogar 89 Prozent zu Protokoll, einen maßgeblichen Teil ihres Etats so zu bestreiten (Walker 1983: 390-406; Walker 1991). Untersuchungen von *Douglas Imig* Mitte der neunziger Jahre bestätigen diese Befunde im Grundsatz (Imig 1996), wenngleich die Ali-mentierung durch den Bund seit der Reduzierung des Grant-Systems unter *Ro-nald Reagan* zurückgegangen ist.

Auch in Deutschland ist diese Förderpraxis weit verbreitet, aber bisher nur ansatzweise untersucht: Umweltverbände etwa bestreiten auch hier einen nicht unwesentlichen Teil ihrer Budgets aus Mittelzuweisungen des Bundes, der Län-der und der EU,[144] die jedoch oft zweck- und projektgebunden sind (Hey/ Brendle 1994: 136-137; Koch 1997: 11-15; Bammerlin 1998: 99-102): Sowohl für die Erstellung wissenschaftlicher Studien werden Gelder ausgewiesen als auch für die Betreuung und Pflege von Biotopen. Auch hier ist das Eigeninteres-se der öffentlichen Hand deutlich greifbar, indem administrative Aufgaben an nichtstaatliche Akteure delegiert werden (Lehmbruch 1984a) – eine neokorpora-tistische Technik,[145] die hierzulande auch in anderen Politikfeldern deutlich greifbar ist.

3   Die Zukunft verbandlicher Interessenvermittlung: Folgerungen und Ausblick

Welche allgemeinen theoretischen Folgerungen und weiterführenden Überle-gungen lassen sich aus diesen Befunden ableiten, die zur Erklärung der Ent-wicklung westlicher Verbandssysteme dienen können?[146] Der abschließende Abschnitt dient dem Zweck, diese Erkenntnisse zu verdichten, um auch Anknüp-fungspunkte für systemübergreifend vergleichende Analysen zu schaffen, wel-

---

[144] Auch Verbraucherverbände bestreiten einen sehr großen Teil ihrer Budgets aus öffentlichen Mittelzuweisungen. Vgl. dazu auch Kapitel II, Abschnitt 4.1.1.
[145] Vgl. auch Kapitel I, Abschnitt 2.3.
[146] Vgl. dazu auch Sebaldt 2004a.

che den Wandel der Interessenorganisation in westlichen Demokratien und ihre sozialen und politischen Folgen ganz allgemein zum Gegenstand haben.

3.1 Expansion, Pluralisierung und Dispersion moderner Verbandssysteme

Soziale, kulturelle, ökonomische, politische und ökologische Modernisierungsprozesse haben eine kontinuierliche *Expansion* und *Pluralisierung* des Systems organisierter Interessen zur Folge. Denn zum einen generieren diese Entwicklungen erst *neue Interessenfelder*, welche in früheren Zeiten naturgemäß noch keine bzw. nur eine untergeordnete Rolle spielen konnten: Der Umweltschutz fällt unter diese Kategorie ebenso wie die organisierte Friedenssicherung oder die Vielzahl von Sozialverbänden, welche sich der Bewältigung aktueller gesellschaftlicher Risiken verschrieben haben.

Parallel dazu wächst die *Konkurrenzintensität* auch *innerhalb der einzelnen Interessenspektren*, da sich die Zahl der Verbände eines Interessensektors durch Abspaltungen oder Neugründungen kontinuierlich steigert. Dafür ist sowohl der scharfe Konkurrenzdruck innerhalb verbandlicher *Führungseliten* verantwortlich zu machen (Abspaltung), als auch die immer noch wachsende 'Zeugungskraft' einer immer heterogener werdenden Gesellschaft (Neugründungen). Zwar laufen parallel durchaus auch verbandliche *Fusionsprozesse*, welche von den Eliten aus Gründen der Machtbündelung befördert werden.[147] Jedoch reduzieren sie insgesamt den Zuwachs verbandlicher Vielfalt nur unwesentlich.

Die Pluralisierung moderner Verbandssysteme geht einher mit einer nachhaltigen *Dispersion* der Interessengruppenszenerie. Die traditionell sehr ausgeprägte *Zentripetalität* organisierter Interessen, die einer unmittelbaren lobbyistischen Repräsentation der eigenen Klientel am Sitz der Regierung diente, hat sich durch die Modernisierung der Demokratie ebenfalls abgeschwächt. Denn zum einen bieten neue Kommunikationsformen (Internet, Konferenzschaltungen etc.) mehr denn je die Möglichkeit zur Interessenvertretung *auf Distanz*, welche eine permanente Präsenz vor Ort nicht mehr erfordert.[148] Zum anderen stehen mit der Entwicklung eines *profitorientierten*, lobbyistischen Dienstleistungssektors (Public-Affairs-Agenturen, Consultants, spezialisierte Rechtsanwaltskanzleien etc.) Optionen zur *Delegation* politischer Interessenvertretung an vertraglich

---

[147] Als aktuelles deutsches Beispiel kann die Gründung der neuen Dienstleistungsgewerkschaft *ver.di* gelten. Aber auch viele gewerkschaftliche Fusionen in den USA fanden in den letzten Jahrzehnten aus diesen Gründen statt.

[148] Auch in Deutschland hat sich der Anteil am Regierungssitz unmittelbar präsenter Verbände in den letzten Jahrzehnten verringert. Zur Entwicklung zwischen 1974 und 1994: Sebaldt 1997a: 307. Vgl. auch Kapitel III, Abschnitt 1.2.1.

gebundene und auf Auftragsbasis arbeitende *Agenten* zur Verfügung, welche im Übrigen oft kostengünstiger arbeiten als eine Verbandsgeschäftsstelle.[149]

Hinzu kommt, dass je nach *Politisierungsgrad* eines Interesses die Notwendigkeit verbandlicher Präsenz am Regierungssitz deutlich variiert. Gerade bei der Vielzahl neu entstandener *Selbsthilfeorganisationen* steht die 'politikferne' soziale Selbstregulierung im Vordergrund, und deshalb ist für sie eine politische Repräsentanz in der Hauptstadt oft nicht erforderlich.

3.2 Wachsendes verbandliches Organisationspotential, Wandel sozialen Kapitals und zunehmende soziale Selbststeuerung

Das *Organisationspotential* von Interessen ist im Gefolge der gesamtgesellschaftlichen Modernisierungsprozesse kontinuierlich gewachsen. Denn zum einen führten die politisch-kulturellen Reifungsprozesse und die Entwicklung hin zur *civil society* zu einem gewachsenen Selbstbewusstsein bisher „schweigend leidender" (Olson 1992: 163-164) Klientele, welche nunmehr den Quantensprung zur schlagkräftigen Formierung geschafft haben.[150] Patientenorganisationen, Vereinigungen zur Behindertenselbsthilfe schossen nun ebenso vermehrt aus dem Boden wie Verbraucherverbände, Umweltschutzorganisationen oder Gruppierungen ethnischer Minderheiten.

Auch auf indirektem Wege führt politisch-kulturelle Modernisierung zu einem Wachstum sozialer Organisationsfähigkeit. Denn sie bringt nun gehäuft die schon beschriebenen missionarisch veranlagten *politischen Unternehmer* auf den Plan, welche nach dem Muster *John Gardners* oder *Rupert Neudecks* Verbände gleichsam aus dem Boden stampfen und auch wie ein Unternehmen führen.[151] Sie übernehmen damit freiwillig und oft aus altruistischen Motiven die *Organisationskosten* und geben damit die organisatorische *Initialzündung* zur Formierung einer bisher nicht gesammelten Klientel bzw. vertreten sie als selbsternannte *Advokaten* (Skocpol 1999).

Auch die gewachsene *finanzielle Förderung* verbandlicher Organisation durch die öffentliche Hand und private Institutionen ist Produkt dieser Modernisierungsprozesse: Gerade bei nichtstaatlichen *Förderern* (Stiftungen etc.) dominieren *postmaterialistische* politisch-normative Motive, und diese selbsternannten *Patrone* messen die Güte moderner Demokratien vor allen Dingen an einer

---

[149] Vgl. dazu Kapitel IV, Abschnitt 3.
[150] Auch in anderen Ländern hat die Verbandsforschung entsprechende Entwicklungen diagnostiziert. Vgl. den Forschungsbericht von Winter/ Willems 2000.
[151] Vgl. dazu Abschnitt 2.1 weiter oben.

möglichst ausgewogenen Repräsentation und Artikulation sozialer Interessen (Walker 1983). Freilich hat diese Modernisierung auch ihre Schattenseiten. Denn ohne Zweifel ist simultan auch eine *Erosion bestimmter Formen sozialen Kapitals* zu diagnostizieren (Putnam 2000): Das traditionelle Vereinsleben leidet unter Mitgliederschwund oder der mangelnden Bereitschaft zur Übernahme von Ehrenämtern; organisierte Freizeitaktivitäten und Teamsport nehmen Schaden durch den wachsenden Rückzug ins Private und die Konzentration auf individualistische Hobbys; ganz generell schwindet die Bindungswirkung klassischer Verbandsorganisationen, welche es immer schwerer haben, eine hedonistisch motivierte und in erster Linie nach *Kosten-Nutzen-Kalkülen* handelnde Klientel dauerhaft an sich zu binden.

Doch gleichermaßen schlagen sich die Modernisierungsprozesse auch in einem *Boom neuer Organisationsformen* sozialen Kapitals nieder, welche der globalen Kritik an einer *Entsolidarisierung* zeitgenössischer Demokratien wieder viel Wind aus den Segeln nehmen: Selbsthilfegruppen schießen wie Pilze aus dem Boden, Bürgerinitiativen gegen Atomkraftwerke ebenso. Globalisierungsgegner formieren sich, und Tierschützer haben regen Zulauf. Nachhaltige Entwicklungspolitik interessiert eine wachsende Zahl von Interessenten, die Gleichstellung der Frau in der Gesellschaft ebenso. All diesen Boomsektoren ist ein konkreter *Zweckbezug* eigen, der zur generellen Motivationsstruktur des modernen Bürgers passt: Mitgliedschaft in Vereinen und Verbänden ist nicht mehr Selbstzweck oder aus Gründen der Tradition vorprogrammiert, wie dies in der Arbeiterbewegung oder im traditionellen lokalen Vereinsleben der Fall war. Heute werden Verbandsmitgliedschaften primär *zweck- und projektorientiert* gesucht, aber auch wieder beendet, wenn dieser Organisationsanreiz weggefallen ist (Putnam 2000: 48-64).

Sozialkapital ist infolgedessen mehr denn je in *variabler Form* organisiert und damit weniger klar fassbar. Kommunitaristischen Sozialkritikern mag diese Szenerie nach wie vor demokratieschädigend erscheinen, weil sie als gesellschaftliches Ideal ein klar konturiertes Gefüge stabiler Sozialgruppen vor Augen haben (Walzer 1993). Doch ein Anrennen gegen die sozialen Windmühlenflügel hat keinen Sinn: Die Modernisierung der Gesellschaft hat die Individualisierung im Gefolge, und die *Variabilität sozialkapitalistischer Organisation* auch als Chance zu sehen, weil der *Zweckbezug* von sozialer Gruppenformierung schneller auf neu entstehende Interessen- und Problemlagen einstellen hilft, sollte und muss die Folge sein.

Die Modernisierung der Demokratie führt darüber hinaus auch zu einer Änderung der *Motivationslage* von Verbänden und ihren Mitgliedern: Weniger denn je wird der Staat als Anstalt der Daseinsvorsorge gesehen, von welchem der 'Untertan' passiv-abwartend die nötigen allgemeinverbindlichen Vorgaben und Regelungen erwartet. Aktives, zweckbezogenes bürgerschaftliches Engagement impliziert demgegenüber nicht nur die klarer denn je artikulierte, aktive Forderung nach staatlichem Handeln, sondern auch die *Initiative zur Selbsthilfe* ohne staatliche Federführung. Moderne Patientenvereinigungen, Behindertengruppen, Tierschutzinitiativen oder Naturschutzverbände finden sich oft primär aus diesen Motiven zusammen, versuchen ihre Finanzierung über Mitgliedsbeiträge und staatliche Förderung hinaus durch privates Fundraising sicherzustellen und trachten danach, ihrem Organisationsinteresse *primär im Rahmen der eigenen verbandlichen Solidargemeinschaft* zum Erfolg zu verhelfen: Gerade die Vielzahl neuer Patienten- und Behindertengruppierungen sind oft als *Selbsthilfegemeinschaften* angelegt, in welchen man die Linderung der Probleme primär durch gegenseitige Hilfe sucht und der Ruf nach dem Staat – wohl auch aufgrund der begrenzten öffentlichen Haushaltsmittel – nur von sekundärer Bedeutung ist.

3.3 Wachsender Lerndruck auf das politische System und Zunahme der politischen Entscheidungskosten

Die kontinuierlich wachsende Heterogenität der Interessengruppenlandschaft lässt jedoch auch die Verarbeitungserfordernisse auf Seiten des Staates ständig steigen: Um allgemein verbindliche Entscheidungen von weitreichender Akzeptanz treffen zu können, ist eine möglichst ausgewogene Rezeption aller Inputs erforderlich, welche von organisierten Interessen in den politischen Entscheidungsprozess eingespeist werden. Gerade die Existenz verfestigter und exklusiver Politiknetzwerke, in welche privilegierte Verbände in neokorporatistischer Manier eingebunden sind und diesen damit systematische Wettbewerbsvorteile verschaffen,[152] vermindern die Lernfähigkeit eines politischen Systems nicht unwesentlich und führen oft zur Nichtberücksichtigung neu entstandener Interessenspektren und ihrer Vertretung.

Insbesondere *Mancur Olson* veranlasste dies zu einer Warnung vor den lähmenden Einflüssen mächtiger Verbandskartelle: „Verteilungskoalitionen [gemeint sind damit i.e.L. Interessengruppen, M.S.] verringern die Fähigkeit einer Gesellschaft, neue Technologien anzunehmen und eine Reallokation von Ressourcen als Antwort auf sich verändernde Bedingungen vorzunehmen, und damit verringern sie die Rate des ökonomischen Wachstums" (Olson 1991: 87). Durch ihre ausgeprägten Vetopotentiale verhinderten sie, so *Olson*, häufig politi-

---

[152] Vgl. dazu Kapitel I, Abschnitt 2.3.

sche Innovationen und reduzierten damit die gesamtgesellschaftliche Lernfähigkeit beträchtlich.

Weniger denn je dürften eng gefasste neokorporatistische Arrangements (Tripartismus in den Arbeitsbeziehungen, monopolartige Spitzenverbände, konzertierte Aktionen etc.) also für die Interessenvermittlung zwischen Staat und organisierten Interessen taugen, da sie aufgrund der immer weiter anwachsenden Heterogenität der Verbandslandschaft immer weniger dazu in der Lage sind, diese komplexe Gemengelage adäquat abzubilden: Die Gremien solcher Arrangements sind mehr denn je dazu verurteilt, eine verkürzende und verzerrte Auswahl von Interessenvertretern zu beinhalten, wie etwa die Zusammensetzung der *Konzertierten Aktion im deutschen Gesundheitswesen* zeigte.[153] Nicht zuletzt deshalb ist ihr Wirkungsgrad sehr gering geblieben. Eine pluralistische Auflockerung der Entscheidungsnetzwerke zwischen Staat und Gesellschaft ist daher unumgänglich, um der Heterogenität und der Pluralisierung moderner Verbandslandschaften gerecht zu werden und die öffentliche Hand nicht in die Gefahr geraten zu lassen, *pathologisch zu lernen*.[154]

Die Entscheidungskosten wachsen damit fraglos an. Der große Vorzug neokorporatistischer Arrangements bestand in der Vergangenheit trotz der beschriebenen Verkrustungsgefahr gerade darin, den Staat durch hierarchische, spitzenverbandliche Strukturen von der Aufgabe des Interessenausgleichs zu entlasten:[155] Die verbandlichen Verhandlungspartner der öffentlichen Hand präsentierten gleichsam auf dem Silbertablett den zuvor mit den eigenen Mitgliedsorganisationen ausgehandelten Kompromiss und ersparten es damit dem Staat, selbst nach einem kleinsten gemeinsamen Nenner der konfligierenden Interessen suchen zu müssen (Lehmbruch 1984b).

Die Zeiten haben sich geändert: Wo derlei neokorporatistische Gefüge durch verbandliche Pluralisierung erodieren, kann dieser Willensbildungsmodus nicht mehr befriedigend funktionieren geschweige denn Legitimität stiften. Die USA gerieten von jeher nicht in diese Gefahr, denn ihr traditionell pluralistisch-anarchisch gewebtes Verbandssystem hat das Entstehen neokorporatistischer Arrangements von Anfang an verhindert (Salisbury 1992b). Und insoweit ist für die Amerikaner kein kategoriales Umdenken bei der Organisation der Interessenvermittlung erforderlich, sondern 'nur' eine adäquate Ausdifferenzierung der ohnehin schon pluralistisch gewebten politischen Entscheidungsnetzwerke. In vielen neokorporatistisch geprägten Ländern Europas – und damit auch in Deutschland – ist dies anders: Hier wird sich die Erkenntnis erst zögernd durchsetzen, dass „the century of corporatism" (Schmitter 1974) nunmehr auch hier

---

[153] Vgl. dazu Kapitel III, Abschnitt 3.3.2.
[154] Vgl. zum Problem des pathologischen Lernens den *locus classicus* bei Deutsch 1973: 147.
[155] Vgl. auch Kapitel I, Abschnitt 2.3.

von einem Zeitalter des *organisierten Pluralismus* abgelöst werden wird, um den politischen Systemen ein Optimum an Lernfähigkeit zu sichern. Das ist unweigerlich mit einer kontinuierlichen Steigerung politischer Entscheidungskosten verbunden, doch dies ist der Preis der politisch-kulturellen Moderne.

Bibliographie

Abendroth, Wolfgang, 1997: Innerparteiliche und innerverbandliche Demokratie als Voraussetzung der politischen Demokratie, in: Seibel, Wolfgang u.a. (Hrsg.), Demokratische Politik – Analyse und Theorie. Politikwissenschaft in der Bundesrepublik Deutschland, Opladen/ Wiesbaden, 135-166.

Abromeit, Heidrun, 1989: Sind die Kirchen Interessenverbände?, in: Abromeit, Heidrun/ Wewer, Göttrik (Hrsg.), Die Kirchen und die Politik. Beiträge zu einem ungeklärten Verhältnis, Opladen, 244-260.

Abromeit, Heidrun, 1993: Interessenvermittlung zwischen Konkurrenz und Konkordanz. Studienbuch zur Vergleichenden Lehre politischer Systeme, Opladen.

Abromeit, Heidrun, 1997a: Selbständigenverbände, in: Andersen, Uwe/ Woyke, Wichard (Hrsg.), Handwörterbuch des politischen Systems der Bundesrepublik, a.a.O., 492.

Abromeit, Heidrun, 1997b: Unternehmerverbände, in: Andersen, Uwe/ Woyke, Wichard (Hrsg.), Handwörterbuch des politischen Systems der Bundesrepublik Deutschland, a.a.O., 574.

Adam, Hermann, 1979: Der Einfluß der Industrie- und Handelskammern auf die politische Willensbildung, Frankfurt a.M., New York.

Adam, Hermann, 1995: Wirtschaftspolitik und Regierungssystem der Bundesrepublik Deutschland. Eine Einführung, 3., aktualisierte Aufl., Bonn.

Adamy, Wilhelm/ Steffen, Johannes, 1985: Handbuch der Arbeitsbeziehungen, Bonn.

Aktuelle Formen des Korporatismus, 2000: Gutachten des Wissenschaftlichen Beirats beim Bundesminister für Wirtschaft und Technologie, in: Verbändereport, 4, Heft 6, 4-20.

Albach, Horst, 1989: Dienstleistungen in der modernen Industriegesellschaft, München.

Alemann, Ulrich von (Hrsg.), 1981: Neokorporatismus, Frankfurt a.M., New York.

Alemann, Ulrich von, 1985: Der Wandel organisierter Interessen in der Bundesrepublik. Erosion oder Transformation? in: Aus Politik und Zeitgeschichte, B 49, 3-21.

Alemann, Ulrich von, 1989: Organisierte Interessen in der Bundesrepublik (unter Mitarbeit von Reiner Fonteyn und Hans-Jürgen Lange), 2., durchges. Aufl., Opladen.

Alemann, Ulrich von, 1993: Organisierte Interessen in der Bundesrepublik. Reflexionen zu ihrer politikwissenschaftlichen Rezeption und politischen Perzeption, in: Kleinfeld, Ralf/ Luthardt, Wolfgang (Hrsg.), Westliche Demokratien und Interessenvermittlung. Beiträge zur aktuellen Entwicklung nationaler Parteien- und Verbändesysteme, Marburg, 160-179.

Alemann, Ulrich von, 1996: Interessenverbände (Informationen zur politischen Bildung, Heft 253), Bonn.

Alemann, Ulrich von, 2000a: Das Parteiensystem der Bundesrepublik Deutschland, Bonn.

Alemann, Ulrich von, 2000b: Vom Korporatismus zum Lobbyismus? Die Zukunft der Verbände zwischen Globalisierung, Europäisierung und Berlinisierung, in: Aus Politik und Zeitgeschichte, B 26-27, 3-6.

Alemann, Ulrich von/ Heinze, Rolf G., 1979a: Verbändepolitik und Verbändeforschung in der Bundesrepublik, in: dies. (Hrsg.), Verbände und Staat. Vom Pluralismus zum Korporatismus. Analysen, Positionen, Dokumente, Opladen, 12-37.

Alemann, Ulrich von/ Heinze, Rolf G., 1979b: Auf dem Weg zum liberalen Ständestaat? Einführung in die Korporatismusdiskussion, in: dies. (Hrsg.), Verbände und Staat. Vom Pluralismus zum Korporatismus. Analysen, Positionen, Dokumente, Opladen, 38-49.

Alemann, Ulrich von/ Weßels, Bernhard (Hrsg.), 1997: Verbände in vergleichender Perspektive. Beiträge zu einem vernachlässigten Feld, Berlin.

Almond, Gabriel A. (Hrsg.), 1980: The Civic Culture Revisited. An Analytic Study, Boston.

Almond, Gabriel A./ Verba, Sidney, 1963: The Civic Culture: Political Attitudes and Democracy in Five Nations, Princeton.

Andersen, Uwe/ Woyke, Wichard (Hrsg.), 1997: Handwörterbuch des politischen Systems der Bundesrepublik Deutschland, 3., völlig überarb. und aktual. Aufl., Bonn.

André, Günter, 1993: Die Professionalisierung in der öffentlichen Sozial- und Altersfürsorge, Konstanz.

Angerhausen, Susanne, 2003: Radikaler Organisationswandel. Wie die „Volkssolidarität" die deutsche Vereinigung überlebte, Opladen.

Anheier, Helmut K./ Priller, Eckhard/ Zimmer, Annette, 2000: Zur zivilgesellschaftlichen Bedeutung des Dritten Sektors, in: Klingemann, Hans-Dieter/ Neidhardt, Friedhelm (Hrsg.), Zukunft der Demokratie. Herausforderungen im Zeitalter der Globalisierung, WZB-Jahrbuch, Berlin, 71-98.

Arbeitsamt online, 2003: Website der Bundesanstalt für Arbeit, http://www.arbeitsamt.de (13.03.).

Armingeon, Klaus, 1988: Die Entwicklung der westdeutschen Gewerkschaften 1950-1985, Frankfurt a.M., New York.

Armingeon, Klaus, 1994: Staat und Arbeitsbeziehungen. Ein internationaler Vergleich, Opladen.

Arnim, Hans Herbert von, 1977: Gemeinwohl und Gruppeninteressen. Die Durchsetzungsschwäche allgemeiner Interessen in der pluralistischen Demokratie. Ein Beitrag zu verfassungsrechtlichen Grundfragen der Wirtschaftsordnung, Frankfurt a.M.

Artus, Ingrid, 2001: Krise des deutschen Tarifsystems. Die Erosion des Flächentarifvertrags in Ost und West, Wiesbaden.

Asshoff, Gregor, 2003: Die innere Rechtsverfassung der Gewerkschaften, in: Schroeder, Wolfgang/ Weßels, Bernhard (Hrsg.), Die Gewerkschaften in Politik und Gesellschaft der Bundesrepublik Deutschland. Ein Handbuch, Wiesbaden, 204-232.

Backhaus-Maul, Holger, 1992: Wohlfahrtsverbände in den neuen Bundesländern. Anmerkungen zum Stand der Wohlfahrtsverbändeforschung im deutschen Einigungsprozeß, in: Eichener, Volker u.a. (Hrsg.), Organisierte Interessen in Ostdeutschland, 2 Halbbände, Marburg, 2. Halbband, 359-381.

Backhaus-Maul, Holger, 2000: Wohlfahrtsverbände als korporative Akteure, in: Aus Politik und Zeitgeschichte, B 26-27, 22-30.

Badelt, Christoph, 1997: Handbuch der Non-Profit-Organisationen, Wien.

Bain, George S./ Elsheikh, Farouk, 1976: Union Growth and the Business Cycle, Oxford.

Bammerlin, Ralf, 1998: Umweltverbände in Deutschland. Herausforderung zum Wandel in Zeiten des Leitbildes nachhaltiger Entwicklung, München.

Bandelow, Nils C., 1998: Gesundheitspolitik. Der Staat in der Hand einzelner Interessengruppen? Probleme, Erklärungen, Reformen, Opladen.

Bauer, Jürgen, 1991, Aktivitäten des BDI in den neuen Bundesländern, in: Aus Politik und Zeitgeschichte, B 13, 12-19.

Beck, Hans Jürgen, 1993: Modernisierung und Reform des DGB. Ansprüche, Ziele, Wege und Stationen, in: Leif, Thomas/ Klein, Ansgar/ Legrand, Hans-Josef (Hrsg.), Reform des DGB. Herausforderungen, Aufbruchspläne und Modernisierungskonzepte, Köln, 31-40.

Beck, Ulrich, 1986: Risikogesellschaft. Auf dem Weg in eine andere Moderne, Frankfurt a.M.

Behaghel, Katrin, 1994: Kostendämpfung und ärztliche Interessenvertretung: Ein Verbandssystem unter Streß, Frankfurt a.M., New York.

Behr, Karin/ Liebig, Reinhard/ Rauschenbach, Thomas, 2001: Vom Motivations- zum Strukturwandel. Analysen zum Ehrenamt in einer sich verändernden Umwelt, in: Heinze, Rolf G./ Olk, Thomas (Hrsg.), Bürgerengagement in Deutschland: Bestandsaufnahme und Perspektiven, Opladen, 255-281.

Behrends, Sylke, 2001: Neue politische Ökonomie. Systematische Darstellung und kritische Beurteilung ihrer Entwicklungslinien, München.

Beirat Innere Führung, 2002: Verteidigungsminister Scharping beruft den 11. Beirat für Fragen der Inneren Führung, Berlin, 12.04., http://www.bmvg.de/presse/ print/057.php.

Bell, Daniel, 1989: Die nachindustrielle Gesellschaft. Aus dem Amerikanischen von Siglinde Summerer und Gerda Kurz, Frankfurt a.M., New York (erstm. 1973).

Bender, Gunnar/ Reulecke, Lutz, 2003: Handbuch des deutschen Lobbyisten. Wie ein modernes und transparentes Politikmanagement funktioniert. Unter Mitarbeit von Martin David Ledwon, Frankfurt a.M.

Bentele, Günter/ Liebert, Tobias/ Vogt, Michael (Hrsg.), 2001: PR für Verbände und Organisationen. Fallbeispiele aus der Praxis, Neuwied, Kriftel.

Benz, Arthur, 1995: Politiknetzwerke in der horizontalen Politikverflechtung, in: Jansen, Dorothea/ Schubert, Klaus (Hrsg.), Netzwerke und Politikproduktion. Konzepte, Methoden, Perspektiven, Marburg, 185-204.

Berger, Peter A., 1986: Entstrukturierte Klassengesellschaft. Klassenbildung und Strukturen sozialer Ungleichheit im Wandel, Opladen.

Bergius, Michael, 2002: Im Bremser-Häuschen möchte Fischler nicht sitzen. EU-Kommissar sieht reichlich Spielraum für die von Künast proklamierte Agrarwende, in: Frankfurter Rundschau, 15.01., 9.

Berry, Jeffrey M., 1997: The Interest Group Society, 3. Aufl., New York u.a.

Berthold, Norbert/ Hank, Rainer, 1999: Bündnis für Arbeit. Korporatismus statt Wettbewerb, Tübingen.

Best, Heinrich (Hrsg.), 1993: Vereine in Deutschland. Vom Geheimbund zur freien gesellschaftlichen Organisation. Mit einer Literatur- und Forschungsdokumentation von Helmut M. Artus, Bonn.

Bethusy-Huc, Viola Gräfin von, 1987: Interessenverbände und Interessengruppen, Bonn (Informationen zur politischen Bildung, Nr. 217).

Bethusy-Huc, Viola Gräfin, 1990: Verbände, in: Gerlach, Irene/ Robert, Rüdiger (Hrsg.), Innenpolitik der Bundesrepublik Deutschland, Münster, 141-161.

Beyme, Klaus von, 1980: Interessengruppen in der Demokratie, 5., völlig umgearbeitete Aufl., München.

Beyme, Klaus von, 1984: Der Neokorporatismus – Neuer Wein in alte Schläuche?, in: Geschichte und Gesellschaft. Zeitschrift für Historische Sozialwissenschaft, 10, 211-233.

Beyme, Klaus von, 1997: Der Gesetzgeber. Der Bundestag als Entscheidungszentrum, Opladen.

Beyme, Klaus von, 2000: Zivilgesellschaft - Von der vorbürgerlichen zur nachbürgerlichen Gesellschaft?, in: Merkel, Wolfgang (Hrsg.), Systemwechsel 5. Zivilgesellschaft und Transformation, Opladen, 51-70.

Birkhölzer, Karl/ Kistler, Ernst/ Mutz, Gerd (Hrsg.), 2004: Der Dritte Sektor. Partner für Wirtschaft und Arbeitsmarkt, Wiesbaden.

Birkhölzer, Karl/ Klein, Ansgar/ Zimmer, Annette (Hrsg.), 2004: Dritter Sektor/ Drittes System. Theorie, Funktionswandel und zivilgesellschaftliche Perspektiven, Wiesbaden.

Birnbaum, Jeffrey H., 1998: Kings of K Street, in: Fortune Magazine, 07.12., 137.

Blank, Michael, 1996: Die Tarifzuständigkeit der DGB-Gewerkschaften, Baden-Baden.

Blanke, Thomas, 2003: Koalitionsfreiheit und Tarifautonomie: Rechtliche Grundlagen und Rahmenbedingungen der Gewerkschaften in Deutschland, in: Schroeder, Wolfgang/ Weßels, Bernhard (Hrsg.), Die Gewerkschaften in Politik und Gesellschaft der Bundesrepublik Deutschland. Ein Handbuch, Wiesbaden, 144-173.

Bleses, Peter/ Vetterlein, Antje, 2002: Gewerkschaften ohne Vollbeschäftigung, Wiesbaden.

Blümle, Ernst-Bernd/ Schwarz, Peter (Hrsg.), 1985: Wirtschaftsverbände und ihre Funktion. Schwerpunkte der Verbandsforschung, Darmstadt.

Bock, Andreas, 2003: Der Kitt der Gesellschaft, in: Süddeutsche Zeitung vom 10. Februar, 8.

Boeßenecker, Karl-Heinz, 1998: Spitzenverbände der freien Wohlfahrtspflege in der BRD, Münster.

Boeßenecker, Karl-Heinz, 1999: Ehrenamt und Wohlfahrtsverbände, in: Soziale Arbeit. Deutsche Zeitschrift für soziale und sozialverwandte Gebiete, 48, Heft 3, 87-93.

Böhret, Carl, 1973: Institutionalisierte Einflusswege in der Weimarer Republik, in: Varain, Heinz Josef (Hrsg.), Interessenverbände in Deutschland, Köln, 216-304.

Boll, Friedhelm, 2003: Streik und Aussperrung, in: Schroeder, Wolfgang/ Weßels, Bernhard (Hrsg.), Die Gewerkschaften in Politik und Gesellschaft der Bundesrepublik Deutschland. Ein Handbuch, Wiesbaden, 478-510.

Bracher, Karl Dietrich, 1993: Die deutsche Diktatur. Entstehung, Struktur, Folgen des Nationalsozialismus, 7. Aufl., Köln.

Breitling, Rupert, 1955: Die Verbände in der Bundesrepublik, Meisenheim am Glan.

Brinkmann, Heinz U., 1984: Public Interest Groups im politischen System der USA, Opladen.

Broichhausen, Klaus, 1982: Knigge und Kniffe für die Lobby in Bonn, München.

Buchanan, James M./ Tollison, Robert D./ Tullock, Gordon (Hrsg.), 1980: Toward a Theory of the Rent-Seeking Society, College Station.

Buchbender, Ortwin u.a., 2000: Wörterbuch zur Sicherheitspolitik mit Stichworten zur Bundeswehr, 4. vollst. überarb. Aufl., Hamburg u.a.

Buchholz, Edwin H., 1970: Interessen – Gruppen – Interessentengruppen. Elemente einer wirtschaftssoziologischen Organisationslehre unter besonderer Berücksichtigung der deutschen Verbandsforschung, Tübingen.

Buchholz, Edwin, 1969: Wirtschaftsverbände in der Wirtschaftsgesellschaft, Tübingen.

Buchstein, Hubertus/ Göhler, Gerhard (Hrsg.), 2000: Vom Sozialismus zum Pluralismus. Beiträge zu Werk und Leben Ernst Fraenkels, Baden-Baden.

Bühl, Walter L., 1984: Die Ordnung des Wissens, Berlin.

Buholzer, René P., 1998: Legislatives Lobbying in der Europäischen Union. Ein Konzept für Interessengruppen, Bern, Stuttgart, Berlin.

Bührer, Werner, 2000: Auf dem Weg zum Korporatismus. Der Bundesverband der Deutschen Industrie in zeitgeschichtlicher Perspektive, in: Bührer, Werner/ Grande, Edgar (Hrsg.), Unternehmerverbände und Staat in Deutschland, Baden-Baden, 43-52.

Bührer, Werner/ Grande, Edgar (Hrsg.), 2000: Unternehmerverbände und Staat in Deutschland, Baden-Baden.

Burgmer, Inge M., 1999: Die Zukunft der Wirtschaftsverbände – Am Beispiel des Bundesverbandes der Deutschen Industrie e.V., Bonn.

Burgmer, Inge M., 2001: Die Interessenvertreter formieren sich neu. Zu den Perspektiven des Lobbyismus in Berlin. Plädoyer für einen komplementären Ansatz, in: Verbändereport, 5, Heft 3, 20-22.

Burhoff, Detlef, 2000: Vereinsrecht. Ein Leitfaden für Vereine und ihre Mitglieder, 4. Aufl., Herne, Berlin.

Büschges, Günter, 1981: Einführung in die Organisationssoziologie, Hagen.

Castles, Francis G., 1967: Pressure Groups and Political Culture: A Comparative Study, London, New York.

Celsi, Teresa, 1991: Ralph Nader: The Consumer Revolution, Brookfield/ CT.

Claudius, Thomas/ Stepan, Franz, 1978: Amnesty International: Porträt einer Organisation, 3., um einen Nachtrag erweiterte Aufl., München, Wien.

Corbett, Richard/ Jacobs, Francis/ Shackleton, Michael, 2000: The European Parliament, 4. Aufl., London.

Cornelsen, Dirk, 1991: Anwälte der Natur. Umweltschutzverbände in Deutschland, München.

Creveld, Martin van, 1999: Aufstieg und Untergang des Staates. Aus dem Englischen von Klaus Fritz und Norbert Juraschitz, München.

Czada, Roland, 1994: Konjunkturen des Korporatismus: Zur Geschichte eines Paradigmenwechsels in der Verbändeforschung, in: Streeck, Wolfgang (Hrsg.), Staat und Verbände (PVS-Sonderheft 25), Opladen, 37-64.

Czada, Roland, 1995: Administrative Interessenvermittlung. Staat und Verbände in der kerntechnischen Sicherheitsregulierung. Ein deutsch-amerikanischer Vergleich, Opladen.

Czada, Roland, 1996: Korporatismus/Neo-Korporatismus, in: Nohlen, Dieter (Hrsg.), Wörterbuch Staat und Politik, Bonn, 365-370.

Czada, Roland, 2000: Dimensionen der Verhandlungsdemokratie. Konkordanz, Korporatismus, Politikverflechtung, Hagen.

Czada, Roland/ Lehmbruch, Gerhard (Hrsg.), 1998: Transformationspfade in Ostdeutschland. Beiträge zur sektoralen Vereinigungspolitik, Frankfurt a.M., New York.

Detjen, Joachim, 1988: Neopluralismus und Naturrecht. Zur politischen Philosophie der Pluralismustheorie, Paderborn u.a.

Deutsch, Karl, 1973: Politische Kybernetik. Modelle und Perspektiven, 3., unveränd. Aufl., Freiburg i.B.

Deutsche Shell (Hrsg.), 2002: Jugend 2002. 14. Shell Jugendstudie, Frankfurt a.M.

Deutscher Bundestag, 2002: Bürgerschaftliches Engagement auf dem Weg in eine zukunftsfähige Bürgergesellschaft. Bericht der Enquete-Kommission „Zukunft des Bürgerschaftlichen Engagements", Drucksache 14/8900, 03.06.

Deutscher Gewerkschaftsbund (Hrsg.), 1978: Gewerkschaften und Mitbestimmung. Eine Referentenleitfaden aus dem Curriculumprojekt „Mitbestimmung und politische Bildung" des DGB, Düsseldorf.

Devries, Uta, 1998: Amnesty International gegen Folter. Eine kritische Bilanz, Frankfurt a.M.

DGVM, 2003: verband.info. Verbände in Deutschland. Hrsg. von der Deutschen Gesellschaft für Verbandsmanagement, Essen.

Dieckmann, Jochen, 1999: Die Städte im Bundesstaat, in: Wollmann, Hellmut/ Roth, Roland (Hrsg.), Kommunalpolitik. Politisches Handeln in den Gemeinden, Opladen, 292-305.

DIN, 2003: Website des DIN, http://www2.din.de (17.03.).

Downs, Anthony, 1968: Ökonomische Theorie der Demokratie, Tübingen.

Ebbinghaus, Bernhard, 2003: Die Mitgliederentwicklung deutscher Gewerkschaften im historischen und internationalen Vergleich, in: Schroeder, Wolfgang/ Weßels, Bernhard (Hrsg.), Die Gewerkschaften in Politik und Gesellschaft der Bundesrepublik Deutschland. Ein Handbuch, Wiesbaden, 174-203.

Eichener, Volker u.a. (Hrsg.), 1992, Organisierte Interessen in Ostdeutschland, 2 Halbbände, Marburg.

Eichener, Volker/ Voelzkow, Helmut (Hrsg.), 1994: Europäische Integration und verbandliche Interessenvermittlung, Marburg.

Eichener, Volker/ Voelzkow, Helmut, 1992: Behauptung einer ostdeutschen Altorganisation gegen die Konkurrenz aus dem Westen: Berufsständische Organisationen der Ingenieure, in: Eichener, Volker u.a. (Hrsg.), Organisierte Interessen in Ostdeutschland, 2 Halbbände, Marburg, 1. Halbband, 249-265.

Eisfeld, Rainer, 1996: Pluralismus/Pluralismustheorie, in: Nohlen, Dieter (Hrsg.), Wörterbuch Staat und Politik, Bonn, 537-542.

Eising, Rainer, 2001: Interessenvermittlung in der Europäischen Union, in: Reutter, Werner/ Rütters, Peter (Hrsg.), Verbände und Verbandssysteme in Westeuropa, Opladen, 453-476.

Ellwein, Thomas, 1985: Die großen Interessenverbände und ihr Einfluss, in: Blümle, Ernst Bernd/ Schwarz, Peter (Hrsg.), Wirtschaftsverbände und ihre Funktion, Darmstadt, 239-277.

Ellwein, Thomas, 1987: Das Regierungssystem der Bundesrepublik Deutschland, 6. Aufl., Opladen.

Erdmann, Yvonne, 1992: Aufbau und Entwicklung von Ärzteverbänden in Ostdeutschland, in: Eichener, Volker u.a. (Hrsg.), Organisierte Interessen in Ostdeutschland, 2 Halbbände, Marburg, 2. Halbband, 319-357.

Eschenburg, Theodor, 1963: Herrschaft der Verbände?, 2. Aufl., Stuttgart (erstm. 1955).

Eschenburg, Theodor, 1989: Das Jahrhundert der Verbände. Lust und Leid organisierter Interessen in der deutschen Politik, Berlin.

Ettl, Wilfried/ Heikenroth, A., 1996: Strukturwandel, Verbandsabstinenz, Tarifflucht: Zur Lage der Unternehmen und Arbeitgeberverbände im ostdeutschen verarbeitenden Gewerbe, in: Industrielle Beziehungen, 3, 134-153.

Ettl, Wilfried, 1995: Arbeitgeberverbände als Transformationsakteure: Organisationsentwicklung und Tarifpolitik im Dilemma von Funktionalität und Repräsentativität, in: Wiesenthal, Helmut (Hrsg.), Einheit als Interessenpolitik. Studien zur sektoralen Transformation Ostdeutschlands, Frankfurt a.M., New York, 34-94.

Etzioni, Amitai, 1975: Die aktive Gesellschaft, Opladen.

Etzioni, Amitai, 1997: Die Verantwortungsgesellschaft. Individualismus und Moral in der heutigen Demokratie, Frankfurt a.M.

Europäische Kommission, 1996: Verzeichnis der Interessenverbände, Luxemburg.

Famulla, Gerd-E., 1990: Zum Wandel von Arbeit und Ökonomie, in: Cremer, Will/ Klein, Ansgar (Red.), Umbrüche in der Industriegesellschaft. Herausforderungen für die politische Bildung, Bonn, 51-72.

Feldenkirchen, Markus, 2003: Sie wollen nicht die bösen Buben sein. Lobbyismus in Berlin, in: Das Parlament, 53, Nr. 1-2, 9.

Fichter, Michael/ Reister, Hugo, 1996: Die Gewerkschaften, in: Niedermayer, Oskar (Hrsg.), Intermediäre Strukturen in Ostdeutschland, Opladen 1996, 309-333.

Fischer, Wolfram, 1973: Staatsverwaltung und Interessenverbände im Deutschen Reich 1871-1914, in: Varain, Heinz Josef (Hrsg.), Interessenverbände in Deutschland, Köln, 139-161.

Forax, Christophe, 1999: Tips zum Lobbying bei EU-Institutionen, in: Verbändereport, 3, Heft 4, 34-38.

Forkel, Sandra/ Schwarzmeier, Manfred, 2000: „Who's doing you?" Amerikas Weg in die „Consultant Democracy", in: Zeitschrift für Parlamentsfragen, 31, 857-871.

Fourastié, Jean, 1954: Die große Hoffnung des zwanzigsten Jahrhunderts, 3. Aufl., Köln (erstm. 1949).

Fraenkel, Ernst, 1964: Der Pluralismus als Strukturelement der freiheitlich-rechtsstaatlichen Demokratie, München, Berlin.

Fraenkel, Ernst, 1979: Deutschland und die westlichen Demokratien, 7. Aufl., Stuttgart u.a. (erstm. 1964).

Fritzler, Marc/ Unser, Günther, 1998: Die Europäische Union, Bonn.

Fuchs, Karl-Detlev, 1982: Die Normung im Bereich der Arbeitsgestaltung – ein Beispiel für die Verflechtung von Staat und Wirtschaft, in: Gessner, Volkmar/ Winter, Gerd (Hrsg.), Rechtsformen der Verflechtung von Staat und Wirtschaft. Jahrbuch für Rechtssoziologie und Rechtstheorie, Bd. 8, Opladen, 232-239.

Fürstenberg, Friedrich, 2002: Welfare corporatism in transition. A German-Japanese comparison, in: Teichler, Ulrich/ Trommsdorff, Gisela (Hrsg.), Challenges of the 21. Century in Japan and Germany, Lengerich, 27-36.

Gallas, Andreas, 1994: Politische Interessenvertretung von Arbeitslosen. Eine theoretische und empirische Analyse, Köln.

Geißler, Rainer, 1992: Die Sozialstruktur Deutschlands. Ein Studienbuch zur gesellschaftlichen Entwicklung im geteilten und vereinten Deutschland, Bonn.

Gibowski, Wolfgang G., 2000: Social Change and the Electorate: An Analysis of the 1998 *Bundestagswahl,* in: Padgett, Stephen/ Saalfeld, Thomas (Hrsg.), *Bundestagswahl* '98. End of an Era?, London, Portland/ OR, 10-32.

Gierke, Otto von, 1954: Das Wesen der menschlichen Verbände, Darmstadt (erstm. 1902).

Glaab, Manuela/ Korte, Karl-Rudolf, 1999: Politische Kultur, in: Weidenfeld, Werner/ Korte, Karl-Rudolf (Hrsg.), Handbuch zur deutschen Einheit 1949-1989-1999. Neuausgabe 1999, Bonn, 642-650.

Görtemaker, Manfred, 1986: Deutschland im 19. Jahrhundert. Entwicklungslinien, 2., durchges. Aufl., Bonn.

Gottmann, Jean, 1973: Megalopolis. The Urbanized Northeastern Seaboard of the United States, 6. Aufl., Cambridge (Mass.) (erstm.1961).

Grande, Edgar, 1996: Das Paradox der Schwäche: Forschungspolitik und die Einflußlogik europäischer Politikverflechtung, in: Markus Jachtenfuchs/ Beate Kohler-Koch (Hrsg.), Europäische Integration, Opladen, 373-399.

Grande, Edgar, 2000: Multi-Level Governance: Institutionelle Besonderheiten und Funktionsbedingungen des europäischen Mehrebenensystems, in: Edgar Grande/ Markus Jachtenfuchs (Hrsg.), Wie problemlösungsfähig ist die EU? Regieren im europäischen Mehrebenensystem, Baden-Baden, 11-30.

Graßmuck, Jochem/ Heller, Wedo, 1986: Inner- und überbetriebliche Normung - Gegensatz oder gegenseitige Ergänzung?, in: DIN-Mitteilungen, 65, 561-565.

Grebing, Helga, 1992: Das Verhältnis von Linksparteien und Gewerkschaften in Europa, in: Gewerkschaftliche Monatshefte, 43, 247-254.

Greenwood, Justin, 1997: Representing Interests in the European Union, New York.

Greenwood, Justin, 2003: Interest Representation in the EU, Basingstoke.

Greenwood, Justin/ Thomas, Clive S., 1998: Introduction: Regulating Lobbying in the Western World, in: Parliamentary Affairs, 51, 487-499.

Groschmann, Klaus, 2001: Tagungen inszenieren! Verbände gehören zu den wichtigsten Trägern des Tagungsgeschäfts – aber sie können den Erfolg der Veranstaltungen noch deutlich verbessern, in: Verbändereport, 5, Heft 6, 20-24.

Groser, Manfred, 1992: Gemeinwohl und Ärzteinteressen – Die Politik des Hartmann-bundes, in: Mayntz, Renate (Hrsg.), Verbände zwischen Mitgliederinteressen und Gemeinwohl, Gütersloh, 162-210.

Gruber, Stephan, 1986: Verbraucherinformation durch Gütezeichen, Köln u.a.

Gütegemeinschaft für Blitzschutzanlagen, 2002: RAL Gütegemeinschaft für Blitzschutz-anlagen e.V., http://www.blitzschutz.com/ral (18.12.).

Gütegemeinschaft Tapete, 2002: Gütegemeinschaft Tapete e.V., http://www.tapeten-institut.de/guetgem/default.htm (18.12.).

Hackenbroch, Rolf, 2001: Verbändekommunikation, in: Bentele, Günter/ Liebert, Tobias/ Vogt, Michael (Hrsg.), PR für Verbände und Organisationen. Fallbeispiele aus der Praxis, Neuwied, Kriftel, 3-14.

Hacket, Anne/ Mutz, Gerd, 2002: Empirische Befunde zum bürgerschaftlichen Engage-ment, in: Aus Politik und Zeitgeschichte, B 9, 39-46.

Hahn, Ekhart, 1985: Zukunft der Städte. Chancen urbaner Entwicklung, Frankfurt a.M. u.a.

Halfmann, Jost, 1996: Makrosoziologie der modernen Gesellschaft. Eine Einführung in die soziologische Beschreibung makrosozialer Probleme, Weinheim, München.

Hanau, Peter u.a., 1994: Gestaltung einer Gewerkschaftsfusion (IG Bergbau und Energie, IG Chemie-Papier-Keramik, Gewerkschaft Leder), in: Arbeit und Recht, 42, 205-214.

Hanning, August, 1976: Umweltschutz und überbetriebliche technische Normung, Köln u.a.

Hardtwig, Wolfgang, 1997: Genossenschaft, Sekte, Verein in Deutschland. Band I. Vom Spätmittelalter bis zur Französischen Revolution, München.

Harnoß, Hans, 1970: Parlamentarische Demokratie und Verbände in der Bundesrepublik Deutschland, in: Verbände und Herrschaft. Pluralismus in der Gesellschaft (Hand-bücher der Politischen Akademie Eichholz, Bd. 3), Bonn, 63-114.

Hartmann, Jürgen, 1985: Verbände in der westlichen Industriegesellschaft. Ein internati-onal vergleichendes Handbuch, Frankfurt a.M.

Hartmann, Jürgen, 1994: Interessenverbände, in: Gabriel, Oscar W./ Brettschneider, Frank (Hrsg.), Die EU-Staaten im Vergleich. Strukturen, Prozesse, Politikinhalte, 2., überarb. und erw. Aufl., Bonn (Bundeszentrale für politische Bildung), 258-278.

Hassel, Anke, 2000: Bündnisse für Arbeit: Nationale Handlungsfähigkeit im europäischen Regimewettbewerb, in: Politische Vierteljahresschrift, 41, 498-524.

Hayes, Michael T., 1981: Lobbyists and Legislators: A Theory of Political Markets, New Brunswick/ NJ.

Heinze, Rolf G. u.a., 1992: Verbandspolitik zwischen Partikularinteressen und Gemein-wohl – der Deutsche Bauernverband, Gütersloh.

Heinze, Rolf G., 1981: Verbändepolitik und „Neokorporatismus": Zur politischen Soziologie organisierter Interessen. Mit einem Vorwort von Claus Offe, Opladen.

Heinze, Rolf G., 1984: Entlastung des Staates durch verbandliche Selbstregulierung? Zum Steuerungspotential Freier Träger in der Sozialpolitik, in: Falter, Jürgen W./ Fenner, Christian/ Greven, Michael Th. (Hrsg.), Politische Willensbildung und Interessenvermittlung. Verhandlungen der Fachtagung der DVPW vom 11.-13. Oktober 1983 in Mannheim, Opladen, 527-538.

Heinze, Rolf G., 1997: Bauernverband, in: Andersen, Uwe/ Woyke, Wichard (Hrsg.), Handwörterbuch des politischen Systems der Bundesrepublik Deutschland, 28-29.

Heinze, Rolf G., 2002: Die Berliner Räterepublik. Viel Rat – wenig Tat?, Wiesbaden.

Heinze, Rolf G./ Schmid, Josef/ Voelzkow, Helmut, 1997: Wirtschaftliche Transformation und Governance. Der Beitrag der Verbände zum industriestrukturellen Wandel in Ostdeutschland, in: Corsten, Michael/ Voelzkow, Helmut (Hrsg.), Transformation zwischen Markt, Staat und Drittem Sektor, Marburg, 211-236.

Heinze, Rolf G./ Voelzkow, Helmut, 1992: Der Deutsche Bauernverband und das „Gemeinwohl", in: Renate Mayntz (Hrsg.), Verbände zwischen Mitgliederinteressen und Gemeinwohl, Gütersloh, 122-161.

Heinze, Rolf G./ Voelzkow, Helmut, 1997: Interessengruppen, in: Andersen, Uwe/ Woyke, Wichard (Hrsg.), Handwörterbuch des politischen Systems der Bundesrepublik Deutschland, Opladen, 226-230.

Heisele, Stephanie, 2002: Runde Tische, Räte, Kommissionen – mächtige außerparlamentarische „Politikgestalter"? Merkmale, Funktionalität und Einfluss von Gremien der Regierung Gerhard Schröders im Hinblick auf gesetzgeberische Entscheidungen und ihre mediale Darstellung. Das Beispiel „Zuwanderungskommission", Magisterarbeit, Universität Passau.

Hendler, Reinhard, 1984: Selbstverwaltung als Ordnungsprinzip. Zur politischen Willensbildung und Entscheidung im demokratischen Verfassungsstaat der Industriegesellschaft, Köln u.a.

Henkys, Reinhard/ Jauch, Ernst-Alfred, 1985: Kirchen, in: Bundesministerium für innerdeutsche Beziehungen (Hrsg.), DDR-Handbuch, 3., überarb. und erw. Aufl., 2 Bde., Köln, Bd. 1, 715-728.

Henneberger, Fred, 1994: Arbeitgeber- und Wirtschaftsverbände in den neuen Bundesländern: Konfliktlinien und Organisationsprobleme, in: Schmid, Josef/ Löbler, Frank/ Tiemann, Heinrich (Hrsg.), Organisationsstrukturen und Probleme von Parteien und Verbänden. Berichte aus den neuen Ländern, Marburg, 119-147.

Henninger, Armin, 1986: Konfliktfähigkeit organisierter Interessen. Am Beispiel ärztlicher Organisationen, Frankfurt a.M.

Hesselberger, Dieter (unter Mitarbeit von Helmut Nörenberg), 1990: Das Grundgesetz. Kommentar für die politische Bildung, 7., verb. Aufl., Bonn.

Hey, Christian/ Brendle, Ulrich, 1994: Umweltverbände und EG. Strategien, Politische Kulturen und Organisationsformen, Opladen.

Himmelmann, Gerhard, 1983: Interessen und Gesellschaftsstrukturen, in: von Alemann, Ulrich/ Forndran, Erhard (Hrsg.), Interessenvermittlung und Politik, Opladen, 11-66.

Himmelmann, Gerhard, 2000: Tarifautonomie, in: Andersen, Uwe/ Woyke, Wichard (Hrsg.), Handwörterbuch des politischen Systems der Bundesrepublik Deutschland, 4., völlig überarb. Aufl., Bonn, 588-590.

Hirner, Manfred, 1993: Der Deutsche Bundestag im Netzwerk organisierter Interessen, in: Herzog, Dietrich/ Rebenstorf, Hilke/ Weßels, Bernhard (Hrsg.), Parlament und Gesellschaft. Eine Funktionsanalyse der repräsentativen Demokratie, Opladen, 138-183.

Hirscher, Gerhard/ Korte, Karl-Rudolf (Hrsg.), 2003: Information und Entscheidung. Kommunikationsmanagement der politischen Führung, Wiesbaden.

Hirschman, Albert O., 1974: Abwanderung und Widerspruch, Tübingen.

Höffe, Otfried, 1999: Demokratie im Zeitalter der Globalisierung, München.

Höflacher, Stefan, 1999: Wird ehrenamtliche Tätigkeit im Non-Profit-Sektor durch zunehmende Professionalisierung verdrängt?, in: Witt, Dieter/ Blümle, Ernst-Bernd/ Schauer, Reinbert/ Anheier, Helmut K. (Hrsg.), Ehrenamt und Modernisierungsdruck in Nonprofit-Organisationen. Eine Dokumentation, Wiesbaden, 51-63.

Homann, Karl/ Suchanek, Andreas, 1992: Grenzen der Anwendbarkeit einer „Logik des kollektiven Handelns", in: Schubert, Klaus (Hrsg.), Leistungen und Grenzen politisch-ökonomischer Theorie. Eine kritische Bestandsaufnahme zu Mancur Olson, Darmstadt, 13-27.

Horch, Heinz-Dieter, 1992: Geld, Macht und Engagement in freiwilligen Vereinigungen. Grundlagen einer Wirtschaftssoziologie von Non-Profit-Organisationen, Berlin.

Hövelborn, Jessica, 1999: Klimaschutzpolitik zwischen Ökonomie und Ökologie. Die Interessen des BDI und BUND auf dem Berliner Klimagipfel, Stuttgart.

Hradil, Stefan, 2002: Vom Wandel des Wertewandels – Die Individualisierung und eine ihrer Gegenbewegungen, in: Glatzer, Wolfgang/ Habich Roland/ Mayer, Karl U. (Hrsg.), Sozialer Wandel und gesellschaftliche Dauerbeobachtung, Opladen, 31-47.

Huckenbeck, Kerstin, 1999: Die ungelösten Probleme des DGB. Reformen, Fusionen und die Suche nach Einheit, in: Blätter für deutsche und internationale Politik, 44, 858-867.

Illies, Florian, 2000: Generation Golf. Eine Inspektion, Berlin.

Imig, Douglas R., 1996: Poverty and Power: The Political Representation of Poor Americans, Lincoln.

Immerfall, Stefan, 1994: Einführung in den europäischen Gesellschaftsvergleich. Ansätze – Problemstellungen – Befunde, Passau.

Inglehart, Ronald, 1977: The Silent Revolution: Changing Values and Political Styles Among Western Publics, Princeton.

Inglehart, Ronald, 1989: Kultureller Umbruch. Wertwandel in der westlichen Welt. Aus dem Englischen von Ute Mäurer, Frankfurt a.M., New York.

Inglehart, Ronald, 1998: Modernisierung und Postmodernisierung. Kultureller, wirtschaftlicher und politischer Wandel in 43 Gesellschaften, Frankfurt a.M., New York.

Ismayr, Wolfgang, 2000: Der Deutsche Bundestag im politischen System der Bundesrepublik Deutschland, Opladen.

Jacobi, Robert, 2002a: Hundt und Sommer wollen Bündnis für Arbeit retten. Enger Kontakt zwischen dem Arbeitgeber-Präsidenten und dem DGB-Chef. Clement wirbt für Reformen, in: SZ, 20.11., 1.

Jacobi, Robert, 2002b: Alte Marke, neuer Inhalt. Minister Clement will das Bündnis für Arbeit wiederbeleben, in: SZ, 10.12., 1.

Jäkel, Ernst/ Junge, Werner, 1978: Die deutschen Industrie- und Handelskammern und der Deutsche Industrie- und Handelstag, 2. Aufl., Düsseldorf.

Jänicke, Martin/ Kunig, Philip/ Stitzel, Michael, 2000: Lern- und Arbeitsbuch Umweltpolitik. Politik, Recht und Management des Umweltschutzes in Staat und Unternehmen, Bonn.

Jendral, Hansjürgen, 1993: Der Bayerische Senat. Sonderfall im Föderalismus – und parlamentarisches Modell für Korporatismus? Ein Theorie-Ansatz zur verfassungsrechtlichen Institutionalisierung von organisierten Interessen, Frankfurt a.M.

Jesse, Eckhard, 1992: Der innenpolitische Weg zur deutschen Einheit. Zäsuren einer atemberaubenden Entwicklung, in: Jesse, Eckhard/ Mitter, Armin (Hrsg.), Die Gestaltung der deutschen Einheit. Geschichte – Politik – Gesellschaft, Bonn, 111-141.

Kadner, Thomas, 1995: Der Ersatz ökologischer Schäden. Ansprüche von Umweltverbänden, Berlin.

Kahler, Tobias/ Lianos, Manuel, 2003: Neue Aktionsfelder: Agenturen in den Lobby-Kinderschuhen, in: Leif, Thomas/ Speth, Rudolf (Hrsg.), Die stille Macht. Lobbyismus in Deutschland, Wiesbaden, 335-349.

Kaufmann, Tobias, 2003: 600 Kilometer zum Kollegen. Bonn – Berlin und die Ministerien, in: Das Parlament, 53, Nr. 1-2, 8.

Keller, Berndt, 1995: Einführung in die Arbeitspolitik. Arbeitsbeziehungen und Arbeitsmarkt in sozialwissenschaftlicher Perspektive, 4., durchges. Aufl., München, Wien.

Keller, Berndt, 1997: Einführung in die Arbeitspolitik, 5. Aufl., München.

Kerber, Walter (Hrsg.), 1986: Säkularisierung und Wertewandel. Analysen und Überlegungen zur gesellschaftlichen Situation in Europa, München.

Kiehle, Wolfgang, 1997: Umweltschutzverbände, in: Andersen, Uwe/ Woyke, Wichard (Hrsg.), Handwörterbuch des politischen Systems der Bundesrepublik Deutschland, a.a.O., 569-570.

Kirberger, Wolfgang, 1978: Staatsentlastung durch private Verbände. Die finanzpolitische Bedeutung der Mitwirkung privater Verbände bei der Erfüllung öffentlicher Aufgaben, Baden-Baden.

Kirsch, Guy, 1997: Neue politische Ökonomie, 4., überarb. und erw. Auflage, Düsseldorf.

Kirsch, Jens, 2003: Geographie des deutschen Verbandswesens, Münster.

Klages, Helmut, 1992: Die gegenwärtige Situation der Wert- und Wertwandelforschung – Probleme und Perspektiven, in: Klages, Helmut/ Hippler, Hans-Jürgen/ Herbert, Willi, Werte und Wandel. Ergebnisse einer Forschungstradition, Frankfurt a.M., New York, 5-39.

Klatetzki, Thomas/ von Wedel-Parlow, Ursula, 1998: Soziale Arbeit, in: Schäfers, Bernhard/ Zapf, Wolfgang (Hrsg.), Handwörterbuch zur Gesellschaft Deutschlands, a.a.O., 562-574.

Kleines Politisches Wörterbuch, 1986: 6. Aufl., Berlin (Ost).

Kleinfeld, Ralf, 1996: Verbände, in: Weidenfeld, Werner/ Korte, Karl Rudolf (Hrsg.), Handbuch zur deutschen Einheit, Bonn, 684-697.

Kleinfeld, Ralf, 1999: Verbände, in: Weidenfeld, Werner/ Korte, Karl-Rudolf (Hrsg.), Handbuch zur deutschen Einheit 1949-1989-1999. Neuausgabe 1999, Bonn, 765-780.

Kleinfeld, Ralf/ Luthardt, Wolfgang (Hrsg.), 1993: Westliche Demokratien und Interessenvermittlung. Beiträge zur aktuellen Entwicklung nationaler Parteien- und Verbändesysteme, Marburg.

Kluth, Winfried, 1997: Verfassungsfragen der Privatisierung von Industrie- und Handelskammern, München.

Koalitionsvereinbarung 1998: Aufbruch und Erneuerung – Deutschlands Weg ins 21. Jahrhundert. Koalitionsvereinbarung zwischen der Sozialdemokratischen Partei Deutschlands und BÜNDNIS 90/ DIE GRÜNEN, Bonn (Sonderdruck von Bündnis 90/ Die Grünen).

Koch, Tanja, 1997: Zulässigkeit staatlicher Umweltschutzbeihilfen, Köln u.a.

Kocks, Klaus, 2003: Das neue Lobbyinstrument – PR im Journalismus, in: Leif, Thomas/ Speth, Rudolf (Hrsg.), Die stille Macht. Lobbyismus in Deutschland, Wiesbaden, 350-353.

Köhne, Anne-Lore, 1987: Die besonderen Aspekte der Teilnahme der Verbrauchervertreter an den europäischen und nationalen Normungsarbeiten – Erfahrungen auf nationaler Ebene, in: DIN-Mitteilungen, 66, 527-529.

Kolodej, Christa, 1999: Mobbing. Psychoterror am Arbeitsplatz und seine Bewältigung, Wien.

König, Klaus, 1989: Vom Umgang mit Komplexität in Organisationen: Das Bundeskanzleramt, in: Der Staat, 28, 49-70.

König, René (Hrsg.), 1971: Fischer-Lexikon Soziologie, Frankfurt a.M.

Koppelmann, Udo (Hrsg.), 1996: Outsourcing, Stuttgart.

Köppl, Peter, 2000: Public Affairs Management. Strategien & Taktiken erfolgreicher Unternehmenskommunikation, Wien.

Kottmann, Heinz, 1999: Ökologische Zielfindung im Rahmen des Umweltmanagements. Entwicklung einer Methode für die Unternehmenspraxis, Berlin.

Kremendahl, Hans, 1977: Pluralismustheorie in Deutschland. Entstehung, Kritik, Perspektiven, Leverkusen.

Kretschmar, Gotthard, 1996: Die Agrarverbände, in: Niedermayer, Oskar (Hrsg.), Intermediäre Strukturen in Ostdeutschland, Opladen 1996, 379-399.

Krickhahn, Thomas, 1995: Die Verbände des wirtschaftlichen Mittelstands in Deutschland, Wiesbaden.

Kroll, Ilona, 1991: Vereine und Bürgerinitiativen heute. Zur sozialen und individuellen Funktion der Vereine und Bürgerinitiativen – dargestellt am Beispiel Marburg, Pfaffenweiler.

Kulbach, Roderich, 2002: Das Ehrenamt im Wohlfahrtsverband. Quantitative und qualitative Entwicklungen, in: Soziale Arbeit. Zeitschrift für soziale und sozialverwandte Gebiete, 51, Heft 2, 55-60.

Kurz, Felix u.a., 2003: „Karaoke für Olympia", in: Der Spiegel, Nr. 12, 140-142.

Lahusen, Christian/ Jauß, Claudia, 2001: Lobbying als Beruf. Interessengruppen in der Europäischen Union, Baden-Baden.

Lang, Rüdiger, 2004: Verbandsinterne Willensbildung. Eine empirische Studie zu Strukturen und Prozessen in Arbeitgeberverbänden, Diss., Univ. Passau.

Langer, Axel, 1994: Arbeitgeberverbandsaustritte – Motive, Abläufe und Konsequenzen, in: Industrielle Beziehungen, 1, 132-154.

Latham, Earl, 1952: The Group Basis of Politics, Ithaca, New York.

Laufer, Heinz/ Münch, Ursula, 1997: Das föderative System der Bundesrepublik Deutschland, 7., neu bearb. Aufl., München.

Läufer, Thomas (Hrsg.), 1999: Vertrag von Amsterdam. Texte des EU-Vertrages und des EG-Vertrages mit den deutschen Begleitgesetzen, Bonn.

Lebek-Linke, Stefanie, 1998: Organisation und Aufgaben der Gewerkschaften in Deutschland und England, Köln.

Lehmbruch, Gerhard, 1979: Parteiensystem und Interessenverbände in der Politikentwicklung, in: Matthes, Joachim (Hrsg.), Sozialer Wandel in Westeuropa. Verhandlungen des 19. Deutschen Soziologentages 17.-20. April 1979 im Internationalen Congress Centrum (ICC) in Berlin, Frankfurt a.M., New York, 591-610.

Lehmbruch, Gerhard, 1982: Introduction: Neo-Corporatism in Comparative Perspective, in: Lehmbruch, Gerhard/ Schmitter, Philippe C. (Hrsg.), Patterns of Corporatist Policy-Making, London, 1-28.

Lehmbruch, Gerhard, 1983: Neokorporatismus in Westeuropa: Hauptprobleme im internationalen Vergleich, in: Journal für Sozialforschung, 23, 407-420.

Lehmbruch, Gerhard, 1984a: Interorganisatorische Verflechtungen im Neokorporatismus, in: Falter, Jürgen W./ Fenner, Christian/ Greven, Michael T. (Hrsg.), Politische Willensbildung und Interessenvermittlung. Verhandlungen der Fachtagung der DVPW, 11.-13. Oktober 1983 in Mannheim, Opladen, 467-482.

Lehmbruch, Gerhard, 1984b: Concertation and the Structure of Corporatist Networks, in: Goldthorpe, John (Hrsg.), Order and Conflict in Contemporary Capitalism, Oxford, 60-80.

Lehmbruch, Gerhard, 1988: Der Neokorporatismus in der Bundesrepublik im internationalen Vergleich und die Konzertierte Aktion im Gesundheitswesen, in: Gäfgen, Gérard (Hrsg.), 1988: Neokorporatismus und Gesundheitswesen, Baden-Baden, 11-32.

Lehmbruch, Gerhard, 1990: Die improvisierte Vereinigung: Die dritte deutsche Republik, in: Leviathan 18, 462-486.

Lehmbruch, Gerhard, 1991: Die deutsche Vereinigung: Strukturen und Strategien, in: Politische Vierteljahresschrift 32, 585-604.

Lehmbruch, Gerhard, 1993: Institutionentransfer im Prozeß der Vereinigung. Zur Logik der Verwaltungsintegration in Deutschland, in: Seibel, Wolfgang u.a. (Hrsg.), Verwaltungsreform und Verwaltungspolitik im Prozeß der deutschen Einigung, Baden-Baden, 41-66.

Lehmbruch, Gerhard, 1994: Dilemmata verbandlicher Einflusslogik im Prozeß der deutschen Vereinigung, in: Streeck, Wolfgang (Hrsg.), Staat und Verbände (PVS-Sonderheft 25), Opladen, 371-392.

Lehmbruch, Gerhard, 1998: Zwischen Institutionentransfer und Eigendynamik: Sektorale Transformationspfade und ihre Bestimmungsgründe, in: Czada, Roland/ Lehmbruch, Gerhard (Hrsg.), Transformationspfade in Ostdeutschland. Beiträge zur sektoralen Vereinigungspolitik, Frankfurt a.M., New York, 17-57.

Lehmbruch, Gerhard, 2000: Institutionelle Schranken einer ausgehandelten Reform des Wohlfahrtsstaates. Das Bündnis für Arbeit und seine Erfolgsbedingungen, in: Czada, Roland/ Wollmann, Hellmut (Hrsg.), Von der Bonner zur Berliner Republik. 10 Jahre Deutsche Einheit (Leviathan Sonderheft 19), Wiesbaden, 89-112.

Leif, Thomas/ Klein, Ansgar/ Legrand, Hans-Josef (Hrsg.), 1993: Reform des DGB. Herausforderungen, Aufbruchspläne und Modernisierungskonzepte, Köln.

Leif, Thomas/ Speth, Rudolf (Hrsg.), 2003a: Die stille Macht. Lobbyismus in Deutschland, Wiesbaden.

Leif, Thomas/ Speth, Rudolf, 2003b: Lobby-Kampagnen. Zur Kolonisierung der Öffentlichkeit, in: Leif, Thomas/ Speth, Rudolf (Hrsg.), Die stille Macht. Lobbyismus in Deutschland, Wiesbaden, 354-361.

Leonhard, Martin, 1986: Umweltverbände: Zur Organisation von Umweltschutzinteressen in der Bundesrepublik Deutschland, Opladen.

Liebert, Ulrike, 1995: Modelle demokratischer Konsolidierung. Parlamente und organisierte Interessen in der Bundesrepublik, Italien und Spanien (1948-1990), Opladen.

Lietzmann, Hans J., 2000: „Greenpeace" als politischer Akteur, in: Willems, Ulrich/ Winter, Thomas von (Hrsg.), Politische Repräsentation schwacher Interessen, Opladen, 261-281.

Lindner, Wilfried, 2001: Taschenbuch Pressearbeit. Der Umgang mit Journalisten und Redaktionen, 2., überarb. Aufl., Heidelberg.

Lobbyliste, 2002: Bekanntmachung der öffentlichen Liste über die Registrierung von Verbänden und deren Vertretern vom 2. Mai 2002, in: Bundesanzeiger, 54, Beilage Nr. 137a, 26.07.

Lobbyliste, 2003: Bekanntmachung der öffentlichen Liste über die Registrierung von Verbänden und deren Vertretern vom 31. März 2003, in: Bundesanzeiger, 55, Beilage Nr. 119a, 02.07.

Löbler, Frank/ Schmid, Josef/ Tiemann, Heinrich (Hrsg.) 1992: Wiedervereinigung als Organisationsproblem: Gesamtdeutsche Zusammenschlüsse von Parteien und Verbänden, 2., überarb. Aufl., Bochum.

Loomis, Burdett A./ Cigler, Allan J., 1998: Introduction: The Changing Nature of Interest Group Politics, in: Cigler, Allan J./ Loomis Burdett A. (Hrsg.), Interest Group Politics, 5. Aufl., Washington, D.C., 1-32.

Löw, Konrad, 1995: Der Staat des Grundgesetzes, München.

Lübke, Volkmar, 1991: Verbraucherverbände: Ansprüche, Wirkungen, Perspektiven, in: Forschungsjournal Neue Soziale Bewegungen, 4, Heft 3, 60-67.

Mäding, Heinrich, 1997: Öffentliche Finanzen, in: Andersen, Uwe/ Woyke, Wichard (Hrsg.), Handwörterbuch des politischen Systems der Bundesrepublik Deutschland, a.a.O., 385-394.

Mahood, H. R., 2000: Interest Groups in American National Politics. An Overview, Upper Saddle River/ NJ.

Mann, Siegfried, 1994: Macht und Ohnmacht der Verbände. Das Beispiel des Bundesverbandes der Deutschen Industrie e.V. (BDI) aus empirisch-analytischer Sicht, Baden-Baden.

Manow, Philip, 1998: Zerschlagung der Polikliniken und Transfer korporativer Regulierung: Das Gesundheitswesen, in: Czada, Roland/ Lehmbruch, Gerhard (Hrsg.), Transformationspfade in Ostdeutschland. Beiträge zur sektoralen Vereinigungspolitik, Frankfurt a.M./ New York, 165-190.

Marßolek, Inge, 1999: Der DGB und die neuen sozialen Bewegungen, in: Gewerkschaftliche Monatshefte, 783-791

Märtz, Thomas, 1990: Interessengruppen und Gruppeninteressen in der Demokratie. Zur Theorie des Rent-Seeking, Frankfurt a. M. u.a.

Marwell, Gerald/ Ames, Ruth E., 1978-79: Experiments on the Provision of Public Goods. I. Resources, Interest, Group Size, and the Free-Rider-Problem, in: American Journal of Sociology, 84, 1335-1360.

Marwell, Gerald/ Oliver, Pamela, 1993: The Critical Mass in Collective Action. A Micro-Social Theory, Cambridge.

Marwell, Gerald/ Oliver, Pamela/Prahl, Ralph, 1988: Social Networks and Collective Action: A Theory of the Critical Mass III, in: American Journal of Sociology, 94, 502-534.

Maser, Peter, 1999: Kirchen, in: Weidenfeld, Werner/ Korte, Karl-Rudolf (Hrsg.), Handbuch zur deutschen Einheit 1949-1989-1999. Neuausgabe 1999, Bonn, 486-501.

Massing, Peter, 1996: Interessengruppen, in: Nohlen, Dieter (Hrsg.), Wörterbuch Staat und Politik, Bonn, 289-290.

Mayntz, Renate, 1990: Föderalismus und die Gesellschaft der Gegenwart, in: Archiv des öffentlichen Rechts, 115, 232-245.

Mazey, Sonia/ Richardson, Jeremy J., 1994: The Commission and the Lobby, in: Edwards, D./ Spence, D. (Hrsg.), The European Commission, Harlow.

Melter, Daniel, 2001: Internet: Wo steht Ihr Verband heute? Die Integration des Internets in die Verbandskommunikation, in: Verbändereport, 5, Heft 2, 32-37.

Merkle, Hans, 2003: Lobbying. Das Praxishandbuch für Unternehmen, Darmstadt.

Mertens, Lothar, 1992: Nun „Opium für das Volk"? Kirchen und Religionsgemeinschaften in den neuen Bundesländern, in: Eichener, Volker u.a. (Hrsg.), Organisierte Interessen in Ostdeutschland, 2 Halbbände, Marburg, 2. Halbband, 449-461.

Meyer, Ulrich, 1997: Politische Sozialisation, in: Andersen, Uwe/ Woyke, Wichard (Hrsg.), Handwörterbuch des politischen Systems der Bundesrepublik Deutschland, a.a.O., 468-470.

Meyn, Hermann, 1982: Weithin im Getto: Die Presse der Verbände. Die Gewerkschaften und die Kirchen – zwei Großgruppen mit publizistischen Sorgen, in: Aus Politik und Zeitgeschichte, B 45, 3-17.

Meyn, Hermann, 2001: Massenmedien in Deutschland. Neuauflage 2001, Konstanz.

Michels, Robert, 1989: Zur Soziologie des Parteiwesens in der modernen Demokratie. Untersuchungen über die oligarchischen Tendenzen des Gruppenlebens, 4. Aufl. herausgegeben und mit einer Einführung versehen von Frank R. Pfetsch, Stuttgart (erstm. 1910).

Mielke, Siegfried, 1990: Die Neugründung der Gewerkschaften in den westlichen Besatzungszonen 1945-1949, in: Hemmer, Hans O./ Schmitz, Kurt T. (Hrsg.), Geschichte der Gewerkschaften in der Bundesrepublik Deutschland, Köln, 19-83.

Mielke, Siegfried, 1997: Gewerkschaften, in: Andersen, Uwe/ Woyke, Wichard (Hrsg.), Handwörterbuch des politischen Systems der Bundesrepublik Deutschland, a.a.O., 203-209.

Mihr, Anja, 2002, Amnesty International in der DDR. Der Einsatz für Menschenrechte im Visier der Stasi, Berlin.

Miller, Stephen, 1983: Special Interest Groups in American Politics. With a Foreword by Irving Kristol, New Brunswick/ NJ, London.

Minhoff, Christoph/ Lösch, Holger, 1994: Neureligiöse Bewegungen. Strukturen, Ziele, Wirkungen, 2., aktual. Aufl., München.

Möller, Alex (Hrsg.), 1969: Kommentar zum Stabilitätsgesetz, Hannover.

Monath, Hans, 2003: Die neue Bühne hat die Arbeit der Journalisten verändert. Konkurrenz und Selbstinszenierung sind gewachsen: In Berlin gibt es kein kuscheliges Beisammensein am Tresen mehr, in: Das Parlament, 53, Nr. 1-2, 4.

Müller, Hans-Peter/ Wilke, Manfred, 2003: Gewerkschaftsfusionen: Der Weg zu modernen Multibranchengewerkschaften, in: Schroeder, Wolfgang/ Weßels, Bernhard (Hrsg.), Die Gewerkschaften in Politik und Gesellschaft der Bundesrepublik Deutschland. Ein Handbuch, Wiesbaden, 122-143.

Müller, Leo A., 1989: betrifft: amnesty international, München.

Müller, Paul J./ Bick, Wolfgang, 1979: Die Bedeutung des Institutionengeflechts und intermediärer Instanzen für den Alltag, in: Matthes, Joachim (Hrsg.), Sozialer Wandel in Westeuropa. Verhandlungen des 19. Deutschen Soziologentages 17.-20. April 1979 im Internationalen Congress Centrum (ICC) in Berlin, Frankfurt a.M., New York, 480-500.

Müller-Brandeck-Bocquet, Gisela, 1997: Der Amsterdamer Vertrag zur Reform der Europäischen Union. Ergebnisse, Fortschritte, Defizite, in: Aus Politik und Zeitgeschichte, B 47, 21-29.

Müller-Jentsch, Walther, 1997: Soziologie der Industriellen Beziehungen. Eine Einführung, 2., erw. Aufl., Frankfurt a.M., New York.

Müller-Jentsch, Walther, 2003: Mitbestimmungspolitik, in: Schroeder, Wolfgang/ Weßels, Bernhard (Hrsg.), Die Gewerkschaften in Politik und Gesellschaft der Bundesrepublik Deutschland. Ein Handbuch, Wiesbaden, 451-477.

Müller-Jentsch, Walther/ Ittermann, Peter, 2000: Industrielle Beziehungen. Daten, Zeitreihen, Trends 1950-1999, Frankfurt a.M.

Müller-Rommel, Ferdinand, 1988: Interessengruppenvertretung im Deutschen Bundestag, in: Thaysen, Uwe/ Davidson, Roger H./ Livingston, Robert G. (Hrsg.), US-Kongreß und Deutscher Bundestag. Bestandsaufnahmen im Vergleich, Opladen, 300-323.

Müller-Russell, Dominik, 2002: Kommissionen, Räte, Runde Tische: Kompetenzauszehrung des Deutschen Bundestages? Eine Analyse der vorparlamentarischen Konsensrunden im Gesetzgebungsprozess, Diplomarbeit, LMU München.

Münch, Richard, 1984: Die Struktur der Moderne. Grundmuster und differentielle Gestaltung des institutionellen Aufbaus der modernen Gesellschaften, Frankfurt a.M.

Mundo, Philip A., 1992: Interest Groups. Cases and Characteristics, Chicago.

Münkler, Herfried, 2003: Die neuen Kriege, 5. Aufl., Reinbek bei Hamburg.

Murswieck, Axel, 1997: Gesundheitspolitik, in: Andersen, Uwe/ Woyke, Wichard (Hrsg.), Handwörterbuch des politischen Systems der Bundesrepublik Deutschland, a.a.O., 196-200.

Nährlich, Stefan/ Zimmer, Annette, 1997: Am Markt bestehen oder untergehen? Strategie und Struktur von Deutschem Roten Kreuz und Diakonie im Vergleich, in: von Alemann, Ulrich/ Weßels, Bernhard (Hg.), Verbände in vergleichender Perspektive. Beiträge zu einem vernachlässigten Feld, Berlin, 253-279.

Naßmacher, Hiltrud, 2002: Politikwissenschaft, 4., völlig neubearb. und erw. Aufl., München, Wien.

Naumann, Britta, 1992: Frauen in DGB-Strukturen. Die unzureichende Einbindung von Fraueninteressen, in: WSI-Mitteilungen. Zeitschrift des Wirtschafts- und Sozialwissenschaftlichen Instituts des Deutschen Gewerkschaftsbundes, 45, Heft 4, 241-249.

NAV-Virchowbund, 2003: NKV – NAV – NAV-Virchowbund. Über 50 Jahre Service für niedergelassene Ärztinnen und Ärzte, http://www.nav-virchowbund.de/DES/showcontents.php?subgroupid=68&groupid=5&topid=1 (20.03.).

Neuhold, Leopold, 1992: Wertwandel und Kirche, in: Klages, Helmut/ Hippler, Hans-Jürgen/ Herbert, Willi Werte und Wandel. Ergebnisse und Methoden einer Forschungstradition, Frankfurt a.M., New York, 553-566.

Neumann, Lothar F./ Schaper, Klaus, 1983: Die Sozialordnung der Bundesrepublik Deutschland, Bonn.

Nicolai, Alexander, 2000: Die Strategie-Industrie. Systemtheoretische Analyse des Zusammenspiels von Wissenschaft, Praxis und Unternehmensberatung, Wiesbaden.

Niedenhoff, Horst-Udo, 1993: Die Bundesvorstände des DGB und seiner 16 Einzelgewerkschaften. Eine empirische Studie über Zukunft, Bildung und Karriere der Spitzenrepräsentanten des DGB, Köln.

Niedermayer, Oskar (Hrsg.), 1997: Intermediäre Strukturen in Ostdeutschland, Opladen.

Noelle-Neumann, Elisabeth/ Petersen, Thomas, 2001: Zeitenwende. Der Wertewandel 30 Jahre später, in: Aus Politik und Zeitgeschichte, B 29, 15-22.

Nollert, Michael, 1992: Interessenvermittlung und sozialer Konflikt. Über Bedingungen und Folgen neokorporatistischer Konfliktregelung, Pfaffenweiler.

Oberreuter, Heinrich (Hrsg.), 1980: Pluralismus. Grundlegung und Diskussion, Opladen.

Oberreuter, Heinrich/ Weber, Jürgen, 1978: Plurale Demokratie und Verbände, Stuttgart.

Offe, Claus, 1972: Politische Herrschaft und Klassenstrukturen. Zur Analyse spätkapitalistischer Gesellschaftssysteme, in: Kress, Gisela/ Senghaas, Dieter (Hrsg.), Politikwissenschaft. Ein Einführung in ihre Probleme, Frankfurt a.M., 4. unveränderte Aufl., 135-164.

Offe, Claus, 1977: Leistungsprinzip und industrielle Arbeit. Mechanismen der Statusverteilung in Arbeitsorganisationen der industriellen „Leistungsgesellschaft", 5. Aufl., Frankfurt a.M.

Offe, Claus, 1981: The attribution of public status to interest groups: observations on the West German case, in: Berger, Suzanne (Hrsg.), Organizing interests in Western

Europe. Pluralism, Corporatism, and the Transformation of Politics, Cambridge, 123-158.

Offe, Claus, 1984: Korporatismus als System nichtstaatlicher Makrosteuerung? Notizen über seine Voraussetzungen und demokratischen Gehalte, in: Geschichte und Gesellschaft. Zeitschrift für Historische Sozialwissenschaft, 10, 234-256.

Offe, Claus/ Fuchs, Susanne, 1998: Zurück in die Zukunft. Stellungnahmen zum dritten Bericht der Miegel-Kommission, in: Blätter für deutsche und internationale Politik, Heft 3, 295-311.

Offe, Claus/ Heinze, Rolf G., 1986: Am Arbeitsmarkt vorbei. Überlegungen zur Neubestimmung „haushaltlicher" Wohlfahrtsproduktion in ihrem Verhältnis zu Markt und Staat, in: Leviathan, 14, 471-495.

Olk, Thomas/ Pabst, Stefan, 1996: Die Wohlfahrtsverbände, in: Niedermayer, Oskar (Hrsg.), Intermediäre Strukturen in Ostdeutschland, Opladen 1996, 357-377.

Olson, Mancur, 1991: Aufstieg und Niedergang von Nationen. Ökonomisches Wachstum, Stagflation und soziale Starrheit. Übersetzt von Gerd Fleischmann, 2., durchges. Aufl., Tübingen (erstm. 1982).

Olson, Mancur, 1992: Die Logik des kollektiven Handelns. Kollektivgüter und die Theorie der Gruppen, 3., durchges. Aufl., Tübingen (erstm.1965).

Opielka, Michael, 1990: Der Wandel im Verhältnis der Geschlechter, in: Cremer, Will/ Klein, Ansgar (Red.), Umbrüche in der Industriegesellschaft. Herausforderungen für die politische Bildung, Bonn, 101-136.

Padgett, Stephen, 2000: Organizing Democracy in Eastern Germany. Interest Groups in Post-Communist Society, Cambridge.

Pappi, Franz Urban/ Knoke, David/ Bisson, Susanne, 1993: Information Exchange in Policy Networks, in: Scharpf, Fritz W. (Hrsg.), Games in Hierarchies and Networks. Analytical and Empirical Approaches to the Study of Governance Institutions, Frankfurt a.M., New York, 287-313.

Pappi, Franz Urban/ König, Thomas, 1995: Informationsaustausch in politischen Netzwerken, in: Jansen, Dorothea/ Schubert, Klaus (Hrsg.), Netzwerke und Politikproduktion. Konzepte, Methoden, Perspektiven, Marburg, 111-131.

Pappi, Franz Urban/ König, Thomas/ Knoke, David, 1990: Entscheidungsprozesse in der Arbeits- und Sozialpolitik. Der Zugang der Interessengruppen zum Regierungssystem über Politikfeldnetze: Ein deutsch-amerikanischer Vergleich, Frankfurt a.M., New York.

Patzelt, Werner J., 1995: Abgeordnete und ihr Beruf. Interviews – Umfragen – Analysen. Mit einem Vorwort von Rita Süssmuth, Berlin.

Perner, Detlef, 1983: Mitbestimmung im Handwerk?, Köln.

Petersohn, Frederik A., 2000: Zur Bedeutung von Informalisierung und Parteipolitisierung im Politikformulierungsprozess der Bundesrepublik Deutschland dargestellt am Beispiel der steuerpolitischen Positionen des Bundesverbandes der Deutschen Industrie e.V. (BDI) zwischen 1982 und 1994, Münster.

Pfeifer, Georg, 1995: Eurolobbyismus. Organisierte Interessen in der Europäischen Union, Frankfurt a.M. u.a.

Plänkers, Gudrun, 1990: Das System der institutionalisierten Konfliktregelung in den industriellen Arbeitsbeziehungen in der Bundesrepublik Deutschland, Pfaffenweiler.

Plaschka, Klaus, 1998: Politische Interessenvertretung im neuen Stil: Public Affairs Lobbying bei der Europäischen Union, Diplomarbeit, Univ. Passau.

Platzer, Hans-Wolfgang, 2002: Interessenverbände und europäischer Lobbyismus, in: Werner Weidenfeld (Hrsg.), Europa-Handbuch, Bonn, 409-422.

Priller, Eckhard, 1997: Zur Entstehung des Dritten Sektors in Ostdeutschland. Funktion, Leistung und Selbstbewertung, in: Corsten, Michael/ Voelzkow, Helmut (Hrsg.), Transformation zwischen Markt, Staat und Drittem Sektor, Marburg, 267-288.

Priller, Eckhard/ Zimmer, Annette/ Anheier, Helmut K., 1999: Der Dritte Sektor in Deutschland. Entwicklungen, Potentiale, Erwartungen, in: Aus Politik und Zeitgeschichte, B 9, 12-21.

Putnam, Robert D., 1995: Bowling Alone: America's Declining Social Capital, in: Journal of Democracy, 6, 65-78.

Putnam, Robert D., 2000: Bowling Alone. The Collapse and Revival of American Community, New York u.a.

RAL, 2002: RAL - Deutsches Institut für Gütesicherung und Kennzeichnung e.V., http://www.ral.de/institut/de/home/content0.shtml (18.12.).

Raschke, Peter, 1978: Vereine und Verbände. Zur Organisation von Interessen in der Bundesrepublik Deutschland. Untersuchungen und Materialien zu den Bedingungen und Formen politischer Teilnahme. Herausgegeben von Thomas Ellwein und Ralf Zoll, München.

Rauskolb, Christa, 1976: Lobby in Weiß. Struktur und Politik der Ärzteverbände, Frankfurt a.M., Köln.

Reif, Karlheinz, 1997: Vergleichende Parteien- und Verbändeforschung, in: Berg-Schlosser, Dirk/ Müller-Rommel, Ferdinand (Hrsg.), Vergleichende Politikwissenschaft. Ein einführendes Studienhandbuch, 3. überarb. und erg. Aufl., Opladen, 175-190.

Reimann, Horst/ Mühlfeld, Claus, 1981: Soziale Rolle, in: Reimann, Horst u.a., Basale Soziologie: Hauptprobleme, durchges. Nachdruck der 2., verb. Aufl., Opladen, 165-189.

Reinhold, Gerd, 1997: Interesse, in: Ders. (Hrsg.), Soziologie-Lexikon, 3., überarbeitete und erweiterte Auflage, München/ Wien, 307.

Reutter, Werner, 1991: Korporatismustheorien. Kritik, Vergleich, Perspektiven, Frankfurt a.M. etc.

Reutter, Werner, 1999: Organisierte Interessen in Deutschland. Entwicklungstendenzen, Strukturveränderungen und Zukunftsperspektiven, in: Aus Politik und Zeitgeschichte, B 9, 7-15.

Reutter, Werner, 2001: Deutschland. Verbände zwischen Pluralismus, Korporatismus und Lobbyismus, in: Reutter, Werner/ Rütters, Peter (Hrsg.), Verbände und Verbandssysteme in Westeuropa, Opladen, 75-101.

Reutter, Werner, 2002: Verbände, Staat und Demokratie. Zur Kritik der Korporatismustheorie, in: Zeitschrift für Parlamentsfragen, 501-511.

Reutter, Werner/ Rütters, Peter (Hrsg.), 2001: Verbände und Verbandssysteme in Westeuropa, Opladen.

Rippe, Klaus Peter, 1996: Pluralismus. Einige Klärungsversuche zu einem inflationär gebrauchten Begriff, in: Ethica: Wissenschaft und Verantwortung, 4, Heft 3, 289-317.

Rölke, Peter, 1973: Die Beteiligung von Gewerkschaftsmitgliedern der unteren Organisationsebene an der innergewerkschaftlichen Willensbildung, Köln.

Ronge, Volker, 1992: Vom Verbändegesetz zur Sozialverträglichkeit - Die öffentliche und verbandliche Diskussion über den Gemeinwohlbezug von Verbänden in den 80er Jahren, in: Mayntz, Renate (Hrsg.), Verbände zwischen Mitgliederinteressen und Gemeinwohl, Gütersloh, 36-79.

Ronit, Karsten/ Schneider, Volker, 1998: The Strange Case of Regulating Lobbying in Germany, in: Parliamentary Affairs, 51, 559-567.

Rosenbladt, Bernhard von, 2000: Freiwilliges Engagement in Deutschland. Freiwilligensurvey 1999. Ergebnisse der Repräsentativerhebung zu Ehrenamt, Freiwilligenarbeit und bürgerschaftlichem Engagement. Band I: Gesamtübersicht. Herausgegeben vom Bundesministerium für Familie, Senioren, Frauen und Jugend, Stuttgart, Köln, Berlin.

Rothenberg, Lawrence S., 1992: Linking Citizens to Government: Interest Group Politics at Common Cause, Cambridge.

Rudder, Helmut de/ Sahner, Heinz (Hrsg.), 1988: Herrschaft der Verbände? Interessenverbände - Gegenregierungen oder Partner? Ringvorlesung der Hochschule Lüneburg, Berlin.

Rudzio, Wolfgang, 1982: Die organisierte Demokratie – Parteien und Verbände in der Bundesrepublik Deutschland, 2., bearbeitete Aufl., Stuttgart.

Rudzio, Wolfgang, 2000: Das politische System der Bundesrepublik Deutschland, 5., überarb. Aufl., Opladen.

Sachverständigenrat, 2003: Website des Sachverständigenrats für die Konzertierte Aktion im Gesundheitswesen, http://www.svr-gesundheit.de (21.03.03).

Sahner, Heinz, 1988: Die Interessenverbände in der Bundesrepublik Deutschland: Ein Klassifikationssystem zu ihrer Erfassung, Lüneburg.

Salisbury, Robert H., 1969: An Exchange Theory of Interest Groups, in: Midwest Journal of Political Science, 13, 1-32.

Salisbury, Robert H., 1992a: Interests and Institutions. Substance and Structure in American Politics, Pittsburgh, London.

Salisbury, Robert H., 1992b: Why no Corporatism in America?, in: ders., Interests and Institutions. Substance and Structure in American Politics, Pittsburgh/ PA, London, 129-147 (erstm. 1979).

Salomon, Lester M./ Anheier, Helmut K., 1997: Der dritte Sektor in internationaler Perspektive, in: Anheier, Helmut K. u.a. (Hrsg.), Der Dritte Sektor in Deutschland, Organisationen zwischen Staat und Markt im gesellschaftlichen Wandel, Berlin, 153-174.

Schabedoth, Hans-Joachim, 2002: Einzelgewerkschaften, der DGB und die gemeinsame Organisationsreform, in: Forschungsjournal Neue Soziale Bewegungen, 15, Heft 2: Ohne Sie zieht die neue Zeit: Gewerkschaften in der Sackgasse, 78-84.

Schäfers, Bernhard/ Zapf, Wolfgang (Hrsg.), 1998: Handwörterbuch zur Gesellschaft Deutschlands, Bonn.

Scharpf, Fritz W., 1978: Autonome Gewerkschaften und staatliche Wirtschaftspolitik: Probleme einer Verbändegesetzgebung, Köln, Frankfurt a.M.

Scharpf, Fritz W., 1986: Strukturen der post-industriellen Gesellschaft, in: Soziale Welt, 37, 1986, 3-24.

Scharpf, Fritz W., 1993a: Coordination in Hierarchies and Networks, in: Ders. (Hrsg.), Games in Hierarchies and Networks. Analytical and Empirical Approaches to the Study of Governance Institutions, Frankfurt a.M., Boulder/ CO, 125-165.

Scharpf, Fritz W., 1993b: Versuch über Demokratie im verhandelnden Staat, in: Czada, Roland/ Schmidt, Manfred G. (Hrsg.), Verhandlungsdemokratie, Interessenvermittlung, Regierbarkeit. Festschrift für Gerhard Lehmbruch, Opladen, 25-50.

Schattschneider, E. E., 1960: The Semisovereign People. A Realist's View of Democracy in America, New York.

Schendelen, Rinus van, 2002: Machiavelli in Brussels. The Art of Lobbying in the EU, Amsterdam.

Scheuch, Erwin K., 1993: Vereine als Teil der Privatgesellschaft, in: Best, Heinrich (Hrsg.), Vereine in Deutschland. Vom Geheimbund zur freien gesellschaftlichen Organisation. Mit einer Literatur- und Forschungsdokumentation von Helmut M. Artus, Bonn, 143-207.

Schiller, Theo, 1997: Parteien und Interessenverbände, in: Gabriel, Oscar W./ Niedermayer, Oskar/ Stöss, Richard (Hrsg.), Parteiendemokratie in Deutschland, Bonn, 459-477.

Schindler, Peter, 1999: Datenhandbuch zur Geschichte des Deutschen Bundestages 1949 bis 1999. Gesamtausgabe in drei Bänden, Baden-Baden.

Schlecht, Otto, 1968: Konzertierte Aktion als Instrument der Wirtschaftspolitik, Tübingen.

Schmid, Josef (Bearb.), 1998: Verbände. Interessenvermittlung und Interessenorganisation. Lehr- und Arbeitsbuch, München, Wien.

Schmid, Josef, 1993: Parteien und Verbände. Konstitution, Kontingenz und Koevolution im System der Interessenvermittlung, in: Czada, Roland/ Schmidt, Manfred (Hrsg.), Verhandlungsdemokratie, Interessenvermittlung, Regierbarkeit. Festschrift für Gerhard Lehmbruch, Opladen, 171-189.

Schmid, Josef, 1996: Wohlfahrtsverbände in modernen Wohlfahrtsstaaten. Soziale Dienste in historisch-vergleichender Perspektive, Opladen.

Schmid, Josef, 1997: Wohlfahrtsverbände, in: Andersen, Uwe/ Woyke, Wichard (Hrsg.), Handwörterbuch des politischen Systems der Bundesrepublik Deutschland, a.a.O., 630-632.

Schmid, Josef/ Löbler, Frank/ Tiemann, Heinrich (Hrsg.), 1994: Organisationsstrukturen und Probleme von Parteien und Verbänden. Berichte aus den neuen Ländern, Marburg.

Schmid, Josef/ Tiemann, Heinrich, 1992: Gewerkschaften und Tarifverhandlungen in den fünf neuen Bundesländern. Organisationsentwicklung, politische Strategien und Probleme am Beispiel der IG Metall, in: Eichener, Volker u.a. (Hrsg.), Organisierte Interessen in Ostdeutschland, 2 Halbbände, Marburg, 1. Halbband, 135-158.

Schmid, Josef/ Voelzkow, Helmut, 1996: Funktionsprobleme des westdeutschen Korporatismus in Ostdeutschland, in: Niedermayer, Oskar (Hrsg.), Intermediäre Strukturen in Ostdeutschland, Opladen 1996, 421-440.

Schmitter, Philippe C., 1974: Still the Century of Corporatism?, in: Review of Politics, 36, 85-131.

Schmitter, Philippe C., 1979: Interessenvermittlung und Regierbarkeit, in: von Alemann, Ulrich/ Heinze, Rudolf G. (Hrsg.), Verbände und Staat. Vom Pluralismus zum Korporatismus. Analysen, Positionen, Dokumente, Opladen, 92-114.

Schmitz, Claudia, 1992: Die Zusammenschlusskonzepte des ADAC – Willensbildung und Interessenvermittlung, in: Löbler, Frank/ Schmid, Josef/ Tiemann, Heinrich (Hrsg.), Wiedervereinigung als Organisationsproblem: Gesamtdeutsche Zusammenschlüsse von Parteien und Verbänden, 2., überarb. Aufl., Bochum, 135-142.

Schneider, Herbert, 1966: Die Interessenverbände, 2. und 3. durchges. Aufl., München.

Schneider, Herbert, 1975: Die Interessenverbände, 5. Aufl., München, Wien.

Schneider, Jens/ Käppner, Joachim, 2003: Verraten und verkauft. Höhere Bezüge im Öffentlichen Dienst: Ausstieg aus der Tarifgemeinschaft – für manche ein Ausweg. Vor allem die Länder im Osten und die Kommunen kritisieren den Kompromiss und fordern massive Hilfen des Bundes, in: SZ, 11./ 12.01., 6.

Schneider, Michael, 2000: Kleine Geschichte der Gewerkschaften. Ihre Entwicklung in Deutschland von den Anfängen bis heute, Bonn.

Schönhoven, Klaus, 1987: Die deutschen Gewerkschaften, Frankfurt a.M.

Schönhoven, Klaus, 2002: Arbeiterbewegung und soziale Demokratie in Deutschland. Ausgewählte Beiträge. Herausgegeben von Hans-Jochen Vogel und Michael Ruck, Bonn.

Schönhoven, Klaus, 2003: Geschichte der deutschen Gewerkschaften, in: Schroeder, Wolfgang/ Weßels, Bernhard (Hrsg.), Die Gewerkschaften in Politik und Gesellschaft der Bundesrepublik Deutschland. Ein Handbuch, Wiesbaden, 40-64.

Schorr, Helmut, 1979: Das organisierte Interesse und die Parteien, in: Stimmen der Zeit, 104, 547-560.

Schröder, Heinjo, 1977: Vorschläge zur Transparenz des Verbandseinflusses auf die Gesetzgebung, in: Zeitschrift für Parlamentsfragen, 8, 491-506.

Schroeder, Klaus, 1998: Der SED-Staat. Geschichte und Strukturen der DDR, München.

Schroeder, Wolfgang, 2001: „Konzertierte Aktion" und „Bündnis für Arbeit": Zwei Varianten des deutschen Korporatismus, in: Zimmer, Annette/ Weßels, Bernhard (Hrsg.), Verbände und Demokratie in Deutschland, Opladen, 29-54.

Schroeder, Wolfgang, 2002: Flucht nach vorn? Gewerkschaften unter dem Druck des sozialen Wandels, in: Blätter für deutsche und internationale Politik, 47, 611-620.

Schroeder, Wolfgang/ Weßels, Bernhard (Hrsg.), 2003: Die Gewerkschaften in Politik und Gesellschaft der Bundesrepublik Deutschland. Ein Handbuch, Wiesbaden.

Schroeder, Wolfgang/ Silvia, Stephen J., 2003: Gewerkschaften und Arbeitgeberverbände, in: Schroeder, Wolfgang/ Weßels, Bernhard (Hrsg.), Die Gewerkschaften in Politik und Gesellschaft der Bundesrepublik Deutschland. Ein Handbuch, Wiesbaden, 244-270.

Schubert, Klaus, 1989: Interessenvermittlung und staatliche Regulation, Opladen.

Schulin, Ernst, 1989: Die Französische Revolution, 2. Aufl., München.

Schultheiß, Georg F., 1996: Wissenschaftliche Kommunikation und Recherche in der Informationsgesellschaft, in: Tauss, Jörg/ Kollbeck, Johannes/ Mönikes, Jan (Hrsg.), Deutschlands Weg in die Informationsgesellschaft. Herausforderungen und Perspektiven für Wirtschaft, Wissenschaft, Recht und Politik, Baden-Baden, 740-755.

Schulz, Klaus-Peter, 1984: Aufbau und Arbeitsweise übernationaler Normenorganisationen, in: DIN-Mitteilungen, 63, 365-374.

Schulze, Gerhard, 1993: Die Erlebnisgesellschaft. Kultursoziologie der Gegenwart. Studienausgabe, Frankfurt a.m., New York.

Schumann, Wilhelm, 1991: Transformationsprozesse im modernen Kapitalismus. Forschungsperspektiven zur Analyse industrieller Rationalisierung, in: Zapf, Wolfgang (Hrsg.), Die Modernisierung moderner Gesellschaften. Verhandlungen des 25. Deutschen Soziologentages in Frankfurt a.m. 1990, Frankfurt a.m., New York, 248-259.

Schütt-Wetschky, Eberhard, 1997: Interessenverbände und Staat, Darmstadt.

Schwarzmeier, Manfred, 2001: Parlamentarische Mitsteuerung. Strukturen und Prozesse informalen Einflusses im Deutschen Bundestag, Wiesbaden.

Sebaldt, Martin, 1992: Die Thematisierungsfunktion der Opposition. Die parlamentarische Minderheit des Deutschen Bundestags als innovative Kraft im politischen System der Bundesrepublik Deutschland, Frankfurt a.M. etc.

Sebaldt, Martin, 1996a: Interessengruppen und ihre bundespolitische Präsenz in Deutschland: Verbandsarbeit vor Ort, in: Zeitschrift für Parlamentsfragen, 27, 658-696.

Sebaldt, Martin, 1996b: Wissenschaft und Politik: Zur organisierten Interessenvertretung von Forschung und Lehre in der Bundesrepublik Deutschland, in: Historisch-Politische Mitteilungen. Archiv für christlich-demokratische Politik, 3, 163-193.

Sebaldt, Martin, 1997a: Organisierter Pluralismus. Kräftefeld, Selbstverständnis und politische Arbeit deutscher Interessengruppen, Opladen.

Sebaldt, Martin, 1997b: Verbände und Demokratie: Funktionen bundesdeutscher Interessengruppen in Theorie und Praxis, in: Aus Politik und Zeitgeschichte, B 36-37, 27-37.

Sebaldt, Martin, 1999: Von Bonn nach Berlin: Organisierte Interessenvertretung in Deutschland im Wandel, in: CIVIS mit SONDE, Heft 3, 24-29.

Sebaldt, Martin, 2000: „Pflege" als Streitobjekt: Die parteipolitische Kontroverse um die Pflegeversicherung und die Entstehung des Pflegeversicherungsgesetzes 1994, in: Zeitschrift für Sozialreform, 46, 173-187.

Sebaldt, Martin, 2001a: Parlamentarische Demokratie und gesellschaftliche Modernisierung: Der Deutsche Bundestag im Gefüge organisierter Interessen seit Mitte der siebziger Jahre, in: Oberreuter, Heinrich/ Kranenpohl, Uwe/ Sebaldt, Martin (Hrsg.),

Der deutsche Bundestag im Wandel. Ergebnisse neuerer Parlamentarismusforschung, Wiesbaden, 280-302.

Sebaldt, Martin, 2001b: Transformation der Verbändedemokratie. Die Modernisierung des Systems organisierter Interessen in den USA, Wiesbaden.

Sebaldt, Martin, 2002a: Parlamentarische Demokratie und gesellschaftliche Modernisierung: Der Deutsche Bundestag im Gefüge organisierter Interessen seit Mitte der siebziger Jahre, in: Oberreuter, Heinrich/ Kranenpohl, Uwe/ Sebaldt, Martin (Hrsg.), Der deutsche Bundestag im Wandel. Ergebnisse neuerer Parlamentarismusforschung, 2., durchges. und erw. Aufl., Wiesbaden, 280-302.

Sebaldt, Martin, 2002b: Parlamentarismus im Zeitalter der Europäischen Integration. Zu Logik und Dynamik politischer Entscheidungsprozesse im demokratischen Mehrebenensystem der EU (Otto-von-Freising-Vorlesungen der Katholischen Universität Eichstätt-Ingolstadt, Band 21), Opladen.

Sebaldt, Martin, 2004a: Die „Stille Revolution" organisierter Interessenvertretung: Entwicklungs- und Transformationsmuster westlicher Verbandssysteme in komparativer Perspektive, in: Zeitschrift für Politik, 51, 1-28.

Sebaldt, Martin, 2004b: Auf dem Weg zur „Räterepublik"? Expertengremien und ihr Einfluss auf die deutsche Bundesgesetzgebung, in: Zeitschrift für Gesetzgebung, 19, 187-200.

Sebaldt, Martin, 2004c: Verbände im Transformationsprozess Ostdeutschlands, in: Willems, Ulrich/ Winter, Thomas von (Hrsg.), Interessenverbände in Deutschland, Wiesbaden (im Erscheinen).

Seibel, Wolfgang, 1992: Funktionaler Dilettantismus. Erfolgreich scheiternde Organisationen im Dritten Sektor zwischen Markt und Staat, Baden-Baden.

Seibel, Wolfgang, 1998: Erfolgreich gescheiterter Institutionentransfer: Eine politische Analyse des Dritten Sektors in den neuen Bundesländern, in: Anheier, Helmut K. u.a. (Hrsg.), Der Dritte Sektor in Deutschland. Organisationen zwischen Staat und Markt im gesellschaftlichen Wandel, 2., durchges. Aufl., Münster, 127-149.

Seidel, Bernhard, 2002: Regional-, Struktur- und Kohäsionspolitik, in: Weidenfeld, Werner/ Wessels, Wolfgang (Hrsg.), Europa von A bis Z. Taschenbuch der europäischen Integration, 8. Aufl., Bonn, 321-328.

Sheets, Tara E./ Peters, Sarah J. (Hrsg.), 1999: Encyclopedia of Associations, 35. Aufl., Detroit u.a.

Siefken, Sven T., 2003: Expertengremien der Bundesregierung – Fakten, Fiktionen, Forschungsbedarf, in: Zeitschrift für Parlamentsfragen, 34, 483-506.

Simmert, Christian, mit Volker Engels, 2002: Die Lobby regiert das Land, Berlin.

Simon, Herbert Alexander/ Egidi, Massimo (Hrsg.), 1995: Economics, bounded rationality and the cognitive revolution, Turin.

Skocpol, Theda, 1999: Advocates without Members: The Recent Transformation of American Civic Life, in: Skocpol, Theda/ Fiorina, Morris P. (Hrsg.), Civic Engagement in American Democracy, Washington, 461-509.

Sontheimer, Kurt, 1984: Bürgerinitiativen – Versuch einer Begriffsbestimmung, in: Guggenberger, Bernd/ Kempf, Udo (Hrsg.), Bürgerinitiativen und repräsentatives System, 2., neu bearb. und erw. Aufl., Opladen, 96-102.

Sontheimer, Kurt/ Bleek, Wilhelm, 2000: Grundzüge des politischen Systems der Bundesrepublik Deutschland, München.

SPD, 2003: Stichwort Rürup-Kommission, http://www.spd.de/servlet/PB/menu/1023752 (13.03.).

Sperling, Dietrich, 1965: Wirtschaftsräte im europäischen Verfassungssystem, in: Jahrbuch des öffentlichen Rechts, N.F., 14, 195-298.

Spieker, Manfred, 1997: Kirchen, in: Andersen, Uwe/ Woyke, Wichard (Hrsg.), Handwörterbuch des politischen Systems der Bundesrepublik Deutschland, a.a.O., 235-242.

Springer, Philipp, 1999: „Da konnt' ich mich dann so'n bißchen entfalten." Die Volkssolidarität in der SBZ/DDR 1945-1969, Frankfurt a.M. u.a.

Staden, Berndt von, 1985: Das Management der Ost-West-Beziehungen, in: Kaiser, Karl/ Schwarz, Hans-Peter (Hrsg.), Weltpolitik. Strukturen – Akteure – Perspektiven, Bonn, 119-137.

Stammer, Otto/ Weingart, Peter, 1972: Politische Soziologie, München.

Stanzick, Karl-Heinz, 1969: Der ökonomische Konzentrationsprozess, in: Schäfer, Gert/ Nedelmann, Carl (Hrsg.), Der CDU-Staat I. Analysen zur Verfassungswirklichkeit der Bundesrepublik, 2. Aufl., München, 48-79.

Steffani, Winfried, 1980: Pluralistische Demokratie. Studien zur Theorie und Praxis, Opladen.

Steinberg, Rudolf (Hrsg.), 1985: Staat und Verbände. Zur Theorie der Interessenverbände in der Industriegesellschaft, Darmstadt.

Steinberg, Rudolf, 1972: Zur Institutionalisierung des Verbandseinflusses in einem Bundeswirtschafts- und Sozialrat, in: Die Öffentliche Verwaltung, 25, 837-845.

Steinberg, Rudolf, 1989: Parlament und organisierte Interessen, in: Schneider, Hans-Peter/ Zeh, Wolfgang (Hrsg.), Parlamentsrecht und Parlamentspraxis in der Bundesrepublik Deutschland. Ein Handbuch, Berlin, New York, 217-259.

Stephan, Gert-Rüdiger (Hrsg.), 2002: Die Parteien und Organisationen der DDR. Ein Handbuch, Berlin.

Stern, Klaus, 1976: Zur Einführung eines Wirtschafts- und Sozialrates, in: Jahrbuch für öffentliches Recht, 25, 103-114.

Strauch, Manfred, 1993a: Lobbying – die Kunst des Einwirkens, in: Strauch, Manfred (Hrsg.), Lobbying. Wirtschaft und Politik im Wechselspiel, Wiesbaden, 17-60.

Strauch, Manfred, 1993b: Lobbying in Bonn und Brüssel, in: Strauch, Manfred (Hrsg.), Lobbying. Wirtschaft und Politik im Wechselspiel, Wiesbaden, 61-89.

Streeck, Wolfgang (Hrsg.), 1994: Staat und Verbände (PVS-Sonderheft 25), Opladen.

Streeck, Wolfgang, 1987: Vielfalt und Interdependenz. Probleme intermediärer Organisationen in sich ändernden Umwelten, in: Kölner Zeitschrift für Soziologie und Sozialpsychologie, 39, 471-495.

Streeck, Wolfgang, 1999: Korporatismus in Deutschland. Zwischen Nationalstaat und europäischer Union, Frankfurt a.M.

Streeck, Wolfgang/ Schmitter, Philippe C. (Hrsg.), 1985a: Private Interest Government. Beyond Market and State, London u.a.

Streeck, Wolfgang/ Schmitter, Philippe C., 1985b: Gemeinschaft, Markt und Staat – und die Verbände? Der mögliche Beitrag von Interessenregierungen zur sozialen Ordnung, in: Journal für Sozialforschung, 25, 133-157.

Streeck, Wolfgang/ Schmitter, Philippe C., 1991: From National Corporatism to Transnational Pluralism: Organized Interests in the Single European Market, in: Politics and Society, 19, 133-164.

Süllow, Bernd, 1982: Korporative Repräsentation der Gewerkschaften. Zur institutionellen Verbandsbeteiligung in öffentlichen Gremien, Frankfurt a.M., New York.

Tauss, Jörg/ Kollbeck, Johannes/ Mönikes, Jan (Hrsg.), 1996: Deutschlands Weg in die Informationsgesellschaft. Herausforderungen und Perspektiven für Wirtschaft, Wissenschaft, Recht und Politik, Baden-Baden.

Thiel, Elke, 1997: Die Europäische Union, 5., völlig neugestaltete Aufl., München.

Thomas, Clive S., 1998: Interest Group Regulation Access in the United States: Rationale, Development and Consequences, in: Parliamentary Affairs, 51, 501-515.

Thomas, Rüdiger, 1999: DDR: Politisches System, in: Weidenfeld, Werner/ Korte, Karl-Rudolf (Hrsg.), Handbuch zur deutschen Einheit 1949-1989-1999. Neuausgabe 1999, Bonn, 176-192.

Tocqueville, Alexis de, 1986: De la Démocratie en Amérique I, Paris.

Töller, Annette E., 2002: Komitologie. Theoretische und politische Funktionsweise von Durchführungsausschüssen der Europäischen Union am Beispiel der Umweltpolitik, Opladen.

Traxler, Franz, 1988: Politischer Tausch, kollektives Handeln und Interessenregulierung. Zu einer Theorie der Genesis verbandlicher Tarifbeziehungen und korporatistischer Steuerungssysteme, in: Journal für Sozialforschung, 28, 267-285.

Traxler, Franz, 1999: Gewerkschaften und Arbeitgeberverbände: Probleme der Verbandsbildung und Interessenvereinheitlichung, in: Müller-Jentsch, Walther (Hrsg.), Konfliktpartnerschaft. Akteure und Institutionen der industriellen Beziehungen, München, Mering, 139-166.

Traxler, Franz, 2001: Der verbandliche Organisationsgrad der Arbeitgeber: ein internationaler Vergleich, in: Abel, Jörg/ Sperling, Hans Joachim (Hrsg.), Umbrüche und Kontinuitäten. Perspektiven nationaler und internationaler Arbeitsbeziehungen, München, 315-330.

Treue, Wilhelm, 1980: Wirtschaft, Gesellschaft und Technik in Deutschland vom 16. bis zum 18. Jahrhundert (Gebhardt Handbuch der deutschen Geschichte, Bd. 12), 3. Aufl., München.

Triesch, Günter/ Ockenfels, Wolfgang, 1995: Interessenverbände in Deutschland. Ihr Einfluß in Politik, Wirtschaft und Gesellschaft, München, Landsberg a.L.

Truman, David B., 1971: The Governmental Process. Political Interests and Public Opinion, New York.

Tsebelis, George, 1994: The Power of the European Parliament as a Conditional Agenda Setter, in: American Political Science Review, 88, 128-142.

Uellenberg-van Dawen, Wolfgang (Hrsg.), 1995: Gewerkschaften in Deutschland 1848-1995. Ein Überblick, München, Wien.

Ullmann, Hans-Peter, 1988: Interessenverbände in Deutschland, Frankfurt a.M.

Ullmann, Hans-Peter, 1999: Politik im Deutschen Kaiserreich 1871-1918, München.

Verbändereport 2001: Verbändestaat adé? PLATO-Umfrage: Unternehmen suchen zunehmend den direkten Draht zu Politik und Medien, in: Verbändereport, 5, Heft 7, 14-15.

Vertrag über die Europäische Union, 2001: Vertrag über die Europäische Union mit sämtlichen Protokollen und Erklärungen. Vertrag zur Gründung der Europäischen Gemeinschaft (EG-Vertrag) in den Fassungen von Amsterdam und Nizza. Grundrechte-Charta der Europäischen Union, 5., aktual. und erw. Aufl., München.

Vester, Heinz-Günter, 1988: Zeitalter der Freizeit. Eine soziologische Bestandsaufnahme, Darmstadt.

Voelzkow, Helmut, 1996: Private Regierungen in der Techniksteuerung. Eine sozialwissenschaftliche Analyse der technischen Normung, Frankfurt a.M., New York.

Voelzkow, Helmut/ Hilbert, Josef/ Heinze, Rolf G., 1987: „Regierung durch Verbände" - am Beispiel der umweltschutzbezogenen Techniksteuerung, in: Politische Vierteljahresschrift, 28, 80-100.

Volkssolidarität, 2003: Zur Geschichte der Volkssolidarität, http://www.volkssolidaritaet. de/bundesverband/frames/frame_historie.htm (20.03.).

Vorstand der IG Metall (Hrsg.), 1995: Protokoll 18. Ordentlicher Gewerkschaftstag der Industriegewerkschaft Metall, 29.10.-4.11.1995, Frankfurt a.m.

Voss, Thomas, 1997: Organisation, in: Reinhold, Gerd (Hrsg.), Soziologie-Lexikon, 3., überarb. und erw. Aufl., München, Wien, 476-481.

Wagner, Joachim, 2003: Die fünfte Gewalt. Lobbyisten haben so viel Einfluss wie nie zuvor in der Geschichte der Bundesrepublik, in: Die Zeit, Nr. 45, 30.10., S. 5

Wagner, Richard E., 1966: Pressure Groups and Political Entrepreneurs, in: Papers on Non-Market Decision Making, 1, 161-170.

Walker, Jack L., 1983: The Origins and Maintenance of Interest Groups in America, in: American Political Science Review, 77, 390-406.

Walker, Jack L., Jr., 1991: Mobilizing Interest Groups in America. Patrons, Professions, and Social Movements. Prepared for Publication by Joel D. Aberbach u.a., Ann Arbor.

Walzer, Michael, 1993: Die kommunitaristische Kritik am Liberalismus, in: Honneth, Axel (Hrsg.), Kommunitarismus. Eine Debatte über die moralischen Grundlagen moderner Gesellschaften, Frankfurt a.M., New York, 157-180.

Wartenberg, Ludolf Georg von, 1993: Lobbying – Die Rolle der Verbände in Deutschland, in: Strauch, Manfred (Hrsg.), Lobbying. Wirtschaft und Politik im Wechselspiel, Frankfurt a.M., Wiesbaden, 147-156.

Wassenberg, Arthur F. P., 1982: Neo-Corporatism and the Quest for Control: The Cuckoo Game, in: Lehmbruch, Gerhard/ Schmitter, Philippe C. (Hrsg.), Patterns of Corporatist Policy-Making, Beverly Hills.

Wasser, Hartmut, 1998: Die Interessengruppen, in: Jäger, Wolfgang/ Welz, Wolfgang (Hrsg.), Regierungssystem der USA. Lehr- und Handbuch, 2., unwes. veränd. Aufl., München, Wien, 297-314.

Wattenberg, Martin P., 1991: The Rise of Candidate-Centered Politics, Cambridge/ MA.

Webber, Douglas, 1992: Die kassenärztlichen Vereinigungen zwischen Mitgliederinteressen und Gemeinwohl, in: Mayntz, Renate (Hrsg.), Verbände zwischen Mitgliederinteressen und Gemeinwohl, Gütersloh, 211-272.

Weber, Hajo, 1987: Unternehmerverbände zwischen Markt, Staat und Gewerkschaften. Zur intermediären Organisation von Wirtschaftsinteressen, Frankfurt a.M., New York.

Weber, Jürgen, 1981: Die Interessengruppen im politischen System der Bundesrepublik Deutschland, 2., überarb. und erw. Aufl., München.

Weber, Jürgen, 1987: Politikvermittlung als Interessenvermittlung durch Verbände, in: Sarcinelli, Ulrich (Hrsg.), Politikvermittlung. Beiträge zur politischen Kommunikationskultur, Bonn, 203-218.

Weber, Max, 1956: Wirtschaft und Gesellschaft, Teil 1, Tübingen.

Weber, Max, 1988: Gesammelte Aufsätze zur Religionssoziologie, 3 Bde, 7. Aufl., Tübingen.

Weischenberg, Siegfried, 1995: Journalistik. Theorie und Praxis aktueller Medienkommunikation. Band 2: Medientechnik, Medienfunktionen, Medienakteure, Opladen.

Welz, Wolfgang, 1998: Die bundesstaatliche Struktur, in: Jäger, Wolfgang/ Welz, Wolfgang (Hrsg.), Regierungssystem der USA. Lehr- und Handbuch, 2., unwes. veränd. Aufl., München, Wien, 80-108.

Weßels, Bernhard, 1987: Kommunikationspotentiale zwischen Bundestag und Gesellschaft: Öffentliche Anhörungen, informelle Kontakte und innere Lobby in wirtschafts- und sozialpolitischen Parlamentsausschüssen, in: Zeitschrift für Parlamentsfragen, 18, 285-311.

Weßels, Bernhard, 1999: Die Entwicklung des deutschen Korporatismus, in: Aus Politik und Zeitgeschichte, B 9, 16-21.

Wessels, Wolfgang, 2003: Das politische System der Europäischen Union, in: Ismayr, Wolfgang (Hrsg.) unter Mitarbeit von Hermann Groß und Markus Soldner, Die politischen Systeme Westeuropas, 3., aktual. und überarb. Aufl., Opladen, 779-817.

Westphalen, Friedrich Graf von, 1978: Brauchen wir ein Verbändegesetz?, in: Internationale katholische Zeitschrift „Communio", 81-90.

Wettengel, Brigitte, 1999: Qualitätssicherung durch Fort- und Weiterbildung in sozialen Dienstleistungsunternehmen. Das Beispiel DRK, in: Bildung und Erziehung. Zweimonatsschrift für Pädagogik, 52, Heft 2, 185-196.

Wielgohs, Jan/ Wiesenthal, Helmut, 1995: Konkurrenz – Ignoranz – Kooperation: Interaktionsmuster west- und ostdeutscher Akteure beim Aufbau von Interessenverbänden, in: Wiesenthal, Helmut (Hrsg.), Einheit als Interessenpolitik. Studien zur sektoralen Transformation Ostdeutschlands, Frankfurt a.M., New York, 298-333.

Wiesand, Andreas J., 1997: Kulturpolitik, in: Andersen, Uwe/ Woyke, Wichard (Hrsg.), Handwörterbuch des politischen Systems der Bundesrepublik Deutschland, a.a.O., 244-249.

Wiesendahl, Elmar, 2001: Bürgerinitiativen, in: Nohlen, Dieter (Hrsg.), Kleines Lexikon der Politik, München, 39-41.

Wiesenthal, Helmut (Hrsg.), 1995a: Einheit als Interessenpolitik. Studien zur sektoralen Transformation Ostdeutschlands, Frankfurt a.M., New York.

Wiesenthal, Helmut, 1981: Die Konzertierte Aktion im Gesundheitswesen. Ein Beispiel für Theorie und Politik des modernen Korporatismus, Frankfurt a.M., New York.

Wiesenthal, Helmut, 1995b: Einleitung: Grundlinien der Transformation Ostdeutschlands und die Rolle korporativer Akteure, in: Wiesenthal, Helmut (Hrsg.), Einheit als Interessenpolitik. Studien zur sektoralen Transformation Ostdeutschlands, Frankfurt a.M., New York, 8-33.

Wiesenthal, Helmut, 1998: Interessenorganisation, in: Schäfers, Bernhard/ Zapf, Wolfgang (Hrsg.), Handwörterbuch zur Gesellschaft Deutschlands, Opladen, 325-339.

Willems, Ulrich/ Winter, Thomas von (Hrsg.), 2000: Politische Repräsentation schwacher Interessen, Opladen.

Willke, Helmut, 1996: Wissensbasierung und Wissensmanagement als Elemente reflektierter Modernität sozialer Systeme, in: Clausen, Lars (Hrsg.), Gesellschaften im Umbruch. Verhandlungen des 27. Kongresses der Deutschen Gesellschaft für Soziologie in Halle an der Saale 1995, Frankfurt a.M., New York, 191-209.

Wingens, Matthias, 1998: Wissensgesellschaft und Industrialisierung der Wissenschaft, Wiesbaden.

Winter, Thomas von, 1997: Sozialpolitische Interessen. Konstituierung, politische Repräsentation und Beteiligung an Entscheidungsprozessen, Baden-Baden.

Winter, Thomas von, 2001: Verbändemacht im kooperativen Staat, in: Gourd, Andrea/ Noetzel, Thomas (Hrsg.), Zukunft der Demokratie in Deutschland, Opladen, 211-234.

Winter, Thomas von/ Willems, Ulrich, 2000: Die politische Repräsentation schwacher Interessen, in: Willems, Ulrich/ Winter, Thomas von (Hrsg.), Politische Repräsentation schwacher Interessen, Opladen, 9-36.

Wölker, Thomas, 1991: Entstehung und Entwicklung des Deutschen Normenausschusses, Diss., FU Berlin.

Wootton, Graham, 1970: Interest-Groups, Englewood Cliffs.

Wuthnow, Robert, 1996: Sharing the Journey. Support Groups and America's New Quest for Community, New York.

Zapf, Wolfgang, 1979: Einleitung, in: Zapf, Wolfgang (Hrsg.), Theorien des sozialen Wandels, 4. Aufl., Königstein/ Ts., 11-32.

Ziegelmayer, Veronika, 2001: Sozialstaat in Deutschland: Ein Systemwechsel?, in: Kraus, Katrin/ Geisen, Thomas (Hrsg.): Sozialstaat in Europa. Geschichte, Entwicklung, Perspektiven, Wiesbaden, 63-88.

Zimmer, Annette, 1996: Vereine – Basiselemente der Demokratie. Eine Analyse aus der Dritte-Sektor-Perspektive, Opladen.

Zimmer, Annette/ Priller, Eckhard (Hrsg.), 2004: Future of Civil Society. Making Central European Nonprofit-Organizations Work, Wiesbaden.

Zimmer, Annette/ Scholz, Martina, 1992: Der Dritte Sektor zwischen Markt und Staat – ökonomische und politologische Theorieansätze, in: Forschungsjournal Neue Soziale Bewegungen, 5, Heft 3, 21-39.

Zimmer, Annette/ Weßels, Bernhard (Hrsg.), 2001: Verbände und Demokratie in Deutschland, Opladen.

Zimmer, Annette/ Weßels, Bernhard, 2001: Interessenvermittlung und Demokratie: Eine zentrale Agenda, in: Zimmer, Annette/ Weßels, Bernhard (Hrsg.), Verbände und Demokratie in Deutschland, Opladen, 9-25.

Zimmermann, Hartmut, 1985: Freier Deutscher Gewerkschaftsbund (FDGB), in: Bundesministerium für innerdeutsche Beziehungen (Hrsg.), DDR-Handbuch, 3., überarb. und erw. Aufl., 2 Bde., Köln, Bd. 1, 459-473.

Die Autoren

Martin Sebaldt, Dr. phil. habil., geb. 1961; o. Professor für Vergleichende Politikwissenschaft (Schwerpunkt Westeuropa) an der Universität Regensburg. *Forschungsschwerpunkte*: Parlamentarismus und Verbände. *Wichtigste Publikationen*: Die Thematisierungsfunktion der Opposition. Die parlamentarische Minderheit des Deutschen Bundestags als innovative Kraft im politischen System der Bundesrepublik Deutschland, Frankfurt a.M. u.a. 1992; Katholizismus und Religionsfreiheit. Der Toleranzantrag der Zentrumspartei im Deutschen Reichstag, Frankfurt a.M. u.a. 1994; Organisierter Pluralismus. Kräftefeld, Selbstverständnis und politische Arbeit deutscher Interessengruppen, Opladen 1997; Transformation der Verbändedemokratie. Die Modernisierung des Systems organisierter Interessen in den USA, Wiesbaden 2001; Parlamentarismus im Zeitalter der Europäischen Integration. Zu Logik und Dynamik politischer Entscheidungsprozesse im demokratischen Mehrebenensystem der EU (Otto-von-Freising-Vorlesungen der Katholischen Universität Eichstätt-Ingolstadt, Band 21), Opladen 2002; Politischen Wandel denken. Herausforderungen der Demokratie in europäischer und globaler Perspektive (mit Stephan Bierling, Karlfriedrich Herb und Jerzy Maćków), Münster u.a. 2004.

E-Mail-Adresse: martin.sebaldt@politik.uni-regensburg.de

Alexander Straßner, Dr. phil., M.A., geb. 1974, wissenschaftlicher Assistent am Lehrstuhl für Vergleichende Politikwissenschaft (Schwerpunkt Westeuropa) der Universität Regensburg. *Forschungsschwerpunkte*: Terrorismus, Verbände, Militär. *Wichtigste Publikationen*: Die dritte Generation der „Roten Armee Fraktion". Entstehung, Struktur, Funktionslogik und Zerfall einer terroristischen Organisation, Wiesbaden 2003; Grundkurs Politikwissenschaft. Einführung ins wissenschaftliche Arbeiten, Wiesbaden 2003 (Mitautor).

E-Mail-Adresse: alexander.strassner@politik.uni-regensburg.de

Register

Neu im Programm
Politikwissenschaft

Wolfgang Schroeder,
Bernhard Weßels (Hrsg.)

**Die Gewerkschaften
in Politik und Gesellschaft der
Bundesrepublik Deutschland**

Ein Handbuch
2003. 725 S. Br. EUR 42,90
ISBN 3-531-13587-2

In diesem Handbuch wird von führenden Gewerkschaftsforschern ein vollständiger Überblick zu den Gewerkschaften geboten: Zu Geschichte und Funktion, zu Organisation und Mitgliedschaft, zu den Politikfeldern und ihrer Gesamtrolle in der Gesellschaft usw. Auch die Neubildung der Gewerkschaftslandschaft, das Handeln im internationalen Umfeld und die Herausforderung durch die Europäische Union kommen in diesem Buch zur Sprache.

Hans-Joachim Lauth (Hrsg.)

Vergleichende Regierungslehre

Eine Einführung
2002. 468 S. Br. EUR 24,90
ISBN 3-531-13533-3

Der Band „Vergleichende Regierungslehre" gibt einen umfassenden Überblick über die methodischen und theoretischen Grundlagen der Subdisziplin und erläutert die zentralen

Begriffe und Konzepte. In 16 Beiträgen werden hierbei nicht nur die klassischen Ansätze behandelt, sondern gleichfalls neuere innovative Konzeptionen vorgestellt, die den aktuellen Forschungsstand repräsentieren. Darüber hinaus informiert der Band über gegenwärtige Diskussionen, Probleme und Kontroversen und skizziert Perspektiven der politikwissenschaftlichen Komparatistik.

Sebastian Heilmann

**Das politische System
der Volksrepublik China**

2., akt. Aufl. 2004. 316 S.
Br. EUR 21,90
ISBN 3-531-33572-3

In diesem Buch finden sich kompakt und übersichtlich präsentierte Informationen, systematische Analysen und abgewogene Beurteilungen zur jüngsten Entwicklung in China. Innenpolitische Kräfteverschiebungen werden im Zusammenhang mit tief greifenden wirtschaftlichen, gesellschaftlichen und außenpolitischen Veränderungen dargelegt. Die Hauptkapitel behandeln Fragen der politischen Führung, der politischen Institutionen, des Verhältnisses von Staat und Wirtschaft sowie von Staat und Gesellschaft.

Erhältlich im Buchhandel oder beim Verlag.
Änderungen vorbehalten. Stand: Juli 2004.

www.vs-verlag.de

VS VERLAG FÜR SOZIALWISSENSCHAFTEN

Abraham-Lincoln-Straße 46
65189 Wiesbaden
Tel. 0611.7878-722
Fax 0611.7878-400

Neu im Programm
Politikwissenschaft

Andreas Kost,
Hans-Georg Wehling (Hrsg.)

Kommunalpolitik in den deutschen Ländern

Eine Einführung
2003. 356 S. Br. EUR 29,90
ISBN 3-531-13651-8

Dieser Band behandelt systematisch die Kommunalpolitik und -verfassung in allen deutschen Bundesländern. Neben den Einzeldarstellungen zu den Ländern werden auch allgemeine Aspekte wie kommunale Finanzen in Deutschland, Formen direkter Demokratie und die Kommunalpolitik im politischen System der Bundesrepublik Deutschland behandelt. Damit ist der Band ein unentbehrliches Hilfsmittel für Studium, Beruf und politische Bildung.

Franz Walter

Abschied von der Toskana
Die SPD in der Ära Schröder
2004. 186 S. Br. EUR 19,90
ISBN 3-531-14268-2

Seit 1998 regiert die SPD. Aber einen kraftvollen oder gar stolzen Eindruck machen die Sozialdemokraten nicht. Die Partei wirkt vielmehr verwirrt, oft ratlos, auch ermattet und erschöpft.

Sie verliert massenhaft Wähler und Mitglieder. Vor allem die früheren Kernschichten wenden sich ab. Auch haben die überlieferten Leitbilder keine orientierende Funktion mehr. Führungsnachwuchs ist rar geworden. Was erleben wir also derzeit? Die ganz triviale Depression einer Partei in der Regierung? Oder vielleicht doch die erste Implosion einer Volkspartei in Deutschland? Das ist das Thema dieses Essaybandes.

Antonia Gohr,
Martin Seeleib-Kaiser (Hrsg.)

Sozial- und Wirtschaftspolitik unter Rot-Grün

2003. 361 S. Br. EUR 34,90
ISBN 3-531-14064-7

Dieser Sammelband legt eine empirische Bestandsaufnahme der Wirtschafts- und Sozialpolitik nach fünfjähriger rot-grüner Regierungszeit vor. Gefragt wird nach Kontinuität und Wandel in Programmatik und umgesetzten Maßnahmen in der Sozial- und Wirtschaftspolitik von Rot-Grün im Vergleich zur Regierung Kohl.

Erhältlich im Buchhandel oder beim Verlag.
Änderungen vorbehalten. Stand: Juli 2004.

www.vs-verlag.de

VS VERLAG FÜR SOZIALWISSENSCHAFTEN

Abraham-Lincoln-Straße 46
65189 Wiesbaden
Tel. 0611.7878-722
Fax 0611.7878-400